普通班教師的教學魔法書

改造學習困難的孩子

Susan Winebrenner 著

呂翠華 譯

Teaching Kids with Learning Difficulties in the Regular Classroom

Ways to Challenge & Motivate Struggling Students to Achieve Proficiency with Required Standards

Revised and Updated Edition

by Susan Winebrenner

目錄

Contents

Contents

Contents

12 如何對學生進行評量？• 323

13 教導學生如何表現適當行為 • 347

14 讓家長成為孩子的學習夥伴 • 393

可複製表單一覽表

譯者序

這幾年我在任教「學習障礙專題研究」課程時，發現一個很有趣的現象，愈來愈多的普通班教師選擇「特殊教育」作為研究所生涯的學習課題，他們基於何種動機有此選擇？這些現場教師各有什麼需求？他們如何看待普通班中學習困難的孩子？諸多好奇引發我開始有計畫地與他們對話。於是，一次次的討論之後，我看到了不一樣的人生風景。

過去二十年，在師資培育機構的工作經驗中，我的主要合作對象是國小身心障礙資源班的教師，不管是不分類資源班或巡迴資源班，專業、努力、認真的資源班教師在抽離的資源教室方案（resource programs）中提供最適當的特教服務，以滿足學障孩子的特殊需求。然而，這麼多年來，資源班教師和我也反覆思考一個問題：資源班是最適合學障兒童的特教安置型態嗎？孩子應繼續被安置在資源班，或以完全融合（full inclusion）的普通班為最終理想？

每個到資源班上課的學障兒童都有一個故事，若探索孩子對教育安置環境的看法，當問他們是否了解為何上資源班以及如何看待資源班時，事實上，學障兒童不會一致地偏好資源班或完全融入普通班，每個學障兒童都有自己的想法，不是所有孩子都能接納、同意學校安排的特殊教育模式。

> 孩子說上資源班是為了要尋求協助，了解自己在閱讀、寫作、數學上都需要幫忙，資源班學到的東西確有改善他的學習問題。當問到在資源班都做些什麼，時常聽到的描述是「在這裡做更多好玩的事」、「現在普通班變得更無趣了」。孩子體認資源班是一個讓他得到更多協助的地方，但不是所有孩子都清

> 楚，資源班是在他被標記為學習障礙之後，學校所提供的一種特教方案。……孩子覺得他們別無選擇。孩子喜歡資源班的小組教學，也喜歡資源班教師一對一的協助。如果讓他選擇到資源班上課，或是讓資源班教師到普通班來教他，他們認為後者方式最好，因為不用再擔心會錯過普通班的課程。……孩子不清楚為什麼要到資源班上課，他們知道自己有些問題，學得不夠快、不夠好，但不清楚這些問題被稱為學習障礙。（Albinger, 1995, p. 619-620）

學障兒童並不在乎離開普通班，特別是當普通班作業或活動難度增加時。但他們不免擔心，上資源班的結果是讓功課變多了。學障兒童關心的是上了資源班，還要再補普通班沒做到的功課，或是當回到普通班後，不知要如何完成不在班上時，老師所指定的作業，當作業變雙倍時，學障兒童會認為上資源班是一種懲罰（Albinger, 1995, p. 618）。因此，也有學障兒童希望資源班教師可以入班協助，他們就不用擔心錯過普通班的學習，不用做雙份作業（Albinger, 1995; Ferri, Keefe, & Gregg, 2001; Wiener & Tardif, 2004）。甚至，學障兒童及一般兒童均表示，喜歡資源班教師來普通班上課，因為資源班教師可以幫助所有學生，而不只限於特殊學生（Vaughn & Klingner, 1998）。

學障領域的發展有其缺陷導向（deficit-driven）的歷史脈絡（Ferri et al., 2001），資源班教師將自己定位為學障兒童的缺陷補救者，大多數學障兒童在資源班的上課內容是缺陷補救，而非發展其優勢能力。學障兒童的補救教學應擷其長？或補其短？抑或擷長補短，同時並進？在對此議題爭論不休時，另一值得討論的現象是以簡化、分散的單一學業技能為主的資源班課程。資源班教師認為，學障兒童長久以來的學業挫敗，導致其自我概念低下、自我價值無法建立，資源班教師的責任不是要求學障兒童在資源班學會多少技能，而是幫助他們將自信心找回來。教簡單一些，學生容易學會，信心找回來，學習的動力就有了（呂翠華、鄭玉疊、潘慶輝，2006）。

對此，我們也不免憂心資源班課程會降低普通班教師對學障兒童的期待。在 Ferri（2001）等學者的質性研究中，一位受訪教師堅持不降低對學障學生的期待，並回溯他在小學時被鑑定為學習障礙的切身感受：

> 我還記得（上資源班之後）普通班老師對我的期待降低了，我不喜歡這樣，我覺得很生氣。有好幾次，我都故意失敗，只是要證明她是對的。我不知道怎樣來解釋，你可以想到我其實還是希望好好學，來證明她真的是錯的。我跟老師說：「我現在想要畫圖，我不想要寫生字。妳乾脆放棄我，讓我畫圖就好了。」我真的很高興，她不讓我這樣做。我很開心聽到她說：「你一定要好好學才可以。」她對我期望很高，我一直很感謝她是這樣想的。（Ferri et al., 2001, p. 27）

容易學習，會不會就缺乏挑戰？資源班該如何安排適度挑戰的課程？教導分散技能是否忽視學習的整體發展？反覆、機械式的練習（例如：以寫學習單為主的教學活動）會不會影響學障兒童對課程的真正理解，扼殺其原有創造力？課程經過簡化，的確容易成功，但真的能建立孩子對學習的自信嗎？常見到的資源班情景是，學生興奮的捧著一百分的學習單，尋找同伴分享喜悅，但為何他們走出資源班後挫折依舊？通常資源班教師在定期評量前都有些擔心，因學障兒童即將迎戰的普通班評量，複雜度遠超過資源班學習單的單純、簡易。普通班與學障兒童成長後要面對的現實世界相似，資源班課程該如何與普通班課程連接、相容？（呂翠華、鄭玉疊、潘慶輝，2006）

> 學校讓無數有想像力的孩子無從被賞識，他們的天賦就此埋沒。教育工作者太執著於孩子在數字、詞彙、概念的學習，而非對事物的想像、圖像及表徵。很多孩子最終被送到學障兒童的班級，更多孩子在普通班裡消耗時光。至少，部分原因是很少有人能想出，如何在學校環境中發揮他們的天賦。（Armstrong, 1987, p. 85）

不少研究文獻證實，長期接觸學障兒童的教師也觀察到，不少學障兒童在藝術、音樂、體育等方面有驚人天賦（Hearne & Stone, 1995），然而他們的優勢，卻在傳統課程中無從表現。當檢視資源班的教學功能及其所能提供的改變，我們應思考可否將學習障礙視為學習差異（learning differences）？多看待學障學生能做什麼，而非不能做些什麼。相較於縮減、分割與環境無關的簡化課程，我們應在教學中考量學生興趣和優勢並付諸行動，將其放入個別化教育方案中的長、短期教學目標，盡可能的提供學障兒童展現獨特天賦和才能的機會。

學障兒童的社會能力一向為教育工作者關切，社交技巧不足或缺陷，對其社會及學業能力發展都有不利影響，甚至影響所及，可能持續至小學、中學階段以後。很多學障兒童認為，完全融合滿足他們在教育、社交能力的需求，是達成個人成功的必要手段。大部分學障兒童喜歡普通班，認為有較多交朋友的機會，容易交到朋友及維繫友誼。資源班的安置會讓他們減少對普通班的歸屬感，在班上的社會地位也會降低（Vaughn & Klingner, 1998）。融合教育（inclusive education）提升學障兒童的自我概念和自我價值，避免因為隔離、標籤化帶來的傷害（Albinger, 1995; Baker, Wang, & Walberg, 1994/1995; Banerji & Dailey, 1995）。當學障兒童完全融入普通班，有較多時間交朋友及維繫友誼時，一般兒童更能接納他們，也更懂得尊重個別差異。

上述種種有關資源教室方案的現象，在我和普通班教師的課堂對話，一則則案例分享的過程中，我聽到資源班教師以外的不同聲音。從普通班教師的熱切眼神中，我看到他們對特殊孩子的關心、不捨，以及在爭取、整合特教支援上的努力。他們費力地在人多事雜的普通班事務中撥出有限時間來照顧特殊孩子。這群普通班教師對校內資源班教師責任分擔、建立合作—諮詢模式有深切期許，更多時候，他們口中堅定地說出，對充實特教知能的渴望，希望在疑似特殊兒童被轉介至資源班之前能先進行教學調整。普通班教師樂意推動融合教育，讓學障兒童能有接近、參與普通班課程的機會，幫助學障兒童在普通班建立良好的友誼關係。但是，在推動融合的初期，普通班教師的最大障礙在於心裡害怕，憂慮自己專業能力的不足。

這一切引發了我想為普通班教師做些事的動機，希望能從普通班教師的需求出發，提供他們需要的訊息，由於坊間甚少專為普通班教師撰寫的特教專書，因此開始我與心理出版社合作的契機，計畫引進國外一系列針對普通班教師如何教導學習困難孩子的專業書籍。Susan Winebrenner 女士撰述的 *Teaching Kids with Learning Difficulties in the Regular Classroom* 是此系列專書的第一本，作者 Susan Winebrenner 曾擔任普通班教師、課程方案協調者、資優班教師及提供有關教師專業成長諮詢等多種角色。她致力於諮詢及工作坊的推動，並協助現場教師將研究理論轉化成教室實務。

此書特色在於作者以其豐富的教學經驗及深入淺出的文字，針對不同障礙類型的學習困難孩子提供普通班教師多樣的教學策略。此書所欲傳達的理念言簡意賅：「如果學生學不會我們教的方法，那麼我們就必須教他們學得會的方式。」作者強調教師的教學風格應與孩子的學習風格相容，以多元智能（multiple intelligences）理論強調對學習困難孩子的優勢及才能的看重，引導特殊教育的新思維與視野。

沒有一種單一方法能適用所有學生，每個孩子都會用不同學習風格和教師的教學風格互動。「學障兒童的成功有其準則，學障兒童的成功＝有效的教學＋教師的專業成長」（Deshler, Schumaker, Lenz, Bulgren, Hock, Knight, & Ehren, 2001, p. 97）。不管是普通班或資源班教師，提供高品質的教學，才是幫助學障兒童成功的關鍵所在。

Teaching Kids with Learning Difficulties in the Regular Classroom 的翻譯原根據 1996 年版進行，在我的翻譯工作完成之際，心理出版社又提供新修訂的 2006 年版，由於新版內容大幅更新，為提供讀者最新資訊，翻譯工作的重來以致進度拖延，於此衷心感謝總編輯林敬堯先生的耐心等待及編輯林怡倩及李晶小姐的大力協助。本人不揣淺陋，以推薦好書的心情願將此書與更多現場教師分享。在我與普通班教師的課堂對話中，我們看見了特殊教育的更多責任與力量。每位普通班教師的心中都有愛，期待此書讓普通班教師在面對班級中的學習困難孩子時，都能付出有能力的愛，也成為教學的助力。

參考文獻

呂翠華、鄭玉疊、潘慶輝（2006）。和普通班教師一起跳探戈：前瞻資源班教師在學障兒童補救教學的合作——諮詢角色。載於國立台北教育大學師資培育中心（主編）。**熱情、卓越、新典範**（177 頁）。台北市：國立台北教育大學。

Albinger, P. (1995). Stories from the resource room: Piano lessons, imaginary illness, and broken-down cars. *Journal of Learning Disabilities, 28*, 615-621.

Armstrong, T. (1987). *In their own way*. Los Angeles: Jeremy P. Tarcher.

Baker, E. T., Wang, M. C., & Walberg, H. (1994/1995). The effects of inclusion on learning. *Educational Leadership, 52*, 33-35.

Banerji, M., & Dailey, R. A. (1995). A study of the effects of an inclusion model on students with specific learning disabilities. *Journal of Learning Disabilities, 28*, 511-522.

Deshler, D. D., Schumaker, J. B., Lenz, B. K., Bulgren, J. A., Hock, M. F., Knight, J., & Ehren, B. J. (2001). Ensuring content-area learning by secondary students with learning disabilities. *Learning Disabilities Research & Practice, 16*, 96-108.

Ferri, B. A., Keefe, C. H., & Gregg, N. (2001). Teachers with learning disabilities: A view from both sides of the desk. *Journal of Learning Disabilities, 34*, 22-32.

Hearne, D., & Stone, S. (1995). Multiple intelligences and underachievement: Lessons from individuals with learning disabilities. *Journal of Learning Disabilities, 28*, 439-448.

Vaughn, S., & Klingner, J. K. (1998). Students' perceptions of inclusion and resource setting. *The Journal of Special Education, 32*, 79-88.

Weiner, J., & Schneider, B. H. (2002). A multisource exploration of the friendship patterns of children with and without learning disabilities. *Journal of Abnormal Child Psychology, 30*, 127-141.

作者介紹

Susan Winebrenner 擁有碩士學位，主修課程與教學，就讀大學時主修教育。曾經擔任普通班教師、課程方案協調者、資優班教師及提供有關教師專業成長諮詢等多種角色。她身為資優教育領域的領導者之一，也是 *Teaching Gifted Kids in the Regular Classroom* 一書作者。她致力於諮詢及工作坊的推動，積極參與全國及國際性研討會，並協助現場教師把研究理論轉化成教室實務。她現居住於美國加州聖地牙哥。

獻給

謹以此書獻給多年來慷慨貢獻我錦囊妙計的教育工作者們，衷心的感謝你們。也將此書獻給我的孩子—— Stacy、Kari、Melinda 和 Diana，以及我的六個孫子，他們為我展示了學習風格的多樣性，並幫助我了解在教室裡包容所有類型學習者的重要性。謹以此書獻給我摯愛的叔叔 Paul Ginsberg，在他堪為典範的一生裡，他示範並解釋我所需理解如何尊重個別差異的所有事情。

並以此書獻給我的先生 Joe，他總是使我在大部分時光裡保持平靜、頭腦清醒。

感謝

除了這本書從頭到尾所有公認的優秀教育工作者外，還要特別感謝：

Brenda Goffen，作為一位特殊教育顧問，她耐心及專業的服務；

Lorelei Goldman，她對有嚴重行為問題的學生所給予的專門技術協助；

Emmy Bates 和 Helen Cox，為本書在 Brain Gym 撰寫部分所給予的網路協助；

Frank Boulee，幫助我了解學習障礙者的真實世界；

Robin Goffen，她在聽覺損傷學生這方面的投入；

Patricia Cunningham 博士，幫助我熟悉她的閱讀教學模式；

Kenneth Dunn 博士，允許我引述他的話：「如果學生學不會我們教的方法，那麼我們就必須教他們學得會的方式」；

Sylvia Rimm 博士，俄亥俄州克里夫蘭的家庭成就診所（Family Achievement Clinic）院長，她幫助我理解低成就學生的所有類型之間的相似性；

Stephanie Niess，我信任的助理，她持續讓我的電腦保持穩定狀態並有預期的表現；

Keran Hoover，她在現代科技知識的深入分享；

Martin Haberman 博士，他同意我允許分享他有關「貧困孩子的明星教師」的研究；

Steve Landfried 博士，教導我如何避免授予權利的危險；

Dina Brulles 博士，啟發我對英語學習者的認識；

Edward Ford，全權委託我使用任何他書中的教材，以更能精確的對我的讀者詮釋他的負責任思考歷程模式（Responsible Thinking Process model）；

Pamela Espeland，是一位非常優秀的編輯，她教導我如何寫作；

Judy Galbraith，是 Free Spirit Publishing 的創辦人及董事長，出色的企業女強人、好朋友，以及世界上最傑出的企業主！最後我也要感謝我們協會，謝謝你們帶給我這麼好的機會。

作者序

對教師來說，這是一個充滿更多挑戰的時代。教師壓力未曾間斷，當全國各州如火如荼地進行像「學習能力檢測」這類高風險測驗（high-stakes tests）時，我們必須確信，所有學生的分數都能達到熟練水準。「沒有任何孩子會落後」（No Child Left Behind）法案的推動舉世周知，我們也恪守其中的嚴格要求。在今日，公立教育面對前所未有的巨大改變，校長和教師被賦予更多的責任。有些人應還記得，對那群一直掙扎於學習的學生來說，在最大可能範圍之內，他們的特殊學習需求往往在普通班以外的教育環境被滿足。在過去，特殊需求學生的能力表現在程度上各有不同，從無法說英語者到資優學生都有。顯而易見地，我們沒有足夠的教師給予他們協助。一位教師怎能被假設要一肩挑起、應付所有特殊孩子的教育責任呢？

教師若要勝任學習困難者的教學工作，就必須了解這些孩子的智商和能力不一定比成功的學生差。他們多數只是運氣較差，因為成功學生大腦處理訊息的方式與其所需精熟的一般學業技能是相合的。基本上，學業挫敗的學生未曾有此感受。雖然許多孩子被貼上「學習障礙」的標籤，但更正確的描述是，他們是「學習策略缺陷」。其大多數從未被教過與思考和學習方式相容的策略。一旦教導這些學習困難孩子適當的技巧，他們的學習問題就能迎刃而解、明顯減少。

當用對正確的方法，我們就再也不需將課程內容簡化，或無止盡地反覆重教。例如，多年來，當學生在自然發音取向課程（phonics-oriented program）中學不會閱讀時，我們會針對自然發音法（phonics）進行補救。它的假設是每個人都要懂得自然發音法才能閱讀。當我們教導學生草擬大綱，所有孩子都應清楚這是正確的學習方法。現在，我們對人類大腦運作的方式有更多的了解，知道必須努力將學習內容和孩子學習風格做搭配，而不是給予補救。當找到了適合的配對時，我們所傳遞給學習困難學生的訊息是：「你會成為一個成功的學生！」

本書希望幫助讀者如何對學習困難學生建立合理的期待，期使他們出現更好的學習成就外，也將協助你發現學生如何學習，如何對不同孩子因材施教。對他們證明個別差異的重要性，不一樣也沒有關係——差異性是值得你注意及重視的特質，而非需要刻意隱藏的事情。當孩子學會如何藉由發現及使用優勢的學習風格來支持自己學習後，你將會發現，在學校課業活動中，任何形式的霸凌現象就會真正減少了。對於那些以自己個別特色自豪的人，我們是難以取笑、嘲弄他們的。

教師經常要面對的另一種挑戰，權力高層堅持你遵循或採用某種特定課程，你必須教完每個教學單元，且不能使用課本以外的其他教材或策略。為了應付、準備讓所有學生的表現能達成各州所訂標準，教師的壓力接踵而至，有時我們因此驟下結論，認為沒有足夠時間使用自己真正想要的教學方法。大多數教師偏好以理解為優先的教學方式，而不是費力地帶過全部課程。因此，很多教師必須放棄他們喜歡的教學主題及單元，轉而支持傳統教學，因為那似乎是主流價值期待的。這些教師則感慨於教室自主權的不復存在。

然而，有些教師從自身經驗及與課程標準連結的有意義的活動中尋找靈感。你可從很多網站中獲得豐富、奇妙的教學計畫，只要花些時間瀏覽，看看能找到什麼。當你設計新課程時，就不必每次都從草擬教案開始了。

我想起聽過的一則有關某位六年級教師的故事，她的學生不停地抱怨他們如何討厭寫作。有一天她寫了一份長長的清單，詳細列出學生在這學年必須達到的寫作水準，她將這份寫作目標影印並貼在布告欄上，將寫作目標作為標靶，要求某位學生往前投擲黏土球，並看看會落在哪一個寫作目標。

那顆黏土球選擇的寫作目標是：「能使用正確形式、內容及標點符號，寫出一封商業信函。」全班開始腦力激盪，努力想出寫商業書信的各種理由。接下來，學生又被告知要寫一封抱怨信函，全班使用腦力激盪中列出想抱怨的每件事情。很多學生抱怨書店販售的生字本品質不佳；每當撕開一兩頁時，簿本的裝訂線就會鬆開。於是，全班決定寫封顧客反應信函給生產生字本的廠商，廠商很快便回信，並給孩子一項挑戰，請他們想出能讓此商品品質更好的解決方法。這些孩子開始進行研究，他們寫了一份報告，將想法呈現給校長分享，終於將一份正式的提案送到了這個公司。

在為期四週的體驗結束時，教師再將學年寫作目標貼在布告欄上，並讓每組學生用彩色筆劃去在寫信過程中意外達成的目標。超過 20% 的寫作目標在飛靶遊戲經驗中完成，這些目標包括適合的文法、標點符號及格式，以及公開說話的技巧等。

這個故事帶給你我的意義是，教師永遠能使用真實生活中之有意義與孩子相關的經驗來教導規定課程。全國各地的教師持續地在規定課程中，透過學生能永遠記住的活動來教學。課堂中提供各種模擬情境，例如：讓學生經營某種企業；為慈善事業及其他救濟基金募款；將自己視為某時代的人物，並撰寫新聞稿；為學生議會辦理學校性選舉，並將選舉過程與全國性選舉做一比較。用孩子難以忘懷的方式教他們熟悉課程，及更多的課程。我真的相信，你沒有理由放棄喜愛的學習經驗。你唯一要證明的是，你的學生已學會這些課程。這件事該如何讓它發生，大部分時候還是得由你來決定。

千萬不要忘記此一事實，在二十一世紀，一個很重要的工作生存技能是你必須對再訓練抱持正向態度；它聽來像是要求你再回到學校接受教育。每一位你正在教導的學生，將會在他（或她）退休前改變其職業生涯好幾次。在職場角色轉換順利者，往往是那些能享受昔日學生生活，並期待能再回去當學生的人。

我在工作坊和教師合作的時光裡，我使用以下的差異性原則（Differentiation Rationale）來教導學習困難學生。我相信以下的摘要能說明此書所有策略的目的。

- 所有學生在每一天之中，都應用自己能接受的挑戰去體驗學習。
- 高自尊和學習的生產力，來自於過去學生視為困難而今日能獲得成功的學習經驗。
- 當學生感覺自己對於學校發生的事能稍有掌控時，他們的學習較有可能出現生產力。這種掌控的感覺，是來自於當個體有能力做選擇的機會。教師應使其發生，提供學生一些關於期待工作及（或）成果的類型選擇。

- 當學生的學習風格被注意到，以及課程對其具挑戰性且有意義，學生比較有可能選擇適當的行為。
- 首先，教育工作者如何針對學生的偏差行為尋求解釋，就是從課程中找答案！你在設計課程時有沒有帶給學生適度的挑戰？你是否盡可能地把學生的興趣融入課程？學生是否了解為什麼要學習此課程？你是否透過孩子在學習風格上的優勢，使他們能更容易接近此課程？
- 所有學生在成為一位成功學習者之前，必須感受到不管他們是誰、他們需要什麼，自己都是被尊重的。

本書將介紹各種教學方法，你可試著為班上的每位學生做最合適的配對。這些策略、技巧和活動從不同來源蒐集而來，它們不但實用，而且容易實施。事實上，這也正是本書獨特與迷人之處！你無須自己進行研究調查關於哪種教學方法能教會學生閱讀，或是你該如何幫助孩子記憶數學事實。我已為你們做好研究，本書包含我所能找到的最有效的教學方法，它們可幫助學習困難學生成為更成功的學習者。簡單診斷出某位學生所出現的學習問題，找出本書適合你的章節，將教學策略與該位學生相互配對，則明顯的改善將在你眼前發生。有效利用這些策略，將有助於提升學習困難學生的程度，使他們能和其他同儕使用一樣的教材，而非降低對他們的期待。

本書自始至終強調一種信念，一個人能擁有高自尊的唯一方式就是努力不懈，建立真正的成就感。誠如作家兼教育家 Sylvia Rimm 博士所言，「獲得高自尊的最可靠途徑，就是從一個人覺得困難的某件事情中去建立成就感！」（是的，我在上述的差異性原則中也借用此信念。）Rimm 博士繼續說道：「每當我們偷走一位學生的努力，也同時偷走他找回自信的機會。他們必須學習去做困難的事情，才會對自己產生好感。」

「把我們對成功的高度期待傳遞給學生」，再沒有任何一件事比它更有影響力。這麼多年來，許多研究顯示我們可以從孩子身上得到所期待的！如 1960 年代的 Pygmalion 研究證實，如果孩子預先告訴教師他們在這一學年會好好表現，他們的學習就有可能大幅成長。[1] 1969 年，一份由校長委員會所提出有關智能障礙的報告中發現，有些孩子可能在學校六小時的行為處於智能遲鈍範圍，一旦回到家就表現得較像正常人。[2]

我們真的無法肯定，有多少學生被貼上「遲緩的」或「矯正的」標籤。多年來，他們正實際遭受著某種形式的學習困難。事實上，那些孩子的學習困境是找對了正確方法就可解決的。我們不知道我們是否給了孩子適當標記，抑或將他們過度標籤化。那些都無關緊要了，因為，本書所介紹的策略將可能對所有遇到學習困難的學生有所幫助。

我並未嘗試針對每位特教學生的特定障礙類別，去配對出特定的教學策略。這些策略是一般性的，它們的呈現方式像是請顧客自行選擇的菜單，在你使班上所有學生增能、使他們變得更成功時使用。它們對於貧困的弱勢學生及曾被診斷為學習困難的英語學習者都能奏效。最棒的一個消息是，當你為那些學習困難學生找到有效的策略，你可能會觀察到，這些策略應用在其他孩子身上時也同樣有效果。

請嘗試一些本書描述的方法，你毫無損失，而且將擁有更豐碩的收穫。你我了然於心，學習困難的孩子如果沒有獲得需要的協助，他們將繼續在學習困境中掙扎。當你找尋到有效的策略並使用它，則不論你的教學或是孩子的學習都將成為成功經驗。

我承諾這些方法將對你及你的學生奏效。它們已被我和很多普通班教師成功使用過。身為一位教師專業發展專家，我把這些概念介紹給成千上萬任教於各年級的教師們，也獲得很多好評及正面回應；許多教師跟我說，真希望能在他們的教學生涯中早些認識這些策略。

這本書將協助你成為一位比現在更好的老師。你必須記住的只有這點：如果學生用你正教導的方式學不會，尋找並使用更適合的方法，好讓你能以他們學得會的方式來教他們。

---

1 Rosenthal, Robert, and Lenore Jacobson. *Pygmalion in the Classroom: Teacher Expectation and Pupils' Intellectual Development*. Norwalk, CT: Crown House Publishing, 2003.

2 The President's Committee on Mental Retardation (PCMR). "The Six-Hour Retarded Child." Washington, DC: U.S. Government Printing Office, 1969.

你將在本書中發現：

- 第一章包括幫助學生的各種祕訣，讓他們感覺自己在班級中是受到歡迎的。當孩子覺得自己是班上的「客人」時，比較可能出現偏差行為，無法發揮其學習潛能。
- 第二章介紹試驗過、正確無誤的教學方法，使每位學生都能專注於所有學習活動。
- 第三章敘述學習困難的不同類型，並針對某些疑難問題提供教學介入的建議。
- 第四章描述在教導學習困難學生時，藉由教學與學習風格的相配對，幫助你了解並察覺提高孩子學習成就的方法。
- 第五章介紹學習如何發生，教師如何為所有學生創造學習成就的最新觀念。
- 第六章至第八章建議改善你的學習困難學生在閱讀及寫作成就的各種方法。這些方法與你目前教閱讀及語文的方法具有相容性。
- 第九章和第十章的重點集中在其他知識學科的閱讀及學習，包括科學、社會和數學。
- 第十一章描述如何幫助學生改善組織技巧，並使用有效的讀書方法來溫習他們必須學習的。
- 第十二章介紹能幫助你脫離傳統評量的評量方法，使你更了解那些在困難中的學生真正學習了什麼的清楚畫面。
- 第十三章聚焦於行為的議題。學習困難學生往往看似有行為問題，對於當你閱讀到本書末尾才發現此章，你可能覺得意外。事實上，當學生的學習風格被關注，且課程具適度挑戰性時，他們的行為議題較不令人擔心，不當行為也會減少。
- 第十四章提供將家長吸收為教育團隊成員的建議。此章的描述將觸角伸向家長（包括那些看似沒興趣的家長），並使他們在學校受到歡迎。

本書每章的結尾部分都包含問答集，那些是我在工作坊介紹此書時，針對最常被提出的問題所做的答覆。如果你的疑問在本書中未被談及，請務必寫信給我，好讓我能在此書未來再版時或以私人溝通方式回應。請將信寄至出版社代為轉交 c/o Free Spirit Publishing, 217

Fifth Avenue North, Suite 200, Minneapolis, MN 55401-1299，或以電子郵件寄至 help4kids@freespirit.com，或透過 Free Spirit Web 網站 www.freespirit.com。

最後，每章也包含參考文獻及資源，向讀者說明其他資訊與教材的來源。這些都是我所發現的精選書籍、文章、錄影帶、機關團體、社團、課程和資源，我鼓勵你們去發掘它們。

你也將發現成列的資源和推薦讀物，去和你的學生及他們的父母分享。

你也許會對本書所附的兩項產品感興趣。*Teaching Kids with Learning Difficulties in the Regular Classroom CD-ROM* 包括本書所有可複製表格，以及一些組織圖，它們都是我在特教領域努力研發的心血之作。你可在需要時複製它們，這些圖表都是為大部分教室及學生量身定做。*Teaching Kids with Learning Difficulties in the Regular Classroom Multimedia Package* 為一多媒體套裝軟體，它能為以學校為本的教師研究提供團隊形式的服務；讓教師們聚集在一起，為學生學習並推動這些策略。如需更多關於 CD-ROM 或多媒體套裝軟體的資訊，請連絡 Free Spirit Publishing，或瀏覽此公司的官方網站。

對你而言，我相信此書能讓教學更愉快、更有成效；對你的學習困難學生而言，此書能讓學習變得更享受、更成功。我樂於收到你的任何回饋，那是你所關心並願意與我分享的。

讓我們開始吧！

Susan Winebrenner

參考文獻及資源

Good, Thomas L. "Teacher Expectations and Student Perceptions." Educational Leadership (February 1987), pp. 415-422.

Olweus Bullying Prevention Program（www.clemson.edu/olweus）. 一個綜合性的學校區域課程，為小學、國中及高中設計。被美國衛生及人類服務部（U.S. Department of Health and Human Services）的 Substance Abuse and Mental Health Human Services Administration 認可為示範方案（modelprograms.samhsa.gov）。可與該機構的 Marlene Snyder 博士連繫，（864）710-4562.

The President's Committee for People with Intellectual Disabilities（PCPID）（www.acf.hhs.gov/programs/pcpid）. Formerly the President's Committee on Mental Retardation（PCMR）.（202）619-0634.

Rimm, Sylvia. *How to Parent So Children Will Learn*. New York: Crown Books, 1996.

Rosenthal, Robert, and Elisha Bahad. "Pygmalion in the Gymnasium." *Educational Leadership* (September 1985), pp. 87-90.

Rosenthal, Robert, and Lenore Jacobson. *Pygmalion in the Classroom: Teacher Expectation and Pupil's Intellectual Development*. Norwalk, CT: Crown House Publishing, 2003.

CHAPTER 1

使你班上的所有學生受到歡迎

你還記得某個新學期開學第一天的感受嗎？你能回憶起那些在你腦中迴旋不去的疑問嗎？新老師會不會對我很好？其他孩子會喜歡我嗎？午餐時會有人想跟我坐在一起嗎？如果作業太難，我應該怎麼辦？如果你能聯想起這些擔心、害怕，就能輕易地了解大部分的學生進入你班上時有怎樣的感受。

學習困難的學生有著同樣的煩惱，他們的問題也可能更糟糕。任何你所能做的，是有目的地讓學生去感覺在你班上受到歡迎與關心，這對於你為所有孩子提供一個支持性的學習環境將大有幫助。

歡迎活動

對新朋友打招呼[1]

開學的第一天，學生應參與能幫助他們了解彼此的歡迎活動。孩子喜歡用「對某人說哈囉……」的方式，來分享及發現對方的有趣情報。之後不管在走廊、教室、學校餐廳和操場，持續地進行打招呼活動。當孩子認識更多朋友後，他們會感覺自己成為團體的一份子。

1　此活動及第 3 頁學習單修正自：*Patterns for Thinking, Patterns for Transfer* by Robin Fogarty and James Bellanca. ©1991 IRI Skylight Publishing, Inc., Palatine, IL. 經授權使用。

老師發給每位學生一張對新朋友打招呼的學習單（第 3 頁）。允許學生有 15 分鐘的時間在教室內四處走動、蒐集和學習單上所描述相配者的簽名（例如：如果 Emilio 去年夏天都沒出城，和「整個夏天都留在鎮上」的描述符合，就請他在空格內簽名；如果 Sarah 曾去外地旅遊，就在「曾經到外地旅行」的敘述下方簽名）。向學生解釋，每個人只能在另一位學生的學習單上簽一次名，以及不能在自己的學習單上簽名；大家應該盡可能多蒐集新的簽名。當某位學生在另一位學生的學習單簽名後，兩人將相互說：「哈囉，（新朋友的名字），很高興見到你！」

有機會認識你

當你要求學生參與團體活動時，給他們一些時間認識彼此。這裡有個好方法：

分發自黏式名牌，要他們在名牌中間寫下自己名字，再分別在四個角落寫出下列問題的答案（或用你的問題取代）：

- 左上角：「你在哪裡出生？」
- 右上角：「你最喜歡吃的食物是什麼？」
- 左下角：「你最喜歡做的事是什麼？」
- 右下角：「有沒有哪一件事讓你感到非常驕傲？」

當學生完成名牌並戴上後，將他們分成一對對互相訪問同伴。接著介紹他們的同伴給另一個 4 到 6 人的小組。

紐奧爾良	起司漢堡
JOSHUA	
騎腳踏車	自己賺錢買腳踏車

整個夏天都留在鎮上	去看過一場球賽	曾經到外地旅行
喜歡吃起司漢堡	有三個以上的兄弟姐妹	會說一種以上的語言
去過迪士尼樂園	可以把球踢（或丟）得很遠	是學校的新生
會演奏一種樂器	戴眼鏡（或隱形眼鏡）	喜歡閱讀

資料來源：*Teaching Kids with Learning Difficulties in the Regular Classroom* by Susan Winebrenner, copyright © 2006, 1996. Free Spirit Publishing Inc., Minneapolis, MN; 866/703-7322; www.freespirit.com.本頁允許個人、教室及小組活動複製使用。

名字遊戲

請孩子圍坐成一個大圓圈，由老師解釋遊戲規則，然後請某位學生說出他的名字，再簡短描述一件他喜歡做的事（例如：Bobby，套鐵環）。以繞圈方式輪流進行名字遊戲，當輪到第二位學生時，先重複剛才被敘述過的話，然後加上自己的名字和喜歡做的一件事（例如：Bobby，套鐵環。Maria，騎腳踏車）。接下來遊戲進行的方式以此類推，第三位學生複述前兩位說的話，再加上自己的資料。

確定全班了解，每位學生在自我介紹前，必須先重複被別人說出的每件事。提示：如果你知道某些孩子有記憶問題，則安排遊戲會早一點輪到他們。如果你認為較小圓圈較適合孩子，可將班上學生一分為二。

興趣調查

在開學第一週，把興趣調查表（第 5-6 頁）作為學生家庭作業，告訴學生可要求家人協助完成興趣調查。

當你收回興趣調查表，仔細閱讀它們，並在學期中經常回顧、檢視。你會發現有很多方式可以利用此調查所得之訊息。例如：根據這份興趣調查表建議學校的計畫案。對於缺乏學習動機的孩子，不妨每天多花一點時間聊聊他們的興趣。也讓學生了解，即使他們的學業表現並不成功，你仍然喜歡他們。

想像一下：一個創意畫廊

如果可能，取得並沖印學生去年的生活照片，以便在以下的建議活動中使用。或是自己拍照，拍立得教育方案（Polaroid Education Program）能提供絕佳教室支援（查看本章的參考文獻及資源）。

- 在教室牆壁上給每位學生（或布告欄）一些空間，來放置他們希望展示的任何東西 —— 自己的、家人的和（或）朋友的照片，以及他們引以為傲的作品等。當學習困難學生的作業從來不曾成為「我們的最好作品」的展示時，此活動能消除他們過去不愉快的經驗。
- 鼓勵孩子製作個人書籤，並在書籤上方附上他們的照片，可隨意選擇書籤的裝飾方式。

興趣調查表

姓名：＿＿＿＿＿＿＿＿＿＿＿＿＿＿＿＿＿＿＿＿

1. 除了英語，你在家中還會說哪一種語言？

2. 你最喜歡看哪一種類型的電視節目？為什麼？

3. 你會在家中使用電腦嗎？你都用電腦做哪些事？

4. 什麼是你最喜歡的遊戲或嗜好？

5. 你喜歡看什麼樣的電影？為什麼？

6. 請說說看，你想要做什麼樣的旅行。

7. 什麼是你在學校最喜歡的活動或科目？為什麼？

8. 什麼是你在學校最不喜歡的活動或科目？為什麼？

9. 什麼是你喜歡蒐集的東西？你打算用蒐集來的東西做什麼事？

興趣調查表（續前頁）

10. 當你長大時，你認為哪一種職業可能最適合你？

11. 你喜歡閱讀哪一類的書籍？

12. 你最喜歡閱讀的雜誌是什麼？

13. 你最喜歡讀報紙的哪一欄？你如果不看報紙，如何獲得新聞？

14. 當你在家的空閒時間裡，會先選擇做哪一件事情？

15. 如果你可以選擇跟一位現在還活著的人說說話，你會選誰？為什麼？請說出三個你想要問的問題。

16. 請想像你可以發明一樣東西讓世界變得更美好。請描述你的發明。

17. 請說出一件你最拿手的事。

18. 請說出一件你想讓我知道跟你有關的事。

- 徵得家長同意，複製孩子的照片，並加上通訊地址和電話號碼，為孩子們設計一份可留在家裡的全班通訊錄。
- 拍攝並展示不同的班級活動照片，應確定所有孩子當時都在場。

人的禮物[2]

人的禮物活動已被成功運用在小學低年級，它幫助孩子學會尊重及欣賞人與人之間的個別差異。

1. 蒐集各種「美好禮物」（例如：書籍、玩具、人造珠寶、遊戲）和「平凡禮物」（例如：湯匙、餐紙、襪子）。將平凡物品包裝成外表美麗的禮物，而「美好禮物」則用一般牛皮紙、報紙和細繩包裝。包裝內應包括不同尺寸和形狀的禮物，分別裝進大紙箱後然後帶到班上。
2. 讓孩子圍坐成一個圓圈，將禮物在他們面前傳遞。問學生：「猜猜看，哪一個包裹裡的禮物最美好？」（多數學生會猜測包裝精美的禮物。）
3. 要孩子拆開包裹，討論為何無法從禮物的外表去辨別它的內在。
4. 每次叫幾個孩子走到前面，要求大家把他們想像成可被形容的禮物。描述時必須提到頭髮顏色、眼睛、身高、衣服、膚色等特徵。接著，被當成禮物展示的孩子告訴全班有關他個人的、大家沒看到的有趣事情，可能是一個想法、感覺、經驗、養寵物惹的麻煩、他喜歡及討厭做的事、嗜好、興趣或才能等。
5. 最後，老師以此比擬作為活動的結束：「正如同我們無法從禮物外包裝去看出它裡面有些什麼，我們也無法單從一個人的外表去辨別他內在的思想、感情或是個性。」

偶爾在學期中重複人的禮物體驗，特別是當學生出現嘲弄他人行為的時候。

2 Marlene A. Cummings，來自威斯康辛州的 Fitchburg，為 *Individual Differences* 的作者，此書由 Anti-Defamation League of B'nai B'rith 所出版。經授權使用。

預備、就定位、出發

在開學第一週的某個時間，把你的學生帶到體育館，讓他們在離牆壁約 20 至 30 英寸距離處排一直線。告訴學生當你說「開始」時，必須以最快速度從所站地點往前跑向牆壁。一旦你看到有人跑到終點手碰到牆壁，你就會馬上吹哨，此時所有人都要站在原地不動。

給出發信號：「預備，開始，跑。」當第一個人手碰到牆面，你立即吹哨，對學生宣布：「現在注意你站在哪裡，再回頭看一看，你是從哪裡開始跑的。好，現在每個人都走到老師這裡來。」當學生走到牆壁前，你對大家說：「小朋友注意到了嗎？我們都從同一個地點開始跑，也在同一個地點結束。但是，我們都用自己的速度到達終點！這一學期我們也要用同樣方式來學習課業。記得！除了你自己，不要去擔心任何人的速度。」

穿自己的鞋子走路[3]

你和某位學生互相交換鞋子穿，交換方式愈誇張愈好（例如：高跟鞋配高統球鞋、大號帆船鞋配上小號運動鞋）。班上的其餘學生都是你們的觀眾，試穿彼此的鞋子以後在教室裡到處走走。大家隨意地說笑，討論為什麼人們要穿自己的鞋子。

告訴全班學生，每位學生的工作是確定他在每個科目被要求穿上的「鞋子」是否適合自己。向學生說明，老師的工作是檢查學生是否穿對「適合的鞋子」；他們只需擔心自己的鞋子是否合腳，而不必去擔心任何其他人的鞋子。如果感覺自己的鞋子不適合某個特定的學習活動，他們便必須找你談一談。

更多用來創造受歡迎環境的方法

■ 每天早晨站在教室門口，一邊喊出學生名字，一邊歡迎他們的到來。對於害羞或課業趕不上年級程度的孩子，可使用從興趣調查表所獲

3　出自：Linda Reynolds，為一位教師，來自伊利諾州的 Elgin。

得的訊息，談一談他們感興趣的個人事物。這會傳達給學生一個訊息——即使學業表現不佳，你還是喜歡他們。

- 所有年齡的學生都喜歡把個人風格帶進教室，將教室布置成他們的另一個家。例如：某位教師把她的班級號碼寫在一張大卡紙上，把數字剪下再分割成拼圖樣式。每位學生分到一片拼圖，鼓勵孩子用創意著色。將一片片拼圖重新組合後，並將班級號碼展示在教室門口。
- 在各科教學中，把你學生的名字放進你用來教導不同科目的情境或舉例中。
- 避免將學生貼上標籤，特別是那些有學習困難和障礙的學生。例如與其說：「需要我協助閱讀的小朋友到老師這裡來？」倒不如簡單地說出：「Harold、Jessie 和 Sam，我需要你們和老師一起工作一會兒。」
- 和學校合作，檢查並確定學生手冊是否滿足所有孩子的學習需求（包含新學生及身心障礙學生）。例如：學校地圖是否清楚標示到學校餐廳、辦公室、輔導處、圖書館的位置？是否指出學校中方便輪椅進出之電梯、殘障坡道、超大型門的位置？如果學校尚未印製學生手冊，或許這可作為你的一項課堂計畫案。
- 在學期一開始，帶著好消息和家長展開第一次接觸——某件關於他們的孩子如何引起你注意的好事。對於學業表現低下的孩子，可能讚美其人格特質或某些對班上的特殊貢獻。當家長從你這兒得知更多正向訊息，你會更容易獲得家長對學校的支持。當所有孩子了解你努力發掘他們的正面特質時，他們會更能感受在你的班級受到歡迎。
- 教導你的學生對於人與人之間的個別差異與需求都應給予尊重，並請你一貫地以身作則。當你能提供不一樣、滿足差異性的學習活動，顯示你能體認此事實：並非所有學生都需要同樣的學習活動。老師會重視學生是因為尊重個別差異的緣故。
- 認同並尊重孩子的學習風格及人格優勢（參考第四章的具體策略與建議）。一旦你了解學生的學習風格，允許他們證明自己正在學習在某種程度上和其學習風格的優勢相容。因為他們表現得好，老師會更容易去注意到他們。
- 老師應避免孩子間出現競爭與強調個人成績的情形。

- 把握每個機會讓孩子了解，錯誤的可貴在於它帶來學習機會。例如：當你注意到某位學生一臉困惑，你可以說：「你覺得困惑嗎？這對你是有好處的！疑惑總在學習之前來到，我們可以確信，你就快要學會了。」[4]
- 隨時隨地幫助學生保有他們的尊嚴與價值感。例如：當看到某位學生做錯一件事，問他：「你正打算做什麼呢？」而不是「你正在做什麼呢？」
- 應避免出現被誤解為輕蔑的言語和情境。有些成人的玩笑之語在孩子看來並非有趣。例如：如果你不加思索，說「我們來看看，我們還在等哪一位小朋友！」它發出的訊息是：嘲諷一個動作緩慢的學生是無傷大雅的。更好的說法是：「老師很開心，看到很多小朋友準備好進行下一個活動了。」期待動作緩慢的孩子會接收到這個訊息。把你的手放在學生肩膀，然後說：「我們要開始做數學了，請準備好。」這也很有效。師生私下的言語互動總是比當眾催促好得多。
- 在一學年接近尾聲時，讓你的學生寫信給明年會到你班上的學生。向他們解釋，這封信必須讓新學生認識你和教室班規，以及哪些特別事情使你的班級令人興奮又奇妙。蒐集這些信件以便在新學年一開始時發送。

歡迎英語學習者來到你的教室

英語學習者（English Language Learners, ELLs）指的是在英語精熟方面受限者（Limited English Proficient Students, LEPs）、英語為第二外語者（English as a Second Language, ESL）及來自少數民族的兒童，英語學習者是當前很多學校成長最快速的學生群體之一。你能想像某一天在某個校園，能同時聽到近四百種不同語言的奇特經驗嗎？從西班牙文、廣東話、阿拉伯語、塔加拉族語、波斯語到烏都語等各種語言應有盡有。

4　出自：Rita McNeeley，為一位教師，來自密西根州的 Port Huron。

- 大聲唸出學生的名字，先和學生或他們的父母確認你的讀音是否正確。
- 當介紹新學生認識班上同學時，一次安排幾位學生即可。讓他和被介紹的同學一起坐，把他們的座位暫時安排在離你辦公桌最近位置。確認他在下課和午餐時，都有同學陪伴不會落單。
- 給新學生幾天的時間，靜靜觀察班上同學及例行活動。每天都找些時間和他說說話，即使你仍需要熟悉其母語的人協助溝通。
- 在開學第一週，藉由家長的協助，鼓勵新學生在班級中說話。使用第二章建議的名片法（第 15-22 頁）。不用擔心他能否聽懂別人說什麼，也無須等到他英語流利時再讓他開口。經由口頭參與，他們很快就會喜歡並融入新團體。
- 維持固定的教學程序，給予一致性指示，經常檢查例行活動是否確實進行。
- 將教室中的每樣物品都貼上英文標籤。
- 在教學中使用圖畫字典。
- 介紹新概念時由具體逐漸至抽象。
- 將說話速度放慢一些、偶爾停頓一下，以及控制你的字彙。不要大聲叫嚷或語帶高傲，避免在你說話時夾用成語或數字，允許學生有額外的時間來處理語言適應問題。
- 避免詢問答案為是／否的問題，要學生經常讓你知道他們是否懂了，允許學生用各種方式來證明對特定主題的理解。
- 當你不了解學生的意思時，要讓他們知道。而當師生出現溝通困難時，可書寫簡單的英文讓你清楚他的意思。即使學生英文字寫不好也沒關係，他們可以先使用畫圖方式來和你溝通。
- 提供結構化的課程，讓學生藉由不同的語文能力〔閱讀、寫作、說話及（或）傾聽〕來展現他們的理解程度。
- 在教學時步驟宜簡單，一次分派一種作業。
- 再教一遍、重複練習以及經常給予複習，並進行必要的調整。
- 教師應能了解、修正在測驗及作業指示中的常用語，英語學習者通常無法很快了解配對、找出、討論及比較等詞彙的意義。

- 對學生的學習保持高度期待，要求他們作業的品質，從學習進步的情形來打分數，當他們事情做正確即給予特定讚賞。
- 你在教學時應親身示範，期待所有學生能接納同儕的錯誤，不要嘲笑他人。
- 適當調整學生的作業，例如提供足夠範例、寫作業時間及教師協助量等。通常適用於視、聽、觸、動覺學習者的策略，對英語學習者一樣奏效。
- 如果可能，一致的使用圖解組體（graphic organizers）策略進行主題教學。參考第九章的內容組織圖（Content Organization Chart）（第257-262頁）。
- 提供自己動手做的教材及操作性教具。
- 進行結構化教學，幫助學生應用所學知識。
- 對英語學習者的要求與對待其他學生一樣，給予相同的行為期待。
- 為學生創造機會，讓他們和同儕在班上分享母語及風俗習慣。
- 切勿禁止家長和孩子在家中使用母語進行讀寫活動。當邀請家長參加學校活動時，可使用其母語來寫邀請函，學校隨時提供翻譯及臨時托兒的支援。
- 提供多種形式的讀寫評量，針對英語學習者在閱讀發展的不同層次，評量其閱讀理解成長情形。
- 藉助任何可利用的現代科技，來加速英語學習者學會新的語言。

以上針對英語學習者的相關建議，也有助於他們成為受歡迎的班級成員。

問答集

「會不會有些學生，特別是那些課業成績優秀者，認為這些歡迎活動無聊或奇怪？」

有學習困難的學生經常認為學校是冷酷、缺乏人情味的地方，很多中輟生感覺被同儕隔離。本章關於對新朋友打招呼的歡迎活動（第3

頁），能幫助孩子建立對團體的歸屬感。若希望為青少年量身打造學習活動，不讓他們覺得無趣，你可在學習單中加入與青少年有關的各種訊息。如果你需要更多適合大孩子的教學靈感，試著和同事一起腦力激盪。

「如果某位學生的父母對於我努力接觸他們而毫無反應呢？有些父母對其子女的學習似乎完全不感興趣，因而我覺得自己可能在和家長浪費時間？」

為何有些家長對於和學校接觸會產生抗拒？這其實有很多原因，記住，這是因為很多家長之前與學校接觸經驗的不愉快，此問題在第十四章有詳細討論。一旦家長感受你正努力發掘孩子的最好能力，他們的態度就可能因此改變。每週在你與家長聯繫時，說一些孩子在學校的成功經驗。當家長接收到更多的正面訊息，就更能提高他們的到校意願。尋求公立圖書館（或大學圖書館）的協助，請館員引導你蒐集有關增進家長參與學校教育的資訊。

參考文獻及資源

CARE: Courtesy and Responsibility Everyday. 此方案能協助學生專注及產生正向行為，可與 Dassel 小學聯絡。P.O. Box 368, Dassel, MN 55325; (320) 286-4100 ext. 6。

Dinkmeyer, Don, Sr., and Don Dinkmeyer Jr. *Developing Understanding of Self and Others (DUSO)*. Revised edition. Circle Pines, MN: American Guidance Service, 1982. 為一木偶戲課程，教導幼稚園至四年級學生學習如何包容與理解。此書已絕版，可向當地圖書館、大學圖書館或網路書店進一步查詢。

everythingESL.net 是 Judy Haynes 老師為英語為第二外語者（ESL）所架設的網站，提供幼稚園到十二年級教師所需之課程計畫、教學策略，可上該官方網站進行資料下載、主題討論及資源蒐尋。

First Day Foundation（www.firstday.org）提供適合教師、學生及社區人士，在每學年第一天聚集在一起慶祝學習、歡迎學生的活動。是一個很棒的歡迎方法！1-877-FIRSTDAY（1-877-347-7832）。

Fogarty, Robin, and James Bellanca. *Patterns for Thinking, Patterns for Transfer: A Cooperative Team Approach for Critical and Creative Thinking in the Classroom*. Palatine, IL: IRI Skylight Publishing Inc., 1991.

Friends Who Care. 由 Easter Seals 發展，此課程協助教師、家長及年輕學生，更清楚地認識身心障礙。可至 Easter Seals 官方網站的 Friends Who Care 區蒐尋（www.easterseals.com）。

Moorman, Chick, and Nancy Weber. *Teacher Talk: What It Really Means*. Saginaw, MI: Personal Power Press, 1989. 提供實用的教學指引，協助教師使用教師談話進行班級問題行為之管理。

National Clearinghouse for English Language Acquisition & Language Instruction Educational Programs（NCELA）（www.ncela.gwu.edu）. 提供教師、家長及社區人士相關訊息及資源。此分支機構隸屬於 Office of English Language Acquisition, Language Enhancement, and Academic Achievement for Limited English Proficient Students（OELA）. 1-800-321-6223。

Polaroid Education Program（www.polaroid.com/education）. 可下載教學活動及計畫，免費索取教學活動光碟，提供家長建議及讀寫教學等相關資源。

Teaching English Language Learners（www.celt.sunysb.edu/ell/first.php）. 提供幼稚園到十二年級教師教學提示及策略。為 Center for Excellence in Learning and Teaching（CELT）建立的官方網站，並由 Stony Brook 大學（New York）的專業教育方案（Professional Education Program, PEP）贊助。

CHAPTER 2

使每個人參與學習

所有學生都是有能力的學習者，身為教師的你必須證明，所有學生都被期待能完全參與所有學習活動。有時你會想給學生機會選擇是否學習，然而每個人都應專注於學習之中。在任何班級被允許從主動參與中離開者，往往不能像高度參與者有較好的學習成就。

事實上，我們有些教學行為是在鼓勵學生從活動中脫離。當我們上課要求某位學生作答卻得不到回應時，常常就轉向其他學生。那些就此被丟下的學生可能理所當然地以為教師認定他沒有能力。他無法理解教師轉移的理由是為了避免讓他尷尬。老師的一時善意，卻傳遞給學生錯誤的訊息。

名片法[1]

「名片法」（Name Card Method）傳達教師的一種期待，即所有學生都應主動參與課堂討論。它提供孩子發展友誼的機會，也消除許多典型的教室問題。

- 不再有學生以不參加為藉口而躲避你。
- 不再出現學生掌控課堂討論的情形。
- 脫口說出答案，或以大喊大叫回答的情形會顯著地減少。
- 學生傾聽行為會徹底改善。

1　修正自："Think-Pair-Share, Thinktrix, Thinklinks, and Weird Facts" by Frank T. Lyman Jr., in *Enhancing Thinking through Cooperative Learning*, edited by Neil Davidson and Toni Worsham. NY: Teachers College Press, 1992。經授權使用。

■ 學生參與所有討論的程度會接近百分之百。
■ 當你引導學生討論時，不會無意識地涉入種族、文化或性別偏見。
■ 所有年齡和不同能力的學生都會發現，此方法比傳統的舉手方式更合他們心意，並有動機去參與討論。

教師常自認出於善意，對有困難的學生提問一些簡單問題，或在討論中放過他們。其實，此一動作會不自覺地降低對學生的期待。很不幸的，當我們沒有要求學生對學習完全負責時，他們所接收到的訊息是：我們不相信他們有應付這些教材的能力。「名片法」確信，我們對學生傳遞的只是高度期待，所有學生都能成功地參與討論。

做好準備

1. 告訴你的學生，在課堂討論時將不再需要舉手，除非你特別要求他們把手舉起來。
2. 在 3×5 英寸的卡片上寫下每位學生的名字，然後將卡片疊成一副牌。提示：有些老師讓孩子自己製作並裝飾他們的名片，但我喜歡在卡片上留下一些空間，以便能迅速記下學生的相關資料。一些國中、高中教師會使用有顏色的卡片，以便針對每一種科目使用一種特定顏色。某些特殊教師常採用小組教學，準備兩倍或三倍學生數的名片量，讓每位學生的名字在整副牌中出現好幾次。
3. 將學生組成一對對的「討論夥伴」，並且坐在一起。安排能力最好的學生坐在一起；高成就者搭配表現平均者；樂於助人者與學習最困難者配對。換言之，容許孩子有些能力的差異，但不是過大的差距。如果某些能力優秀的學生想和學習困難孩子合作，在事先設定的基礎上，允許他們如此做。

   根據 Dale Schunk 關於角色示範（role modeling）的研究中指出，學習夥伴之間的巨大差異會壓抑有學習困難的學生，也將會剝奪資優學生體驗新知的機會。[2]告訴你的學生，你將會定期更換配對，他們不必無限期地與相同的夥伴合作。

2 Schunk, Dale H. "Peer Models and Children's Behavioral Change." *Review of Educational Research* 52:2 (1987), pp. 149-174.

如果學生原先的教室座位是一排排坐的，讓每對夥伴互相隔著走道坐。讓他們在討論時把椅子移近在一起，其他時候則坐在固定的那排。若孩子們坐在地毯上，或在別的地點聚集討論，要求他們坐回討論夥伴身旁。如果你的某些學生已經同組過了，可從各組內為他們指定新搭檔。如果搭檔中有人缺席，落單者必須加入其他的一對繼續討論。

名片法的使用程序

對你的學生解釋使用「名片法」的理由，歡迎修改第 15-16 頁建議的方法，也可使用你的創意。當孩子了解原因，會比較容易與教師合作。

為了達到「名片法」的最好效果，用開放式問題與學生討論，例如：討論他們正閱讀的一本書、時事議題，或任何科目中一些較具挑戰性的問題。你在討論過程中經常洗牌，當學生無從得知何時會出現自己的名片，他們較會出現專注的傾聽行為。若你每次都將用過的名片放在整副牌的底下，孩子們將得知只要一輪過自己，就可讓大腦進入休眠狀態了。

1. 告訴全班，你會問一連串的問題。對學生解釋，每一個問題都會要求幾位學生作答。因此，在未輪到他們之前不可發言或搶答。
2. 提問問題。給學生 10 到 15 秒的時間去思考（think）答案。不接受任何脫口而出或衝動的答案。提醒過早發言的學生，給他們的「思考時間」尚未結束。
3. 讓學生與他們的夥伴配對（pair）合作。首先，描述你用來暗示討論時間結束的訊號，不斷練習直到他們習慣為止。例如：當你說「時間到！」並拍一下手。一旦你打出此訊號，學生必須立刻停止交談。即使學生話說到一半，把他們的注意力拉回你這裡。

   給孩子 30 到 45 秒時間，討論任何可能答案。請他們輕聲交談，如果他們願意，可將準備好的答案寫下。向孩子解釋，記錄答案的筆記是自己使用，老師將不會收回。

當孩子進行討論時，教師四處巡視以確定他們是否確實照做。如果有些孩子中途離座，你可想想是否討論的時間過長。如果孩子能在你給予結束信號前就察覺該結束討論會比較好。

你可利用此時，個別指導態度不積極的學生，協助他預先準備答案，以防萬一他的名字卡被抽到（有時你清楚此情況會發生，但學生不了解你的用心）。

當討論時間結束，教師打出之前練習過的結束信號，將學生的注意力轉向你：「小朋友，分享（share）時間到了！」

4. 叫喚名字在最上面一張牌的學生。別讓他們看到洗牌順序，你可能因某些理由（如第 21 頁所述案例）而有特定的洗牌方法。提示：不要在叫學生回答前先看過名片，應盡可能避免學生誤會你試著將問題難度與他們的智力配對。當能力好的學生被問到困難的問題，而能力較差者則給予簡單的問題，我們傳達給學習困難學生的訊息是教師降低了對他們的期待。
5. 一旦你要求某位學生回答，則一直堅持等到他出現一個答覆為止。如果你詢問他是否需要別人協助？或轉身問班上哪位學生能協助他時，你是在對他發出低期待的訊息。多給他幾秒鐘思考，靜待一個答案。提示：不要重複學生的回答，這會鼓勵一種懶惰的傾聽行為。

   如果學生在 10 秒鐘內沒有回應，請他和同伴談一談，告訴他等一下再回頭問他（現在不需全班苦等他回答）。允許孩子這麼說「我需要多一點時間，請你等一下再問我。」同時，握著他的名片，讓他清楚地看到、也知道你絕不會忘記找他。很重要的是，幾分鐘之內你務必回頭找他，讓他了解你真的相信他有能力回答。如果他還是無法回答，你可採用選擇題，或再提供線索（或暗示）讓他作答。
6. 對相同的問題能接受三個或更多的答案，而不去指明答案的正確與否。當你得到每一個答案，說聲「謝謝你！」，把學生名片插入一副牌中，接著用同樣問題叫另一個學生回答。當你對相同問題表現接納答案的多樣性時，即使別人回答過後，學生也不會停止思考的動作。因為他們知道，自己的名字可能下一個被點到，並要提出一個合理的答案。

當然，老師應期待每個孩子能表達自己的想法，或知道從同伴那裡找答案。更重要的是，所有孩子能針對每一個問題，認真思考自己的答案。

7. 在進入下一個問題之前，為顧及那些喜歡和人分享知識的學生的權利，詢問：「有誰要補充任何還沒被說過的？」要求補充答案的學生必須舉手。

 對大家解釋，如果想取得補充討論的「門票」，必須仔細聆聽其他人所說的話。若有學生重複先前說過的，你必須簡單地說：「那已經說過了。」學生必須覺察，除非他的名字出現在名片最上面，否則你不會在此討論中再次叫他回答。告訴全班學生，你不需要任何人幫忙注意誰重複報告了。換言之，你不希望每次當它發生時，就聽到學生一起大聲地唱和「那已經說過了！」

你也可使用「名片法」進行複習評量，藉由名片法的評量方式，使學生把注意力集中在課程與討論，你將會很訝異孩子能記得更多的知識。

只有少數教師提及，部分學生不喜歡名片法。如果有人抗拒使用它，可試試以下的建議：

- 記得花些時間為學生尋找指定夥伴，讓夥伴們在討論過程中一起合作。如果學生缺少討論夥伴，焦慮程度會明顯增加，當學生變得更焦慮時，就無法清楚思考了。
- 記得向學生解釋名片法的使用理由，當學生了解目標，會更容易順從教師的引導（可使用第 15-16 頁的建議）。
- 如果你試過的方法都失敗了，告訴學生你正選修一門畢業課程必須進行一項作業。如果大家能用兩週時間開心地實驗名片法，你就能獲得好成績並順利畢業。實驗結束前，和學生一起討論名片法，解釋你使用的原因及讓學生分享個人的體驗。由於此一正向經驗，大部分的學生都會同意你繼續使用它。

「思考—配對—分享」活動的變化

你可帶領學生，利用名片法中的思考—配對—分享（think-pair-share）步驟，以 Frank Lyman 博士發展的思考矩陣模式（Thinktrix model）進行練習，此模式將在第五章有更詳細的描述。[3]思考部分可有以下活動變化：

- 回憶：能記得學過的東西。
- 相似性：能找出在想法、人們或事件之間的相似性。
- 差異性：能找出在想法、人們或事件之間的差異性。
- 因果關係：能證明他們對事件、行為、想法等之間關係的理解。
- 概念到舉例：能就討論的概念說出特定例子。
- 舉例到概念：能歸納、做摘要、探索主題、解釋規則等，以顯示他們能夠獲得重要的概念。
- 評估：能針對某件事物的價值，說出他們的看法是好或壞、對或錯、重要或不重要，這經常包括因果分析。

在配對部分可有以下活動變化：

- 由學生兩人輪流互教老師教過的東西。
- 能夠解釋他教同伴的概念，是以怎樣的思考方式來進行。
- 能找出被問到的題目可產生哪些思考類型。
- 能寫下兩人一組學習的收穫。
- 能讀一些段落給彼此聽，藉此蒐集資訊或回答問題。
- 能回顧、複習即將來臨的評量。

最後，學生也可以變化分享的方式：

- 傾聽。
- 閱讀。
- 演出他們的想法。
- 在新、舊概念之間找出連結之處。

---

3 修正自："Think-Pair-Share, Thinktrix, Thinklinks, and Weird Facts" by Frank T. Lyman Jr., in *Enhancing Thinking through Cooperative Learning*, edited by Neil Davidson and Toni Worsham. NY: Teachers College Press, 1992。經 Frank T. Lyman Jr 授權使用。Frank T. Lyman Jr. 是一位教育工作者，同時也是下列三種教學法的原創者：Think-Pair-Share、Thinktrix, Principle-Based Coaching Wheels 和 Problem-Solving Flow Chart。

■ 指出他們對學習這些教材所做的判斷。

Sean 的案例

Sean 是一位和氣的大男孩，他的學習態度被動，每當他一被難倒就容易面紅耳赤。當我初次在課堂使用名片法，為學生複習美國各州首府的地名時（我們學區裡所有的五年級學生都被要求要了解這些知識），Sean 看來非常緊張，我喊了他的名字，他沉默以對，猜想我必定對他束手無策。我問他可否在下課後和他談一談。

當其他人陸續離開教室，我對他說：「Sean，我猜你不喜歡我用*名片法*上課」。

Sean 挖苦地回答：「你的第一個線索是什麼？」

「好吧！」我說，「我看得出來你很煩，我希望對你保證，名片法的使用不會讓任何人感覺不舒服。也許你擔太多心了，像是你的名字何時會出現在整副牌的最上面，還有，我會問你某一州的首府在哪裡。」

「就是啊！」他回答，「每個人擔心的事不都一樣嗎？」

「嗯！」我說，「他們也許會擔心，但他們擔心的程度確實不像你這麼嚴重。所以，我會想辦法讓你比較不緊張。明天課堂中當你的名字出現時，我會問你南達科塔州的首府在哪裡。」

Sean 停頓了幾秒鐘，懷疑地看著我，然後問：「你怎麼能肯定你會那樣問我？」

「相信我，」我回答，「我就是知道。但是我們得先約好。你不可以告訴任何人。」

「為什麼不可以？」他問。

「因為，那是你和我之間的祕密約定，別人不需要知道。」我簡單地聲明。

接下來九天之中，Sean 在下課離開教室之前，照例會走到垃圾桶邊丟點東西以便靠近我的桌旁。當他經過時，我小聲地說出隔天上課會問他哪一州的首府。在第十天，他看來像是還沒得到提示就急於要離開。

「Sean！」我從桌子這邊叫住他，「你是不是忘了些什麼？」

「喔！」他害羞地笑著說，「我再也不需要那個了。」

是啊！他不再需要了！

「啊！可憐的 Sean，害羞又不知所措，看來還是別打擾他吧？」想像一下，如果我曾經這麼想，會是怎樣的結果呢？讓他有藉口不參加討論，這不等於我同意他沒有討論能力？但是，我堅持他要參加 —— 加上我提供了適當的支持系統 —— 給予他一個清楚的訊息：「你能參加，你必須參加，這是你做得到的事。」

合作學習

合作學習（cooperative learning）能徹底改善學習困難孩子的學習成果。合作學習和傳統的團體活動相當不同，事實上，它的設計能消除孩子在被教會如何合作之前所經歷的大部分問題。學習困難學生經常在使用合作學習的課堂上表現更好，因為幫助彼此學習是受到孩子歡迎的。

如何將有學習困難的學生融入合作學習團體之中

在競爭就是期待的教室裡，學生極少有或絲毫沒有動機去幫助身處困難的同儕學習。合作學習的價值被看重的教室裡，每個學生的成功機會都提高了。當掙扎於學習的孩子被安置在合作學習團體（cooperative learning groups）之中，我們必須創造一些情境，使他們的出現不被嫌惡。如果其他學生認為學習困難者的存在將有損於大家的學習成果，抗拒和不滿是可預期的。以下將針對如何將學習困難孩子加入合作學習團體中進行建議。

將資優學生聚集在一起

讓你的三到四位最有能力的學生聚集成一組，提供正常作業之外的延伸活動。當資優學生與有困難者同處能力混合的合作學習團體之中，資優學生傾向控制並指使他人，因為他們會擔心若不領導，團體作品或成果將無法符合他們的高標準設定。假若資優學生不在一般團體之中，其他的孩子就較有機會去表現自我才能了。

避免團體成績

教師應為班級學生建立合理的評量制度，除了針對團體成果給予額外獎勵，所有的學生都能為自己的努力付出贏得一個分數。當同組每個人的學習達到某種程度時，人人都能夠獲得「額外獎勵」。例如：個人的實際分數再加 5 分。

事先與學習困難學生特別約定，相信大家能接受此種情況，如此他們的存在對於同組其他學生將不會造成麻煩。在某個合作活動開始時，要求學習困難者設定他想實現的目標。若是能達到目標，即使他的表現仍低於你對同組其他人的期望，仍然肯定他對團體的「額外獎勵」有所貢獻。

指定團體角色

賦予特殊學習需求學生某個任務或角色，使他們得以展現其學習優勢。例如：某些學生可能極具創意或擅長物件組合，試著在某個需要空間、視覺、技巧分析的團體活動裡，把他們放在領導者角色上（例如：七巧板拼圖）。就傳統而言，有語言天賦的孩子不見得擅長七巧板拼圖，但有部分學習困難學生對於需要視覺—空間能力的活動勝任愉快，能立即證明此部分能力。

創造及使用家族小組[4]

家族小組（home groups）幫助所有孩子在支持團體中找到歸屬感，每一個家族在每天早晨上課之前，先聚集在一起幾分鐘，再回到課堂參與合作學習及獨立性活動。每天放學前回到自己的家族相聚，以確認每位家族成員清楚當天的回家作業，並互相提醒記得帶功課回家。

家庭小組可由住在同一社區、鄰里的學生組成，因此組員可把家庭作業帶給當天缺席的學生。如果在你學校學生的缺課問題嚴重，可提供小組學習的某種動力，像是家族每位成員每天都上學可獲加分的獎勵。如果他們有彼此的電話號碼（先徵得家長同意），可實際聯絡並鼓勵彼

4 修正自 *Cooperation in the Classroom* by David Johnson, Roger Johnson, and Edythe Holubec. Interaction Book Company, 7208 Cornelia Drive, Edina, MN 55435. 7th edition, 1998. 經授權使用。

此上學者，則可再加分。

家族小組成員相互支持的方法可能包括：

- 親自出席。
- 幫助家族成員準備好當天上學所需用品。
- 互相練習必須學的基本知識（數字事實、拼字等）。
- 為準備考試一起用功。
- 就知道（Know）、什麼（What）、預測（Predict）及學習（Learned）四步驟裡的「知道」進行腦力激盪（見第 173-174 頁），列出有關某主題已了解的東西。
- 對如何解決班上的問題進行腦力激盪，以便為班級會議預做準備（見第 375 頁）。
- 以小組而非全班的形式，進行展示及說明（show-and-tell）。
- 為缺席學生蒐齊家庭作業，並送交給他們。
- 由家族小組互相檢查家庭作業，大家一起對答案並討論彼此的看法後，再用不同顏色的筆訂正。
- 假使每位家族成員都寫完並交齊家庭作業，除了能得到自己的分數外，也可為自己的小組加分；如果全部作業都達到預定的標準，還可再加分。

利用配對練習[5]

當你對全班講課或教導某件事物時，可使用配對練習（pair practice）技巧。此方法特別適用於主題單元教學，你希望能清楚學生對整個主題的了解有多少（而非僅是一小部分）。

兩位學生分別被指定為夥伴 A 和夥伴 B。在你教導一小部分知識後，要求夥伴 A 用任何他覺得舒服的方法「重新教一次」夥伴 B。你可使用名片法來查看有多少學生理解此概念。如果多數學生看似了解，再進行下一部分教學，之後再讓夥伴 B「重新教一次」夥伴 A。

5　修正自 *Tape 9: Biology-Visual Learning Tools (High School)*. The Lesson Collection. Alexandria, VA: ASCD Video, 2000. 經授權使用。

更多使每個人參與學習的方法

- 在某個學校，要求每位學生每次設定一個學習目標和一個社交／行為目標，請學生專注於目標直到達成為止。學校購買了一台製作圓形小徽章的機器，以便為每個學生製作「是的，我可以」的徽章。孩子設定及討論自己的目標，並學會在目標實現後如何相互讚美。要求孩子在每週或每個評分階段內完成短程目標，這樣最能表現方案的成效。教師藉由目標設定，開始一個為期一年的活動，並把焦點集中在學生的成長。另外，教師應著重孩子進行積極的自我對話（self-talk），視其為活動的一部分。每當孩子消極的說：「這我做不到！」其他孩子（及老師）則反覆對他說：「是的，你當然做得到！」接著，該學生回答：「是的，我可以！」你可在親師座談中討論此想法，為每一個親師會議做正向定位。
- 教育你的學生，有意義的成功來自於有能力去設定及達成實際的短程目標。切記，對那些自以為是傻瓜的孩子，除非以微小、可行的步伐學會如何達成目標，否則，他們難以達到得高分的崇高目標（見第116-120頁之「目標設定」）。
- 在教室創造一種氛圍，讓學生知道錯誤永遠是被預期的。鼓勵學生，錯誤提供人們學習的機會，它絕對不會讓自己成為他人嘲笑的目標。經常告訴你的學生，如果每次作業都做對，我們就不會有學習機會了。和學生分享你親身經歷的故事，特別是你的童年，描述一些你如何將錯誤當作學習經驗的故事。
- 在教室內設立一個愛心小老師角落，有困難的學生可在那裡遇到有能力幫忙的同儕。只要求自願者加入，絕對不強迫學生擔任小老師。記住，假使某些孩子仍在設法掌握某個概念，比起已精熟概念者而言，他們不見得無法勝任小老師工作。
- 教師以身作則，教導和強化這個觀念：在你的班級裡，真正平等不意味每個人都必須一樣。向學生解釋，大家的學習和進步機會都均等，但它們永遠不會在相同情況下發生。強調學生的職責是確認自己正在學習，無需擔心別人學得如何。這樣一來，當所有學生看似沒被相同對待時，你避免學生會譴責你不公平。取而代之的是，你創造了一個每位學生都被給予高度尊重的學習環境。

■ 讓全班以團隊方式幫助學習困難學生融入班級，盡量和班上學生分享學習困難如何及為何出現的資訊，如此，事實將取代傳聞及錯誤訊息。任何可能時候，大家一起學習面對、處理學習困難學生融入班級所伴隨的任何挑戰，而不是你必須孤軍奮鬥。

出場門票

1. 下課前幾分鐘，要求學生拿出半張紙。告訴他們，不是先寫自己名字，而是寫下性別（男孩或女孩）以及這是第幾節。這些訊息有助於你了解學生看法，你是否用一樣方式對待不同性別的學生？然後，再要求他們回答下列問題：
   - 寫出今天課程中，你能充分了解的兩件事？
   - 寫出今天課程中你還不懂的部分？想一個你希望能得到解答的問題？

   對學生解釋，不必在紙條上署名，也不用在意拼錯字和寫作技巧不佳，這是一張「出場門票」，請他們在離開教室前交出這張出場門票。
2. 當學生離開教室時，你站在教室門口收門票。
3. 使用門票上學生寫下的訊息來計畫明天課程。

當學生了解必須用筆記錄下他們學會什麼，他們的參與感就會提高。出場門票活動可以有些變化，若是學生不用在兩堂課之間離開教室，可以將名稱改為「下一節課的門票」，並要求孩子在下一節上課前完成。

問答集

「我在使用名片法教學的時候，當孩子的名字出現了，他卻拒絕回答，我該怎麼辦？」

這可能發生在你最初幾次嘗試此策略時，例如某些學生已說服老師相信他們無法談話或參與。現在，他也試著讓你相信同樣的事情。Sean 的案例（第 21 頁）描述教師如何協助沒有參與意願和公然抗拒的學生。永遠容許學生在名字被叫到之前先與夥伴討論，這對減少學生的焦慮大有幫助。當學生在筆記本寫好答案，而正確答案還沒被別人說出，及早叫他回答。為學生找一個能支持他的夥伴。就大部分案例來看，當學生對*名片法*更熟悉之後會變得較不焦慮。在嚴重情緒問題的個案裡，如何讓情緒困擾學生放鬆、進而參與活動，你可向學校輔導老師、心理師和社工師尋求相關建議。

「我教過幾位學生，他們在教室裡完全不願意跟任何人說話（包括我及其他學生），我該怎麼辦？」

觀察這些學生，看看他們在其他課堂、操場、走廊或學校餐廳是否和人交談。使用名片法（第 15-22 頁），並要求他們有責任回答。使用第一章建議的策略以確認他們至少叫得出一位同學的名字。在討論時及早叫他們回答，好讓他們有答案與人分享。若愈是允許學生選擇不去主動參與，他們自我隱藏的時間也就愈久。也有部分學生可能經歷某種形式的焦慮。所以，如果你的嘗試一直不見改善，或學生變得更焦慮，可試著諮詢輔導老師或社工師。

記得，如果你在與學生討論前先透露問題，給他們一些時間回家和父母討論，學生的焦慮就會明顯減少。另外，如果你能對學生解釋使用「名片法」的理由，也將會對學生有幫助。

「如果資優孩子總在自己的合作學習小組，他們會不會變得過度膨脹自我？」

如果為資優孩子設計的作業具備適度挑戰性，他們意識到無法輕鬆完成時，通常會變得較為謙虛。另外，資優孩子的合作小組成員也可經常隨著不同科目而有改變。才華洋溢的藝術家不見得擁有最優異的閱讀能力，而最具數理天賦的學生在閱讀的表現也不是永遠出色。

「當某個學習困難學生被安排在合作小組，其他學生會不會討厭這種特殊安排，為何他們非得和有困難的學生合作以爭取小組榮譽？」

如果學習困難的孩子被當成弱勢者，比較有可能在團體中被人排斥。如果以混合能力方式來編組，每組至少安排一位特殊需求學生，或輪流安排其在不同組別，其他學生應該不會埋怨了。

參考文獻及資源

Cohen, Elizabeth. *Designing Groupwork: Strategies for the Heterogeneous Classroom.* 2nd edition. New York: Teachers College Press, 1994.

Johnson, David, Roger Johnson, and Edythe Holubec. *Cooperation in the Classroom.* 7th edition. Edina, MN: Interaction Book Company, 1998.

Kagan, Spencer. *Cooperative Learning.* San Juan Capistrano, CA: Kagan Cooperative Learning, 1994.

Lyman, Frank T., Jr. "Think-Pair-Share, Thinktrix, Thinklinks, and Weird Facts." In Neil Davidson and Tony Worsham, editors, *Enhancing Thinking through Cooperative Learning.* NY: Teachers College Press, 1992.

Schunk, Dale H. "Peer Models and Children's Behavioral Change." *Review of Educational Research* 52:2 (1987), pp. 149-174.

Strategies for Reading Comprehension: Think-Pair-Share (curry.edschool.virginia.edu/go/readquest/strat/tps.html). 摘述 Frank 博士的合作討論策略。

Tape 9: Biology-Visual Learning Tools (High School). The Lesson Collection. Alexandria, VA: ASCD Video, 2000.

Think-Pair-Share SmartCard（www.kaganonline.com）. 描述 Frank Lyman 博士在名片法（Name Card method）中的思考—配對—分享（Think-Pair-Share）部分如何做變化。Kagan Publishing 和 Professional Development 也提供很多教材，並使用 Spencer Kagan 博士的方法來幫助你增進學生的合作學習能力。1-800-WEE CO-OP（1-800-933-2667）.

CHAPTER 3

了解學習困難及有效介入

學習困難的類型很多，目前已有多本專書致力於單一類型之探討。經過仔細研究，我的結論是：鑑定某位學習困難學生屬於哪種特定類型並非普通班教師的職責。事實上，各類型之間的重疊部分如此之多，即使是鑑定專家也無法對其診斷有完全把握。教師責任在於盡其所能，蒐集並適當地運用相關教學策略，以配合學習困難學生的不同需求。此書將聚焦於教學策略之蒐集，至於如何應用則由讀者決定。

本章簡要描述嚴重學習問題學生的特徵，並針對其問題提供介入建議。此書協助你更了解及滿足那些在班上有嚴重學習問題的學生之需求（包括那些部分或全部時間融入普通班學習的特殊學生，及英語學習尚未流利者）。如需獲得學習困難特定類型的詳細資訊，請查看本章的參考文獻及資源。

當你和學習困難學生一起合作時，請記住下列幾點：

- 大多數看來有學習困難（learning difficulties）的學生，並不是有真正的學習障礙（learning disabled），他們是學習策略的障礙。一旦學會有效的策略，他們的障礙就會消失。少數學習障礙（以下簡稱學障）學生在大腦接收不同訊息時會出現困難，他們並非在感官能力有問題。
- 學習困難學生確實無法使用傳統方式學習。永遠不要忘記的重要事實：這些孩子沒有選擇失敗。本書介紹的策略證實能幫助學習困難孩子獲得更多成就。你無需擔心對某位學生的「錯誤類型」用錯策略或技巧。也不必煩惱他們被貼上「學習障礙」或「特殊教育」的標籤。放心使用這些有效策略，並請孩子為一再的努力而喝采！

- 許多學習困難學生擁有正常或正常以上的智力。他們在學習所面對的挑戰與其智力無關，然而，學業的挫折顯著地增加其不當行為，並可能使學生看起來比實際上的能力差。當學生意識到自己在學校有成就時，很多行為問題便能顯著地改善。
- 利他能（Ritalin）和類似藥物被預期使用在神經缺損孩子身上（包括過動和／或注意力缺陷症），因此他們能把注意力更集中在學業和適當的社交行為。然而，我們應在多次嘗試矯正課程及行為管理方案之後，才開始藥物介入。對某些學生來說，這樣的矯正已經足夠。對需要藥物介入的學生而言，當他們學會那些補償性行為並變得某種程度的自動自發時，就可能需要為其調整藥物用量。
- 在你對藥物的介入採取支持或反對立場之前，與有注意力缺陷過動疾患（attention deficit hyperactivity disorder, ADHD）或注意力缺陷症／沒有過動（attention deficit disorder without hyperactivity, ADD）的成年人談一談。他們最有立場談論藥物對其生活的影響。建議你閱讀下列書籍，以對 ADD/ADHD 患者或學習障礙有更深入了解並增加你的同理心：由 Christopher Lee 和 Rosemary Jackson 合著的 *Faking It*、由 Donald E. Lyman 撰著的 *Making the Words Stand Still*，及由 Edward M. Hallowell 和 John J. Ratey 合著的 *Driven to Distraction*（見參考文獻及資源）。
- 當你面對教導特殊兒童的挑戰，堅決地要求特教人員及行政主管提供必要協助。他們應當提供你所需支援，讓你不會因為特殊兒童融入普通班，就減少對其他學生的照顧程度及服務。融合方案（inclusion programs）的設計並非為了滿足特殊學生的需求，而犧牲普通班學生的權益。
- 你將會發現，很多能協助學習困難孩子提升其學習成就的相關策略，也同樣對其他學生有所助益（包括英語未熟練者）。所有你的學生（還有他們的家長）都將感謝你為每個孩子所做的努力。

學習障礙

學習障礙（learning disabled, LD）是指個體出現某種程度的神經損傷，導致在大腦與知覺之間的訊號處理出現混淆現象[1]（雖然 ADD／ADHD 學生可能出現學習困難，但 ADD／ADHD 屬於行為缺陷的障礙類別，並非學習障礙。本書建議之策略對 ADD／ADHD 學生也非常有效）。記住，有學習障礙的學生不會顯現出列在每一個學障特徵表上的一切行為。

就定義而言，學障學生有正常或正常以上的智力，但其大腦在從知覺接收刺激的歷程中遭遇處理的問題。學障兒童在能力（藉由個別智力測驗來推估）與其學校表現（由他們的老師來評估其學業表現）之間產生顯著差距。障礙一詞反映出學障兒童在大腦某個區域發生處理的困難。例如：某些學障學生無法理解符號性語言，但卻有處理具體表徵的優異能力。對學障學生而言，當文字、數字不是在有意義的具體關係中出現時，對他們而言是不合邏輯、難以理解的。

學習障礙者終其一生都有或多或少的學習問題。學習障礙並不會隨著長大而消失，倒不如發展出一套應付策略。當很多學障學生出現「我不在乎！」的態度時，他們是想讓大家把注意力從其學業的無能移開。這些孩子往往不夠成熟，可能由於學習障礙，影響在身體協調和情緒方面的成長。他們不能察覺有能力者在社交場合如何表現靈巧和適切，可能因此表現社會無法接受的行為。由於學習障礙，有些人會持續感到壓力與緊張，這些行為可能引起一些生理症狀，進一步抑制學習能力。

學習障礙的類型

有著某種學習上的障礙，就好像是初學一種從未接觸的外國語言，還記得它讓你多麼沮喪嗎？在能以新語言流暢地思考之前，你被迫來回

1 在很多學校及出版刊物中，「學習差異」一詞已代替「學習障礙」，因此一名詞較為正向、容易被人接受。對很多人來說，「障礙」有其負面意涵，特別是被標記為「學習障礙」的孩子。

轉譯。學障孩子也是一樣，他們總是必須將上課內容轉譯成大腦可處理及理解的語言。

學習障礙有許多不同的類型，你在學校可從有困難的學生身上觀察到以下描述的某些類型。

視知覺障礙

當學生有視知覺障礙（visual perceptual disability）時，看到的字母或文字與原來位置不同，可能被顛倒或旋轉；也可能對方向的左右、上下或前後出現混淆的現象。視知覺障礙者對於把主要物件從其背景辨識出來、在深度知覺和判斷距離都有困難。他們閱讀時經常跳字、看錯行。也可能出現手眼協調（eye-hand coordination）的問題，導致身體動作的笨拙。

上述狀況在以前稱為失讀症（dyslexia），失讀症的意義在近年較為寬鬆，凡在學習閱讀過程中有任何明顯困難者，其中包括識字（word recognition）、解碼（decoding）、拼字、聲韻困難（phonological problems），以及理解（comprehension）問題皆屬失讀症。

另一種被發現與視知覺障礙有關者為超讀症（hyperlexia），某些孩子（大部分是男孩）在十八個月至兩歲之間能閱讀，卻無法了解所讀內容。他們可能有不尋常的語言學習缺陷，例如：在開始或延續對話有明顯缺損，及在社交能力發展出現問題。超讀症往往與自閉症（autism）有關。

聽知覺障礙

聽知覺障礙（auditory perceptual disability）學生在辨別聲音的細微差異有困難，可能聽到的與說話者實際所說不同；在遵從他人指示非常困難，特別是同時給予很多指示時。聽知覺障礙者可能混淆不同聲音來源或無法過濾背景噪音，往往會給人不專心印象。這是因為他們還在努力了解對方前一刻說的話，需要較長時間來處理接收到的訊息，因而在討論中找不到自己的位置。即使教師說話速度對其他學生來說適當，當喊他的名字時，他往往像是個迷途者，始終無法跟得上大家的步伐。當你教導聽知覺障礙者時，請限制給予的指示量，這對聽知覺障礙學生的訊息接收會有更多幫助。

語言學習障礙

語言學習障礙（language learning disability）學生可能在使用言語和人溝通想法時有困難，他們或許能說，但無法回答具體問題；有些人可能很難去理解別人話語的意思。部分問題是起因於他們缺乏把訊息放在大腦中樞的正確位置，以及在必要時檢索訊息的能力。

知覺動作障礙

知覺動作障礙（perceptual motor disability）者可能有協調的問題，致使他們手腳不靈活，或失去方向感；常常無法完成對其他孩子輕而易舉的事（例如：著色、切割和黏貼），他們的手可能會不依指示不停亂動。

對精細動作有困難的學生會在書寫想法時遭遇實際上的問題，他們能講述精彩的故事並以口語傳達訊息。但當要求他們寫作時，他們的身體會感覺不舒適及極度焦慮。具備鍵盤及語音確認功能的寫作軟體對這些孩子非常有幫助。

過動

過動（hyperactivity）學生可能在控制肌肉或動作方面出現困難，身體可能不停地在動。他們可能突然變換至下一個活動，先前該做完的事卻一無所成；或可能固執於某件他們已找到成就感的活動，而不理會接下來該做的事。

衝動

衝動（impulsivity）學生看似用完全隨意的方式在生活，很容易順從於任何吸引他們注意力的事物。衝動孩子明顯地難以持續做一件事，且常常不加思考就付諸行動。

注意力分散

易於分心（distractibility）者不能區辨重要和不重要的刺激有何不同。可能在生活表現呈現雜亂狀態，這是因為他們無法條理分明地思考；他們很難完成老師指定的作業，注意力常從手邊正進行的工作中轉移開。

抽象概念障礙

所謂抽象概念障礙（abstraction disability），即個體無法從某一特定詞彙（或符號）理解一般性意義。他們對於擷取抽象概念有困難，在把具體訊息轉換成抽象概念的過程中出現困難。他們的短期記憶（short-term memory）或長期記憶（long-term memory）可能受損，導致容易忘記所學過的。

順序性障礙

當學生出現順序性障礙（sequencing disability），他們可能在正確唸出字彙的字母順序、讀出兩位數以上的數字、說出每週七天的順序、排出一年十二個月的先後或指出某一情況發生事件的順序出現困難。他們也可能知道事物的順序，但無法正確使用順序概念。

記憶障礙

有記憶困難（memory disability）者在短期或長期記憶出現困難，他們可能無法記得所學過的內容。對記憶困難學生來說，在學習階段中多次提供反覆練習有其必要性。

孩子對於有學習障礙的感覺

有嚴重學習障礙是怎麼一回事？最深刻的描述來自 Christopher Lee 和 Rosemary Jackson 合著的 *Faking It*。以下摘要為 Christopher 對其成長歷程所做的部分觀察。[2]

2　摘自：*Faking It: A Look into the Mind of a Creative Learner* by Christopher Lee and Rosemary F. Jackson, pp. 21, 25, 28-29. Portsmouth, NH: Heinemann, 1992. 經授權使用。

一直到二年級，Christopher 才意識到自己有些不對勁。他從公立學校被抽離出來，安置在一個稱為「特殊」孩子的學校。沒過多久，他就了解「特殊」一詞其實並不意味非凡；事實上，它不具有任何正面意義。Christopher 很快下了結論：「學習障礙」是「遲緩與愚笨」的一種掩飾性說法。

Christopher 遭受來自同儕的嘲笑及殘酷對待，甚至還包括那些不斷苦勸他「再努力一點」的好心老師們。這其實顯示出大家無法了解他的困難是多麼複雜，並不是更努力就能解決問題。Christopher 一貫的應付策略是，在老師、父母及同儕面前隱藏自己的無能，好偽裝自己是正常的。

Christopher 的學習困難影響傾聽和閱讀字母，及用言語和寫作來表達想法的能力。拼字對他而言尤其痛苦，因為「字的拼法好像不是我聽到的那樣，那些字沒有兩次是看起來一樣的」。多年以來，Christopher 以為寫作和拼字是同義詞。因為他不會拼字，也就覺得自己沒有能力寫作。在碰巧接觸一台具備拼字檢查軟體的電腦之後，Christopher 突然間領悟，寫作和內容之間的關聯性更高於寫作技巧。他說：「花了這麼多時間，努力去教一個學習障礙者拼字，這對可能學會的寫作能力反而是一種阻礙。」

Christopher 無法把握寫作技巧，「當我寫作時，我看到一行連續不斷的文字，看不到標點符號在哪裡……所以，每當閱讀時我就停不下來。句子和段落該在哪裡開始？該在哪裡結束？我完全看不出來。我閱讀的時候從來不知道什麼叫作文章結構，所以，每當我寫作時就不知道如何使用結構來寫作。」Christopher 的思考速度比說話或寫作快，因此，當他試著表達一個完整想法時，常常必須停頓一下再重新開始。在同時間裡，因為要弄清楚詞彙和段落的不同意義，他常常因此被拖離寫作的軌道。最後，他已經記不起來想寫些什麼了。

由於 Christopher 的聽知覺缺陷，讓他幾乎無法聽到文字的正確語音。自然發音法（phonics approach）在他身上完全無效，當同一單字的字首寫成大寫或小寫字母，或以不同字形出現時，他會看成不同單字。因為他的語言理解缺陷，每當別人試著向他解釋事情時（包括解釋他自己的障礙），他會無法聽懂別人說些什麼。

Christopher 的結論是，缺陷的標籤會讓孩子的學習機會變得更少。影響所及是，一個人的自我認同感被依附在障礙定義之中。

如果你想了解有學習障礙的感覺像什麼？另一個很棒的資訊來源是 Richard LaVoie 博士的作品。他所製作的兩支錄影帶 *How Difficult Can This Be?* 及 *Last One Picked...First One Picked On* 令人難忘及感動。任何一支錄影帶都可幫助非學障者了解有學習障礙是什麼感覺，你也會因此對任何有學習困難類型的人給予更多支持。詳見本章之參考文獻及資源。

對學習障礙學生的介入

「如果學生不會我們教的方法，那麼我們就必須教他們學得會的方式。」此話為 Queens College 的教授 Kenneth Dunn 博士所言（他和 Rita Dunn 博士合著數本有關學習風格的專書），它也總結本書的精髓所在，不管你正使用哪種方法，一旦你用的方法無法讓某些學生獲得成功，就應放棄並更換它，只用那些能讓學生獲致更多學習成就的方法。如果一般教學法能讓某些學生體驗成就感，那麼就繼續使用它吧！

了解我們能為所有學習困難類型的學生所做些什麼，它最大的好處是幫助我們停止把專注力放在譴責和罪惡之中，而開始聚焦於學習，並使用我們能找得到的、最有效的補償策略。此書為這些策略的來源之一，在本書的參考文獻及資源將列出更多策略。

創造與學習風格相容的環境

- 按照孩子的學習風格優勢來教學。使大腦每一部分都參與所有活動；肢體動作、想像力、音樂、節奏和情感都有助於學習。要孩子把言語和想法以表演或舞蹈形式展現。在任何可行的時候，關上部分或所有燈光，播放讓人心情平靜的音樂。要求孩子閉上眼睛，鼓勵他們把正在學習的東西在心裡描繪出來。多重複幾次這種視覺化歷程，以加強他們的記憶力。在教學時優先選擇上述活動，而不是作為補救教學之用。

- 把視覺與聽覺上使孩子分心的事物減少到最低。有些學障孩子容易被周遭事物分散其注意力，不要讓他們坐在色彩鮮艷、刺激多的擺設旁邊。允許學生在個人閱讀桌（study carrels）或在拉門隔開的學習角落做功課。
- 允許學障學生上課時一邊戴耳機聆聽放鬆心情的音樂，一邊進行老師指定的作業。
- 用錄音帶、CD 或 DVD 記錄上課、發表活動及教材的內容。並製作多份拷貝讓學習困難的孩子帶回家。可連絡 Recording for the Blind & Dyslexic（RFB&D），此機構專為視覺障礙及閱讀障礙者錄製有聲書，這裡可能已有你需要的有聲教科書或文學讀物。見本章之參考文獻及資源。
- 允許過動孩子上課時頻繁地走動。例如：如果他習慣用鉛筆敲打桌面，建議敲打在袖子或腿上，而非桌面；讓他為同學削鉛筆，當作班級服務；用寬膠帶在他的座位四周畫出界線，容許他在自己區域內盡情移動。
- 使學習具體化。當某個教學活動允許實際動手操作，並與其興趣或好奇心相關，幾乎所有學障學生都能有很好表現。
- 當學障孩子不適合大團體教學時，在任何可能的時候，為他們尋找替代性活動。學障孩子往往在個人或有一位同伴陪伴時會有較好的表現。
- 為學障孩子尋找與利用可取得的科技輔具，不要堅持等到他們能獨立完成某些事才提供協助。例如：用計算機做算術、用文字處理機及拼字檢查軟體寫作，及用錄音機代替口頭報告。
- 請記住，若是與單一的技巧訓練課程相比較，通常學障孩子會對計畫案活動展現更多熱情。如果讓他們連續幾天沉浸於相同主題，學習效果會更勝於每天變換主題。可使用本書第 133 頁的計畫案日誌（Log

of Project Work），協助其在團隊計畫案的執行過程上軌道。在開始每件工作時，請學生記錄當天日期及計畫做哪些事情。活動結束前五分鐘，再記錄實際完成的項目。若有其他待完成項目則寫在下一行，作為明天需完成的計畫。每當學生完成一件工作，也同時計畫並記錄一件新工作。

- 允許學習困難學生沒有考試時間的限制。讓他們把題目唸出來，或安排其他人為他們報讀；許多實例告訴我們，這能改善學障學生的測驗表現。
- 不要有此錯誤假設：學習困難的孩子只要試著更努力，他們就能做得更好。
- 如需要更多教學策略和建議，請查閱第四及第五章。

有效地使用讚賞

很多教師認為，任何形式的讚賞都有助於提升孩子的學習動機與自我價值。然而，也有相當充分的證據顯示，當讚賞要發揮效果一定要遵守以下原則：

- 當值得教師讚美的事件發生，讚賞必須立即出現。
- 給予特別的讚美。必須明確地描述教師希望常看到的動作或行為。例如：不說：「Juan，我以你為榮。」而說：「Juan，你在規定時間內，計算題測驗表現愈來愈好。做得真棒！」
- 誠懇地讚美你的學生。你必須把它當真，讓學生相信你所說的話發自內心。告訴學生，他們的動作讓你有怎樣的感覺。例如：「當你在幫助同學時，老師注意到他有多麼的快樂！」
- 絕對不能讓你的讚美同時伴隨著負面敘述出現。例如，避免說：「你的桌面現在非常乾淨，但老師很懷疑你能不能繼續保持。」

提示：指導學生如何進行自我讚美（self-praise），當你觀察某些值得讚賞的行為出現時，或許讓學生回應你發出的視覺訊號，暗示他們可以開始讚美自己。

改善學生的注意行為

- 在教室門口掛上大型、顯而易見的班級號碼牌，讓有空間—方向問題的學生容易找到教室位置。
- 把日課表貼在所有學生都看得到的地方。你一邊進行教學活動，一邊和學生核對他們完成哪些項目，讓他們體驗進步的感覺。請學生每天都使用筆記本完成家庭作業。
- 要求學生自我預測在指定時間內可完成多少工作，並依此設定目標。不要期望他們不停地寫功課直到完成為止。使用本書第 117 頁提供的目標計畫表及第 116、118-119 頁建議的目標設定策略，來幫助學生使用此策略。
- 提供每位學生一份每日作業檢核表（Daily Task Checklist）（第 40 頁），貼在他們的桌面上。給予孩子某種程度的支配權，例如從幾種活動中選擇想參加的，以及決定在指定時間內完成多少作業。每當完成一個活動時，讓他們在檢核表上標出作業進度，並提供立即、正向增強（不要等到一節課結束，或放學後再給予增強）。如果某位學生速度落後，他又不願參與自我檢核，可事先約定一個行為—後果的情況。例如：「Josie，如果你能在我們說好的時間內完成預定的作業，就可選擇有十分鐘做你喜歡的活動。如果你沒辦法做到，就不能選擇你喜歡的活動了。」
- 把說話速度放慢。有些學障孩子及英語學習者（English Language Learners, ELLs）在處理語言的速度比較緩慢。事先給予肢體暗示或特殊字彙，通知他等會兒要開始問他問題。謹慎地用字，保持對話的簡潔。
- 給予簡單的指示，永遠用榜樣及示範讓學生了解你希望他們怎麼做。提供具體的範例，先讓學生看到作業的最後樣貌。不要一次給一串指令，而是一次只給一個指示，由教師親身示範並展示實例。要求學生在開始做之前重複那些指令，一旦他們完成第一項工作則立即給予正增強。
- 對學生說話時與他們建立眼神接觸。但如果學生感覺不自在，就不要繼續堅持。

每日作業檢核表

姓名：________________________________

這段時間應完成哪些作業	已完成（請打勾）	未完成（請打勾）

資料來源：*Teaching Kids with Learning Difficulties in the Regular Classroom* by Susan Winebrenner, copyright © 2006, 1996. Free Spirit Publishing Inc., Minneapolis, MN; 866/703-7322; www.freespirit.com. 本頁允許個人、教室及小組活動複製使用。

- 對於那些覺得一頁文字內容多到無法看而被弄糊塗的學生，教師可提供紙張（或硬紙板）切割成的「視窗」，它可用來每次揭露一部分文字，也可作為標出行列或位置的書籤。
- 利用螢光筆畫出講義的重點部分，以吸引學生的注意力。避免用紅筆標出學生的錯誤，它反而會在學生心裡增強錯誤的答案。
- 時常善用你的幽默感，但避免將嘲笑作為一種幽默。例如：把學生名字嵌入教學內容的某個愚蠢情節中。手邊準備好笑聲配音錄音帶，當上課氣氛變得嚴肅時可當場播放。為班上設計一個幽默、趣味的告示板，常和學生一起說笑話，讓他們知道你喜歡聽有趣的故事。使孩子能接收你送出的微笑，上課時能面帶笑容，而非皺著眉頭。
- 利用遊戲教導字彙和技能。若與傳統的紙筆測驗相較，遊戲或猜謎比賽形式的教材對大部分學生的學習有較顯著的成效。設計或購買類似大富翁的遊戲板，和卡片一起搭配使用；當學生每答對一題，就可以在遊戲板上前進幾格。本活動的替代做法是讓學生保留答對的卡片，遊戲結束時擁有最多卡片者即為優勝。
- 使所有你的學生都能接觸優質的課程和學習體驗。如果技能的學習能與有意義的課程相連結，就比較可能吸引孩子的興趣。
- 絕對不要代替學生做他自己能做得到的事。
- 如需更多教學策略和建議，請查閱第四及第五章。

改善學生的社交技巧

好像有學習困難的麻煩還不夠，許多學習困難學生發現，要在社交行為表現合宜，對他們而言是件苦差事。由於學習上的遲緩，他們看似不成熟，社交互動的技巧與那些年紀幼小的孩子類似。因此相對於同儕，他們可能顯得愚蠢或幼稚。兒童經常有些原因去排斥和自己不一樣的同伴，學習困難的孩子有自知之明，結交朋友、保持友誼對他們非常辛苦。

他們的過動與混亂常引人注目，容易成為負面焦點。他們看起來就是無法搞清楚真正狀況，不斷遺漏其他孩子能輕易掌握的線索。他們也不能察覺自己說的話、做的事讓其他孩子開始躲避、甚而討厭他們。當他們的過動表現出話太多，可能被解讀成想主導大家說話，在許多團體裡，他們容易成為眾人取笑和拒絕的對象。

身為教師，在孩子如何被同儕看待這方面，你會發現老師扮演著關鍵角色。當你被孩子的行為激怒而表現出生氣、不耐煩時，其他學生可能很快就學會了你的負面情緒，你的行為是一種暗示，他們會推論你默許他們輕視這些跟一般人不一樣的孩子。如果這是你班上的情況，你應當求助於專家，專家了解學習困難學生的需求及所面對的挑戰。所有班級的目標是讓所有孩子因為他們的敏感性而被接納，即便是他們顯現某些需要改變的行為。我們有必要引導這個方向，讓所有孩子都能因其優勢而被注意和欣賞。

- 蒐尋及利用有關教導社交／互動技巧的訓練方案，例如：Arnold Goldstein 和 Dorothy Rich 所設計的系列叢書及課程方案（見參考文獻及資源），從學校輔導老師、社工師、特教工作人員、實習教師或教師助理尋求協助。
- 選擇一個孩子需要改善及教導的特定社會技巧，用來幫助最能從此訓練獲益的學生（見第 365-366 頁）。
- 設定及利用一個小線索去暗示某位學生的行為不適當。此訊號也可提示他去回想及使用更多被教導過的適合技巧。
- 教導學生記錄自己的進步情形。可使用第十三章描述的覺察記錄法（Awareness Tallies method）（見第 362-363 頁）。
- 確定所有學生了解當表現不適合行為時會出現哪些後果。老師可將不當行為後果的改善作為待實現的新目標，而非表現出憤怒和過度情緒反應。
- 期待孩子會因其行為的不適當向對方認錯，直接向受傷害的同儕道歉，而受傷一方也願接受。除非失當行為反覆出現，如此道歉也無濟於事。
- 告訴你自己及你的學生，除非某種行為讓大家的安全處於危險之中（身體及情緒），否則可以忽視這些不適當行為。如果真的是這樣，較好的回應方式是：「我不喜歡這樣。當你這麼做，我不喜歡。我希望你現在就停止。」向學生清楚表明，報復行為在班上是不被允許的。
- 可參考第十三章，你會在如何處理學生社會行為問題方面得到更多想法。

有效地處理行為問題

- 鼓勵學障學生對學習障礙有更多認識（查看本章所附給學生的推薦讀物）。
- 持續地注意學障學生的優勢與特殊才能。
- 建立一種師生同意的非言語暗號，在你希望改變學生行為時用來表示你同意或不同意該行為。例如：「當我向你點頭，這表示你表現得很好。當我注視你並把我的眼鏡往鼻子上再推高一點時，這表示你表現得不好。當我把我的手放在你的肩膀上，這表示我希望你注意我。」剛開始時，先詢問學生以確認他們可以接受肢體碰觸。
- 為班上學生示範不去理會不適當行為的方法，幫助孩子以一致、不增強的方式來回應。例如：對學生示範如何迴避那些激怒他們的人，停止目光接觸，以及拒絕回應嘲笑與羞辱。
- 安排那些行為會使人分心的學生坐在其他孩子的視線後面，且將能示範適當行為的學生安排在他們四周。
- 教會你自己及你的學生去認可所有學生的正面行為，並給予立即增強，包括那些剛學會適當行為的人。例如：提醒一位習慣脫口而出的學生記得在發言前先舉手，當四周同學同意那樣行為，你可輕聲說句：「先舉手是對的。」避免向全班公開展示（如一起鼓掌），因為這只會引起大家對該狀況的過度關注。
- 在班級活動及活動轉換間制定並使用可預測的例行程序。如果例行程序將被變動或中斷要事先通知學生。活動的不可預測性會使許多學習困難學生的生活頓失平衡（這可能是當有人為你代課時，他們行為表現不適當的原因之一）。
- 如需更多教學策略及相關建議，請查閱第十三章。

當有資優又同時面對學習挑戰時

有些學生很明顯被觀察出在某些領域是資優，在其他領域則需要他人的學習協助，資優教育界將具備這些特質者稱為「雙重特殊兒童」。長久以來，學校忽視了他們的資優部分，把大部分學校時間用來補救其缺陷。然而，最好的處理方法是在他們的優勢部分視其為資優，不因你希望更多時間補救其困難就剝奪其優勢發展。關於他們的學習困難，就如其他需要策略教學的學生，建議教導其補償策略。

當孩子出現學習障礙，以一個簡單比擬來看，就像一個尚未學會流利英語的移民兒童。我們可就此大膽假設，其他文化也和美國一樣擁有相同比例的資優兒童（美國的資優兒童為英語流利者）。當我們關注及確認所有文化中的資優學生特質時，千萬不要等待他們的英語變得流暢才給予適當的學習挑戰。如何培育來自其他文化的資優兒童，他們需要哪些特定的教學策略，可查閱 Jaime A. Castellano 和 Eva Díaz 合著的 *Reaching New Horizons*。見參考文獻及資源。

很多有學習障礙的資優兒童並未被診斷出資優或學習障礙。他們的學習障礙往往導致其成績落到中等，很難讓教師將目光放在他們可能顯露的天賦。在教育工作者的眼中，這些學生的父母像是不切實際的幻想者，渴望其絕對平庸的孩子天賦聰敏。然而，因為父母獨一無二的觀察，讓他們孩子的早慧能力在家中展露無遺。資優學障孩子可以在家裡自然、不費力地表現其異常的學習能力。

很多教育工作者及家長感到憂心，多項描述資優生行為的特徵與注意力缺陷症和過動症的特徵明顯類似。當要求完成的作業不能吸引他們的興趣，可能變得焦躁不安與好動。對事物的強烈反應常導致與權威對抗，這是因為他們自認需要充分理由去遵從。可能愛做白日夢，經常一人沉思於複雜、充滿想像的故事情節中。可能在不同情況中判若兩人：在學校時頑皮搗蛋，但在童軍集會又討人喜愛。在課桌前靜不下來，但為樂趣而閱讀時又能沉浸書中世界。在同學面前的社交表現極為笨拙，但與大人交談時卻討人喜愛。倘若這些學生被錯認為有學習障礙、注意力缺陷症或過動症，危險的是他們的天賦將被忽視，因為「缺陷」標籤總比「優異的學習潛能」早一步貼上。

某些資優孩子確實有學習障礙，但多半沒有。與其去擔心其區別，倒不如盡我們所能，以確保所有學生的學習與其學習風格相容，著重親自動手參與。我們必須盡一切努力找出孩子的興趣，並使其有參與學習的機會。不管學習活動是簡單，或是抽象和複雜，都可從中觀察他們是否出現資優行為。

一般而言，確實有學習障礙的資優兒童：

- 在能力測驗的語文和非語文部分，通常兩者分數表現會有明顯差距。
- 不同學業技能的表現極不平均，他們看起來缺乏學習動機，逃避學校作業，使其無法完成課業。
- 有聽覺和（或）視覺訊息處理的問題，使得他們在反應、做事及思考方面看似緩慢（這導致他們在解釋或表達想法、情感時相當困難；可能繞著某個話題談，卻又似乎無法抓到重點）。
- 有動作技巧困難，如顯示在動作笨拙、字跡潦草、在完成紙筆作業有困難。
- 可以滔滔不絕地描述很多知道的事物，但當要求寫成文字，他們會對寫作產生很大的抗拒。
- 有長期和短期記憶的困難。
- 缺乏組織能力和讀書技巧，看起來懶散又混亂。
- 透過生氣、諷刺、哭泣、干擾他人及冷漠顯現低自尊行為。
- 對於上學感到極度沮喪。

然而，很多資優學障的兒童也會：

- 在能力、成就或創造力測驗的分數表現在「資賦優異」範圍。
- 擁有關於多種主題的廣泛知識，並擅長以言語來表達。
- 有古怪又瘋狂的想法。
- 會用獨特、有時異乎尋常的方法表達幽默。
- 擁有豐富的想像力。
- 擁有敏銳的直覺、深奧的字彙，及不落俗套的想法和觀點。

Toni 的案例

Toni 的手中總不時玩弄著某樣東西：鉛筆、玩具、甚至是口香糖。很不幸地，口香糖也有路可進入她的頭髮裡，讓老師在清除口香糖的過程中大費周章。資源班老師給她一塊發亮的小圓石，讓她的手沒空停下來，而那樣對 Toni 是有些幫助。

在三年級時，Toni 就有不容易把她的想法寫下來的困難，所有她的功課都做得慢而且吃力。她的字寫得又小、又難辨認，她的句子缺乏結構、沒有條理。但如果你讓她告訴你一個她腦海裡已有的故事，那就另當別論了。她總能提出很有創意（卻也不切實際）的想法來為別的學生解決問題。她喜歡主導課堂討論，好像她的舌頭是她身上最活躍的部位之一！

Toni 有六年級的閱讀程度，但其他學科表現都低於三年級水準。老師覺得很挫折，因為他認為 Toni 超前的閱讀能力應能證明「如果她夠專心、再努力一些，就有能力做好其他功課」。老師擔心 Toni 假裝做不來三年級功課以控制老師。

當 Toni 的學習障礙被證實後，資源班老師和我為她設計與她學習風格相容的方法，好讓她表達正在學習的東西。雖然，她的繪畫技巧傾向於流血及格鬥的模式，但她竟能把這些技巧用在對食人鯊魚的深入研究。資源班教師安排一位退休媒體工作者成為 Toni 的顧問，並幫她設計了一個用幻燈片說故事的創意表演。

我們為 Toni 所做的教室調整包括：教導她用文字處理和拼字軟體進行書寫方面的功課；容許用畫圖來描述她那些不可思議的故事，並錄製成錄音帶；結合她和她的多媒體顧問正在做的作業，來教授她研究技巧；排除在活動和考試時間的壓力；在她開始每項工作時，Toni 會為自己預設一個生產目標，並使用每日作業檢核表（第 40 頁）來檢查工作進度。

隨著 Toni 在某些課業的表現愈來愈順利，她的態度和行為明顯地改善了。當她領悟別人因她的創意而欣賞她時，她更自在地接受別人對其學習弱勢的施予協助。

對於有或沒有學習障礙的資優學生的介入建議

- 首先，了解你的學生知道些什麼，並給予全面肯定。
- 詢問學生在校外熱中的興趣，並允許在學校進行相關計畫案。結合此學年教學目標，將其興趣融入與任何主題學習有關的教學情境之中。
- 容許學生善用與其學習風格相容的方法，使其在優勢領域充分地展露天分，並順應其學習困難。
- 給予可供學生選擇的學習經驗來取代一般作業，也許問題行為因此消失。你將會證明這些學生的學習困難實際上是無聊和挫折的混合物。
- 查閱 *Teaching Gifted Kids in the Regular Classroom*，針對如何讓資優學生在校保持高度參與和生產力，此書提供更多策略。見參考文獻及資源。

形成學習困難的其他狀況

以下幾節描述的特徵是學生可能出現影響其學習能力的狀況。在每一個列出的特徵之後即說明介入原則，有關行為問題的介入建議，可查閱專門討論行為議題的第十三章。

行為異常（包括情緒困擾）

有行為異常（包括情緒困擾）（Behavioral Disorders including Emotional Disturbances, E/BD）的學生可能顯現出一些、很多或所有下述特徵。出現這些行為問題的部分兒童被診斷為對立性反抗疾患（Oppositional Defiant Disorder, ODD）。

- 他們在嚴重偏差行為的形成由來已久，這些孩子會像火山爆發、勃然大怒，以及出現一般紀律問題，很多情緒異常孩子在三歲之前就可明顯看出他們的行為有問題。
- 許多時候他們處於下列狀態：靜不下來、焦慮及（或）煩躁易怒。
- 他們可能花很多在校時間，待在處理紀律問題的辦公室。他們時常逃學，並可能留下警察介入紀錄。

■ 他們的脾氣暴燥，可能稍有一點挫折、挑釁就情緒失控，異常憤怒；他們的行為衝動，並似乎無法在行動前先考慮自己的選擇對不對。

■ 從上課規則到就寢時間，他們不斷地測試大人對每件事可承受的極限。

■ 他們公然反抗權威，說一些：「你不可以告訴我該做什麼，因為那時候我人不在學校。」或是「你不可以要求我停止。」之類的話。他們會不斷向對方辯解。

■ 不管是對待大人或小孩，他們經常故意去惹惱周遭的人。

■ 他們可能藉由肢體動作去挑釁他人，使用暴力從別人手中搶得物品，或在尚未輪到自己前就搶著做。也許出現抓傷或用腳踢大人的無理動作。很多時候他們被稱為「小惡霸」。

■ 他們可能偷竊或破壞公物。有些會出現虐待小動物和其他兒童的行為。他們可能有充分理由去報復他人，因為他們認為現存的社會體制傷害了他們。

■ 他們可能看來有些偏執狂，認為沒有人喜歡他們或別人都在嘲笑他們。他們往往不願意參與團體活動，部分原因是認為其他孩子不希望他們在場（很不幸，也許這樣的觀點是對的）。

■ 他們可能會在不對的時機表達出不適當的情緒，例如：當有人受傷時出聲大笑。

■ 他們可能不斷使用像「笨蛋」和「怪物」等字眼來描述自己。因為這些偏差行為過於頻繁地干擾他們學習，事實上，這確實造成他們的學業缺陷。

■ 某些行為異常孩子幾乎在班級中成為一個隱形人。他們經常設法隱身幕後，並小心不被察覺，當在課堂上被要求當眾背誦或參與活動時，他們會顯得很害怕。

■ 有些行為異常的孩子會感到異常悲傷或沮喪。上學可能對他們形成一些身體不適症狀或出現不合理恐懼，這種狀況有時被稱為上學恐懼症（school phobia）。

■ 有些孩子會因為焦慮（anxiety）或恐慌性疾患（panic disorders）而受苦。

■ 有些孩子即使未被診斷為學習障礙，也似乎無法學習。

自閉症

自閉症（autism）是一種發展性障礙，經常在三歲以前發生，會嚴重影響個體說話及社交互動的能力。當自閉症症狀在不同人身上出現時，會呈現不同程度的影響。有些人可能在表達自己需求和應付周遭事物的改變有困難，他們可能會以固執的方式不斷重複語詞和手勢。自閉症患者在感覺統合方面的問題、對於刺激及疼痛極度的敏感、缺乏恐懼感、喜歡一人自言自語（更勝於與他人對話），以上這些行為都與處理自閉症的難度有關。讀者如需更多相關訊息，可聯絡美國自閉症協會（Autism Society of American）。見參考文獻及資源。

亞斯伯格症候群

亞斯伯格症候群（Asperger's Syndrome）又稱為亞斯伯格疾患（Asperger's Disorder），它是一種神經生物缺陷，經常被認為是一種輕度自閉症。患有亞斯伯格症候群的兒童有正常智力及語言能力，甚至可能在某個領域具備優異能力及天賦才能。然而，他們在社交及溝通技巧顯現嚴重的缺陷。當日常例行事物有任何形式改變時，他們會整個人變得受驚、心煩。讀者如需更多訊息，可查閱 Tony Attwood 所著 *Asperger's Syndrome*。見參考文獻及資源。

嚴重行為問題的介入

上面各小節描述很多學生行為問題及所需介入方式，其中敘述之行為問題部分超越很多現場教師的處理能力。在第十三章建議的部分策略可能對現場教師有些實際幫助，特別是 Edward Ford 發展的負責的思考歷程（Responsible Thinking Process）。有嚴重行為問題者常需要專業人員的參與及介入，切記要從特教人員獲得有關協助。建議為有嚴重行為問題的兒童針對其問題行為進行綜合研判，另外，個人及家庭諮商也常有幫助。可從美國兒童及青少精神疾病治療學會（American Academy of Child & Adolescent Psychiatry）獲得更多資訊。見參考文獻及資源。

教育性遲緩

有教育性遲緩（educationally delayed, ED）的兒童以前被稱為智能障礙（mentally retarded），他們的行為與學習能力遠低於同年齡孩子的成熟度。許多行為表現與年幼孩童類似，儘管能力和特徵表現在一個顯著範圍之內，但其學習困難傾向屬於以下類型。

注意力缺陷

有注意力缺陷者很難專注於手邊的作業，或專心傾聽別人對他解說如何做這份作業。他們的注意力非常短暫，很容易被外界聲音或動作所吸引，今天學會的明天就忘記了。然而，一旦某種特定技能進入其長期記憶，他們也許就能記得住了。

學業缺陷

對於任何年齡的教育性遲緩學生來說，他們在一般學業的學習和表現都低於平均水準。在抽象和概念性思考的表現方面，大多數教育性遲緩學生從未達到流暢的程度。他們的類化能力也有很大困難，無法將某情境所學的應用到另一情境。

語言缺陷

有語言缺陷者可能無法清楚了解別人對他說些什麼，而且不能明白地表達他們的想法。他們說的話可能讓外人聽來吃力，音質也可能很奇怪。

動作協調問題

這些學生在粗大、精細動作技能（如跑、跳、躍方面）有發展遲緩現象。在書寫、切割和其他學業活動所需的精細動作發展上，則遠不如同年齡者成熟。許多教育性遲緩的學生也有嚴重視覺和（或）聽覺的問題。

社交問題

為了努力引起他人注意，教育性遲緩的學生常出現不當的行為，有時甚至有侵略性動作。他們可能舉止可笑；製造滑稽的噪音；或沒有明顯理由就去推、打或踢別的孩子；或用極度誇張的方式表達情感（像是擁抱和親吻），這些為吸引他人注意的行為都可能困擾到周遭其他人。他們的行為反覆無常、不夠成熟。對同儕而言，他們看起來總是很幼稚，除非教師有決心輔導他們及其同儕，否則教育性遲緩學生可能無法被團體接納。

對教育性遲緩者的介入

- 大多數教育性遲緩的孩子可以被教導，能大幅改善其社交能力。相關方法可查閱本書第 365-366 頁。
- 你和其他學生可能必須集中一些時間一起幫助教育性遲緩學生發展適當的社交行為，當他們行為失當時需不斷被提醒。當任何學生成了另一位學生討厭行為的對象時，這位學生應直截了當說出：「我不喜歡這樣。我不喜歡你這樣做。我要你馬上停止那樣做。」
- 一旦他們的社交行為表現在一個可接受的範圍之內，教師更有可能去注意其學業成長。當你抑制全班學習前進，只為了等候某位學習遲緩學生趕上大家，這樣的做法絕不適當。倒不如調整其工作份量及可能用到的方法。學習遲緩者需要有別於其他學生的簡化版本作業，需要更多時間完成。把作業分割成細小步驟，然後依序從最簡單到最困難來完成。像對待所有學習困難者一樣，不斷地使用具體範例及生活體驗來教導他們抽象概念。
- 教育性遲緩學生也需花費相當時間來學習生活技能，例如傾聽、靜坐、遵守指示、穿脫外套等。你可能需要明確地教導這一類的基本技能。
- 招募學生義工，鼓勵以學習夥伴的方式為學習困難同伴服務。一定要輪流更換搭檔的夥伴，讓更多孩子分擔協助彼此學習的責任。
- 教導他們使用每日作業檢核表（第 40 頁）。假使他們不會用印刷字體寫字，利用貼紙來標示出特定活動。

物質感染

曾在出生前受到酒精或其他藥物感染的兒童，會造成級任老師極大挑戰。許多專家認為，受到純古柯鹼影響的孩子在他們未進入普通班就讀之前，應至少安置在特殊班兩年。根本原因在於沒有一個隔離環境的介入，這些孩子在其學習生涯有可能持續受到藥物影響。

受到物質感染（substance exposed, SE）的學生會顯現某些、很多或所有下列身心特徵：

- 他們總出現一些看似過動的行為。容易衝動、分心，並經常在完成作業前就放棄。多數會持續處於一種高度亢奮的精神狀態。
- 有些學生會有奇怪的走路姿態。有些會有臉部和頭部畸形，特別是顱圍對其軀體而言相對的過小。
- 他們可能抗拒對其關懷的大人想要給的基本營養，因其神經系統非常敏感且受到過度刺激。任何額外的刺激對他們都是痛苦的，他們可能因此而常常哭泣。
- 由於本身的不幸，要他們去察覺或回應別人的需求可能有困難。
- 他們可能出現突然的心情起伏，比起有情緒困擾的行為偏差兒童，其有更劇烈、更不可預測的情緒爆發。
- 許多孩子似乎不知道限制的感覺。有些可能出現暴力行為，可能毫無理由或未被挑釁就攻擊他人。他們無法從經驗中學到教訓，總是毫無悔意、一再重複破壞性行為。他們看似不懂或從不在乎自己行為的嚴重後果。當某些人看起來對自己不當行為引以為樂時，這現象被稱為「反社會的」。
- 他們儘管有嚴重的學習困難，卻可能擁有正常或正常以上的智力。
- 他們往往無法獨立學習或模仿其他孩子的行為，他們需要被直接教導所有學業及社交技能。

對物質感染學生的介入方式

- 大部分對注意力缺陷過動症兒童有效的方法，應該對那些從胎兒期就受到有害物質感染的兒童也是有效的。建議持續不斷地嘗試，直到你找出一個有效方法為止（請回顧本書第 36-43 頁的對學習障礙學生的介入)。

- 許多受到物質感染的兒童對於刺激會過度敏感。在與其教學和互動的過程中,每次只使用一種刺激。你可從下列三種方式選擇其一:對他們說話、輕碰他們或注視他們;不要同時混合多種刺激,切記,很多孩子無法忍受太多的肢體碰觸。
- 將教室內任何有高度刺激的物品移到他們的視線之外。
- 限制他們的選擇,受到物質感染的兒童容易被太多選擇和過度刺激所困惑。
- 容許他們和其他學生之間有足夠的空間。一般而言,讓其手腳有足夠的活動空間,而不會碰觸到其他任何人。
- 預先做好孩子萬一情緒爆發時的應變處理,有可能使用肢體動作阻止其失控行為。如果必須這樣做,應事先取得家長和學校主管許可,並把教室內任何可被用來傷害別人的物品移開。
- 確實做好角色模範及示範,讓學生清楚知道什麼是你希望他們在做作業、遊戲和情緒表達該做到的。
- 進行直接教學,一次教一樣,直到獲得某些進步為止。使用孩子學得最好的方法來教導,並持續地使用同樣方法。
- 制定並使用例行程序,不需有任何變化。當從一個活動轉換到另一活動時,必須提供具體教學,讓學生感受活動有開始、中間和結束。每次活動變換前先給予明確提醒。例如:「一分鐘以後,請把書本放下,然後站起來做運動。」即使必須照著腳本唸出來,還是堅持在活動轉換過程中,對孩子說相同的話。
- 準備一份簡單的基本班規,每位孩子發給一份,讓他們自己保留。如果某一位孩子必須離開教室,應要求他隨身攜帶。
- 當學生進入每個學習里程碑時,請以低調的方式為他們慶祝。放棄要他們達到年級標準的期待,以支持個別學習為進步的指標。
- 由於孩子需要很多照顧與支持,教室必須隨時有一位以上的大人[3]。對這些孩子而言,這樣安排的主要目的在於幫助他們建立對大人的

3 Vincent, Lisbeth J., et al. *Born Substance Exposed, Educationally Vulnerable.* Reston, VA: Council for Exceptional Children (CEC), 1991, page 19.

依附行為。如果你期待這樣的行為出現，則師生比例必須低於一般班級。受到物質感染的學生往往需要很多一對一關注。假使你沒有一位全職教學助理幫忙，可與家長合作以支援特教工作人員。

造成特殊學習需求的其他狀況

除了學習障礙、行為異常、情緒困擾、教育性遲緩和物質感染之外，還可能有其他狀況會影響兒童學習，而造成其特殊學習的需求。如果可能，可諮詢先前教過這些學生的老師。當你為特殊學習需求學生調整你的教學時，應不斷蒐尋更多的資訊。本書所提供的最佳資源中有些是全國性組織，這些組織為因身心障礙而帶來生活挑戰的人們而提供支持性服務。如需更多相關建議，請查看參考文獻及資源。

生理障礙

有生理障礙（physical disabilities）的學生包括那些使用輪椅者；腦性麻痺、肌肉萎縮症和脊柱裂患者；患有癲癇和其他狀況可能會導致發作者；有關節炎和先天畸形患者；以及患有任何其他狀況，會影響其肢體移動的學生。

有生理障礙的學生顯現部分、很多或所有下述特徵：

- 他們也許有正常到中等以上的智力。
- 他們可能在身心發展上遭受多重的身心痛苦，例如視覺或言語缺陷。
- 他們可能因長期住院醫療而經常缺課。如果已提供床邊教學制度，你也許會被要求指導這些教師。持續讓他們明瞭這些學生在學校該學些什麼。也建議你對學生的醫療情況及任何可能變化，都保持被知會的狀態。由於長期住院可能伴隨外傷，當學生返回學校以後，預期一些可能的疾病復發狀況。

對生理障礙的介入

- 不要理所當然地以為這些學生和其他同學一樣，有相同的背景經驗，因為其身體限制可能會阻礙他們參與很多其他孩子的共同活動。

- 針對這些學生的身體狀況可能出現的特殊問題，例如：當癲癇發作時應該有哪些特定處理方式，如何尋求這方面的相關訓練。詢問你學區的特殊教育人員，也許能提供訓練或把你的需求轉介給專業人員。
- 藉由評量學生已學會哪些技能，依照其程度來教學，使他們的學習經驗能符合其發展程度，這有助於學習能有所延伸和前進。
- 有時這些孩子會變得過度倚賴他人協助。必要時可利用本書建議之目標設定策略（見第 116-120 頁）及行為契約（見第 372-375 頁）。

聽覺損傷

當學生已被鑑定有任何程度的聽力損失，從輕微到嚴重者，都被稱為聽覺損傷（hearing impairment）。假使你注意到班上某位學生一直無法專注於學習，應仔細觀察他的聽力可能受損的行為症狀，這其中包括：

- 長期受到耳朵和呼吸器官感染；有聽覺損傷的家族病史。
- 身體向前傾斜、把他們手掌緊貼在耳後，以及（或）把頭轉向以便能聽得清楚些。
- 請求別人重複已經說過的；向聲音來源移動靠近些。
- 從表面看來，他們似乎沒有專心傾聽；經常在做白日夢。
- 會出現言語、聲音和構音方面的問題。
- 在學校表現有值得注意的變化。

對聽覺損傷的介入

- 教學時面對全班學生說話。與其轉身寫黑板，倒不如先準備好投影片，用投影機展示上課重點。
- 多多利用示範、展覽和親自動手做的學習經驗。
- 讓學生在課堂上遠離背景噪音，他們對於把講課聲音從其他聲音中區隔出來可能有困難。
- 當必要時允許他們在室內四處走動，以便能更接近想要及必要聽到的。
- 安排他們與那些在課堂討論時可以快速記下重點的同伴一起做功課。

- 允許他們使用錄影帶、影片、光碟片等教學節目的配音腳本。也許可向教學媒體製作公司索取腳本。
- 在班級討論時，要求孩子被叫到名字時要舉起他們的手，這可幫助聽覺損傷的學生識別發言的人，並在他們說話時注視他們。
- 向聽力專家尋求諮商，認識能幫助聽覺損傷學生增加溝通的科技輔具。
- 如果班上有某些孩子認識及使用手語（手指拼字法）字母，讓他們多教一些學生，如此就有更多學生能和聽力受損孩子溝通。假使班上沒有人認識手語字母，也許學校裡有人知道。或者聯絡你的學區辦公室，並告知你希望有人來你班上教授手語字母。本書第 57 頁可提供給學生作為講義。
- 向你的班級介紹美式手語（American Sign Language, ASL）。這是一種實際的語言，並非只是字母，或許你希望邀請熟悉美式手語的人士來為孩子親身示範。

視覺損傷

視覺損傷（visual impairment）學生可能出現下列行為：常常揉眼睛；閉上或遮住單眼；把書拿到靠近眼睛的位置；經常瞇眼或皺眉頭，並有嚴重閱讀困難。他們可能感到眼睛發癢或灼熱、不舒服，可能抱怨東西看似模糊，或可能經常性頭疼。如果他們被正式認定為天生眼盲，則可能對像「顏色」或「天空」這類抽象概念無法理解。

對視覺損傷的介入

- 當你在講課時總是面向這些學生。
- 請大聲地重複說出你在黑板上或投影片中的內容。
- 確定所有講義清晰可讀，用深色的文字與數字，及在字裡行間有足夠留白。用影印機為這些學生放大手寫的教材。
- 將上課內容錄成錄音帶，以便學生稍後聆聽。
- 提供具體的、可親自動手做的教材。

手語字母

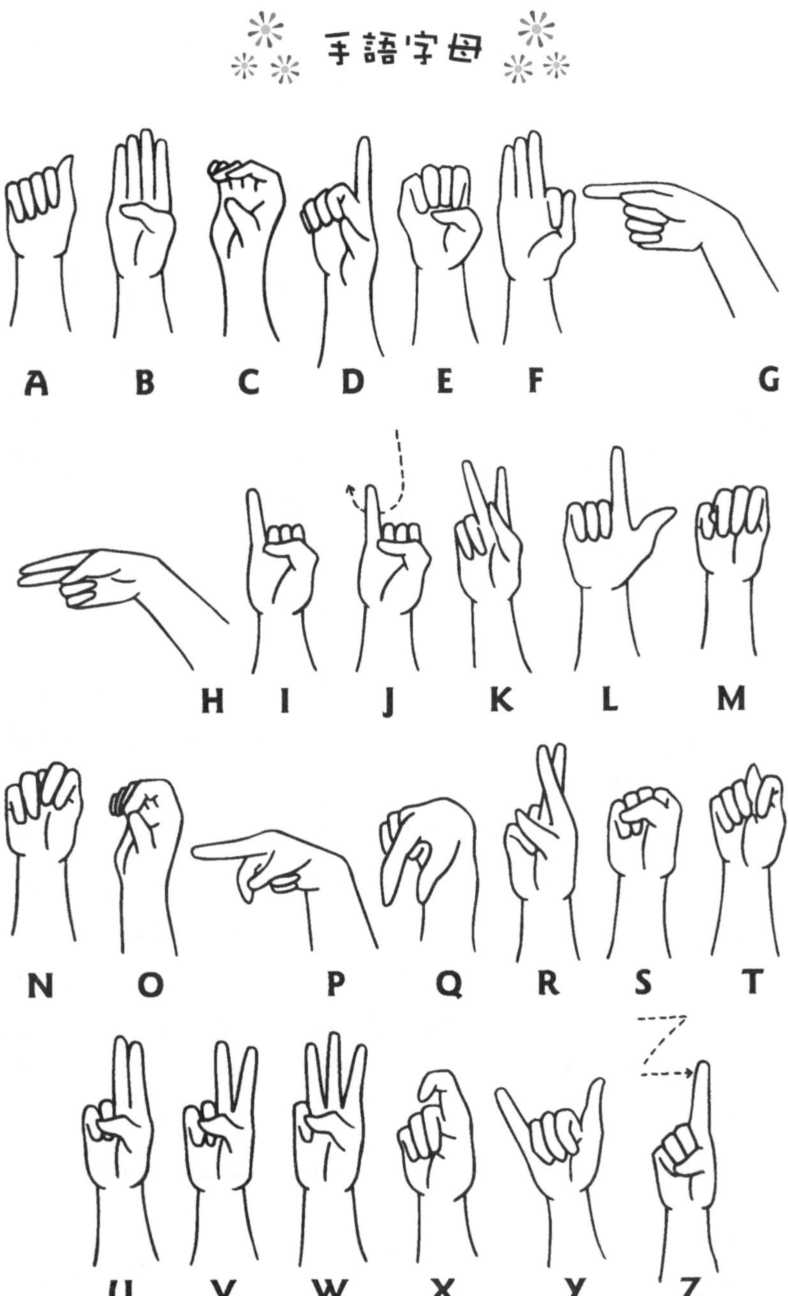

資料來源：*Teaching Kids with Learning Difficulties in the Regular Classroom* by Susan Winebrenner, copyright © 2006, 1996. Free Spirit Publishing Inc., Minneapolis, MN; 866/703-7322; www.freespirit.com. 本頁允許個人、教室及小組活動複製使用。

- 蒐尋並提供教材的錄音版本。向圖書館或美國盲人基金會（American Foundation for the Blind）這類的國立機構查詢（查看參考文獻及資源）。
- 安排義工坐在視覺損傷學生的身旁上課，幫助他們跟上學習進度。至少每個月更換一次夥伴。
- 聯絡驗光師或眼科醫師協會，針對視力有問題的學生尋求建議與協助，有些醫師已發展有效方法。例如：Irlen 學會（Irlen Institute）成功地使用色彩治療法（color therapy）改善暗光敏感症（scotopic sensitivity）患者的閱讀問題。暗光敏感症患者在閱讀時會覺得印刷字看似在移動，色彩治療法的方式為當視力有問題的學生在閱讀時把有色透明片放在文字上面，使得他們不再感覺印刷字會移動，也比較容易閱讀和理解。如需聯絡 Irlen 學會，請查看參考文獻及資源。

貧窮[4]

很多生活貧困的兒童有嚴重的學業缺陷，「沒有任何孩子會落後」的計畫案推動及各州對測驗建立的標準都足以顯示，我們對孩子學習應有所期待。並非孩子來自貧窮，就可為其學習失敗找藉口。

Martin Haberman 博士對此情況進行密集的研究，並在他撰寫的 *Star Teachers of Children in Poverty* 一書中提出報告。Martin Haberman 博士聲稱，明星教師會對這些貧困孩子有著生死攸關的影響。

近年來幾項研究也證實，好老師能在學生身上產生很大的正面效果。令人驚訝的證據也指出，如果孩子被缺乏效能的老師教一年，他將要花兩年才趕得上落後的課業。如果連續兩年被這樣的老師教到，他落後的課業可能永遠都追不上了。[5]

很重要的是，你必得了解其中原因，很多學校會把最難教的學生分

---

4 本小節及下一小節資料修改自：Martin Haberman 所著 *Star Teachers of Children in Poverty,* Indianapolis, IN: Kappa Delta Pi, 1995。經 Haberman 教育基金會（Haberman Educational Foundation）授權使用（www.habermanfoundation.org）。

5 Sanders, William L., and June C. Rivers. “Cumulative and Residual Effects of Teachers on Future Student Academic Achievement.” Knoxville, TN: University of Tennessee Value-Added Research and Assessment Center, November 1996.

配給最沒有經驗的新老師。當然，許多新老師中不乏高效能者，不可諱言的，也有些資深老師缺乏效能。但是，Haberman 博士強調，我們應為學業成就最低下的學生搭配最具效能的老師。早期的教師效能研究也提供非常正向的成果。

Haberman 博士更進一步指出，每天有 3000 位高中生輟學。如果他們上學時只是在做數學，你可想像對未來社會和經濟將產生何等毀滅性後果。其實，輟學症候群在小學就已開始。如果孩子在小學三年級結束前沒有流暢的閱讀能力，令人擔憂的是他將出現無法完成高中學業的風險。請與你的校長分享此一訊息，它將有助於校長在指派老師時做出最好的決定。

如何讓教師更具效能，特別是為弱勢兒童提供的教育服務？Haberman 博士也觀察到，明星教師真正能體會學校成就對每一個孩子的重要性。他們期待學生在學校多少出現一些問題，要等著老師來處理，如此一來，老師就可針對這些狀況預作行動。當問到是否要處於功能失常的系統之中，教師才能獲致最大效能？明星教師認為並非如此，他們只是單純地擔負起必要責任，以確保所有學生都能在學習中建立成就感。

明星教師在做些什麼[6]

- 讓學校成為一個正向的地方，盡可能讓學習變得有趣與成功。
- 無視於貧困學生在現實中要面對的家庭、家人、社區的複雜問題，學校盡一切可能教育他們，不再譴責這群無辜的孩子。
- 試著將學生的興趣、相關問題與學習做結合。
- 老師做好角色示範，及教導孩子為自己去欣賞學習的樂趣。
- 使學生相信，他在學校及班級中是受到歡迎的。
- 對學生的態度溫柔，但一致地保持堅定。有良好的班級管理，但保留很多彈性的空間。
- 試著更了解學生，但不做個人的批判。

6 我以摘述方式列出 Haberman 博士所著 *Star Teachers of Children in Poverty* 之重點，針對此一主題在該書中有更詳細的敘述。

- 讓學生學習坦誠接納自己的錯誤，並努力去修補過失。
- 為學生仔細選擇家庭作業的內容，並謹慎地指派他們完成。
- 在評量學習成果時，至少部分是根據學生的自身努力和進步情況。
- 將課程學習融入問題解決情境，並從其中確認出學生的興趣為何，及他們在真實生活中是否具備應用策略？老師要使用任何有效方法來建立學生的學習成就。
- 與學生家長或主要照顧者保持積極、持續的接觸。
- 善用行為管理技巧，教導學生對自己的行為負責任。避免使用武斷的紀律或處罰的方式。

成功學校的案例

在 2004 年，肯德基州的 Prichard 學業卓越委員會（Prichard Committee for Academic Excellence）發表一項針對該州各小學學生的學業測驗表現所做的調查報告。研究報告指出，學業分數居前的學校包含很多來自貧窮家庭的學生。該研究發現，不管就學生族群或其家庭收入變項做比較，在這些學校裡的多數族群和少數族群學生，或來自低收入和中等收入家庭的孩子，兩者分數差距不到 15 分。這些成功學校是怎麼辦到的？這些學校的共同特點如下：

- 學校教職員不會拿孩子的貧窮問題大作文章，基本上，學校會在對待弱勢和優勢學生時一視同仁。
- 孩子們對學校裡大人的印象是：有愛心，又尊重人。
- 所有教職員努力滿足孩子在營養、交通及其他方面的需求，對孩子付出熱情、沒有抱怨。
- 對於學校教師及人員的招募、雇用及安置非常謹慎。指派教師的唯一根據是能否滿足該班學生的需求。
- 學校教職員也個別指出，自己很樂意和學生一起工作，他們願意信任所有學生。

Haberman 博士的研究、上述調查或其他研究，都證明好的學校方案對學生成就能產生不一樣的改變（甚至當其他因素出現，可能阻礙某些學生達到精熟階段，這樣的改變都會發生）。Haberman 博士建議，對所有學生保持高度的期待，再結合適當的介入策略。明星教師的存在讓學生對學習的看法深受影響，進而對學業成就產生正面的影響。

與特教教師的團隊合作

有太多好理由把特殊學習（或功能）障礙學生帶進普通班學習，給予更高的期待，完成同年齡和同年級學生做得到的課業，並提供更正面的行為與學習模範。我們安排所謂正常孩子在他們身旁，一起生活和做事，並以一種積極觀點，將他們視為一般人。既然幾乎所有障礙者都有無障礙的父母，我們可以假設，這些未來會為父母的障礙者正是我們今天教過的孩子！基於他們的學校經驗，體驗過融入普通班學習的諸多好處，他們將會一樣地給予自己孩子高度期待以期發揮學習潛能。

普通班教師必須和特教教師密切合作，共同創造一個最能提升特殊孩子學習的理想環境。雙方實際合作的程度，是那些要面對嚴苛挑戰的特殊學生能否在普通班獲致成功的關鍵。目前特教方案的型態大幅改變，致使大部分特殊兒童在普通班接受教育。我們必須體認到，當前特教工作者應對普通班教師扮演主動諮詢的角色。特殊學生之前花費大部分時間在特教班，現在則多數時間待在你的普通班。對特殊兒童來說，普通班被認為是一個最少限制的環境（least restrictive environment），因此你可能需要給予協助。如果你是位普通班教師，班上特殊學生與特教教師已有定期的互動，他們也從特教教師獲得必要協助，你的融合方案（inclusion program）已朝著設定的方向順利運作。假如特教工作者給你的支援微不足道，你有權力要求協助；不要猶豫不決，再開口要求，繼續說，直到獲得你需要的協助為止。

特教教師與普通班教師要如隊友般的攜手合作，這將是一種最好的情況。善用特教專家的專業來指導所有需要協助的學生，而非只限於被鑑定過的特殊學生。當以前屬於特教系統的特殊學生融入普通班，每位普通班師生都會因此受惠。特別是當學校專家教師可就近提供充分協助的時候。

很多學校設立「專家小組」制度，可作為普通班教師的人力資源。

專家小組最初成立的目的在於減少轉介到特教班的學生人數，也同時協助普通班教師預防學生的學習或行為問題變得難以管理。你可以電話聯絡教師支援小組（Teacher Assistance Teams, TATs）或學習資源教師（Learning Resource Teachers, LRTs），他們會應普通班教師和學校行政主管的要求，隨時入（普通）班服務，觀察學習或行為困難學生，再提供特定介入策略來協助普通班教師。小組成員會持續給予支援，直到該名學生和普通班教師，都能獨立安排在普通班的活動時間。

與特教教師共同規劃，將融合教育的主題放入教師專業成長課程。此課程將協助學校教師體會多元文化以外的多樣性。如果你打算在學期中邀請演講者到你的班上，確定其中幾位為人生有所成就，但在求學過程中有學習困難和其他障礙者。

 問答集

「我從未接受過任何特殊教育訓練，要如何教導這些學習需求如此特殊的孩子們？」

事實上，很多被標記為特殊學生的孩子，不屬於他們當初被安置的障礙類別。如果你能了解此點，將對你有所幫助。有些資優孩子被誤判為學習遲緩，是因為他們不肯做功課！很多被鑑定為過動的特殊學生，其實他們的學習需求與普通班學生相近。當大部分有特殊學習需求的孩子能和各種能力的孩子一起學習，將會比待在一個隔離的特教班更能獲得學習機會。

針對大部分時間在普通班的特殊學生，融合方案的設計前提是假設特教教師能扮演好普通班教師的夥伴角色，並提供普通班教師適當的協助。如果你尚未獲得需要的協助，向特教夥伴提出你的要求、繼續要求，直到你獲得滿意結果為止。

邀請某位特教教師入（普通）班，觀察某位特殊學生在班上的行為動態，並對你提供具體介入的建議。另外，要求特教教師協助你監督如何成功改變這位學生。如果你需要更多協助，請校長入班進行同樣的行

為觀察。請他協助找出可能的額外服務，不管來自郡或州立特教機構的協助。除此之外，詢問校長如何針對學生的個別教育計畫（Individual Education Plan, IEP）做部分變更，以爭取教師助理進入普通班與你合作，並要求取得其他適當的特教支援服務。

根據身心障礙者教育法（Individuals with Disabilities Education Act, IDEA），所有符合特教服務資格的兒童，都具備在最少限制的教育環境裡，接受免費、適性公立教育的權利。對於部分有完全特殊學習需求的孩子而言，最少限制的環境可以不是普通班。如果針對某位特定學生，你使用本書所描述的幾個策略仍未改善其情況，請記錄你曾做過的介入嘗試，尋求適合的相關人員協助，就學生在班上安置情形進行重新評估。

「讓特殊學生花大部分時間和受過正統訓練的特教教師一起上課，對他們不是比較好嗎？」

對某些學生而言，大部分學校的時間都待在特教班比較好……但這樣的情形極為少數。融合教育推動的部分原因，是因需要特教服務的學生被過度鑑定。我們必須審慎地不對特教學生做抽離（普通班）的安置建議，直到我們能夠一致使用適合的介入策略為止。

「我覺得很困惑，這麼多特殊孩子的需求如此不同。我在沒有準備的狀況下，應當如何採取正確行動？」

請牢記，你不必針對每位學生的個別需求找出相配的介入方式。先參考第 29-30 頁的一般性建議，其中很多建議對於不同學習需求類別的學生有效。善用任何有效建議！

「如果為有學習困難的學生調整一切，當他們進入現實世界時，會不會因此受到傷害？他們可不可以在人生某個階段學習基本技能，不再借助科技輔具或額外協助？他們能在哪裡找到一個尊重其需求的成人環境？」

很多大學都針對學習困難學生安排特殊課程，這些課程的設計是為了那些需要一些額外協助才能起動，並完成工作的人提供終生輔導。教師唯一需要關切的是，當學生離開學校時能否充滿自信，覺得自己可以學習，認定自己是學習社群裡最有價值的成員之一。當學生有那樣的感覺時，就更有可能在現實世界裡成功。

「需要學習夥伴的孩子會不會成為大家取笑的對象？」

目前很多學習活動都以配對或團隊方式來進行。在很多教室推動的「學習夥伴」，只是那種狀態的延伸。為了避免為學生貼上負面標籤，請以低調方式來進行。每一個班上總有許多學生樂於助人學習，他們就成為好的學習夥伴。確定班上其他學生了解學習夥伴的形成只為了尊重與順應學生的個別差異，它並不意味任何缺陷。

「測驗指導手冊裡清楚規定有時間限制。如果在沒有時間限制情況下為某位學生施測，是否是遵守法令和（或）倫理？」

在進行標準化測驗時，所有學生一定要嚴格遵守時間限制。然而，教師可從中發現學習困難學生實際上能做到些什麼。這樣做不但有用，並可啟發他們的學習。在你發回學生的答案卷之前，先影印好試卷的備份，並在某位學習困難學生結束作答的地方做記號。將他的原始答案卷和其他人的一起發回。在一、兩週之後，以同樣試卷要求他以不計時方式盡可能做完，老師則以人工閱卷方式批改（不要將它送去測驗分析中心）。不要拿他的測驗表現和同班其他學生互做比較，或注意是否達到同年級標準。你只是利用此測驗結果來證明，學習困難學生在不計時狀況下，他們能做到什麼？並利用這些資料，來確認他們真正的優勢與弱點。

參考文獻及資源

A.D.D.–From A to Z: Understanding the Diagnosis and Treatment of Attention Deficit Disorder in Children and Adults（www. drhallowell.

com/store）. 此為收錄 Hallowell 博士演講內容之錄影帶，Hallowell 博士為注意力缺陷疾患領域的權威專家。參考以下所列 Hallowell 中心相關資料，(978) 287-0810。

A. D. D. WareHouse addwarehouse.com 針對注意力缺陷疾患及其他學習困難兒童，提供所能找到之最完整的教材目錄。其中很多設計強調讓孩子自己使用。1-800-233-9273。

Alexander Graham Bell Association for the Deaf and Hard of Hearing（www.agbell.org）. 此機構提供聽覺障礙者相關資源。(202) 337-5220（TDD available）。

American Academy of Child & Adolescent Psychiatry（www. aacap.org）. 此機構提供的訊息包括對發展障礙、行為缺陷及智能障礙的認識及處遇，及對兒童與青少年的可能影響。(202) 966-7300。

American Association on Mental Retardation（www.aamr.org）. 協助智能障礙者的家庭，包括唐氏症。1-800-424-3658。

American Foundation for the Blind（www.afb.org）. 對視力損失者及其家庭、朋友提供資訊、協助及支持。1-800-AFB-LINE（1-800-232-5463）。

Armstrong, Thomas. *The Myth of the A.D.D. Child: 50 Ways to Improve Your Child's Behavior and Attention Span Without Drugs, Labels, or Coercion.* New York: Penguin/Plume, 1997. 教育工作者及家長的必讀好書，協助家長在 ADD/ADHD 孩子用藥過程中，如何避免做出不成熟決定。

Attention Deficit Disorder Association（ADDA）(www.add.org). 提供協助給注意力缺陷疾患患者的相關教材及服務。(484) 945-2101。

Attwood, Tony. *Asperger's Syndrome: A Guide for Parents and Professionals.* London: Jessica Kingsley Publishers, 1997.

Autism Society of America（www.autism-society.org）. 針對自閉症患者及其家庭提供資訊、協助及支持。1-800-eAUTISM（1-800-328-8476）

Banks, Carmelita B. "Harmonizing Student-Teacher Interaction: A Case for Learning Styles." *Synthesis* 2:2 (1991). Springfield, IL: Illinois State Board of Education.

Baum, Susan M., and Steve V. Owen. *To Be Gifted and Learning*

Disabled: Strategies for Helping Bright Students with LD, ADHD, and More. Mansfield Center, CT: Creative Learning Press, 2004.

Birely, Marlene. *Crossover Children: A Sourcebook for Helping the Learning Disabled/Gifted Child.* Reston, VA: The Council for Exceptional Children, 1995.

Birth Defect Research for Children（www.birthdefects.org）. 針對先天缺陷嬰兒及其家庭提供資訊及支持性服務。(407) 895-0802。

Brain Gym International（www.braingym.org）. 提供動覺學習者相關協助。頭腦體操方案（Brain Gym program）已被家長及教師成功運用，它透過非學術性方法來顯著改善動覺學習者的學習態度及成績。它的運作假設在於學習困難者在腦中有發育不全的神經網路，可藉由某種確定的練習形式顯著改善。教師發現，如果在每個學習活動之前先做兩、三分鐘練習，孩子就比較能專注於實際課業上。學生可站在他們椅子旁邊練習。兩個練習範例：十字爬行：讓學生原地踏步同時右手摸左膝以及左手摸右膝。懶惰的 8：在圖板上畫一個側躺的無限大符號（∞），讓學生同時跟著畫幾次，由圖形中心開始向下往左移、向上往右移、回到中心點、向下往右移、向上往左再回到中心點，就好像你畫了一個側躺的 8。你可進入頭腦體操的官方網站，並尋找你學區裡的合格的頭腦體操教師及課程。也可在此取得由 Paul E. Dennison 和 Gail E. Dennison 合著的頭腦體操書籍及教材。機構電話：1-800-356-2109；書店：1-888-388-9898。

Castellano, Jaime A., and Eva Díaz. *Reaching New Horizons: Gifted and Talented Education for Culturally and Linguistically Diverse Students.* Upper Saddle River, NJ: Allyn & Bacon, 2001. 針對雙語、多元文化及 ESL 教育三者間的關聯有完整綜述。

Center for Performance Assessment（www.makingstan dardswork.com）. 主席及創辦人為 Douglas Reeves 博士，他發現學業表現在百分等級 90 以上者有五種因素，其中 90% 來自混合的少數族群，90% 的學生享有免費午餐。這些學生的共同特色為：極度強調學業成就重要性；聚焦於重要課程領域；提供學生經常性評量及多樣的進步表現機會；跨越不同課程的寫作計畫方案，所有班級的評量使用一致標準。可去電索取相關資訊及合格學校名單，1-800-844-6599。

The Center for Speech and Language Disorders（www.csld.org）. 此非營利機構針對語言缺陷兒童提供以家庭為中心的服務，此網站針對經常詢問的問題列出 FAQ 答客問，販售教材資源包括書籍、有聲書及錄影帶，或訂閱電子報，(630) 530-8551。

Children and Adults with Attention-Deficit/Hyperactivity Disorder（CHADD）(www.chadd.org). 為 ADD 兒童的家長及老師提供相關支援。1-800-233-4050。

Coalition of Essential Schools（www.essentialschools.org）. 由 Theodore R. Sizer 博士所創立，此機構係支持一個學校網絡系統的建立。這些學校彼此分享根據研究及實務所設定的共同原則，並以此引導學校整體改革。其中包括學校設計、教室實務、領導權及致力於社區相互連結等。(510) 433-1451。

Cooper, Carolyn, Mary Ann Lingg, Angelo Puricelli, and George Yard. *Dissimilar Learners.* St. Louis, MO: Pegasus Publications, Ltd., 1995.

Council for Exceptional Children（CEC）(www.cec.sped.org). 針對如何幫助所有不同學習困難類型的年輕人，提供相關服務、文章和資源。1-888-232-7733.

Delpit, Lisa. *Other People's Children: Cultural Conflict in the Classroom.* New York: The New Press, 1995. 顯示教師如何特別針對來自貧困及不同種族的兒童，藉由設定一致性高標準，以期達到熟練之年級程度，讓上學對這些孩子變成更有成效的學習經驗。

Dowdy, Carol, et al. *Attention-Deficit Hyperactivity Disorder in the Classroom: A Practical Guide for Teachers.* Austin, TX: PRO-ED, 1997.

Educating Peter（www.films.com）. 此紀錄片為獲得 1992 年奧斯卡最佳紀錄片的得獎之作，此影片實際記錄一位唐氏症男孩 Peter，回歸至一所公立學校的適應情形。它生動鮮明的捕捉當他在同儕間找到自己位置的成就感。另一部紀錄片 *Graduating Peter*（2001）則強調 Peter 在六年級、八年級及高中的學校經驗，及他如何朝著為自己建立有意義生活的目標，不斷努力前進的情形。兩支紀錄片皆為 HBO 製作。1-800-257-5126。

The Efficacy Institute（www.efficacy.org）. 此協會為 Jeff Howard 博士創立，針對如何預測個人學業表現及人格發展的改進，提供相關訓練及服務。學生將學到「聰明是一件你能掌握的東西」，及成功端視個人努力程度及品質而定。成人應被教導絕對不表現你對孩子能力的判斷，即使年輕人遭遇困難之際。成人應親身示範，引導孩子能開心的面對困境，並決定問題該如何釐清。(781) 547-6060。

Eisenberg, Nancy, and Pamela H. Esser. *Teach and Reach Students with ADD.* Houston, TX: Multigrowth Resources, 1994.

ERIC Education Resources Information Center（www.eric.ed.gov）. 針對如何教導各類型學障學生，此線上資訊中心提供很多相關期刊。我特別推薦以下所列之 ERIC 摘要：

- "ADHD and Children Who Are Gifted" by James T. Webb and Diane Latimer. ERIC # ED358673; ERIC Digest #522 (1993).
- "Collaboration Between General and Special Education Teachers" by Suzanne Ripley. ERIC # ED409317 (1997).
- "Dual Exceptionalities" by Colleen Willard-Holt. ERIC # ED430344; ERIC Digest E574 (1999).
- "Gifted but Learning Disabled: A Puzzling Paradox" by Susan Baum. ERIC # ED321484; ERIC Digest E479 (1990).
- "Integrating Students with Severe Disabilities." ERIC # ED321501; ERIC Digest E468 (1990).
- "Meeting the Needs of Gifted and Talented Minority Language Students" by Linda M. Cohen. ERIC # ED321485; ERIC Digest E480 (1988).

註：舊版的 ERIC 摘要可自 ERIC Clearinghouse system 取得，當該系統在 2003 年停止運作時，大部分 ERIC 舊網站內容都找到新的落腳處。當本書撰寫之際，www.eric.ed.gov 即為新版的 ERIC 網站。你可用標題蒐尋，並找出上面所列之相關摘要。

Goldstein, Arnold, et al. The Skillstreaming Series（www. researchpress. com）. 提供書籍、技能卡、CD-ROMs 及錄影帶，幫助孩子學習適當的社交／互動技巧，及選擇好行為。此系列包括三本著作：*Skillstreaming in Early Childhood*、*Skillstreaming the Elementary School Child* 及 *Skillstreaming the Adolescent*。1-800-519-2707。

The Haberman Educational Foundation（www.haberman foundation.org）. 此非營利組織運作的目標在於教導及推動以研究為本的教學模式，使參與其中的教育工作者能提供服務給來自危險群及貧困兒童。(713) 667-6185。

Haberman, Martin. *Star Teachers of Children in Poverty.* Indianapolis, IN: Kappa Delta Pi, 1995. 可自 www.kdp.org 取得；1-800-284-3167。

—Star *Teachers: The Ideology and Best Practice of Effective Teachers of Diverse Children and Youth in Poverty.* Houston: Haberman Educational Foundation, 2005. 可自 www.habermanfoundation.org 取得；(713) 667-6185。

The Hallowell Center（www.drhallowell.com）. 為 Edward M. Hallowell 博士所創立。他為一心理學家及在美國 ADD 領域頗具權威的專家。Hallowell 中心（Hallowell Center）協助 ADD 患者追求更快樂、更具生產力的生活，Hallowell 博士也管理一個國家級的生活教練（life coach）系統，用來幫助 ADD 患者每天都能順利生活。(978) 287-0810。

Hollowell, Edward M. *ADD from A to Z: Understanding the Diagnosis and Treatment of Attention Deficit Disorder in Childern and Adults*. New York: Pantheon Books, 1994. 此書為了解及介入 ADD 患者的綜合指引。

Hallowell, Edward M., and John J. Ratey. *Delivered from Distraction: Getting the Most Out of Life with Attention Deficit Disorder.* 此書為 Hallowell 和 Ratey 繼 *Driven to Distraction* 之後的著作。此書為一最新指引，描述一般人如何與 ADD 患者順利生活。New York: Ballantine Books, 2005.

—Driven to Distraction: Recognizing and Coping with Attention Deficit Disorder from Childhood Through Adulthood. New York: Simon & Schuster, 1995. 此實用書被認為是此領域的經典之作。

Harwell, Joan M. *Complete Learning Disabilities Handbook: Ready-to-Use Strategies & Activities for Teaching Students with Learning Disabilities.* New 2nd Edition. San Francisco, CA: Jossey-Bass, 2002.

Hennigh, Kathleen. *Understanding Dyslexia: A Professional's Guide.* Westminster, CA: Teacher Created Materials, 1995.

Hopfenberg, Wendy S., Henry M. Levin, and Associates. *The Accelerated Schools Resource Guide.* San Francisco: Jossey Bass Publishers, 1993. 此書描述加速學校方案（Accelerated Schools program），並提供如何與推動該方案的學校接觸之相關訊息。

Hot Topics Series. Phi Delta Kappa International（www.pdkintl.org）. 此書係針對當前熱門的教育話題，蒐集相關研究論文、專家觀點及急迫性議題編輯而成。此書以下列書名出版，讀者可自行購買取得：*Assessing Inclusion: Strategies for Success*（2000）。1-800-766-1156。

How Difficult Can This Be? The F.A.T. City Workshop: Understanding Learning Disabilities（www.shoppbs.org）. 由 Richard LaVoie 博士主持，由公共電視發行。此紀錄片係透過一位學障孩子的眼睛來看這個世界；是所有教師必看之作，也是教師會議中分享的最佳選擇。另外還有 *Last One Picked... First One Picked On*，為 LaVoie 博士主持，描述如何幫助學障孩子改善其經常面對的社交問題。1-800-645-4727。

International Dyslexia Association（www.interdys.org）. 一個致力於失讀症研究及治療的國際性組織。此機構之前名為 Orton Dyslexia Society。（410）296-0232。

Irlen Institute（www.irlen.com）. 針對知覺型閱讀及學習困難的兒童及成人，提供診斷測驗及協助，在全國合格的測驗中心都可獲得相關服務。對某些兒童來說，使用有色透明片及濾光鏡片的 Irlen 教學法，能顯著改善其學習成就。1-800-55-IRLEN（1-800-554-7536）。

Kannapel, Patricia, and Stephen K. Clements with Diane Taylor and Terry Hibpshman. "Inside the Black Box of High-Performing, High-Poverty Schools." 此為 Prichard 學業卓越委員會（Prichard Committee for Academic Excellence）於 2005 年 2 月在肯德基州的 Lexington 所提出的研究報告。這份研究品質極佳的報告證實在低收入、高貧困學校所發現的共同特色，研究結果建議，不管孩子所處社會及經濟狀況有多惡劣，他們仍有達成應

有學習成就的機會。你可自 Prichard 學業卓越委員會的官方網站（www.prichardcommittee.org）取得研究報告的 PDF 檔。1-800-928-2111。

Kravetz, Marybeth, and Imy F. Wax. *The K&W Guide to Colleges for Students with Learning Disabilities or Attention Deficit Disorder: A Resource Book for Students, Parents, and Professionals.* 6th edition（請查閱最新版本）Burlington, MA: The Princeton Review, 2003.

Lawton, Millicent. "Co-Teaching: Are Two Heads Better than One?" *Harvard Education Letter*（March/April 1999）. 可自 *Harvard Education Letter* 網站取得（www.edletter.org）。

LDOnline（www.ldonline.org）. 提供學習障礙資訊的完整網站，當我需了解學習困難學生相關資訊時首次蒐尋到的網站。

Lee, Christopher, and Rosemary F. Jackson. *Faking It: A Look into the Mind of a Creative Learner.* Portsmouth, NH: Heinemann, 1992.

Levine, Mel. *A Mind at a Time.* New York: Simon and Schuster, 2002. 此書解釋家長及教師如何鼓勵孩子發揮其學習優勢，並繞過學習弱點。

Lyman, Donald E. *Making the Words Stand Still.* Boston: Houghton Mifflin, 1986. 此書為作者親身經歷作者（兒時為學習障礙），描述他在努力學習時曾感受的痛苦，本書並介紹作者自創之獨特教學法。

March of Dimes Birth Defects Foundation（www. marchofdimes.com）. 提供有關先天性缺陷兒童發展和教育的資訊協助。(914) 428-7100。

McMurchie, Susan. *Understanding My Learning Differences.* Verona, WI: IEP Resources/Attainment Company, 2003. 提供 23 份教學活動計畫，幫助學障學生更能察覺自己的學習差異，並發展應付及自理技能。1-800-327-4269。

Morsink, Catherine Voelker. *Teaching Special Needs Students in Regular Classrooms.* Boston: Little, Brown and Co., 1984.

Nation's Challenge: A Guide for Educators of Children Affected by Alcohol and Other Drugs, parts 1 and 2（store.health.org）. 此兩卷錄影帶為 1995 年教育部視訊會議的紀錄，專家小組（教育工作者、行政人員、醫師及社工人員）討論應如何發現物質接觸兒童的獨特性，並開啟他們的

潛能。錄影帶可自下列機構取得：SAMHSA's National Clearinghouse for Alcohol & Drug Information（NCADI）。1-800-729-6686。

Parker, Harvey C. *The ADD Hyperactivity Handbook for Schools: Effective Strategies for Identifying and Teaching ADD Students in Elementary and Secondary Schools.* Plantation, FL: Specialty Press, 1992.

The President's Committee for People with Intellectual Disabilities（PCPID）（www.acf.hhs.gov/programs/pcpid）. 之前機構名稱為：President's Committee on Mental Retardation（PCMR）。（202）619-0634。

Recording for the Blind and Dyslexic（RFB&D）（www.rfbd.org）. 此機構致力於製作美國各級學校所使用的大部分教科書，及一些文學作品的有聲書。只需象徵性付費即可取得相關教材。1-866-RFBD-585（1-866-732-3585）。

Reif, Sandra F. *How to Reach and Teach Children with ADD/ ADHD.* San Francisco, CA: Jossey-Bass, 2005.

Rich, Dorothy. *MegaSkills: Building Children's Achievement for the Information Age.* New and expanded edition. Boston: Houghton Mifflin, 1998. 教導孩子生活中需要勝任的基本技能，包括自信、動機、責任感、堅持、專心及常識。

ricklavoie.com（www.ricklavoie.com）. 此為 Richard Lavoie 博士之網站。他是美國公認的學障專家，並為以下兩支錄影帶製作者：*How Difficult Can This Be?* 及 *Last One Picked... First One Picked On*（如前所述）。他所著專書、錄影帶、論文及工作坊都提供極佳的教育資源。對任何與學習困難學生同住及工作的人而言，Lavoie 博士真正了解這些孩子，並幫助家長及教師也能做到。

Ross, Jerilyn. *Triumph Over Fear: A Book of Hope and Help for People with Anxiety, Panic Attacks, and Phobia.* New York: Bantam, 1995.

Sanders, William L., and June C. Rivers. "Cumulative and Residual Effects of Teachers on Future Student Academic Achievement." Knoxville, TN: University of Tennessee Value-Added Research and Assessment Center, November 1996. 可自 www.heartland.org 取得及下載。

Stainback, Susan, and William Stainback. *Integration of Students with Severe Handicaps into Regular Schools.* Reston, VA: Council for Exceptional Children (CEC), 1985.

Suskind, Ron. *A Hope in the Unseen: An American Odyssey from the Inner City to the Ivy League.* New York: Broadway books, 1998. 為普立茲獎得獎作品，根據真實故事撰寫而成。此書描述一位來自華聖頓特區貧民窟的青少年，經由鄰里附近很多人的協助，最終脫離貧困的循環，並接受大學教育。

Vail, Priscilla. *Smart Kids with School Problems (Gifted/LD): Things to Know and Ways to Help.* New York: Plume/NAL Dutton, 1989.

Vincent, Lisbeth J., et al. *Born Substance Exposed, Educationally* Vulnerable. Reston, VA: Council for Exceptional Children (CEC), 1991.

Waller, Mary Bellis. *Crack-Affected Children: A Teacher's Guide.* Newbury Park, CA: Corwin Press, 1993.

Williams, Donna. *Somebody, Somewhere.* New York: Times Books, 1994. A first-person account of autism.

Winebrenner, Susan. *Teaching Gifted Kids in the Regular Classroom: Strategies and* Techniques *Every Teacher Can Use to Meet the Academic Needs of the Gifted and Talented.* Revised and updated edition. Minneapolis: Free Spirit Publishing, 2001.

給學生的推薦讀物

Cummings, Rhoda, and Gary Fisher. *The School Survival Guide for Kids with LD* (*Learning Differences*). Minneapolis: Free Spirit Publishing, 1991. 特別針對學障學生提供特定提示及策略。此書適合 8 歲及 8 歲以上兒童閱讀。

—The Survival Guide for Teenagers with LD (Learning Differences). Minneapolis: Free Spirit Publishing, 1993. 幫助學障年輕人在學校獲得成功，並為成人生活預作準備。也可取得錄音帶形式之有聲書，此書適合 13 歲及 13 歲以上者閱讀。

Fisher, Gary, and Rhoda Cummings. *The Survival Guide for Kids with LD (Learning Differences)*. Minneapolis: Free Spirit Publishing, 2002. 針對 8 歲及 8 歲以上兒童，用他們能懂的語言來解釋學習障礙，描述不同類型的學習障礙，並與孩子討論學障教育方案，此書同時包括提供給家長及教師的資源。

Gordon, Michael. *I Would If I Could: A Teenager's Guide to ADHD/ Hyperactivity.* Syracuse, NY: GSI Press, 1992.

Hayes, Marnell. *The Tuned-In, Turned-On Book about Learning Problems.* Novato, CA: Academic Therapy Publications, 1994. 此書直接為學障青少年而寫，幫助孩子發現並強調個別的學習優勢。

Janover, Caroline, *Josh: A Boy with Dyslexia.* Burlington, VT: Waterfront Books, 1988. 小讀者可藉此書進入五年級學障兒童的心理世界。此書包括對失讀症及學習障礙的問題與解答，適合 8 至 12 歲兒童閱讀。

—*Zipper: The Kid with ADHD.* Bethesda, MD: Woodbine House, 1997.

Levine, Mel. *Keeping a Head in School: A Student's Book About Learning Abilities* and *Learning Disorders*. Cambridge, MA: Educators Publishing Service, 1991. 幫助學生發展並使用有效策略，使能獲得更好的學習成果。

Moss, Deborah. *Shelley the Hyperactive Turtle*. Bethesda, MD: Woodbine House, 1989. 適合 4 至 9 歲兒童閱讀。

—Lee, *The Rabbit with Epilepsy.* Bethesda, MD: Woodbine House, 1989. 適合 4 至 9 歲兒童閱讀。

Quinn, Patricia O., and Judith M. Stern. *Putting On the Brakes: Young People's Guide to Understanding Attention Deficit Hyperactivity Disorder.* Revised edition. New York: Magination Press, 2001. 此書由一位小兒科醫師及特教教師共同為孩子撰寫，此書清楚說明 ADHD 是什麼，並針對如何處理 ADHD 所引起的問題提供實用建議。適合 8 至 13 歲兒童閱讀。

—The "P*utting on the Brakes*" *Activity Book for Young People with ADHD.* New York: Magination Press, 1993. 利用圖片、拼圖、問卷和遊戲來教導孩子如何變得有條理、聽從指示、有效率地讀書。

CHAPTER 4

使你的教學與學生的學習風格相配

學習風格（learning styles）一詞係指腦子對其所需學習事物的感知與處理方式。我們教得最好的學生，是學習風格與教師最自在的教學風格相合者。有時我們低估某些學生的學習能力，他們在眾人眼中學不會正確方法。事實上，正確方法並不存在。對每位學生而言，唯一的方法就是有效的那個！

本章將幫助你認識及體會，如何藉由你的教學與學習困難學生的學習風格互相配合，以改善他們的學習成就。你將發現你和學生之間的很多差距並非個性抵觸，而是你喜歡的教學風格與他們喜歡的學習風格相衝突。你將看見你只需在學習環境和教學方法有些簡單改變，就能使學習困難學生改善其生產力。當你的學生變得更有成就時，你對自己教學效能的態度和滿足感也同樣會提高。

Eric 的案例

Eric 是一位小學四年級學生，學校對他而言一直是個不愉快的經驗。由於他的聲名遠播，老師們都很害怕會在下一學年教到 Eric。

Eric 總是動個不停 —— 他不停地碰觸別的同學、玩弄某樣玩具或其他不該碰的東西。他從來都不在位子上好好坐著，經常跳起來去削鉛筆（雖然他看似從未用過），並在做功課時發出奇怪聲響（大概介於一種嘎吱聲和鼾聲）。他總是有個什麼東西含在嘴裡，最好的是口香糖或糖果。如果老師把那個東西從他那兒拿走，換進去的就會是鉛筆、袖子或鞋帶了。

Eric 厚厚的檔案夾裡顯示出他早期在幼稚園所建立的處理模式，大部分的文件是他父母出席親師會議，老師對他無法達到預期行為及獲得學習成果的觀察紀錄。當一年年過去，老師對他的行為愈來愈難以容忍，更堅持家長應儘快帶他到醫院接受鑑定，並開始服用藥物。

Eric 的四年級導師參加我辦的「學習風格」工作坊，並很快地辨識出 Eric 是位觸動覺學習者。在得知更多學習風格的資訊之後，她回到課堂，並對 Eric 開始介入：

- 將他的課桌椅移開，移到一個最不能引起其他學生注意的位置。
- 用寬膠帶在他的課桌椅四周，約一英尺半的距離畫出界限。接著告訴他可以在該區域盡情活動，但不能超越那個範圍。
- 開始允許 Eric 用他最喜歡的姿勢做功課，而不是要求他坐正（他喜歡坐在椅子上用單隻腳的膝蓋頂著桌邊，再把身體斜靠在桌面）。
- 允許 Eric 在上課時嚼口香糖，因為咀嚼能幫他發洩多餘能量。不過，他不能嚼著口香糖離開教室。他被要求要將口香糖包起來，再丟到某個指定、套有內袋的垃圾桶。
- 由於 Eric 經常用鉛筆敲打東西來釋放過剩精力。老師想了一個簡單的方法，讓他在袖子、手臂、襯衫、褲管或其他可取代課桌椅的柔軟表面上敲打。現在，他可能還會在上課時敲敲打打，但再也不會干擾別的同學了。

Eric 的老師和我一起合作，盡可能把很多學習活動調整為觸動覺型態。這使得他能藉由觸摸和移動學習，並將他所學以觸動覺學習者喜歡的創意方式來表達。這其中包括：

- 讓他以圖片或圖畫方式，使用圖表來記錄他的功課。
- 在他開始做一樣功課之前，一定先讓他看看結尾。
- 透過押韻詩、反覆吟唱和動作來教導基本技能。
- 在文學和其他課程中，讓他將一些教學情境表演出來。
- 教導他在上課開始前，如何有目的地放鬆自己。

■ 允許他做功課時佩戴耳機，聆聽使人心情平靜的音樂。
■ 給他一個可用來握著和壓捏的軟球。

這些教學調整大幅減少 Eric 的分心行為。由於他的基本學習風格需求被滿足了，使其頭腦有更多空間可專注於學習。[1] Eric 也了解在上課時間內，只要能做到老師要求的適當行為，他就可以選擇走動、嚼口香糖或趴在桌上。當沒有遵守規定，他選擇活動的權利就會被取消一兩天，直到他能想出新方法來遵守為止。

了解學習風格

人類的腦子是一個複雜而且奇妙的有機體，在過去十五年之前，我們還對它所知甚少。它由三個主要部分組成：大腦、小腦和腦幹；只有大腦（最後被發現的部分）有學習學業材料的能力。小腦（稍早被發現的部分）負責我們的情感；腦幹（最早被發現的部分）是我們的生存中樞。當我們感受壓力時，我們的腦幹接管了腦的其他兩部分的功能，並命令我們作戰或是逃走。當學生被要求參與一個與其學習風格衝突的學習任務時，他們感受到壓力，腦幹就會送出訊息：「投入作戰或趕快逃離這裡！」

根據大腦研究者 Leslie Hart 指出，學校課程必須與腦相容，否則它無法被學會。[2] 既然不同孩子的腦子在行使功能和學習都有所差異，理所當然的我們就必須因材施教。要讓新的學習發生，我們必須把它連結到一個腦子已熟悉和識別的模式。當我們如此做時，腦子察覺到新知識用的是它輕易能懂的語言。同樣重要的，學習環境一定要使人感到自在。當身體處於痛苦中時，腦幹會專注於一種不舒服的狀態，學習就不會發生了。

1 注意力缺陷疾患或注意力過動缺陷疾患伴隨過動症患者（Eric 均非這兩者），可能同時需要藥物治療及教室介入的雙管齊下，以達到正向效果。藥物不該讓學生在服藥後的行為表現了無生氣。他們應具備充分控制自我學習、對環境注意的能力，以及善用其學習風格的優勢。不管是藥物或老師都不應被期待是解決他們問題的唯一方法。

2 Hart, Lesile, *Human Brain and Human Learning.* Kent, WA: Books for Educators, 1998.

Marie Carbo、Rita Dunn 和 Kenneth Dunn 三位醫生描述以下的學習風格：聽覺的（auditory）、視覺的（visual）及觸動覺的（tactile-kinesthetic）。[3]

- 聽覺學習者靠傾聽來學習。
- 視覺學習者靠看來學習。為了了解他們需要學會的，他們必須在腦中得到一個畫面。
- 觸動覺學習者靠觸摸和動作來學習。

聽覺學習者具備邏輯性、擅於分析，是連續性思考者。他們對於典型學校課業覺得自在（包括解析聲音與數字、依序遵從指示，以及只做對的事情）。由於他們的學習需求總在課堂中被滿足，也理所當然被視為好學生。當教室安靜、明亮、每位學生都有自己的課桌椅時，聽覺學習者會對此感到舒服。對這些孩子來說，典型的教室空間安排非常有效，能實際增進其學習生產力。

視覺和觸動覺學習者是綜合型思考者，不擅長邏輯、分析、連續性工作，除非他們能預先看見整體畫面；可學會邏輯、分析和連續性思考，但必須從整體到部分，以逆向操作思考，而且須在一個有意義的脈絡裡。他們傾向隨機思考，課堂討論反而把其思想帶到分岔路口。他們經常能就手邊主題產生奇妙創意及聯想。當教師叫喚時，他們則可能說一些與話題無關的內容；不過，假使你打斷他們並要求解釋，他們又能幫助你理解如何做此特別連結。

任何人都不會感到訝異，在一個充滿異質性群體的教室中，視覺學習者已成為最大學習群體。在今日大眾普遍使用電腦和電動遊戲之前，情形可能不是這樣。無庸置疑的，這變成當前所有老師必須面對的課題。在過去我們常稱之為好孩子，那是因為他們真的聽話、順從大人指令，現在都不復存在。好消息是好孩子都還存在班級之中，只是他們不

3 本章對於學習風格的介紹，及第 79 頁的學習風格調查表「分析型或綜合型？」，改編自：*Teaching Students to Read Through Their Individual Learning Styles* by Marie Carbo, Rita Dunn, and Kenneth Dunn. Englewood Cliffs, NJ: Allyn & Bacon, 1986. 由 Marie Carbo, executive director, National Reading Styles Institute, Syosset, NY. 授權使用。

分析型或綜合型？

當涉及到……	分析型思考者偏好……	綜合型思考者偏好……
1. 聲音	安靜得以讓他專注	某些聲響得以讓他專注
2. 光線	閱讀或做功課時的光線明亮	閱讀或做功課時的光線微弱
3. 室內溫度	將自動調溫器調高／穿上厚衣服	將自動調溫器調低／穿上薄衣服（甚至在冬天）
4. 家具	在桌椅上做功課	在床上或地板上做功課
5. 移動性	長時間久坐不動	不停地四處走動
6. 作息時間	早晨學習；早早就寢	白天稍晚的時候學習；熬夜到很晚（是個夜貓子）
7. 飲食	吃早餐和規律用餐	省略早餐；學習時吃零食
8. 學習	自修或由另一人指導；自我管理，獨立自主	小組作業或同儕學習；寧可自己發現而非被告知答案
9. 工作	一次做一件事直到工作完成為止；帶些強制性	開始的工作比完成的多；拖延耽擱
10. 計畫	為任何事列清單；極早做計畫；將工作列在行事曆上；避免冒險行為	在他們想要時才做事情；不預先計畫，順其自然；做實驗；凡事嘗試
11. 決定	花很長的時間做決定；對決策做事後的評論	自發性做決定；做感覺對的事
12. 時間	嚴守時間；配戴數字大的手錶	姍姍來遲；配戴數字少或無數字的時髦手錶
13. 整潔	整潔，外表整齊；注意穿著搭配	外表雜亂無章；不相稱的穿著
14. 觀察力	看見事物當時的面貌；注意細節	看見事物可能面貌；觀察整體；忽略細節
15. 組合力	逐步遵循指示說明；若困住時就從頭來過	先研究某件事完成時會是怎樣景象，再以他們的方式去組合它
16. 思考	邏輯、分析、連續性；看出因果關係；察覺差異；逐步理解；熟悉符號規則	直覺且隨意地；看出相似處與關聯性；由整體到局部，由具體到抽象地逆向操作
17. 學習	連續性和具體的、步驟有邏輯性	透過開放式的作業學習；創造新構想；透過直喻與隱喻學習
18. 記憶	能記得說過的話	記得已看過和已經歷過的影像
19. 測驗	可預測的測驗形式（選擇題、是非題、申論題）	有機會以不同於書寫的方式來表達自己

資料來源：*Teaching Kids with Learning Difficulties in the Regular Classroom* by Susan Winebrenner, copyright © 2006, 1996. Free Spirit Publishing Inc., Minneapolis, MN; 866/703-7322; www.freespirit.com. 本頁允許個人、教室及小組活動複製使用。

再是聽覺學習者罷了，他們很堅定的作為視覺型學習者，而身為老師的我們則必須在所有教學中順應學生的偏好。

有一個方法去認識學習風格差異的重要性，想想我們和共同生活的人之間的衝突，可以用第 79 頁的簡易學習風格調查表來進行。在描述你個人的特徵旁寫下你的名字，而重要他人的名字則寫在描述他的那些特徵旁。為了配合此測驗目的，你的重要他人必須是你相熟相知但偶有衝突的成年人，可能是你的配偶或工作夥伴，或是一個與你截然不同的孩子，甚至是與你經常有衝突的家族成員。

當你檢視答案時大概會注意到，你和重要他人之間存在許多明顯差異。特別是在重要他人是配偶（或工作夥伴）的案例中，我們傾向尋找能彌補自己弱點的人。舉個例子來說，我的丈夫和我很多方面不一樣。我依賴傾聽，喜歡和人聊天；我擁有豐富字彙，樂於藉傾聽他人談話擷取新知；我善於社交、喜歡認識新朋友；凡事預先計畫；我會擔心等待太久會得不到自己想要的；我對事理分析透徹，下決定前總不停自問還有哪些考慮未盡周詳，甚至決定後也持續追蹤，我會疑惑如果決定不同結果是否會更好；我無法接受任何表面陳述，永遠追根究底；當我組裝物件時總是手足無措，除非那件用品的說明夠清楚。

當我尋找一個人生伴侶，他吸引我的那些特質正是我所缺少的。我被某個人吸引，他非常視覺性，能隨手繪圖並列表說明；他平日沉默寡言，除非確定想說一些話；他強烈拒絕做計畫，寧可順其自然；當想做時能快速組裝和修理東西，但要他遵循任何人設定的時間表，他就會突然就此打住。他一向憑直覺做決定，一旦下決定就勇往直前，不做事後評論。很明顯地，我們之間的相異多於相似。

當兩個人注意到彼此身上有自己渴望擁有的特質時，一種熱切、不可抗拒的吸引力就此形成 —— 它就叫作愛！諷刺的是，一旦人們承諾共同生活，欣賞彼此長處，那些相同特質卻又毫無疑問地讓彼此心煩，慢慢地取代最初會吸引彼此在一起的相異之處，我們浪費了美好時光、精力及情感，試圖讓對方改變得更好（換言之，更像我們自己！）。

從學習風格調查表可發現，思考和學習風格預測了個體在環境條件裡的某些偏好。人們對環境的偏愛與生俱來，以至於能加諸於它的有意識控制極為有限，與重要他人的許多爭論可能導因於環境偏愛的相抵觸。

你應該不會意外，你和學生的衝突可藉由調整學習環境而減到最低。一旦他們的學習環境與其學習風格更相容，學習能力將會自動且顯著改善。你的終極目標是為所有學生提供一個與腦相容的學習環境。

學習風格與需求層次理論

了解調整學習風格重要性的另一個方法，是探究心理學家 Abraham Maslow 著名的「需求層次論」（Hierarchy of Needs）。[4] Maslow 指出，層次較低的需求必須在層次較高需求被提出之前得到滿足。換言之，當我們忽視學習困難學生的生理需求（physiological needs）時，事實上，我們促成了他們的學習問題。

我們直覺已知道其中有些現象。譬如說，我們從不會去對一個餓壞了或尿布濕透的嬰兒教導某個新技能。嬰兒是在其生理需求得到滿足時才學習。

往這個金字塔上方前進，我們將發現，其他需求分屬特定年齡層。國小學生的學習是在其生理和安全需求（safety needs）得到滿足時才發生。青少年的學習則是在其生理、安全和歸屬與愛的需求（belonging and love needs）被滿足時才出現。成年人的學習則完成於其生理、安全、歸屬感和自尊及能力需求（self-esteem and competence needs）得到滿足時；例如：閱讀一本書、參加工作坊、上成人教育課程或追求高等學位，一個人必須對自我能力和成就有足夠信心才會勇於冒險。一旦金字塔裡自我實現需求（self-actualization needs）以下的所有需求令人滿意，自我實現需求才會得到滿足。Maslow 認為，很少有人可達到自我實現的層次。

4　需求層次論摘自 *Motivation and Personality,* 3rd edition, by Abraham H. Maslow. New York: HarperCollins Publishers, 1987. 經 HarperCollins Publishers, Inc 同意轉載。

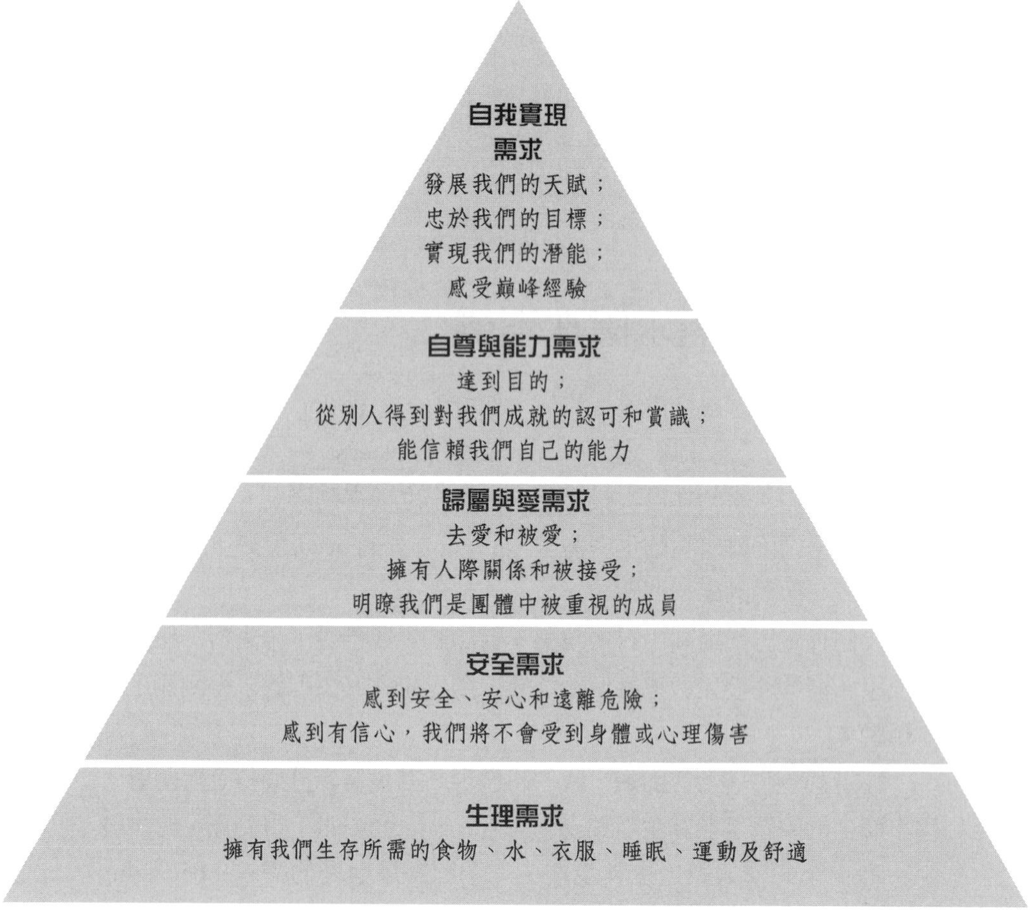

自我實現需求
發展我們的天賦；
忠於我們的目標；
實現我們的潛能；
感受巔峰經驗

自尊與能力需求
達到目的；
從別人得到對我們成就的認可和賞識；
能信賴我們自己的能力

歸屬與愛需求
去愛和被愛；
擁有人際關係和被接受；
明瞭我們是團體中被重視的成員

安全需求
感到安全、安心和遠離危險；
感到有信心，我們將不會受到身體或心理傷害

生理需求
擁有我們生存所需的食物、水、衣服、睡眠、運動及舒適

Abraham Maslow **的需求層次論**

Maslow 進一步說明，無論目前我們正在進行哪一個層次，我們的精力和注意力會為了任何察覺未被滿足的需求，立即被吸引到較低層次。舉例來說，當你聞到煙味時，假設你正全神貫注在這本書（自我與能力的需求層次），你會丟下書本重新把注意力專注在安全需求層次，直到你找到煙味的源頭為止，並採取必要動作以再次獲得安全感。

請記住這點來考量一般教室情形，每間教室必定有些觸動覺型學生。當學生在上課和寫作業時，假使堅持他們靜坐不動，遲早對運動的生理需求會優先於任何其他的需求。我們忽略得愈久，孩子就會感受愈多壓力，也就會學得愈少了。很多過動學生是觸動覺學習者，如果能容許他們在學習時移動，則過動的行為是可以減少的。[5]

學習風格與學校成就

所有嬰兒出生時都是觸動覺學習風格占支配的地位。父母當然承認嬰兒從做中學的事實 —— 藉由學會一切事物、觸摸每一樣東西、把東西扯開及破壞它們。雖然，我們寧可孩子的學習是由我們告訴他們事物，但我們都理解到，一間整潔的屋子和一個幼兒根本不可能並存。

想像這樣的情境多不恰當，把一個蹣跚學步的小孩放進高腳椅，然後對他說：「今天媽媽要向你展示廚房裡有些什麼。當我描述時，你要注意看、專心聽，不可以碰觸任何東西！」假使限制幼兒去碰觸、感覺、移動、跳舞和跳躍，我們很清楚如此將減弱其學習能力。

大部分學校課業的成功需要孩子由從觸動覺轉變為聽覺分析的學習型態。某一種性別的腦子大約在 6 歲時做好此轉變；而另一性別的腦子則可能拖到 8、9 歲。猜一猜，哪種性別的兒童較有可能在 6 歲時就準備好？女生！哪種性別的兒童在此時尚未具備早期閱讀需要的思考能力？男生！哪種性別的兒童在特殊教育和閱讀補救教學中占多數？還是男生！

男生真的比女生能力差嗎？視動覺學習者真的不如聽覺學習者聰明嗎？會不會很多學生的失敗只是因為被教導的方法與其基本思考、學習風格不相容？當一些男生準備就緒，要在一般課業獲得成功，他們的自信心也已嚴重毀損，以至於心理上無法視自己為成功者，而且永遠都無法追趕上。

由於大多數學校課業需要利用傾聽，以遵循一步步指示或分析字音，聽覺分析型學習者（auditory-analytical learners）遠比綜合型學習者（global learners）（包括視覺和／或觸動覺學習者）更可能成功。以下所列學習偏好可用來為兩種綜合型學習者設計有成就的活動。重疊的

5 Marie Carbo, Rita Dunn, and Kenneth Dunn.

部分可能由於其學習偏好在事實上有時相似，但其他時候又有些不同。

請記住，綜合型學習者傾向一個有些聲音、光線微弱並有走動機會的學習環境。他們偏好以放鬆姿勢學習；喜歡在專注學習時吃或嚼些東西；通常在學習局部前必須先看或全部聽過。

能建立學習成就感的孩子經常以聽覺分析學習，也可能享受不同學習型態的組合，讓他們學什麼都很輕鬆。由於本書內容著重於幫助學習困難學生，故不再對此群體另做討論。

視覺學習者喜歡什麼？

本書在 1996 年初次出版時，以當時最精準的估計來看，一個典型班級中約有 35% 學生是視覺學習者。當畫面拉近到 2005 年，則估計有 65% 或超過此比例的學生偏好視覺學習。我很確定你知道原因：電視、錄影帶、電腦遊戲及學習軟體，其中充斥著大量動作與聲光影音效果。這些影響有沒有可能快速消失？機率是多少？你也知道：答案是零！不管之前世代人們所設計的學習活動多麼具備邏輯、分析、順序性，視覺學習型態在今日獨占優勢，動覺學習也以顯著份量適時地加入，讓學習層面更呈現完整性，這就是孩子現在的學習方式。

一般來說，視覺學習者喜歡：

- 圖片而非文字。
- 觀看而非閱讀（錄影帶、示範和舉例都很有效）。
- 對學生展示作品完成的樣子，而非要求聆聽有關作業的解釋。
- 先去閱讀一本書或一篇故事的結尾，再看看是否值得讀完全部。
- 閱讀帶有一些刺激、幽默和冒險的故事。
- 去想像他們所讀到的場景、人物和動作。
- 在傾聽或閱讀一篇文章時，能從上下文關係學會自然發音法、技巧和字彙。
- 在文章內找出視覺線索（圖表、圖解、照片）。
- 利用前導組體（graphic organizers）將學到的內容以圖表說明。
- 寫下需要學習的事物（但也許不再有閱讀筆記的需要）。
- 使用多媒體寫作（利用不同色彩、材質、刮鬍膏、指畫顏料等）。

- 使用富有藝術性的手段來表達他們所學的。
- 在傾聽過程中隨手畫圖。
- 在拼字比賽和玩遊戲時有寫字的機會。
- 看到作業中錯誤的改正版本（不要圈出或強調錯誤）。
- 在工作場所裡建立視覺次序感（視覺學習者往往外表整潔、做事有條理；不過，有些人可以在混亂中工作，而且就在丟下東西的地方把它找回來）。

觸動覺學習者喜歡什麼？

在你的班上可能有介於 15% 至 30% 的學生是觸動覺學習者，這些孩子喜歡：

- 在學習體驗一開始就得到具體範例。
- 可親自動手做的活動（例如：建造一座火山模型或組裝出簡單電路，而不是用閱讀或觀看錄影帶或影片）。
- 在學習時移動；將字彙或片語的意義表演出來；觸摸伸手可及的一切東西。
- 先做一些體能活動才開始學業性學習（例如：老師可在每天早晨上課之前帶學生跑步，它能顯著改善學習的效果；對於一些觸動覺學習者而言，如果他們一邊閱讀、一邊手臂繞圈圈轉動，則會增加其閱讀流暢度）。
- 充滿大量動作、冒險和刺激的故事。
- 先閱讀一本書或一篇故事的結尾，再看看是否值得努力讀完全部。
- 有想像力的表演和讀者劇場（查看第 185 頁）；把故事和情境表演出來。
- 從做中學，願意嘗試而非只是被告知。
- 無論何時都使用操作性教具。
- 在思考時把玩或咀嚼（提示：為了大幅減少學生四處走動量，讓他們手中抓握一個小皮球，例如彈性球）。
- 使用多感官方式寫作（砂、鹽、刮鬍膏或布丁；用手指在彼此背上寫字等）。

- 使用文字處理器而非手寫。
- 在解數學文字題時，使用手指乘法（finger multiplication）和手指數學（Fingermath）（見第 280 頁及 285-286 頁），以及數線或其他數學操作系統。
- 不必傾聽長篇大論（演說、上課或對話）。
- 學習拼字的形狀，而非只是字母（他們對動作字彙的喜好更甚於名詞）。
- 以圖表、照片展示他們所懂的，而非只是口頭描述。
- 學習並創造饒舌歌、韻律、押韻的詩歌。
- 一次只學一點東西，教學的內容簡單扼要。
- 使用肢體表達他們的情感。
- 發展他們自己的管理系統，而非使用專為分析思考者所設計的。

電子白板[6]

雖然市面上已生產各種學習輔具，但教師預算有限還是無法負擔。電子白板（electroboards）能以較便宜的價格，針對需要學習輔具的孩子提供動手做的機會。此外，電子白板的另一優點是不需一直更換電池。

電子白板廣受觸動覺學習者喜愛，因為他們在學習重要知識或觀念時可同時動手操作，這個簡便的工具常被使用在多種課業學習。為求最佳效果，你可同時製作幾個不同電路模式的電子白板，並要求學生做出成果，而不是學習組裝。

在製作電子白板的過程中，你需要下列材料：

- 兩片 7 英寸 × 5 英寸的薄片高壓板。
- 多用途的銅片護條或其他耐用的金屬條，例如：把耐負荷的鋁箔紙摺四次。
- 附有電池和小手電筒的電路串聯測試器（五金行有賣）；將頂端切至 1/2 英寸。

---

6 教師 Ann Potter，來自伊利諾州 Elgin。

■ 打洞用的打孔器。

■ 封箱寬膠帶。

■ 重型釘書機。

■ 不褪色簽字筆。

箭頭標示處為電子白板反面的線路，線路連接電子白板正面的題目，如果題目之間能有正確配對，電子白板上的燈泡就會亮起來。

1. 沿著每片板子的左右邊緣，垂直而下各打兩排洞（每排六個）。這是電子白板的正面。
2. 將前面那片放在後面那片上面，並描出圓洞的位置。
3. 在後面那片板子上，把一條金屬片放在兩個圓洞之間，確定完全蓋住圓洞。
4. 將膠帶沿著金屬條貼上，避開圓洞的位置不貼。接著用電路串聯測試器進行測試。
5. 以同樣的方法將更多金屬條和膠帶連結其他圓孔，一次兩個。接著測試每個連結，確定膠帶遮住金屬片以避免不需要的電路連結。
6. 將前、後片釘在一起，小心的將洞孔準確地對齊。
7. 使用不褪色簽字筆，在電子白板的正面寫下要教的項目。如果需要變更內容，你可用去光水拭去。

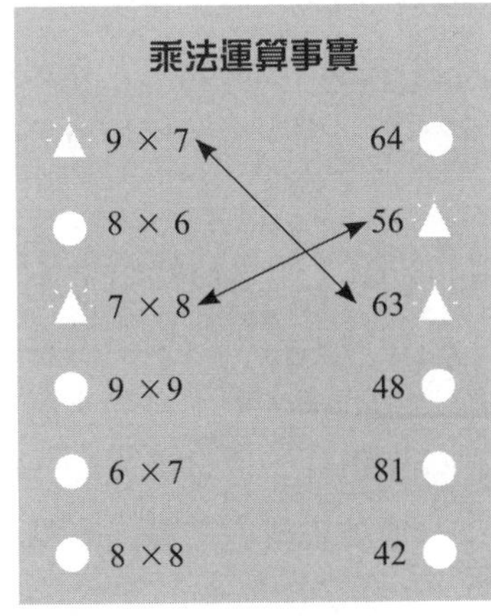

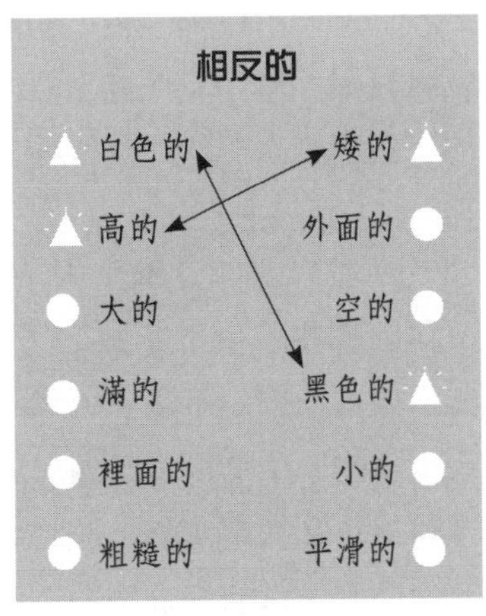

一旦做了一個電子白板，便可利用它設計多種學習活動卡，學生則可藉此認識：

- 基本運算事實。
- 字彙與字義。
- 各州、國家與首都名稱。
- 總統與他對國家的貢獻。
- 週期元素與符號。
- 同音異字和同義字。
- 同義字和反義字。

三個魔法規定

讓學生參與任何他們需要的活動，他們會變得更專注。成功的關鍵在於提供所有學生選擇的機會，只要他們遵守三個魔法規定。

對學生解釋，當任何學生選擇離開直接教學區到其他角落，他們可選擇嚼口香糖、吃東西或四處走動，但一定要先遵守三個魔法規定：

1. 不會干擾任何人。
2. 不要引起別人注意。
3. 一整節課做好自己的學習活動。

向學生解釋，只要他們能遵守所有規定，就可選擇自己想做的事。假使他們沒有遵守其中任何一項規定，那一天你就會為他們做選擇。到了第二天，他們可再試一次，如果在規定狀況中做到老師接受的行為，他們就享有選擇權利。提示：對於有嚴重專注力問題的學生，先聚焦第一個規定一兩週，然後一次增加一條規定，期待學生繼續保持他們學會的。

因為你並未讓部分學生去接近所謂的特權（如包括哪些學生可以做，又排除哪些學生不能做），對於做了某個特定選擇的學生來說，不會因此造成其他學生不滿。所以，讓想聽音樂的學生戴上耳機；需要坐在地板上課的學生選擇這樣做，只要他們能坐得住；喜歡燈光暗一些的孩子，可以待在教室角落，並將燈關上；一定要安排在午餐前吃點心，是因為有些孩子常常沒吃早餐，但如果不想吃也無需勉強。讓孩子捎個訊息回家，請家長告知哪些點心孩子可以吃，哪些不能吃。提示：事先向校長解釋可能是個好主意，在校長巡視班級發現之前，先說清楚為何對孩子的學習打折扣。

警告：當考試到來時，允許學生享有和非測驗時同樣的學習風格調整。如果他們平日坐在地板學習，就還是坐在地板考試；當然一邊考試、一邊聆聽讓心情平靜的音樂是可以被接受的。如果沒有這些教學調整，學生的壓力就會增加，就無法在高壓狀態下讓他們的頭腦發揮最好功能。

認識學習風格

在孩子的早期學習階段，一再的學習挫敗確有其毀滅性。一旦學生被說服他們無法學習，對失敗的預期往往變成一種自驗預言（self-fulfilling prophecy）。要使身處困難中的他們相信自己能學會，最有效的方法是依其學習風格優勢進行教學。

同樣地，我們必須教導學生認識自己的學習風格。當學習對他們似乎困難時，將使其有能力去面對問題。當學生領悟在學習上的無能並非自己過錯，就再也不會覺得內疚和愚笨。反而會停下來想，「以前我用的方法無效。我需要嘗試別的方法，以配合我的學習風格優勢。當我找到對的方法解決問題，學習對我而言，也變得容易多了。」

Potter 老師的案例[7]

Ann Potter 老師採用一個有效的方法來教導學生認識自己的學習風格。首先，她介紹人們對環境的喜好，像是本章的你是哪一種學習者？（第 90 頁）你的學習風格是什麼？（第 92 頁）她解釋，當涉及學習環境，不同的人有其不同偏好。當環境狀況適合自己時，學習效果會更好。接著，Potter 老師就光線強度、室溫、身體姿勢等變項對學生進行實驗，以決定哪些狀況能讓他們專注而把功課完成。

例如，Potter 老師的學生花了幾天探索不同的聲音。她指定三個特定的區域，分別是寂靜區、輕聲交談區及聆聽使人放鬆的音樂（或環境

7　教師 Ann Potter，來自伊利諾州的 Elgin。

你是哪一種學習者？

你真的知道嗎？

當你出現學習困難，那意味你不夠聰明。它代表你沒有善用你的學習風格——一種最適合你大腦的學習方法。

學習風格有兩種主要的類型：**分析型**及**綜合型**。

分析型學習者藉由傾聽來學習。當老師告知必須學些什麼時，他們能學得最好。如果你是一位聽覺型學習者，下列型態的活動能讓你舒服：要求理解、需具備邏輯思考能力，或學習活動從簡單到困難依序地呈現。

綜合型學習者從觀看或實作中學習。他們可在下列型態的活動中學得最好：當訊息以圖片、圖表、錄影帶及其他視覺輔助方式呈現。某些綜合型學習者喜歡主動學習，而非被要求寫下他們學些什麼。喜歡在學習局部之前先看到整個單元或整章。

兩種類型的學習者都很聰明，不會有某種類型學習者比較聰明或表現更好的情況發生。當學習某些新知使人的腦子不舒服時，兩種類型的學習者都可能出現學習困難。

此講義背面為一張圖表，它分別描述分析型及綜合型學習者偏好的學習方式（或最喜歡的）。當你閱讀此圖時，哪些敘述最像你呢？你認為自己是一位分析型或綜合型學習者？你能同時在兩欄敘述中找到最適合你的部分嗎？請圈選出哪些敘述最能描述你在大部分時間的學習方式。然後再回到此頁，並繼續閱讀下一節。

那是什麼意思？

假如你是位分析型學習者，你可能會在學校獲得成功。這不是因為你比其他孩子聰明，而是因為大部分學習活動適合你的學習風格。

如果你是位綜合型學習者（視覺或觸動覺），你可能在某些科目出現學習困難。這不是因為你比其他孩子不聰明，而是大部分學習活動無法讓你的學習風格感覺自在。提示：你可要求老師提供視覺輔助或圖解組體來協助你，那會讓你更容易記得該知道的知識。你也可要求使用音樂或節奏方式來學習。例如：你也許可以唱押韻的歌曲，或當你一邊背誦數字事實時，一邊跳繩。

如果在兩欄敘述中，你的學習風格幾乎平均地被提到，那意味你可用各種不同方法來學習。那是件好事。它會讓學習對你來說更容易，不管你的老師選擇使用哪種方式教學。

資料來源：*Teaching Kids with Learning Difficulties in the Regular Classroom* by Susan Winebrenner, copyright © 2006, 1996. Free Spirit Publishing Inc., Minneapolis, MN; 866/703-7322; www.freespirit.com.

聲音）的角落。在聲音單元的第三節課結尾時，她把幾張紙黏在一起成為一張大圖表，從左至右畫了一條長線（連續線），左方標示「完全寂靜」，右方寫上「聽音樂」，接著 Potter 老師把圖表貼在牆上，要學生依自我觀察他們最能專心的位置在連續線前排隊，然後把大家的名字寫在圖表上。

在一個十月天裡，發生了一件奇妙的事，它證明學生在了解及體驗學習風格偏好上確有差異。Potter 老師安排兩節閱讀課，一個名叫 Jason 的男孩在桌上找不到他的書，他過來地毯這邊時已經遲到了。他找到一個可以把頭靠著、有抱枕的位置後，小心地適應環境，然後打開他的書閱讀。突然間，他聽到附近有人嘀咕著。Jason 做功課時喜歡完全安靜的環境，但他此時並未生氣，反而四處張望想找出誰在說話，那是 Linda。Jason 看了連續線圖表一眼，接著轉身對 Linda 說：「Linda，妳是聽覺型的學生。妳閱讀時會發出聲音，而我喜歡安靜。但是妳先來，所以我想我會離開的。」而 Jason 做到了！

教導學生認識他們的學習風格

你可使用「你是哪一種學習者？」（第 90 頁）「你的學習風格是什麼？」（第 92 頁）來幫助學生了解在學習風格的優勢及弱點。[8]當他們能欣賞彼此差異（即所謂學習風格的需求及差異）時，會更包容地對待彼此。一旦你的學生發展出足夠字彙量，並認識自己的學習風格，他們將會感謝你在調整差異的過程中所做的每件事。當學習風格經適度調整，學生的行為問題也會變得更少。

想像你走近一位動覺型學生，他在上課時用鉛筆或手指不停地敲打桌面，像極了隆隆的鼓聲。如果他不懂學習風格，你這麼說沒用：「我不知道跟你說了多少次，不可以在上課時敲桌子。」假使他對學習風格有些認識，這麼說較有效果：「你上課時敲桌子，製造的噪音真的影響到聽覺學習型的同學，當然也包括了老師。如果你想繼續打鼓，請打在

8 請影印這兩頁為雙面講義，它將使孩子更容易保管，你也能節省紙張。

你的學習風格是什麼？

當涉及到……	分析型學習者偏好……	綜合型學習者偏好……
1. **聲音**	安靜以便專心	以收音機或電視為背景聲響
2. **光線**	光線明亮；沒有陰影	微弱的燈光
3. **室溫**	較溫暖	較涼快
4. **做功課的空間**	書桌和椅子	墊子或地板
5. **姿態**	安靜地坐很久	許多的移動；很少完全坐下來
6. **一天清醒的時刻**	早早上床和早早起床	很晚上床（夜貓子）；早起有困難
7. **飲食**	一天三餐一愛吃早餐	略過早餐；晚餐吃得晚；嘴裡嚼著東西
8. **時間**	戴手錶；永遠準時	不戴手錶；難得準時（和經常遲到）
9. **整齊清潔**	整齊清潔和井然有序	外表邋遢；有找不到東西的問題
10. **計畫**	列出明細表並遵守它	沒有明細表；只是照感覺對不對來做事
11. **學習**	一次完成一項工作	從一件工作跳到另一件工作
12. **團體工作**	獨自工作與學習	和別人一起工作
13. **處理資訊**	連續的資訊，以邏輯的步驟	把焦點放在整體而非細節
14. **規定／指令**	完成教師說明的	清楚的範例以了解教師的要求
15. **溫習**	記住事實	有意義的上下文
16. **拼音**	把字唸出聲來	用整個字比用音節學得好
17. **閱讀**	大量的讀物	有高度興趣的讀物：推理小說、冒險等等
18. **先後順序**	在他的腦中整理想法	實際動手操作想法與資訊
19. **技能工作**	獨自把事情想清楚	在學習時得到幫助
20. **記憶**	許多事實和人物	有高度興趣的字或片語

資料來源：*Teaching Kids with Learning Difficulties in the Regular Classroom* by Susan Winebrenner, copyright © 2006, 1996. Free Spirit Publishing Inc., Minneapolis, MN; 866/703-7322; www.freespirit.com. 本頁允許個人、教室及小組活動複製使用。

你的手臂或腿上。你可以活動一下身體，但不要影響其他同學。」師生的對立與爭執也就此化解了！

你也能用相同的方式來處理嚼口香糖的問題，少有學校准許學生在上課時嚼口香糖，因為頑皮的孩子會把口香糖藏在噁心的地方，他們這麼做是因為不想被逮到證據。但是，在你班級中嚼口香糖是被允許的，假如（或只有）他們能遵守下列的規定：

- 只能嚼單片的口香糖，而非長條狀口香糖。
- 不能嚼含有水果口味的口香糖（我討厭那種味道）。
- 記得將吃過的口香糖丟在我桌邊的塑膠垃圾桶。
- 離開教室的時候，一定記得先將口香糖渣丟至垃圾桶。

任何想在我教室嚼口香糖的學生都做到以上的承諾，你可能也猜到接下來發生什麼事。剛開始幾天，每個孩子嘴裡都嚼著口香糖，到了第四天，只剩一個孩子非這麼做不可了。對不一定要如此的孩子來說，別人嚼口香糖再也不會對他構成困擾了。

學習風格與多元智能

一旦我們為學生創造了一個舒適的學習環境，下一步將是把學習風格運用至學校課程和學習活動之中。Howard Gardner 博士發展出一套多元智能（multiple intelligences）理論，敘述人們學習及解決問題的八種方式。[9] 他提出一套獨特哲學，有關孩子如何學習、教師應如何教，以及學校如何讓每個人產生效能的理論。

大部分的學生擅長一或兩項智能。不過，有些學生可以擁有多項智能。身為教師，我們的目標是使所有學生接觸到多種類型的學習活動。在幾位作者的相關著述中（包括 Thomas Armstrong、Carolyn Chapman

9 在 Howard Gardner 的劃時代之作《心智架構：多元智能理論》（*Frames of Mind: The Theory of Multiple Intelligences*）的十年紀念版（New York: Basic Books, 1993）中，描述人類具備的七種智能。1995 年本書出版之際，Gardner 博士加上第八種智能──自然觀察者智能。Gardner 博士與其團隊也推測，人類可能擁有第九種智能──存在智能（Existential），並稱此為「重要問題的智能」。不管未來哪些新智能將增加，所有智能都可納入本書討論的概念：聽覺、視覺及觸動覺學習者。

和 David Lazear）他們將 Gardner 博士的理論模式成功地轉換至教室現場。以下提示及建議皆來自這些作者的構想（查看參考文獻及資源）。

你將在第 96 頁找到一頁摘述八種智能的講義，[10] 將它影印給你的學生，及（或）在你的教室中展示它，當他們工作和學習時可參考這份資料。

語文智能（linguistic intelligence）

語言有天賦者能輕易理解與應用語言，能以邏輯、分析和連續方式思考，並展現其豐碩成果。他們喜好閱讀、寫作、記憶資訊（特別是瑣事）、談話及建立字彙（是很棒的拼字者）。當然，他們也可能是出色的說故事者。

教導有此優勢的學生並無真正祕訣，因為學校喜歡他們，他們也喜歡上學。在聽與說主導的典型學校課業中，他們能輕鬆獲致成就。

邏輯—數學智能（logical-mathematical intelligence）

有邏輯—數學頭腦的人能輕易地使用數字和數學概念；理解因果關係、喜愛抽象推理及經常被科學所吸引。他們著迷於操作物件，喜歡遊戲、猜謎和電腦。他們可辨認模式，經常找到解決問題的獨特方法。即使無法展示其成果或解釋如何達到結果，他們的腦子裡常源源不絕地出現很好的想法。

提示：教數學時從具體到抽象；把抽象概念與真實情節相連結。利用電腦輔助學習、記憶術（mnemonics）及視覺與圖解組體的輔助。

視覺—空間智能（visual-spatial intelligence）

擅長視覺—空間智能的人能理解形狀和圖像在不同空間裡的關係，能輕易地將視覺所觀察到的以藝術形式表現。他們能夠熟練的把東西拆解再重新組合；一有機會就可能畫畫或心不在焉地塗鴉，作品常呈現多面向。他們喜好拼圖，特別是立體形式的，也可能擅長如西洋棋之類的

---

10 授權自 Howard Gardner, *Frames of Mind*. New York: Basic Books, 1993.

棋盤遊戲。在拼組七巧板的表現突出；有敏銳的方向感及喜歡閱讀地圖。擁有視覺—空間智能的學生最有潛力在新興科技有所成就。

提示：以錄影帶、影片或其他視覺方式進行教學；利用視覺、圖解組體及色彩編碼系統；在投影機或黑板上圖解你要說的話；要求學生想像他們看到正嘗試學習的東西。讓學生做模型（用樂高組合玩具或其他教材）來表現所學內容；藉由在教室懸掛海報、插圖和圖表創造出一個生動有趣的學習環境；教導科學時利用親手做的教材和設計實地參觀活動（提供實際或虛擬活動）。

音樂—節奏智能（musical-rhythmic intelligence）

新進音樂家用熱情來理解樂理及演奏樂器，他們有時並未接受任何正規音樂教育，但可由內心聽到聲調和音高；有強烈的節奏感，可使用任何棍棒——不管鼓棒或鉛筆，能連續幾個小時不停敲打。他們熱愛歌唱，可以一邊工作、一邊哼唱；對環境噪音及聲響比其他人有更敏銳的注意力。另外，他們也許能即興創作歌曲或將現有的作品重新編曲。

提示：利用音樂和節奏來教學，讓學生使用舞蹈、歌唱和饒舌音樂表現所學會的東西。在教導歷史時，讓學生研究某一特定時期或年代的音樂。

肢體—動覺智能（bodily-kinesthetic intelligence）

在重視競賽、運動的文化裡，這可能是一項最受人歡迎的智能。當你看見擁有肢體—動覺智能的人在移動其身體、穿越空間時，他們總帶著優雅、力量及自在的特質。他們喜歡肢體訓練以達到體能極限；需要頻繁移動的機會，總喜愛與動作有關的遊戲；對操作物件非常熟練，尤其擅長於手工藝；能精確地模仿他人姿態或特徵。他們學習最有效的時候，是當其感覺或體驗到需要被學習的事物時。要求他們長時間靜坐不動，對他們而言是件極不舒服的事。

提示：利用表演藝術、默劇和讀者劇場（查看第 185 頁）；在教室四周設立幾個學習中心，允許學生到處走動；為課程編寫音樂或要求學生當作饒舌歌或押韻詩來學習（例如：如果學生會吟誦「賓果 B-I-

N-G-O」這首歌，就能用創新的歌詞配合舊旋律學會國名或州名、字母發音、政府部門或任何事物）。鼓勵他們在學習時將身體當作某個參考點。例如：「想像你的頭部在威斯康辛州，而你的左腳踩在佛羅里達州。」安排大型舞台地板或操場地圖、電子白板（查看第86-88頁）、黏土和紙黏土（用來製作模型示範概念）及其他能吸引學生身體動起來的材料。

人際智能（interpersonal intelligence）

擁有人際智能者會是我們當前與未來的領導者，他們與人合作愉快，並擅長領導；容易察覺及回應他人情緒和感情。但很遺憾的，此項智能並非總被利用於正途，幫派領袖就具備此一長處。

提示：利用合作學習，並給予領導者角色；提供多樣化的學習活動，並允許他們對問題自創解決方法。讓擁有人際智能的學生在模仿中成長，並能成為優秀的同儕小老師及仲裁者。

內省智能（intrapersonal intelligence）

對於有這類智能的人而言，了解自己可能遠超過別人認識自己。他們對忠於自我目標一向表現出強烈的動機，並不會過度在意別人看法。當他們能將所需學習的事物和一些個人的記憶相連結時，就會學得很成功。

提示：提供一些機會給擁有內省智能的人，他們可在日記寫下最喜愛的主題 —— 他們自己！允許獨立作業，因他們對合作學習有抗拒傾向。讓他們設定及完成自己的目標，並將課外興趣帶入學校課程。當他們能選擇個人主題或計畫案時，會學得最有效果。

自然觀察者智能（naturalist intelligence）

擅長於自然觀察者智能的人對自然界事物有著豐富的知識，例如：植物和動物，及能憑直覺知道如何對事物分門別類（即使是自然界以外的項目）。自然主義者喜愛釣魚、園藝、烹飪，以及細心觀察任何能引起他們興趣的事物。

八種智能

資料來源：*Teaching Kids with Learning Difficulties in the Regular Classroom* by Susan Winebrenner, copyright © 2006, 1996. Free Spirit Publishing Inc., Minneapolis, MN; 866/703-7322; www.freespirit.com. 本頁允許個人、教室及小組活動複製使用。

提示：自然主義者熱愛與真實植物、動物一起工作。讓學生在室內或校園栽種植物學習植物學；鼓勵他們在家從事園藝工作。由於他們是優秀的觀察者，故要求其記錄對班級寵物的觀察（倉鼠、魚類等）。他們寧願建立或畫出一個生態系統，而不願做相關的閱讀及討論，所以要提供他們更多選擇的自由。

依著多元智能教學

依著多元智能教學的最佳方法是在教室內設立學習中心（learning centers），採用固定的型態，盡可能為每種智能設一個學習中心。養成習慣去設計適合多樣化學習的教學活動，例如：若你希望孩子學會詞性，可在不同學習中心提供下列活動：

- 語文學習中心：提供閱讀與寫作活動。
- 邏輯－數學學習中心：利用一篇故事的某一頁，讓學生計算名詞、動詞、副詞等數量。
- 視覺－空間學習中心：讓學生用連環漫畫中的「對話氣球圓圈」來強調詞性，或是將不同的詞性畫成圖片。
- 音樂－節奏智能學習中心：讓學生為熟悉的歌曲填寫新歌詞，使用不同顏色的簽字筆標示詞性。
- 肢體－動覺學習中心：學生用不同顏色和形狀的卡片造句。每種顏色和形狀象徵一種特定的詞性（例如：藍色長方形＝名詞；黃色正方型＝動詞；綠色三角型＝形容詞；橘色圓形＝副詞）。你也可以用此方法來教授主詞和述詞。
- 人際智能學習中心：讓學生組成一對或小組，以合作學習方式一起完成有關詞性的作業。
- 內省智能學習中心：學生從任何一個學習中心，選擇任何一項作業進行獨立活動——或設計他們自己的作業。
- 自然觀察者智能學習中心：學生經由將事物的分門別類，自創各類事物的分類法。例如：蒐集學校建築物四周人行步道上的落葉，再依葉子的不同屬性分類。學生可以利用這些活動標示詞性。

美國各地的學校正致力於推展多元智能的理論與實務，一些學校已有卓越成效。例如：密蘇里州聖路易斯的新城學校（New City School），由於長期對多元智能的關注，確實對該校師生產生正面影響。該校學生因違反校規而轉介的比例大幅下降，當孩子樂於學習，就不需要再惹麻煩了。

學習風格和多元智能理論相輔相成。為了滿足學生在學習風格的特定需求，而發展的教學策略和技巧，也可適用於特定智能的提升（反之亦然）。

學習風格	多元智能
聽覺型	語文智能 邏輯—數學智能 人際智能 內省智能 自然觀察者智能
視覺型	視覺—空間智能 邏輯—數學智能 內省智能 自然觀察者
觸動覺型	肢體—動覺智能 視覺—空間智能 音樂—節奏智能 自然觀察者智能

我更相信，身為教師的我們不必在學習風格與多元智能之間做出選擇，而應是結合兩者並善用每種方法的優點，擷取任何對學生有效的部分。

補充學習風格的教學

■ 當你想記住幫助綜合型思考者，成為成功學習者最重要的方法是什麼，利用 WHOLISTIC（具有整體主義者特性）的教學概念，以下說明這些字首各自代表的意義：由全部到局部（Whole to parts）；親自動手學習（Hands-on learning）；組織視覺資訊（Organize information visually）；學習風格焦點（Learning styles focus）；感官洗禮（Immerse the senses）；探索模式及關聯（Seek patterns and connections）；科技輔助（Technology assistance）；技能融入教學情境（Integrate skills into context）；由具體到抽象（Concrete to abstract）。在第 101 頁，你會發現一套 WHOLISTIC 書籤。你可在複製後背對背黏貼成薄片增加其厚度，再切開成為一張張書籤。把 WHOLISTIC 書籤夾在你的教學指引、筆記本和其他教材裡。或是把它當作學生的學習檢核表，當某位綜合型學習者遭遇學習困難時，用它來確認哪些技能可能沒學到，或提醒你能有什麼不一樣的做法。

- 絕對不要以單一形式帶領一整堂課。假使你大部分時間都花在講演和解說，顯然會偏袒有語言學習優勢的學生；但如果整節課讓學生動手操作，語文學習者也覺得不舒服。然而，沒必要在一節課包含所有學習風格。連續幾節課使用各種教學形式，但在你重教時專一地使用綜合學習者最喜歡的教學方法。
- 把視覺元素放入每一堂課的教學裡。例如，你用 10 到 15 分鐘和學生談話，接著，在另一時段播放影片或錄影帶。假使你不想把影片全部放完，只放映部分也很好。向教科書和輔助教材的出版商查詢，了解有哪類視覺教具可以利用。在任何你做得到的時候使用圖表和投影片進行教學。
- 在學生寫作業時播放合適的背景音樂。對許多學生來說，當學習環境中伴隨著柔和樂音，的確可以提升孩子的學習效果。特別有效的是 Pachelbel 的 D 調卡農及 Handel、Bach、Telemann 和 Corelli 的協奏曲中的慢板樂章。某些研究人員觀察到，聆聽 Mozart 的音樂似乎會改善孩子的數學能力。若是音樂會干擾你班上的聽覺學習者，給他們附有耳機的攜帶型隨身聽，讓其聆聽環境聲音或「白噪音」的錄音帶。

由全部到局部 ● 親自動手學習 ● 組織視覺資訊 ● 學習風格焦點 ● 感官洗禮 ● 探索模式與關聯性 ● 科技輔助 ● 技能融入教學情境 ● 由具體到抽象 ●

由全部到局部 ● 親自動手學習 ● 組織視覺資訊 ● 學習風格焦點 ● 感官洗禮 ● 探索模式與關聯性 ● 科技輔助 ● 技能融入教學情境 ● 由具體到抽象 ●

版權所有 © 1996 Susan Winebrenner

由全部到局部 ● 親自動手學習 ● 組織視覺資訊 ● 學習風格焦點 ● 感官洗禮 ● 探索模式與關聯性 ● 科技輔助 ● 技能融入教學情境 ● 由具體到抽象 ●

版權所有 © 1996 Susan Winebrenner

由全部到局部 ● 親自動手學習 ● 組織視覺資訊 ● 學習風格焦點 ● 感官洗禮 ● 探索模式與關聯性 ● 科技輔助 ● 技能融入教學情境 ● 由具體到抽象 ●

版權所有 © 1996 Susan Winebrenner

由全部到局部 ● 親自動手學習 ● 組織視覺資訊 ● 學習風格焦點 ● 感官洗禮 ● 探索模式與關聯性 ● 科技輔助 ● 技能融入教學情境 ● 由具體到抽象 ●

版權所有 © 1996 Susan Winebrenner

由全部到局部 ● 親自動手學習 ● 組織視覺資訊 ● 學習風格焦點 ● 感官洗禮 ● 探索模式與關聯性 ● 科技輔助 ● 技能融入教學情境 ● 由具體到抽象 ●

版權所有 © 1996 Susan Winebrenner

資料來源：*Teaching Kids with Learning Difficulties in the Regular Classroom* by Susan Winebrenner, copyright © 2006, 1996. Free Spirit Publishing Inc., Minneapolis, MN; 866/703-7322; www.freespirit.com. 本頁允許個人、教室及小組活動複製使用。

- 盡可能經常提供操作經驗。讓學生把正在學習的事物組裝成模型，玩一個動作遊戲，或把一個特殊概念表演出來。請記住此可靠的古老諺語：「不聞不若聞之，聞之不若見之，見之不若知之，知之不若行之。」
- 在合作學習和獨立作業之間取得平衡。記住，假使孩子強烈表達拒絕合作學習，但他們能獨立完成作業，教師就沒有理由繼續強迫他們。與其看到能獨自作業的學生因勉強配合他人而痛苦，要求所有學生每週至少選擇一項合作學習活動，將會更為恰當。如果希望對合作學習有更深入了解，請參考本書第 22-24 頁
- 定期給學生時間去反思，什麼是老師教過的和學會的。有些學生會選擇在日記寫下他們的反省，同時其他人寧願創作一幅素描或組裝一個模型。堅持所有孩子每週寫幾篇日記，此做法有利於語文及視覺學習者，但對於有藝術天賦和動覺型學生而言，卻是不平等待遇。
- 鼓勵所有學生和你討論他們的學習風格優勢，他們能藉此了解學習優勢會如何改善其學業成就。
- 期待所有學生都能實現目標，目標設定以在下次定期評量之前能達成為原則。目標撰寫要包括學習風格的用語。例如：某位學生可能選擇的目標為「使用前導組體來幫助自己記憶學習內容」或「使用前導組體作筆記」。確定學生在每個時間點的目標是否達成，花些時間和孩子一起檢視他們的目標，幫助他們設定下個應達成的實際目標。欲知更多訊息，請見第十二章，特別是第 340-341 頁。
- 蒐尋及使用適合學生的教學軟體，以提升其學習動機為成功的學習者。特別是能提供個別引導，可設定個人學習路徑的教學軟體。成功製造者（SuccessMaker）軟體即為一例，請見參考文獻及資源。
- 對於那些看來常處於混亂的學生，教導他們做些跨越身體兩側的練習，能刺激腦部兩側便於相互溝通，預防彼此過度支配，並能順利、成功地吸收學習材料。更多訊息及教材可自 Brain Gym International 取得。請見參考文獻及資源。

問答集

「當這麼多學生有如此不同的需求時，我如何用教學為所有學生調整其學習風格和智能？」

實際上，你唯一要做的事是時常問自己：「如果這位學生用我教的方法無法學會，什麼樣的環境或課程修正能使他的學習更有效？」你並未被期望去重新整頓整個班級，也沒必要針對單一學生的學習風格進行個別診斷和教學。無論如何，體認學習風格對於學習成就的意義，當特定學生出現學習不順利時，它會使你更明白有必要在教學做某種程度的修正。當你給予修正時，你會注意到其他學生的學習也受到正面的影響，並能類化至修正後之學習效果。有些習慣在教室設計學習中心的教師，將其定位為提供特定學習風格的活動，並讓學生從中找出能證明自己最好表現的作業。

「如果我總是按照學生的學習風格優勢來教學，它在教學現場會是正確的做法嗎？學生是否該學習了解不同學習風格結合之後的刺激？假使只依優勢去教他們，孩子將來在現實世界裡會不會處於劣勢？」

雖然我們的終極目標是教會所有孩子，對來自不同學習風格的學習都有所回應。但是，我們必須藉由學生個人學習風格的優勢著手。很多在困難中的學生相信自己沒有能力。與其不斷說服他們做得到，相反的做法是告知他們，成功最有力的證據是去達成自己先前無法做到的任務。如果能成為有成就的學生，比起繼續感覺自己很糟糕，孩子在現實世界裡會有更大的優勢。

「我們學校規定不准學生嚼口香糖、吃東西或攜帶隨身聽到校。我如何能在配合校規的前提下，同時對學習環境做適當的調整？」

身為普通班教師，我從未主張自己能遵守所有被期待的規定（好啦……我的祕密洩露了！）。規定的產生往往是回應學生的不當行為。當學校禁止嚼口香糖，是因學生常把口香糖渣藏起來；當然，如果嚼口香糖不會違反規定，就沒有藏口香糖渣的必要。食糧為家畜創造了牧草地。當孩子從家中帶來營養的點心時，他們就應學習對吃完食物的後續清潔工作負起責任。如果孩子的隨身聽有被其他同學拿走的可能性，或許在不使用時你可鎖在抽屜裡代為保管。當我告訴學生，他們只能在我的教室嚼口香糖，口香糖渣一定得丟在套有塑膠袋的垃圾桶裡時，能遵守規定的孩子就被允許嚼口香糖，而不遵守規定的孩子就會有一段時間喪失嚼口香糖的權利。咀嚼能釋放過剩的精力，特別是針對觸動覺型態的學生；假使你肯定不能准許這麼做，試著讓學生敲打一個不會製造噪音的地方（例如：他們的手臂或腿上），或讓他們在一個其他學生不太可能經過的空間輕鬆走動。記住，給予這些選擇的自由是為了改善學生的學習結果；如果預期的結果沒有出現，你就沒必要繼續提供他們選擇。當孩子理解此點時，通常會有積極的回應。

「我很擔心，我為了調整學生的不同學習風格而做的一些修正，校長和其他教職員會有什麼樣的反應？」

不要等待他們的反應；主動在先！在你預期他們會巡視到你的教室之前，先說明你做調整的原因、為學生尋求某些程度的自由。先寫封信給家長，介紹你在教學環境裡有些決策改變。並持續地提醒大家，你的目標是為了改善孩子學習，並且你會繼續使用那些能導致正向結果的方法。

「我如何能消除過去因為對學習風格的一無所悉，可能已對某些孩子造成的傷害？」

假使你願意用一些時間閱讀這本書，你便能假設自己對學生抱持著寬容和友善的態度。教師的工作並不會有意去傷害年輕一代，我們總在有限時間內，以可取得的知識為基礎做出教學的決定。當你和你的學生一起嘗試這些策略時，把與他們相關的訊息開始傳遞給你的一些同事（特別是正為你去年教過的學生傷透腦筋的同事）。對於這位學生，你知道要用什麼不一樣的做法！

參考文獻及資源

Armstrong, Thomas. *Multiple Intelligences in the Classroom.* Alexandria, VA: ASCD, 1994. 在課堂上運用多元智能理論的便利指引。

Brain Gym International（www.braingym.org）. 提供動覺學習者相關的協助。頭腦體操方案（Brain Gym program）已被家長及教師成功運用，透過非學術性方法，它能顯著改善動覺學習者的學習態度及學業成績。你可進入「頭腦體操」的官方網站，尋找你學區裡合格的頭腦體操教師及課程。也可在此取得由 Paul E. Dennison 和 Gail E. Dennison 合著的頭腦體操書籍及教材。機構電話：1-800-356-2109；書店：1-888-388-9898。

CAPSOL Styles of Learning（www.stylesoflearning.com）. 為一評量工具，能測量學生的九種學習偏好（聽覺型、視覺型、肢體動覺型、個別型、團體型、口語經驗型、書面表達型、順序型及綜合型），並可藉由側面圖看出學生從低度到高度的學習偏好。可用於教室教學以發現學生的學習優勢及弱點，並藉此調整你的教學。同時提供兩種版本：三至九年級版本和十年級至成人版本。1-800-578-6930。

Carbo, Marie, Rita Dunn, and Kenneth Dunn. *Teaching Students to Read Through Their Individual Learning Styles.* Englewood Cliffs, NJ: Allyn & Bacon, 1986. 幫助教師評估及順應學生的閱讀風格，並使用有利於觸動覺學習者的方法來教導其閱讀技巧。

Chapman, Carolyn. *If the Shoe Fits: How to Develop Multiple Intelligences in the Classroom.* Palatine, IL: IRI Skylight Publishing, 1993.

Dixon, John Philo. *The Spatial Child.* Springfield, IL: Charles C. Thomas, 1983. Dixon 說明某些在傳統方法學習有困難的學生，可能有優異的空間能力。我們應允許其發展並理解事物及物質世界之間的關係。

Educating Everybody's Children 錄影帶系列（shop.ascd.org）。此系列錄影帶能幫助教師使用學習風格的相關資訊來增進學生的學習成效。此系列也包括 *Attitudes and Beliefs* 與 *Capitalizing on Students' Strengths*。1-800-933-ASCD（1-800-933-2723）。

Freed, Jeffrey, and Laurie Parsons. *Right-Brained Children in a Left-Brained World: Unlocking the Potential of Your ADD Child.* New York: Simon and Schuster, 1998. Freed 與讀者分享，如何將補償學習的策略應用於學習困難學生身上；不管他們的孩子是否有 ADD，這些策略都能奏效。

"Gardner Announces the Eighth Intelligence." *Renewal Connection* 3:2 (Fall 1995), pp. 1 and 4.

Gardner, Howard. *Frames of Mind: The Theory of Multiple Intelligences.* 10th Anniversary Edition. New York: Basic Books, 1993.

Hart, Leslie. *Human Brain and Human Learning.* Kent, WA: Books for Educators, 1998. 此書幫助教師理解腦子是如何學習的，及如何在教室中創造與腦相容的學習狀況。

howardgardner.com（www.howardgardner.com）. 你可拜訪 Gardner 博士的官方網站，此網站提供多元智能的相關資訊 —— 當前研究趨勢、研究發現、論文、專書、研究計畫案、對話、成果發表及更多訊息。

Lazear, David. *Eight Ways of Teaching: The Artistry of Teaching with Multiple Intelligences.* 4th edition. Thousand Oaks, CA: Corwin Press, 2003. Lazear 聚焦於描述多元智能教學活動，並檢視設計歷程。課程特色在於同時將八種智能融入單一學習經驗

—*Eight Ways of Knowing: Teaching for Multiple Intelligences.* 3rd edition. Thousand Oaks, CA: Corwin Press, 1999. 提供實用之教學策略，藉此喚醒孩子智能的所有範圍。

—*Pathways of Learning: Teaching Students and Parents About Multiple Intelligences.* Tucson, AZ: Zephyr Press, 2001.

LDOnline（www.ldonline.org）. 提供學習障礙資訊的完整網站，這是當我需要了解學習困難學生相關資訊時，首次蒐尋的學障網站。

Levine, Mel. *A Mind at a Time.* New York: Simon and Schuster, 2002. 此書對家長及教師解釋，如何鼓勵孩子發揮學習優勢，並繞過他們的學習弱點。

Maslow, Abraham H. *Motivation and Personality.* 3rd edition. New York: HarperCollins Publishers, 1987.

Multiple Intelligences poster set（www.kaganonline.com）. 每組包括九張彩色海報（11" x 17"），分別代表每一種智能，及一張代表八種智能的海報，可直接洽詢下列出版社：Kagan Publishing & Professional Development。1-800-WEE CO-OP（1-800-933-2667）。

Our Other Youth. Jerry Conrath 針對危險群年輕人及氣餒的學習者，舉辦專題討論會及提供教材。(360) 468-3169。以電話洽詢或訂購以下書籍：

—*Intervention with Secondary Students,* Grades 7-12（2002）.

—*Our Other Youth*（1989）.

Salend, Spencer J. *Creating Inclusive Classrooms: Effective and Reflective Practices for All Students.* 5th edition. Upper Saddle River, NJ: Prentice Hall, 2005.

Shake and Learn（www.shakeandlearn.com）. 該產品係使用音樂及律動來教授學業技能。*Shake and Learn: Grammar and Usage, Language Arts, Mathematics,* and *Science* 每套產品包括一張伴有動覺線索的音樂 CD、教學活動課程計畫、可自行複製及延伸的活動。也可購得下列產品：*Shake and Learn Mathematics* DVD. From SALT Productions, Inc. 1-877-430-SALT（1-877-430-7258）。

Silverman, Linda Kreger. *Upside-Down Brilliance: The Visual-Spatial Learner*. Denver, CO: DeLeon Publishers, 2002. 此書有助於理解以意象而非文字來思考的學生。

Success Design International（www.nlpla.com）. 教導成人及兒童去理解人類行為、學習及思考歷程，並學習如何在那些領域獲得正向改變的技巧。1-800-807-5666。

SuccessMaker（www.pearsondigital.com/successmaker）. 此數位教育軟體適合學前大班至八年級使用。針對每位學生的特殊需求設計個別化教學，教學強調自然呈現視學生的預備能力而定，以期創造成功的學習經驗。與學區、地方及全國的課程標準密切配合，提供一個綜合性支援管理系統。美國有超過 16,000 所學校及國外 1,500 所學校正使用此方案。可依顧客需要提供大量訂購，所需花費不一，視學校購買軟體、不同年級、需要的專業成長服務量而定。1-888-977-7900。

Vitale, Barbara Meister. *Unicorns Are Real: A Right-Brained Approach to Learning.* Torrance, CA: Jalmar Press, 1982. 此書雖然並非最新出版物，但針對右腦、視覺、觸動覺學習者提供豐富的教學及學習策略。

給學生的推薦讀物

Armstrong, Thomas. *You're Smarter Than You Think: A Kid's Guide to Multiple Intelligences.* Minneapolis: Free Spirit Publishing, 2003. 此書幫助 8 至 12 歲孩子理解 Howard Gardner 的多元智能論、對他們的意義是什麼，以何種方式最能充分發揮其能力及潛能。

Cummings, Rhoda, and Gary Fisher. *The School Survival Guide for Kids with LD*（Learning Differences）. Minneapolis: Free Spirit Publishing, 1991. 特別針對學障學生，提供特定的提示及策略。此書適合 8 歲及 8 歲以上的兒童閱讀。

—*The Survival Guide for Teenagers with LD*（Learning Differences）. Minneapolis: Free Spirit Publishing, 1993. 幫助學障年輕人在學校獲得成功，並為成人生活預作準備。也可取得錄音帶形式的有聲書，適合 13 歲及 13 歲以上者閱讀。

CHAPTER 5

這麼教，所有的學生都能學會

孩子每天上學都希望能體驗成功的感覺，當腦子取得一個程式——一個對學習者有用、固定的步驟順序時，學習於是發生了。為了這件事的發生，腦子必須把新知識和某個它已熟悉的模式連結。[1]孩子們學得最有效的時候，是察覺某些技能和訊息會幫助他們更了解已知的事物，或渴望了解得更多。

孩子天生是充滿想像力的思考者，總不時編造一些令人著迷的說詞來解釋周遭的世界。在參觀位於 Orlando 的迪士尼樂園時，我們看到一位潛水員正在一個大型水族箱裡餵海洋生物。旁邊一個 3 歲大的孩子也注意到了，她大聲喊著：「看！有一個消防隊員在餵魚！」顯然地，這孩子正試著搞懂她所看到的；她知道消防隊員有時戴著面具、穿著一身黑衣，她正把某個條件下是真實的事應用到另一件事。她那有智慧的父親並未更正她，反而要求她解釋，為何她認為那個人是一名消防隊員。這個父親認可他女兒思考能力的正當性，反而輪到她想知道得更多。她真的準備要學習了。

當你把孩子當成被動等待知識填滿的容器時，這麼做會阻撓他們學習的能力。當你對孩子能做的事表達出低度期待時，吸引來的則是學習的低下表現。為什麼接受過補救教學的孩子，在成長後極少再有補救

1 Hart, Leslie, *Human and Human Learning.* Kent, WA: Books for Educators, 1983, page 33 and chapters 3-11.

的需求？原因之一在於補救課程的過度簡單。記住 Sylvia Rimm 博士所言：「要達到高度自信的最佳途徑，是去成就一個人自認會有困難的某件事！」Kenneth Dunn 博士也說：「如果學生學不會老師教的方法，那麼就用學生學得來的方法來教他們！」

如何幫助學習困難學生達到學校預期的課業標準，你可試著在教學中融入他們喜歡的學習風格。當你要求做的事讓他們感覺簡單或幼稚時，教師所傳達的信念是，他們根本做不來一般學生做的。這將加深他們心裡的害怕 —— 他們天生愚笨，甚至老師也認為他們沒有能力學習。當學習困難學生等待成功的時間愈漫長，內心的恐懼就愈深，其實對孩子的成長將更具摧毀性。

本章將描述讓你願意一再嘗試，適用於學習困難學生的各種策略與技巧。所有策略已在教室現場證實其成效，協助掙扎於困境中的孩子克服恐懼，並解放自我開始學習。教師將證明，用對方法就能改變一切，它們使孩子建立成就感，重新找回信心，而無需面對年復一年的挫敗。

給 IDEA 修正版的幾個建議

根據美國 2004 年所頒布的身心障礙者教育法修正版（Individuals with Disabilities Education Act, Revised），其中包含特定的語言文字，意圖確保學障學生能獲得必要之協助以期獲致學習成就。特殊學習障礙兒童，意指兒童有一種或一種以上基本心理歷程缺陷，包括理解或使用語言、說話或書寫等。這種缺陷可能顯現於兒童缺乏能力去傾聽、思考、說話、閱讀、書寫、拼字或做數學計算等方面。並期待普通班教師及相關特教工作者之間保有持續的合作關係。

我認為，假使普通班教師對於如何提供學習困難學生的教室內介入、協助有充分之了解（如本書所述策略），就能預防過度轉介及不必要之鑑定。對於那些已提供個別化教育計畫的學生，本書建議之策略也可配合在特教班或普通班使用。

轉介進行特殊教育鑑定之前

普通班教師將發現，一旦能針對學習困難學生的需求，把適合課程與行為介入成功地運用於教室現場，有些特教轉介其實沒有必要。

某位高度動覺型學生坐不住、整天不停地動；如果教室環境經過特別設計，允許他在課桌椅間來回走動。對他來說，動作是日常例行生活的一部分，對學習反應更有助益。當他嚼著口香糖、緊握軟球，及（或）聆聽心情放鬆的音樂時，他會變得更平靜，待在座位的時間也會更久。假使他能主動選擇想參與的活動，將更能順利表現了解的事物，但並非所有的學習活動都需要寫下想法。

當學生的閱讀程度明顯低於年級水準，下列教學法能使他們積極的回應：卡寶有聲書（Carbo Recorded Book method）（見第 163-167 頁）或語言經驗法（Language Experience method）（見第 157-162 頁）。另外，有拼字問題者可藉拼字風格法（Spelling Styles method）（見 214-217 頁）大幅改善拼字的困難。

當普通班教師願意尋找並使用改善學習成就的方法，轉介進行特教鑑定的需求將明顯減少。事實上，當前很多學區充分落實了「教師協助小組」制度，在普通班教師求助於正式轉介之前，教師協助小組和普通班老師共同合作，一起為學習困難學生嘗試多種介入策略。

轉介做特教鑑定之後

一旦為某位學習困難學生完成特教鑑定程序，也為其撰寫好個別化教育計畫，普通班教師除了繼續執行個別化教育計畫中的相關建議，更要不斷嘗試其他可行策略，以協助學生獲致更好的學習成果，使計畫推動更見成效。當然，特教教師也應了解，在普通班實行的任何策略，日後在修正個別化教育計畫時也應納入。

歸因理論

很多教師和家長會擔心，是否給予學習困難孩子過度的協助。這是一個合理的關切，畢竟，我們不希望營造一個讓孩子出現習得無助感

（learned helplessness）的學習環境。有習得無助感的學生會有下列部分或全部的行為：

- 遲遲才開始做功課，經常沒有完成。
- 在付諸行動時表現不佳，但他們並非沒有能力做到。
- 在一開始遭遇挫折時，就難過得想放棄。
- 用肢體語言（垂頭喪氣、皺眉頭、唉聲嘆氣）描述他們的習得無助感；看起來疲憊又沮喪。
- 總是不到最後關頭不願意交作業，交作業時會將封面朝下交出。

身為教師的我們，應給予所有學生更多的力量，使他們能成為成功的學習者。有一種教學技巧是利用心理學的歸因理論（attribution theory）來對抗習得無助感。歸因理論解釋，人們會將成功或失敗歸因於某個人或某樣事物。成功者把成就歸因於他已盡全力而達到成功，把任何失敗歸因於自己努力不足。失敗者則預期失敗的到來，由於意識自己缺乏成功的能力，故看不到任何努力和成果之間的關聯。

相信自己會成功的學生，會以這種思考方式開始工作：「這個我可以做得到！如果我努力做，我就可以完成這件工作。」反之，相信自己會失敗的學生，則有這樣的想法：「我一個人做不來。我需要幫忙。如果沒有人願意幫我，那麼我學不會或做不完就不是我的錯了。」不管發生任何事，他們自創一套自我保護的解釋，把一切操控權交給外在。當遭遇挫敗時會告訴自己：「那個作業我做得糟透了，老師都沒有幫助我。」即使他們成功了，也試圖解釋：「因為有老師的幫忙，我的故事才能得到很高的分數。如果老師沒有幫忙，我無法做得這麼好。」

當一個人長期接受過多的協助，他接收的訊息是他真正需要大家幫助。他已經相信自己沒有能力，因為如果他有能力就不需要所有的協助了。很諷刺的是，過度的協助學生竟會促成學習無能，而不是增強學習能力。我們幫得愈多，學生就變得愈無助。

我們回應學生受挫的方式，會形成他們在未來面對失敗的處理方式。當孩子愈來愈肯定沒有大人協助就無法成事，他們會開始喜歡事事有人代勞。他們在開口求助時，態度可能變得獨斷。大人的讓步反倒加強他們的習得無助感，無助繼續成為一種主動、相互依賴的關係。[2]孩子期待大人不斷在旁提醒，我們的施恩於孩子，只是證明沒有我們，他們是不可能成功的。

大人會以各種方式給孩子過度的協助，根據 Steven Landfried 博士多年來對此問題的深入研究，他將這種教育增能（educational enabling）現象解釋為：[3]

- 幫助學生做他能自己學著做的事情。
- 允許學生選擇無法獲致生產力的行為。
- 以過度保護、細心呵護、援救、保釋等行為，來教導孩子不必為自己的選擇及行為負起責任。
- 教育工作的本意在養成師生相互依賴，降低學習者的自我期待、能力及自我價值。

Landfried 博士描述增能行為，並建議應採取其他行動 —— 給予真正的協助。兩者皆描述於以下對照圖中：

削弱性協助，導致習得無助	正向性協助，幫助自發行為
保護	設定清楚限制
先拯救，使免於慘跌至預期結果	先彼此同意，一致接受行為後果
過度控制	讓他體驗自己的生活
忽視錯誤及其他問題	與他討論問題及創造解決方式
經常的提醒	給予清楚指示、提供視覺範例
不斷的嘮叨	讓學生設定自己的短期目標
常替他說好話	等待回應、建議其他選擇

2 Landfried, Steven E. “Educational Enabling: Is ‘Helping’ Hurting Our Students?” *Middle School Journal*, May 1990, pp.12-15.

3 有關「教育性增能」一詞及「削弱性協助／正向性協助」對照圖，係經授權使用：Steven E. Landfried, Caring Accountability Workshops, 21 Albion Street, Edgerton, WI 53334;（608）531-1716.

削弱性協助，導致習得無助	正向性協助，幫助自發行為
把作業及評量簡單化	藉由學習優勢，從可挑戰的程度開始教
給予誇飾的成績	就其表現，誠實的撰寫評語
接受學生找藉口	建立明確的期待，指導達成目標
對學生行為要求缺乏一致性	對學生行為要求一致、公平
允許不注意的學習行為	為上課專心而負起責任
容許不適當的行為出現	教導自我監控（self-monitoring）行為

提醒：當學生出現習得無助感時，你會發現譴責失敗其實很容易。直到你教導他們如何學得最好之前，他們可能還是無法控制成敗。藉由他們學習風格的優勢，使用各種可能的策略，應能避免孩子出現習得無助行為，使其具備順利達到年級程度的能力。我們需要給予孩子正確的協助，對他們說出並證明：「當然你做得到！我們只要找出對你最有效的方法，成功就在你的掌握之中了。」

成敗歸因的再訓練[4]

長久以來，學習困難學生總抱持「我不能」的想法，我們必須將它改變為「這個策略對我沒效，我要用不同的策略再試一次」。你必須幫助他們，學著把任何發生的事情歸因於自己是否努力、是否做出選擇，及使用到有效策略。當孩子成功時，你必須對他說：「你在那項作業中做得很好，因為你很認真，並用了對你有幫助的策略。」學生更應學著對自己的表現做出明確的自我評價。例如：「這個禮拜的拼字測驗我考得很好，因為我用了對自己優勢最有效的方法來複習。」

4 Shelton, T., A. Anastopoulous, and J. Linden. "An Attribution Training Program with Learning Disabled Children." *Journal of Learning Disabilities* 18:5 (1985), pp. 261-265. 經授權使用：Dr. Terri L. Shelton, Associate Professor of Psychiatry and Pediatrics, University of Massachusetts Medical Center.

「歸因再訓練」(attribution retraining) 係處理習得無助感的簡易有效方法。它引導學生遠離負面的自我對話（self-talk），預防他們為不學習找藉口。課程規劃為每節一個鐘頭，每週 6 次，連續進行 3 週。你可用此訓練取代原先課表的閱讀課程。

1. 在長條卡上寫下（或印出）16 個句子。對學生來說，有 10 句必須是容易的，另外 6 句則較具挑戰性。在每張簡單句的背面以印刷體寫下一個 E，而在每張困難句的背面寫下 D。假使你需要更多句子，依照同樣標準再準備另外幾組 16 個句子。
2. 準備兩組提示卡，在學生讀完每個句子後再要求接著讀出提示卡。閱讀句子正確者是：「那就對了！我努力試了，也做得很好！」及「我正要成為一個超級棒的閱讀者！」閱讀句子不正確者為：「我做得不好，沒有關係。人們總是從錯誤中學習。」以及「下次我會用不一樣的策略，我更努力就能做得更好。」
3. 用這個開場白開始第一節課：「我要幫助你們學習如何更成功、更喜歡學校。要對我大聲讀出句子。每讀完一句再接著把提示卡上的字讀出來。」
4. 示範例句的正確及錯誤讀法。接著在每個例句之後，讀出一組適合的提示卡。
5. 對學生說：「現在，請你對我大聲讀出來。」出示一個簡單句，隨後接著讀適合的提示卡。在大聲讀出提示卡前，先要求這位學生輕聲唸出上面的文字。
6. 每節課可使用幾個句子，重複如下圖示範的順序。指導學生每讀完一個句子後，選一張適合的提示卡。每當學生讀錯句子時，示範一個可用來修正的具體策略（查看第六章及第七章的建議）。
7. 接下來幾節課，可依下圖所示順序進行教學。你也許想讓學生準備自己的句子卡（包括簡單句及困難句）。也可讓學生選擇並準備他自己的提示卡。

句子順序

E = easy（簡單），D = difficult（困難）

第一節：EEEDDDEEDEEEDDEE
第二節：EEDEEDDDEEEDDEEE
第三節：EEDDDEEEDDEEDEEE
第四節：EEEDDDEEDEEEDDEE
第五節：EEDEEDDDEEEDDEEE
第六節：EEDDDEEEDDEEDEEE

目標設定

我始終相信，成功和不成功學生之間最大的差別在於能否設定實際的短程目標，並努力使其付諸實現。難以獲得成功者，有的人並未設定學習目標，或是好高騖遠、目標超過自己能力所及。很重要的是，要使所有學生領悟，成功不是用成績或學期、學年的成果來衡量；成功完全取決於你對目標設定及達成。當目標經常出現在你眼前時，成功自然隨之而來。

1. 影印一份目標計畫表（第 117 頁）給每位學習困難學生，請他們在科目領域／活動一欄內填入科目名稱。
2. 在每個活動開始時，要求學習困難學生設定個人目標：他預期在指定時間內預定完成的工作量（限定時間比班上其他人少 5 分鐘，因為其他學生在需要你的注意之前，你有必要與這些孩子談一談）。為了使這個方法有效，學生必須設定自己的目標。

目標計畫表

科目領域／活動	星期一	星期二	星期三	星期四	星期五
寫日記	3/10	3/10	3/10	4/10	4/10
數學	2/15	2/15	3/15	3/15	4/15
科學	1/10	1/10	2/10	2/10	2/10

目標計畫表

姓名：＿＿＿＿＿＿＿＿＿＿＿＿＿＿＿＿＿＿＿＿＿＿＿＿

請預測你在每天所有時間內能做到多少。

科目領域／活動	星期一	星期二	星期三	星期四	星期五

3. 要他們用比率（預計工作／時間量），在目標計畫表內寫下預定完成的工作目標。例如：3 個句子／ 10 分鐘之內完成 ＝ 3/10。
4. 活動指定時間結束時，回頭檢查每位學生的作業，並快速訂正。

如果學生已達成預定目標，詢問下列問題：

- 「你的目標是什麼？」
- 「你實現了自己的目標嗎？」
- 「對於實現你的目標、達到成功，誰要負責任呢？」等待學生回答時要有耐心與鼓勵，他們必定要回應：「對於實現目標、達到成功，我必須要負起責任。」
- 「成功的感覺如何？」再次，你可能必須激勵學生說出：「成功的感覺很開心。」
- 「如果這件事你做得很棒，要如何恭喜自己或給自己一些獎勵？」若他們有需要則提供建議。記得！長期經歷學業挫敗的學生傾向把成功歸於運氣，或是別人的協助。

如果學生沒有達成目標，詢問下列問題：

- 「你的目標是什麼？」
- 「你達到你的目標嗎？」
- 「對於你沒有達到目標的事實，你認為誰要負責任？」該學生可能將失敗歸咎於一些外在因素，例如：另外一位學生跟他說話，或事實上，老師沒有就近幫忙。不要問沒有達到目標的感覺如何。反而是激勵他，直到他能說出：「我要為沒有達到目標負責任。」
- 「你能為明天安排哪些計畫，以預防同樣問題再次發生？」要求該位學生在目標計畫表內寫下計畫。

提示：絕對不要懲罰未達成目標的學生。使其上軌道的最佳方法是幫助他們學會設定實際的目標，並經由實現目標獲得滿足。當無法得到自己或你的正向回饋時，這已是他們應得的一切處罰。

如果你必須在此安排下為學生的作業評分，建議採取下列方式：

- C：達到一個目標，而此目標比你對其他學生所期望的低很多。
- B：此目標是在該年級標準範圍之內。

■ A：只給特別優秀的作業（當教師給學生高分，假使他們知道那比對同儕所期望的表現低很多時，他們會推斷教師認為自己無法進步）。

最後，要學生一次做單一範圍或科目的作業，直到他們有明顯進步而對成功感到自在。假使增加範圍或科目的速度太快，他們也許會對成功產生恐懼感（「如果你向大人展現你能做到的，他們總對你期望更多。我想我應該停止這麼努力用功」）。

Kirsten 的案例

Kirsten 是一個甜美的 8 歲女孩，她只要一聽到寫作業的指示後，幾秒鐘內她的眼淚就會奪眶而出。她會看著我輕聲抱怨：「我不知道要做什麼。我沒有聽清楚怎麼做，應該從哪裡開始？請你幫助我！」她很容易開始氣餒並不知所措。

在每項作業一開始時，她會和我一起討論目標，看看在指定時間內她能完成多少。一旦作業是要寫篇描述性短文時，Kirsten 就看似全身癱瘓，久久無法下筆。

「今天，我們要用 20 分鐘來完成這份作業，」我說：「我希望妳能告訴我，妳認為妳在 15 分鐘內能寫出幾個好句子？」

Kirsten 用熱情的眼神看著我，大膽地說出：「兩個？」

「所以，妳預測妳會在接下來的 15 分鐘內寫出兩個好句子？」

「我想是的。」

我示範給她看，如何用比率在作業單上寫下她的目標。預計完成的工作量是上面的數字，而時間量則是下面的數字 —— 就像這樣：2/15。接著，我告訴她：「妳現在可以開始了，我會在 15 分鐘後回來看看妳做得如何。Kirsten，記得！如果妳在這段時間內能完成妳的目標，妳就成功了。」

在 15 分鐘的尾聲，我回到她那兒並說：「好，時間到。讓我們看看，妳實現目標的進度如何？妳的目標是什麼呢？」

她看著自己在作業單上寫下的完成比率，並回答：「15 分鐘內寫完兩個句子。」

「妳完成目標了嗎？」

她看著自己的作業，然後說：「是的，我寫了兩個句子。」我的第三個問題是：「嗯，現在，誰要對妳的成功負責任呢？」她疑惑地看著我，因為成功的定義 —— 設定及完成實際目標的能力 —— 對她而言，是一種新概念。

終於她說話了：「我認為你要負責任。」

「為什麼妳會那麼認為呢？」

「因為妳讓我選擇寫很少的句子。」

「沒錯……但事實上，是誰完成目標呢？」

「我猜，是我。」

「我同意！現在，我希望妳用一個完整句子說給我聽。告訴我 —— 對於要達到妳設下的目標及妳的成功，誰要負責任呢？」

在很多鼓勵，甚至我的手對她的嘴巴稍微操控之下。Kirsten 終於說出口：「我要對我的成功負責任，因為，我達到我設下的目標。」

接著我問她：「成功的感覺如何呢？」（此問題在於幫助陷入失敗循環者領悟，成功是令人愉悅的。這對成功導向者而言，也許看似奇怪，但我們必須了解，事實上，感覺自己是失敗者的孩子會變得寧可失敗也不要成功。因為，失敗毫不費力並可預測。成功代表變化，而我們都知道變化多麼令人害怕！）我與 Kirsten 討論，達成一個目標多麼值得慶祝，並對她解釋，有好幾種方式可用來慶祝自己贏得成功 —— 像是得到一個成功的握手禮、輕拍她的肩膀，或為自己豎起大拇指。就在我們結束討論之前，Kirsten 微笑了。

持續幾週的每一天裡，我們在所有科目裡我們重複這樣的程序。Kirsten 在連續幾堂課都保持很小的目標，直到她開始感到較有自信。從那一刻起，她把目標設得稍微高一些。短短兩個月之內，她在大部分科目的學習目標已接近期待的年級水準了。

後設認知[5]

後設認知（metacognition）是指個人在學習歷程中對自己思考的監控，它能幫助學習者察覺自己如何思考。當不了解某些事物時能有所認知，並相應地調整思考。

我喜歡告訴學生，後設認知是在你參與學習活動之前、期間和之後去思考關於你的思考。當考量哪種策略可用來完成該學習活動時，後設認知便開始了。隨著選擇最有效的策略及之後決定成果是否符合標準，後設認知仍繼續進行著。當選擇策略成為學習過程中不可或缺的部分時，即使各種策略的教導花費再多時間，學生也將有所回報。

為了示範後設認知，在你教學時要放聲思考（think out loud）。而不是說：「首先我們……，接著我們……，然後我們……，以及最後我們……。」當你解決某個問題時，讓學生聽到你正思考的內容。例如：

1. 一開始這麼說，「我需要知道 eerie 在這句話是什麼意思："There were *eerie* sounds coming out of the haunted house." 我得想清楚，但是，我現在不想查字典。

   「我想先了解這句話的意思。還記得每年到萬聖節的時候，我都會去鎮上獅子會布置的鬼屋玩耍。還記得在鬼屋聽到的聲音——好多咿呀、嗚咽和嘎吱的聲音。那種聲音真的很恐怖！所以，我猜 eerie 有『奇怪和可怕的』的意思。」

   「現在，我用『奇怪和可怕的』來代替 eerie：『有奇怪和可怕的聲音從鬼屋裡傳出來。』它聽起來合理嗎？是的，它有。現在我們繼續往下進行。」
2. 請班上幾位學生用放聲思考來理解相同的字彙。
3. 要班上每位學生私下重複此步驟，低聲地進行自我對話。
4. 要某位學生使用一個不同的字彙，並大聲地嘗試相同的步驟。
5. 要幾位學生使用相同的字彙來重複此一步驟。

5 經授權使用：Meichenbaum, D. *Cognitive-Behavior Modification: An Integrative Approach.* New York: Plenum Press, 1977.

6. 要班上每位學生私下重複此步驟，低聲地進行自我對話。
7. 告訴學生，當閱讀文章遇到不熟悉字彙時可使用此步驟。每當學生詢問你字彙的意思，提醒他們用放聲思考，然後把字彙的定義想出來。

給每位學生一份「想想我所做的」（Thinking About What I Do）（第 123 頁）。[6]告訴全班學生，「每當你需要監控自己思考（或行為）時，想像你坐在自己的肩膀上。閉上你的眼睛，並從頭到尾想像一遍你如何做這份作業。想像你按部就班順利地完成。當你在做作業時，不斷地自問檢核表上的問題。」要學生記錄自己如何反應，在某個特定活動中及幾個檢查關卡中使用此檢核表。

提供有意義及挑戰性課程

決定教什麼？

在「沒有任何孩子會落後」的教育法案推動之前，我們會拍著胸脯大聲說：假使教師盡了全力，有些孩子還是不肯學習，他們選擇失敗就得承受所有後果。然而，當前教育工作者已不再有此說詞，教師要勇於承擔所有學生學習成敗的責任 —— 不找藉口，也不作強辯。學生、教師與學校整體成就，以及學生在高標準測驗的表現，大部分是根據各州教育政策所自訂的標準而定。

此法案推動的部分原因是來自美國企業主的抱怨聲浪。雇主們指出，高中畢業生並未做好進入職場的準備。1991 年，美國勞工部部長特別指定一個專門委員會來調查學校如何協助年輕人就業。在「部長對達成必要能力的使命」（The Secretary's Commission on Achieving Necessary Skills, SCANS）的報告書中詳列與雇主的對話。美國勞工部並將相關調查發現結集出版，名為《學校要做些什麼：美國 2000 年的 SCANS 報告》（What Work Requires of Schools: A SCANS Report for America 2000）。此研究報告的結論是，為了追求個人的生產力、完整

6 修正自："Self-Monitoring Checklist" by Anita DeBoer，其為一位教育諮詢者，經授權使用。

想想我所做的

姓名：____

我被期望做哪些工作？

____
____
____
____

我今天計畫要做哪些工作？

____
____
____
____

✓ 我是否閉上眼睛，想像自己要做哪些工作？

是 □　　　否 □

✓ 我是否想像過，自己能成功完成這項工作？

是 □　　　否 □

請你在工作時問幾次以下的問題：

我現在做得怎麼樣呢？

請用以下問題來檢查自己的進度：

✓ 我是否很迷糊並失去注意力？　是 □　否 □

✓ 我是否注意到真正重要的部分，並忽略不重要的部分？

是 □　否 □

✓ 我是否能夠努力做到目標要求的工作時間？　是 □　否 □

✓ 我現在是否需要休息一下？　是 □　否 □

如果我已經完成目標，要如何獎勵自己？

____
____
____

如果這次我沒有完成目標，下一次我要嘗試的計畫是什麼？

____
____
____

性及滿意的人生，所有美國高中生都應該擁有必要的基本能力及技能。總而言之，所有學生應具備下列能力：[7]

- 基本能力：包括典型核心科目（閱讀、寫作、數學、傾聽、說話）。
- 思考技能：包括創意思考、解決問題、做決定及推理。
- 個人特質：包括自尊、責任感、守時及工作成長能力。
- 人際關係：包括團隊合作和領導才能。
- 管理資源能力：例如時間、金錢、材料和人。
- 獲得、組織、溝通和處理資訊能力：以便分析和理解如何做好個人工作所需。
- 選擇及應用科技能力：以便選擇設備、工具，並把可利用科技應用到個人工作之中。
- 了解社會、組織和科技系統能力：以便監控及修正工作表現，並了解如何使用和（或）改善系統。

由此看出，高中生應具備的基本能力大致符合任何學區所設定的期待，且可當成課程評量標準，用來評估課程哪些部分是真正必要的。你教了學生多少內容其實無關緊要，最重要的是他們記得多少？在評量及工作中如何表現？當考量學生能否達成特定年級水準時，教師必須有所選擇：進行教學時聚焦的課程標準為何？哪些部分的標準是略為涉及即可？

當教導學習困難學生時，教師最初的動力是一切保持簡單，教學集中於基礎事物的學習。對很多學習困難學生來說，他們少有機會接觸高層次的思考活動。然而，其中許多孩子的內在蘊藏著豐富的創造力，長久以來，學校卻將此類活動用在資優孩子身上，學習困難孩子其實對高層次思考也能有正面回應。

在任何可能時候，讓所有學生體驗後設認知——學習去思考他們的思考，並把這些能力類化至各種學習及測驗情境。請回想你還能記起

---

7 U.S. Department of Labor and the Secretary's Commission on Achieving Necessary Skills (SCANS). "What Works Requires of Schools: A SCANS Report for America 2000." Washington, DC: U.S. Government Printing Office, 1991. 可下載自：wdr.doleta.gov/SCANS/whatwork/.

哪些學生時代的事情？對你而言，最值得你紀念的學習經驗，可能來自於需要你真正思考的層次，而非機械式背誦。

思考戲法：一個批判思考模式[8]

思考戲法（Thinktrix）能建構孩子不同的思考型態，它是由 Frank Lyman 博士發展而成。Lyman 博士同時也是「名片法」（見第 15-22 頁）中思考—配對—分享元素的創意者。你可長期教導學生認識七種思考的類型，每次上課都花些時間和學生討論，他們要如何使用與思考相關的字彙。幫助孩子去描述，如何了解自己正在體驗哪種思考類型。每一種思考類型各有代表其意義的符號，最後，學生能對符號直接作出回應，而不需傾聽或說出某種思考類型的名稱。

當使用此模式來刺激孩子思考時，你可與「名片法」一起使用。你能傳達對所有學生的高度期待，展現你的堅定信念，那就是：學習困難孩子也能在高層次思考活動獲得成功。

R 回憶。讓學生單純地回想他們學到什麼、可討論哪些事物。例如：說出此故事發生事件的順序。

相似性。讓學生比較物體或現象，看看能否找出之間的共同屬性。例如：感冒和流行性感冒的成因有哪些相似處？

差異性。請學生比較幾則事件，看出中間有哪些不同之處？例如：三角形和平行四邊形有哪些地方不同？

因果關係。學生檢視某個行動是否導致下一個發生，或來自於另一行動。例如：彩虹形成的原因是什麼？彩虹的景象對人類會產生哪些影響？

→EX 從想法到舉例。試著找出事實、事件或物體來證明，他們的想法可獲得證據或深入概念來支持。例如：說出此單元的故事有哪些表現勇氣的例子？

8 修正自：“Think-Pair-Share, Thinktrix, Thinklinks, and Weird Facts” by Frank T. Lyman Jr., in *Enhancing Thinking through Cooperative Learning*, edited by Neil Davidson and Toni Worsham. NY: Teachers College Press, 1992. 經 Frank T. Lyman Jr. 授權使用。

從範例到想法。能找出一組事件、事實或物體間的共同模式。例如：你能從犯罪現場留下的事證中做出哪些推論？

評鑑。學生決定哪些事件、情境、事實是對或錯？它們的真實性如何？重要性如何？例如：研究分析最高法院的最近判決案例，並提出你同意或不同意的理由。

Brandon 的案例

當 Brandon 走進我五年級教室，來上自願參加的暑期課程，他選了一個離前排最遠的位子坐下。他看來安靜、害羞，似乎被勉強而來。我正教一群資優學生解決問題的具體方法，我用一系列腦力激盪的活動開始上課。Brandon 幾乎暫時拋開自己，變得生氣蓬勃。在半天活動時間結束前，他已貢獻幾個特別、又有趣的構想。

在第二天課堂上，他的臉上不時帶著笑容。他選了一個位子，靠近前一天我為腦力激盪成果站著畫圖的地方。他的幽默感又開始出現，展現一種奇特的本領，在眾人想法中夾帶他那古怪、瘋狂的點子。當小組討論時，他自願領導他那一組。他的害羞已消失，在一整天活動中，他是個熱心和積極的參與者。

第三天早晨，他由媽媽陪著一起走進教室。他最初的害羞模樣又回來了。「我今天必須帶 Brandon 來學校，」他媽媽解釋著：「暑期課程的前兩天他都翹課了。」

「不，他沒有！」我提出異議。「這兩天他都在這裡，而且表現得真好！」

「哎呀，這會兒我倒被弄糊塗了，」她回答：「補救教學班的老師昨晚打電話告訴我，Brandon 沒有到學校上課。」

經過簡單的調查後，我們解開了謎團。州政府提供的暑期課程只有兩類，資優兒童和閱讀補救需求學生。Brandon 已登記閱讀補救課程，卻因一趟意外之旅迷路到資優班。在我發現他需要補救教學之前，他所表現的就和其他擅於解決問題的資優孩子沒有兩樣呢！

我真希望能向學校報告，准許 Brandon 繼續留在我們班上，然而在暑期班的學生不是參加補救教學就是資優課程 —— 不能兩者都參加。

他的媽媽帶他去正確的班級上課，那就是州政府提供經費補助的補救教學方案。他經常在上、下課途中順道拜訪我們。而且，他的閱讀補救教學老師也樂意嘗試我現在教給學生用的技巧呢！

在此奇妙經驗之後，每當我談到如何賞識每個孩子的優勢，甚至補救其弱點時，都讓我變得更謙遜。它使我牢記一個事實，那就是一個充滿意義又兼具挑戰性的課程，將能為孩子創造更美好的學習成果。

提供選擇的機會

在任何課堂裡，最有力的學習動機是持續給學生有意義的選擇。雖然長久以來，我們已經把「選擇」包含在資優學生的課程裡，但卻忽略它能給所有孩子帶來力量。

最容易給的選擇與下列有關：

- 學生要學些什麼。例如：「你可以學習認識月球或知道月球屬於其他行星。」
- 他們要如何學。例如：「你可以閱讀與你的主題有關的內容，或是觀賞該主題的光碟片。」
- 他們要如何表達學到的東西。例如：「你可以寫一篇短文，或畫一張圖並加上標題。」

當孩子在做選擇時，反映出他們的學習風格優勢。而當老師接受除了書面報告之外的作品時，可以隨時期待令人興奮的成果。為了學會真正渴望了解的事物，孩子會願意去做任何必要的事情。

提供令人振奮及與學生有關的教學內容

當教學內容使學生振奮並與其生活有關，他們對學習的抗拒多半就會消失。如果你對下列全部或大部分的問題回答「是」，你大概可假設學生有學習動機：

- 是否能修正課程，而不必與設定高期待的標準妥協？是否能透過學生學習風格的優勢，提供挑戰性課程？
- 教學內容是否激發學習興趣？主題是否與學生有關？是否考量其興趣？（查看第 5-6 頁的興趣調查表）

■ 教學重點是否強調詮釋性思考及深層理解——學得少，但學得精？
■ 是否在有意義情境中介紹如何學習（how-to-learn）的策略？
■ 學生是否了解如何將所學會的應用至其他情境？

很多教師正鼓勵學生參與「問題本位學習」課程。在實質上，先確認要解決的問題，在學生學習需要的技巧和能力的同時，一起合作解決問題。例如：

■ 八年級學生針對鎮上主要購物區中已關閉多年的道路進行合作調查，因商店的銷售量日漸衰退，是否該重新開放給汽車行駛？學生設計調查工具，小組訪談鎮上居民，考察其他城鎮對類似問題的做法。最後，撰寫一份提供鎮議會參考的建議書，並在議會召開定期會時提交。
■ 五年級學生連續三天在荒野的戶外教育訓練課程中，學習觀察大自然的植物與動物，討論環境污染對大自然的影響，並學習如何在森林生存。
■ 由一群高中生認養當地一段高速公路，調查公路亂丟垃圾所造成的清潔成本，設計一套廣告活動，並在當地有線電視播放；每個月定期在認養的路段執行清潔任務。
■ 由當地三年級學生至一個人人抱怨寂寞的老人院認養祖父母。他們訪問認養的祖父母，撰寫社區代代相傳的生活故事。接下來，經由認養祖父母的協助，他們為這群銀髮長者寫自傳，安排由班級同學及資深公民參加的聚會，並為自傳發表活動進行排練。
■ 由七年級學生從當地一個自西元 1600 年就存在的墓園中，取得墓碑拓印，編撰一套有關那些年代生活的故事，包括報導當時曾造成重大影響、但今日已不再具威脅性的傳染疾病。在當地歷史協會的發表會中表演此故事，也訂下協助維護墓園的計畫。

以計畫案為本位的學習

Louisa 的案例

Louisa 是個有學習障礙的 8 歲女孩。她的老師，教學認真的

Hanover 先生為此感到很挫敗，因為 Louisa 不做任何課堂作業。

「那她做些什麼呢？」我問。

「什麼也不做。」

「我知道她什麼也沒做，如果你閉上眼睛想像她在學校的一天生活，你會發現什麼？」

「我看到她離開座位，一整天都待在蝸牛籠那裡。」

在那一瞬間，我的耳朵豎了起來。「那她在蝸牛籠那裡做些什麼？」。

「除了看蝸牛，什麼也不做。」

「好吧，既然這樣，讓我們好好利用她對蝸牛的熱情吧！」

我們要求 Louisa 從寫日記開始，記下她一整天在一定間隔內，所有她觀察到的蝸牛動作。我們為她在蝸牛籠旁邊放一張桌子，給她一台錄音機、一卷每 5 分鐘會發出嗶嗶聲響的卡帶、一本活頁筆記本及幾枝鉛筆。我們向她示範，當聽到嗶嗶聲響前她要如何觀察蝸牛的動作。當嗶嗶聲出現那一刻，她必須寫下先前 5 分鐘觀察到的一件事。假使蝸牛沒有移動，她應寫下：「蝸牛沒有移動。」

「但是我不會寫！」Louisa 對我抗議。

我們對她再三保證，她必須做的只是畫些記號或簡單圖案，她就能對老師介紹所寫的內容。

經過幾天訓練，每當嗶嗶聲響起時，Louisa 都準確地停下，在日記上寫下一些東西。老師也安排了一天三次與她做簡單的討論：課間休息前、午餐及快放學時。她每次和老師討論時，都至少能大聲讀出一項觀察。沒多久，她就自願在日記分享時間與全班分享她的觀察，她的同儕地位也明顯地提升了。

當 Louisa 變得對觀察和記錄更有興趣，她開始詢問如何拼寫某些字彙，她會在日記一開頭親手寫下文字。幾個星期後，老師要求她每 10 分鐘記下一件觀察事項，每天放學必須挑選一項書面觀察，並用插圖來解說。接下來，她學會了撰寫觀察問題，又花一些時間從書本和雜誌找尋相關資料。短短六個星期之內，Louisa 儼然成為一位蝸牛小專家了。

計畫案為本位的學習

以計畫案為本位的學習（project-based learning）能讓封閉的學生重新啟動他們的學習。教師們發現，這些孩子也可藉由計畫案學習到一般課程目標或是結果。

有些教師擔心學習困難學生需要更多的教師控制，而非更少。事實上，最好的控制是使他們沉浸於學習之中，許多行為問題就會因此減少或消失了。

在 Pittsburgh 的一所市區學校裡，每個月有一週時間，教師會將例行的教學活動暫擱一邊，帶領一群群學生進行計畫案，深入探討學生們所選擇的主題。所有被設計來教會學生技能的計畫案與一般課程相同。利用一個禮拜，不間斷地執行計畫，甚至不更換教室。由於使用圖書館和校外教學參觀，課堂作業的品質明顯提升。計畫案本位學習的豐碩成果證明了以下假設：

- 所有學生能參與高層次學習，並針對特定主題深入探討。
- 在意義化學習（meaningful learning）和批判性思考（critical thinking）的環境來教導學生基本技能。
- 大部分學生在學習者社群（community of learners）裡學得最有效，他們還學會如何幫助彼此學習。

「計畫案為本位的學習」以積極的觀點與學習結合，所有學生能藉此接受優質的教育經驗。過去對學習抱持負面看法的許多學生則認為這類學習比較「酷」。他們開始像學習者般彼此相互支持，不再輕視那些想追求學校成就的學生。

1. 發給每位學生一份方案計畫（Project Planner）（第 131 頁）影印本。
2. 讓學生確認一個會喜歡探討的主題。提示：假使他們對提出主題有困難，要他們去學校圖書館（或公共圖書館）走一走，並瀏覽書架上相關書籍。
3. 要他們列出至少四個可能的子題。說明子題是一個大主題的較小部分，並加以舉例。一旦列出多個子題，要求學生選擇並聚焦其一。強調這必須是某個他們真正想要了解更多的題目。
4. 要學生針對研究的子題找出和蒐集有關資訊來源，提示：利用學校

方案計畫

姓名：＿＿＿＿＿＿＿＿＿＿＿＿ **日期：**＿＿＿＿＿＿

我想學習的主題：

子主題（至少列出四個，再圈出你選擇的號碼）：

1. ＿＿＿＿＿＿＿＿ **6.** ＿＿＿＿＿＿＿＿

2. ＿＿＿＿＿＿＿＿ **7.** ＿＿＿＿＿＿＿＿

3. ＿＿＿＿＿＿＿＿ **8.** ＿＿＿＿＿＿＿＿

4. ＿＿＿＿＿＿＿＿ **9.** ＿＿＿＿＿＿＿＿

5. ＿＿＿＿＿＿＿＿ **10.** ＿＿＿＿＿＿＿＿

資料來源（至少列出五種，你只能使用一本百科全書）：

1. ＿＿＿＿＿＿＿＿ **6.** ＿＿＿＿＿＿＿＿

2. ＿＿＿＿＿＿＿＿ **7.** ＿＿＿＿＿＿＿＿

3. ＿＿＿＿＿＿＿＿ **8.** ＿＿＿＿＿＿＿＿

4. ＿＿＿＿＿＿＿＿ **9.** ＿＿＿＿＿＿＿＿

5. ＿＿＿＿＿＿＿＿ **10.** ＿＿＿＿＿＿＿＿

當我學習時，我如何使用自己學習風格的優勢：

＿＿＿＿＿＿＿＿＿＿＿＿＿＿＿＿＿＿＿＿＿＿＿＿

＿＿＿＿＿＿＿＿＿＿＿＿＿＿＿＿＿＿＿＿＿＿＿＿

當我和全班分享學到的成果，我用什麼方法支持我的學習風格：

＿＿＿＿＿＿＿＿＿＿＿＿＿＿＿＿＿＿＿＿＿＿＿＿

＿＿＿＿＿＿＿＿＿＿＿＿＿＿＿＿＿＿＿＿＿＿＿＿

圖書館。請當地公共圖書館館員給予協助，館員可彙集適合各種閱讀程度的資源，並讓你延長借閱的時間。考慮邀請家長來幫助孩子蒐尋資料。

5. 提供一個地方給學生儲存他們所蒐集的資料。例如：書架、置物櫃；一張個人閱讀桌（或另一張桌子）。
6. 教導學生一次查看一份資料，並在紙上（或便條紙）記下重要事實、片語和句子。堅持他們不可同時查詢多種資料。對學生示範如何使用後設認知策略（第 121 頁），把資料中的段落和長句轉化為較短片段，以協助學生記憶。鼓勵視覺學習者利用圖表、地圖和其他視覺輔助來記錄資料。
7. 幫助學生準備計畫進度的時間表，標示計畫不同部分的完成日期（包括截止期限）。提示：綜合型思考者總覺得從截止日倒回去準備比較容易，他們偏好從最後到最初去規劃每個實施步驟。
8. 讓學生選擇一個最能表現他學會內容的方法。請查看第 135 頁所列與其學習風格優勢相容的作品。不要期待正式書面報告，因為大多數學習困難孩子對寫作反感。如果學生想要準備書面報告，鼓勵他們使用文字處理器（如果你找得到）。調查哪些軟體程式能協助作品的潤飾（例如：HyperStudio）（查看本章的參考文獻及資源）。

   其他建議：讓學生藉由畫圖或將圖片（或照片）影印至空白投影片的方式製作投影片。先為投影片上色，當對全班報告在備忘卡記載的內容時，他們能同時展示投影片。這使得他們不但能與同儕分享熱愛的興趣，並因能和其他學生一樣地交報告而增加其地位。
9. 要學生為成果發表預作準備。對於需要長時間完成的計畫案，可每隔兩、三週就該階段所學，要求學生提出簡短的進度報告。提示：對學生規定發表的期限，因此他們不會永無止境地進行下去。如果有些學生期待分享的訊息多於全班所需了解。建議私下與你會面，請學生告訴你他們參與計畫案的心得。

為了幫助學生在計畫案的執行上軌道，要求他們每天寫計畫案日誌（Log of Project Work）（第 133 頁）。每天開始專案工作時，記下當天日期及預定工作內容。每天工作結束前的 5 分鐘，記錄實際完成的部分。

計畫案日誌

姓名：______________________________

計畫案主題：______________________________

日期	預定的工作內容	今日實際完成的工作

未做完部分則記在下一行，作為隔天預定做的事。每當學生完成一件事，則同時安排及記錄一件新工作。

活動變化：八分之一的報告[9]

此活動為簡化版的「以計畫案為本位的學習」，推薦給參加研究的新手們，或是那些容易受挫及氣餒的學生使用。

1. 要學生確認一個他們想深入了解的研究主題。
2. 發給每人一張報紙一般大小的紙張，將其摺成八等分。
3. 要學生分別畫出（或找出）八張自己所選主題的圖片，並將八張圖片在紙上依邏輯排列，再把每張圖黏在對應的位置。
4. 要學生寫出兩個句子描述他的每張圖。接著再寫一句前言及一句結語。

學生交報告時可呈現手寫初稿，也可用一般紙張影印。如果段落順序不正確，可在開始寫作前把段落剪開重新編排。將所有作品編入目錄，並保存在學校圖書館。

與學習風格優勢相容的作品[10]

每當學生參與計畫案或其他延伸活動時，要求他們使用與腦相容的方式來證明所學會的。請參考下表所列，以了解不同學習型態者可能產生哪些作品。此外，聯絡你學校的資訊專家，檢視哪些軟體程式適合孩子發揮創意。可洽詢 HyperStudio 工作室（查看參考文獻及資源）。

更多可嘗試的教學技巧

背景音樂

在過去二十年間，很多研究者致力於研究背景音樂能否有效促進學習效果。當然，背景音樂對學習的成效迄今難有定論，我們也無從得

---

9 Barb Luring，為一位小學教師，來自愛荷華州 Cedar Falls。

10 修正自：*Writing Units That Challenge*, edited by James Curry and John Samara © 1990 Moine Educators for the Giffed and Talented, Portland, Maine. 經授權使用。

聽覺型學習者	視覺型學習者	觸動覺型學習者
發表演講（或談話）。	製作投影片，利用它展示自己的作品。	創作標本模型或活動裝置
創作歌曲、饒舌歌、詩、故事、廣告或押韻詩；在全班面前演出。	畫出歌曲、饒舌歌或詩詞內容。	設計、製作滑稽短劇（或戲劇）。
舉行公開討論、循環討論賽或辯論會。	利用 HyperStudio 工作室產品的進行創作，見參考文獻及資源。	舉辦展示說明會。
進行訪談。	拍攝錄影帶。	進行實驗。
以訪談或描述方式設計實境模仿秀──「你在那裡？」	編寫、繪圖及設計旅遊指南。	設計遊戲給別人玩，來學習同樣的知識。
為當地報紙撰寫文章或社論。	用圖表（或海報）綜合所學知識。	製作立體地圖。
創辦一份班級報紙。	創作標本模型或活動裝置。	製作、展示模型。

知，播放安定學生情緒的音樂是否對綜合型學習者的專注力有更多幫助。

你可用下列方法進行測試：當你沒有教學，而教室裡的學生正做著不同作業時，在這段時間放些讓人心情放鬆的音樂，可選擇的古典音樂如 Bach、Vivaldi、Mozart、Corelli、Haydn 及其他作曲家的作品。將音樂播放的速度調慢，最理想為每分鐘轉速 60 轉，也不妨嘗試新世紀音樂。詢問學生是否察覺音樂會影響他們學習的專注力及記憶力。

如果大部分學生認為聆聽音樂對學習確有幫助，但有些人不這麼想的話，提供那些被音樂干擾的學生可用來隔音的耳機。如果你只有幾位學生喜歡音樂，你可安排一個傾聽角落來播放音樂。

集體回應法

當我們和某位學生一問一答，這足以證明他知道答案。請你回想上一次你為學生考前複習的情景。如果你討論過所有問題，你可能對每位學生能否通過考試深具信心 —— 但考試成績出來，比起上回考試結果沒有太大改變，有的學生還是不及格。為什麼呢？因為只有一個人真正回答全部問題 —— 那個人就是你！

當你問「還有問題嗎？」而沒有一個人舉手時，並不代表每位學生都懂得你剛才教的。集體回應法（group response methods）是一種比較可靠的方法，它可用來決定有多少學生真正清楚你在教什麼。

- 名片法（請見第 15-22 頁）可明顯增加學生的參與度、責任感及理解力。
- 教導學生以非語言的方式回答問題。例如：比出手勢暗號（大拇指豎起為「同意」，大拇指朝下為「不同意」，大拇指指向旁邊為「不確定」）；手指比出特定數目，表示從幾個選擇中決定一個。告訴學生先保留他們的答案，直到你對學生發出「給我看」的暗號（舉起你的右手、捻手指作劈啪聲、拍手等）。在你打出暗號的那一剎那，所有學生要同時回答問題。
- 要學生把答案寫在小白板上，並在你打出暗號時同時將小白板舉起。你可從學校供應商採購小白板和粉筆，也可使用塑膠亮面方形板，或相同材質來製作你自己的小白板（在建材行找得到），並提供學生可擦拭的簽字筆。
- 給每位學生兩張 3×5 英寸的卡片 —— 一張為綠色，一張為紅色。舉起紅色卡片表示「我同意」或是「對」；舉起綠色卡片表示「我不同意」或是「錯」。

同儕教學

不管正式或非正式的形式，同儕教學（peer teaching）都能讓已經懂得概念的學生有機會解釋給尚未理解的學生聽。配對練習（pair practice）是一種容易實施的同儕教學技巧（見第 22-24 頁）。當然，同儕教學的實施應限定自願參加者，能力高的學生不應覺得有義務要指導其他學生。

有些學校設計同儕協助方案（peer assistance programs），由學生協助學習困難學生。協助教學的小老師接受同儕教學技巧的訓練，小老師和接受協助的同學都能從此經驗中同時受惠。

將科技帶入教室

對於那些自命為電視迷、酷愛電腦及電玩遊戲的孩子來說，他們總希望在學習時能盡情玩樂。他們偏好藉由觀看來學習；喜歡顏色、聲音和視覺效果；期待能快速解決複雜的問題，因為他們看到電視裡的很多危機都是不到一小時就解決了。我們應該為孩子選擇傳統學習，靜心等待他們重新啟發對學習的興趣？或是協助他們為未來職場預作準備，善用任何可利用的最新科技。

現代科技在教學現場的有效運用，縮短了學生潛能與表現的落差，特別是針對那群長期掙扎於學習的學生。有些教育工作者對科技融入教學產生抗拒，憂心學生會因此依賴輔具而無法獨立學習。他們看待科技的態度，就好似要求有視力問題者在學校摘下眼鏡。學習困難孩子無法單憑加倍的努力就獲致成功。我們應該為這些學生感到興奮，有這麼多可利用的科技，我們應善用任何身邊可取得的科技協助！

如果長久以來學校電腦教育的推動，只為了支援傳統技能的習得，這無疑是時間與現代科技的浪費。就當前實際應用的層面來看，強調電腦是孩子學習歷程中不可或缺的一部分，是學生向電腦學習，而非用電腦來學習。有些學校已不再考慮知識性電腦課程，全面支持學生使用電腦創造生動有趣的學習成品，我們常在學生作品中看見令人驚喜的創意。例如：利用電腦繪圖功能為報告繪製插圖；以多媒體製作及呈現電腦簡報檔；孩子也能成為電影製作人；甚至能協助學校修復硬、軟體問題。很多教師高興地觀察到，以前那些搗蛋鬼和學習困難學生能藉由電腦展現出色的學習成果，還足以和那些被視為能力高的學生相匹敵呢！

從 1985 年至 1998 年間，一項名為「明日的蘋果教室」（Apple Classroom of Tomorrow, ACOT）的系列研究及發展合作計畫，在公立學校、大學、研究機構及蘋果電腦（Apple Computer）等單位全面展開。此研究目的在於探究師生在日常使用科技輔助教學時，如何有效地改善教與學的品質。該研究的重要發現如下：

- 當科技融入教學，學生對學習的熱情及動機明顯地增加。
- 由於學生能快速精熟基本能力，每個學習領域的成果因此增加，使得教師們忙於補充該年度教材的不足。
- 藉由科技輔助教學（technology-assisted instruction），出現更多自發性的同儕學習及合作學習。
- 大多數寫作有困難的學生，甚至年幼孩子，對電腦鍵盤的操作技巧變得更熟練。
- 經由科技輔助教學，平日受限於標準化測驗的學習困難學生，他們的施測結果明顯優於控制組學生的表現。
- 平日習慣使用資訊科技的高中生，他們的畢業率及大學升學率明顯高於較少使用科技者，能展現更好的資訊能力，也因此獲得更多榮譽。

總而言之，不要擔心學生變得依賴科技。應為學生高興，科技的加入讓學生與學習更親近。

你在教學現場能否成功地使用科技，取決於你能將學生的需求與你手邊可利用的軟、硬體做最好的結合。向你學校（或學區）的資訊專家請求建議和協助。假使沒有這樣的人選，聯絡州政府教育部門，要求與他們的資訊顧問談一談。

訂購教學軟體時，試著取得試用版，如果教學軟體不適合你教室的電腦或無法看出有改善學習成果時可退還它。如果你不知如何操作，可向那些自命為電腦高手的高年級學生求救。不要感到意外，這其中可能包括幾位學業表現不佳的學生，他們儘管可能仍掙扎於學校課業，但當他們操作電腦時，天空才是他們的極限。在此希望你能或多少擷取此課題對你的意義。

記住，孩子學習科技的方式必須和學習其他事物一樣，藉由包括練習放聲思考的直接教學。在初期階段，提供適合的訓練是重要的，因此學生不會變得像對傳統學習方法那樣，很快就對科技感到挫折。

簡單的科技

文字處理機

把鍵盤操作的技巧教給有寫字困擾的學生，特別是那些寫得慢又冗長的孩子。找出適合每個年齡層孩子使用的文字處理軟體，在他們手寫能力改善到可辨讀和流暢的程度前，絕對沒有理由剝奪他們認識科技的機會。有些教師發現，那些孩子用文字處理機（word processors）完成的寫作作業比紙筆創作有更好的品質。當寫作態度消極的孩子有機會接觸電腦時，他們開始熱情地面對寫作；許多孩子都這麼說：電腦寫作讓他們感覺像是真正的作家。除了寫作之外，學生最後也學會在其他課程使用文字處理機。

計算機

計算機對數學的重要性，就如同文字處理機在語言及寫作所扮演的角色。對計算能力拙劣者而言，計算機的使用將增加數學學習的真實性及趣味化。假使讓學生免於解決真正問題，反而期待他們在數學事實（math facts）追趕上熟練度，這無疑持續擴大與該年級課程間的差距。

目前，許多標準化測驗（包括 SAT）都允許學生在考試時使用計算機。以下所述可能與我們所預期的相反：如果將經常使用計算機的學生與那些受困於計算補救教學的學生相較，使用計算機的學生在標準化測驗會有相同或更好的表現。

學習障礙和（或）聽力損傷的學生應使用附帶錄音（或列印）功能的計算機，當他們算錯答案時可用計算機回頭檢查。視覺損傷者則需附有大鍵盤及語音讀出裝置的計算機。

小型電子設備

準備好攜帶式拼字檢查機或字典。有些產品具備合成語音特性；學生可鍵入不熟悉的字彙，他們會聽到正確語音的讀出，並獲取正確的單字定義。

許多製造商已生產種類多樣、價位低廉的電子記事本及（或）日誌，能幫助學生安排混亂的生活。查看當地專門販售辦公室用品的大賣場所提供的商品及價格。Franklin Electronic Publishers 製造各種電子拼字檢查機、字典或記事本。見參考文獻及資源。

卡式錄放音機

卡式錄放音機（cassette players/recorders）使學習過程更為愉快及順利，它的使用幾乎無限制（例如：協助做筆記；為上課內容錄音以便事後重聽和複習；錄下發表報告的內容；聆聽有聲書；寫作業時播放使人心情放鬆的音樂）。尤其附有變速控制的機型，能讓孩子將速度調到自己覺得舒服的程度。目前卡式錄放音機已被雷射唱片（compact discs）、光碟（CD-ROMs）、數位視訊影碟（Digital Video Discs, DVD）及電腦下載功能所取代，但是錄放音機的教學功能還會持續一段時期。

電腦輔助教學

運用電腦輔助教學（computer-assisted instruction; CAI）幫助學生學習基礎技能 —— 如閱讀、拼字、數學事實等。有些學校已證實，使用電腦學習者在標準化測驗的成績有明顯進步。舉例來說，Broderbund and Sunburst Technology 公司提供許多這方面用途的教學軟體。請見參考文獻及資源。聯繫你所使用學校課程、教材的出版商，查看它們是否搭配相關軟體。學習障礙學生受惠於附有聽覺和視覺提示的教學軟體（例如：警告指令；閃動的游標；嗶嗶、嘟嘟、哨音、嘎嘎的信號聲），它們能引起學生對錯誤的注意，並強化正確的答案。

高科技的選擇

以下是關於目前學校可利用科技的基本描述。許多具體、詳細的建議，在作者撰寫此書之際可能已過時，請繼續與學校（或學區）的資訊專家保持聯繫，針對如何改善學習困難、提升孩子成就，經常蒐尋最新的資訊。可進入相關機構的官方網站，拜訪教育科技領域專家們，國際科技協會（International Society of Technology ）的網址為 www.iste.org，這裡提供教育工作者最佳教育資源、支持知識及更多資訊。使你能接觸更多機構及資源，包括推動教育科技的公司。請見參考文獻及資源。

如果你有機會建議熱門的在職進修主題，你可要求學校提供訓練，有關如何協助你使用科技資源，以便輕鬆進入未來的教室。

文字變說話的電腦程式

這些電腦程式能將文字資料檔轉成口語。要等到非常久之後才會發展出能將口語轉譯成文字的電腦程式（到那時鍵盤可能已被淘汰不用）。

光碟

CD-ROM 和 DVD 正快速取代卡式錄音機或錄影機，每片光碟可儲存大約等於 55 萬頁的印刷文字！光碟取得的資料容量和類型，正以指數方式增加，目前出版物包括百科全書（含文字、插圖、影像夾、聲音播放夾）、有聲字典、地圖、文學作品，還有更多例證。有些 CD-ROM 讓學生在藉由影像看書的同時，又能聽到故事內容 —— 這種預先閱讀的體驗真是令人興奮。

網際網路及全球資訊網

在 1996 年，當本書初版付印之際，網際網路在校園、家庭及圖書館才開始普及。現在整個校園，甚至整個城市都已架設無線網路。可能在你的學校的每間教室都已使用網際網路。

網際網路容易操作，電子郵件（electronic mail）為其特色之一，學生藉電子郵件與任何人在網際網路交流，包括與他想要探索主題有關的任何專家。如需進一步資訊，與你的媒體或科技專家聯繫，或撥打電話給州政府教育部門和他們的科技專家談一談。

輔助性科技[11]

在過去十年，教育界最戲劇化的改變莫過於輔助性科技（assistive technology）的普及化。任何能協助學習困難孩子改善學習的軟、硬體都屬輔助性科技的範疇。Keran Hoover 是一位自足式特教班教師，她教導嚴重學習困難的學生。Keran 認為，完全融合至普通班對她的學生根本行不通，她在每天教學活動中都使用輔助性科技。

我問 Keran 這樣的協助會不會對孩子成為一種阻礙，尤其學習的最終目標是幫助孩子變得更獨立。她的回答是，對某些學生來說，輔助性科技是他們能展現學習的唯一方式。當事實如此時，她堅信學些東西總比什麼都沒學到來得更好。當然，我也同意她的說法。在美國，數以千計的大學協助學習困難學生不斷地接觸輔助性科技，使他們得以順利通過大學教育的考驗。

我也詢問 Keran，學生在考試時該如何使用輔助性科技。我們都相信，孩子如果能在正常學年獲得成功的經驗，比起那些在教室只經歷挫敗的孩子，他們將會是較好的考試者。

以下所列為 Keran 所推薦，你可作為本書註解用的硬、軟體清單。有些產品享有免費下載試用三十天的優惠。當你接洽這些公司時，記得詢問是否提供這些選擇。至於哪些方案較適合你的需求，可查閱教學指引，詳細閱讀相關敘述。

Co: Writer（www.donjohnston.com）。當學生鍵入一份文件資料，能猜測他們想要使用的文字，1-800-999-4660。

Clicker（www.cricksoft.com/us）。是具備說話功能的文字處理機，一開始看到一張圖片，再由文字處理機協助將圖轉變為文字，1-866-33-CRICK（1-866-332-7425）。

Draft: Builder（www.donjohnston.com）。協助學生從大綱建立文件完成版，能同時看到大綱及草稿，1-800-999-4660。

---

11 Keran Hoover，為特教班教師及特教教師科技專家教師協會（Special Education Teacher Technology Specialists, SETTS）會員，來自加洲 Rancho Cucamonga。

Inspiration Software（www.inspiration.com）。Inspiration（適用於年紀較大的孩子）和 Kidspiration（適用於年幼孩子）從孩子輸入的文字，協助設計圖表組體（graphic organizers），學生能看到所思考的內容。協助學生將圖表組體獲得的知識類化至書面報告，1-800-877-4292。

Math Companion（www.toolsforteachers.com）。當你的數學課本並未提供足夠的練習時，它能協助你設計學習單，1-800-877-0858。

Reading Plus（www.readingplus.com）。協助各年齡層學生改善其閱讀歷程，藉由改變閱讀背景的顏色，讓更清楚的文字影像浮現。Keran Hoover 讓學生就此特色進行相關實驗，一開始以黃色印刷文字出現在黑色背景之中。此教學法目標是採用背景及文字的結合，呈現出讓個別讀者看來最清晰的影像，不使文字在螢幕轉動。1-800-READ-PLUS（1-800-732-3758）。針對如何使用顏色增進孩子的閱讀能力，如需更多訊息，可聯絡 Irlen Institute（www.irlen.com），1-800-55-IRLEN（1-800-554-7536）。

Simon S.I.O.（Sounds It Out）（www.donjohnston.com）。對於教導音素覺識及自然發音非常有幫助。使用者在參與學習時，此方案能提供虛擬的個人家教，1-800-999-4660。

TestTalker（www.freedomscientific.com）。能將紙本形式的測驗、學習單或其他形式的教材轉變成 e 化、可說話的形式，1-800-444-4443。

WordMaker（www.donjohnston.com）。此方案適用於自然發音、音素覺識及拼字教學，是由 Patricia Cunningham 博士發展的教材（請見本書第六、七及八章）。它能幫助孩子記憶學過的字彙，並使用於寫作活動，1-800-999-4660。

Write: OutLoud（www.donjohnston.com）。不管學生的年齡大小，可協助他們在電腦鍵入字彙時，同時輸出語音，學生能同時讀、聽所寫的內容，1-800-999-4660。

The Writer（www.keyboardinstructor.com）。電腦鍵盤的設計能提供拼字協助、寫作提示、設定文章標題等，1-800-797-7121。

Writer's Companion（www.writerscomp.com）。藉由整個寫作過程的引導，給予學生個別指導，1-866-215-8155。

教學策略概述：針對學習困難學生及英語熟練困難者

本書的其他章節將針對特定學習領域（閱讀、寫作、數學）、評量、行為及家長參與而撰寫。在我們繼續討論之前，此處將摘述你可應用到的重要策略，它將協助你教導學習困難兒童達成必要的精熟水準。請記住，不管是來自貧困環境、初學英語者或學習障礙學生，這些策略都同樣有效。這些策略為：

1. 強調學習風格的優勢，及目標設定的教學模式，兩者皆能主動減少孩子在學習的焦慮感。
2. 先從整體開始教學，再倒退至部分學習。
3. 透過學生個別的興趣，設定你希望達到的學習標準，將創意思考的元素融入你的教學。
4. 當學生參與活動時，允許他們聆聽令人心情放鬆的音樂。
5. 在你教學時，從頭至尾地使用視覺性策略（包括前導組體）。
6. 在任何地方、學習領域，甚至組織策略的學習，都使用顏色的線索來進行教學。
7. 允許孩子以配對或小組的方式學習，在教學中使用遊戲、遊戲，或更多遊戲。
8. 在充滿意義的情境中教導孩子新技能。
9. 結合口語教學及視覺、觸動覺線索，永遠將活動成果的範例先展示給學生看。
10. 記得，主動參與永遠比紙筆活動有更好的效果。

本書所描述的方法能適用於任何教學活動，你會有一種感覺，好像沒有時間嘗試新方法。但事實上，你無法承擔不嘗試的後果。有件事是你我確知的：當你持續進行目前所做的事情，你和你的學生也將持續獲得相同的結果。如果你想改變結果，就必須改變你的方法。不是為了全班，也不是為了一些經常獲得成就感的學生，而是為了那群遠遠落後於期待標準的學生。你真的別無選擇了！

問答集

「我如何每天找出時間和學習困難孩子一對一地討論，並協助他們設定學習目標？」

當大家在寫作業時，永遠給這些學生比其他人少 5 分鐘的作業時間，因此，你有最後 5 分鐘來傾聽他們的成果報告。換句話說，如果其他人寫作業的時間是 30 分鐘，學習困難孩子就用 25 分鐘。讓他們在目標計畫表（見第 117 頁）寫下這個數字。

「如果學生對我教的科目不感興趣，我該怎麼辦呢？」

要有創造力！從教學指引中發現，什麼樣的技巧和能力是你的學生被期待及證明學會的？然後，想想你如何計畫教學，使學生感到振奮並感覺有意義。舉例來說，假使學生覺得地理枯燥無味，試著透過時事報導來教導。要學生觀看一個每日新聞節目；利用每日新聞及新聞週刊作為你的課文，然後指出不同新聞的來源（或讓學生自己去發現）如何從差異極少的觀點去報導相同故事。查閱教學期刊及其他出版品以獲得更多教學靈感。聯繫你那州的協會辦公室；在網際網路上打聽詢問；帶盒巧克力來「賄賂」你的同事，與他們在教師休息室共進午餐，然後一起腦力激盪為創意教學尋找新點子。蒐尋並利用可取得的軟體程式。

「我們學區可利用的科技資源極少。我如何利用現有資源來幫助學生學習呢？」

把焦點放在第 139 頁所描述的簡易科技 —— 文字處理機、計算機、小型電子產品等。如果學校的家長團體有任何贊助經費，建議他們協助擴充學校的科技資源。找你的媒體專家、公立圖書館員，以及你這一州教育部門的科技主管，與他們談一談以尋求不一樣的想法。

「我如何能確定。我教給學生他們真正需要及了解的東西呢？」

現在我們所了解的一切事物，到了 2025 年，將會有超過 75% 的現況會做大幅改變；那麼，這意味著將近有 75% 的未來工作至今尚未被創造出來！我們真的毫無所悉，什麼樣的特定知識（或技能）將會被未來世界所需要。我們確實知道的是，未來任何地方的人在他們退休之前，將必須改變其職業 3 到 7 次，而大多數職業的變更會需要人們再回到學校接受新的訓練。如果你能使你的學生感覺學習是令人振奮和有意義的，並且，你可以幫助他們成為更成功的學習者，你可能已教給他們真正需要知道的東西：如何學習。

參考文獻及資源

Accelerated Schools PLUS（AS PLUS）（www.accelerated schools.net）. 針對總出現令人沮喪的學習紀錄的學校所設計，目前已有多所都市學校採用此方案，此方案為 Stanford 大學的 Henry Levin 教授發展。它的假設是期待學習困難學生必須使用比一般學生更快的學習速率，課程特色在於提供全面性充實策略，以問題解決為根本，強調學習趣味及相關性，而非僅是補救學生缺陷。此方案著眼於建立所有學生的學習優勢。此方案目前設於 Connecticut 大學，而 PLUS 部分則以夥伴運作方式與下列機構合作：National Research Center for Gifted Education and Talent Development。可線上查詢與該地區的聯絡訊息

Allen, Dorothea. *Hands-On Science: 112 Easy-To-Use, High Interest Activities for Grades 4-8.* West Nyack, NY: Center for Applied Research in Education, 1991. 提供讓科學課程具體及實用的策略。

Apple Classrooms of Tomorrow（ACOT）（www.apple.com/education/k12/leadership/acot）. 是公立學校、大學、研究機構及蘋果電腦公司（Apple Computer, Inc）共同參與的研究及發展合作計畫。目標在於研究科技對於教師及學生在日常教學及學習的影響性。此計畫在 1985 年開始，並於 1998 年結束。可線上查閱 ACOT 研究案的大量研究報告，並可深入探究此研究案開發的相關教育產品。

Beecher, Margaret. *Developing the Gifts and Talents of All Students in the Regular Classroom.* Mansfield Center, CT: Creative Learning Press, 1996. 一

個極佳的教育資源，為所有學生創造優質的學習體驗。提供許多可複製的表格，能幫助你豐富每個孩子的學校經驗。

Broderbund（www.broderbund.com）. 是提供教育及軟體資源的出版商，其中包括：Reader Rabbit、Oregon Trail 和 Eyewitness Encyclopedias。1-800-395-0277。

Clark, Barbara. *Optimizing Learning: The Integrative Education Model in the Classroom.* Columbus, OH: Charles E. Merrill, 1986. 解釋大腦對學習的所有影響力。

Coil, Carolyn. *Becoming an Achiever: A Student Guide.* Beaver-creek, OH: Pieces of Learning, 1994.

—*Teaching Tools for the 21st Century.* 為修正版及最新版 CD。Beavercreek, OH: Pieces of Learning, 2005.

Compu-Teach（www.compu-teach.com）. 包含此學習領域的教育軟體。1-800-44-TEACH（1-800-448-3224）。

Core Knowledge Foundation（www.coreknowledge.org）. 為 E. D. Hirsch Jr. 所創辦，他也是 Cultural Literacy 系列的作者，此基金會服務內容包括針對課程進行研究、為家長及教師研發教科書及其他教材、為教師舉辦工作坊、成為核心知識學校（Core Knowledge schools）中心。核心知識課程（Core Knowledge curriculum）的前提在於若要成為全能的成人，必須在兒童階段學習一組共同知識，因核心知識內容具備高度複雜性，孩子必須能察覺被教導內容對其之重要性，個人內在對學習產生興趣並願意接受挑戰。1-800-238-3233。

Curry, James, and John Samara, editors. *Writing Units That Challenge.* Portland, ME: Maine Educators for the Gifted and Talented, 1990.

Delta Education（www.delta-education.com）. 強調以探索為根本、親自動手做的科學及數學課程。包括補充教材、教學附件及融合語文及科學內涵的閱讀教材。1-800-442-5444。

DeMarco, John. *Peer Helping Skills: A Handbook for Peer Helpers and Peer Tutors.* Edina, MN: Johnson Institute, 1992.

Fairfax Network（FNET）（www.fcps.edu/fairfaxnetwork/）. 針對幼稚園大班至十二年級學生所設計的遠距教教學充實方案。方案內容包括教師專業發展、教師訓練及親職教育。例如：*America on the Move, Giant Pandas, She's Got It!*（關於女性發明家）。過去出版的方案已製作成錄影帶，可直接洽購。1-800-233-3277。

Flaro, L. *Mending Broken Children: Cognitive Ability Patterning for Success.* Edmonton, Canada: MacNab, 1989.

Franklin Electronic Publishers（www.franklin.com/community/education）. 專門製造電子學習輔具。包括字典、雙語字典及萬用筆記本。1-800-BOOKMAN（1-800-266-5626）。

Freed, Jeffrey, and Laurie Parsons. *Right-Brained Children in a Left-Brained World: Unlocking the Potential of Your ADD Child.* New York: Simon and Schuster, 1998. 作者在此書中與讀者分享，如何將補償學習的策略應用於學習困難學生身上。不管孩子是否有 ADD，這些策略都能奏效。

Glasgow, Neal A., and Cathy D. Hicks. *What Successful Teachers Do: 91 Research-Based Classroom Strategies for New and Veteran Teachers.* Thousand Oaks, CA: Corwin Press, 2002.

Hart, Leslie. *Human Brain and Human Learning.* Kent, WA: Books for Educators, 1983.

Hirsch, E.D. Cultural Literacy series. Includes *The New First Dictionary of Cultural Literacy: What Your Child Needs to Know.* 3rd Revised & Updated Edition. Boston: Houghton Mifflin, 2004. Hirsch 也是核心知識基金會（Core Knowledge Foundation）的創辦人（如上所述）。

HOTS: Higher Order Thinking Skills（www.hots.org）. 一般性思考技能的教學方案。專為四至八年級的 Title I 及學障學生設計，可用來加速學生學習、提高測驗分數及增加對社會的自信。教學單元範例可自網站下載。1-800-999-0153。

HyperStudio（www.hyperstudio.com）. 針對計畫本位學習所設計，為多媒體思考工具，提供包括腦力激盪法、視覺組體、實施計畫、小規模出版業特色、多媒體的呈現能量、CD-ROM 及網頁設計的編寫工具。1-888-492-8817。

Integrated Thematic Instruction（ITI）（www.kovalik.com）. 如果能讓孩子沉浸於學習之中，他們將能學會任何東西。由 Susan Kovalik 設計，ITI 為與腦相容的教學模式，提供的課程涵蓋一年實施的固定教學主題及原理闡述，可進入官方網站，蒐尋此教學模式的背景資料及相關資源，包括書籍及錄影帶。（253）631-4400。

International Society for Technology in Education（www. iste.org）. 此組織的任務在於「推動有效的使用教育科技，提供領導及服務以促進教與學的品質」，可從官方網站中獲得豐富的資訊及資源。會員享有下列權益：使用出版物、參與活動及獲得專業成長的機會。1-800-336-5191。

Joyce, Bruce, and Marsha Weil. *Models of Teaching.* 7th edition. Old Tappan, NJ: Prentice-Hall, 1986.

Kovalik, Susan, and Karen Olsen. *Integrated Thematic Instruction.* 3rd edition. Kent, WA: Books for Educators, 1994. 如何使學生沉浸於將多種學科課業合而為一的徹底學習體驗，可參考上述 Integrated Thematic Instruction。

—*Teachers Make the Difference.* Kent, WA: Books for Educators, 1989.

Landfried, Steven E. "Educational Enabling: Is 'Helping' Hurting Our Students?" *Middle School Journal* (May 1990), pp. 12-15. 以教育增能為主題的專題討論會。可聯絡 Steven E. Landfried, Caring Accountability Workshops, 21 Albion Street, Edgerton, WI 53534;（608）531-1716.

LD Resources（www.ldresources.com）. 提供學習障礙者社群相關資源，包括文章、評論，並列出可接觸的方法、學校機構、專家，該網站可瀏覽的類別包括「科技議題及想法」及「工具及技術」。

Levine, Mel. *A Mind at a Time.* New York: Simon and Schuster, 2002. 對家長及教師解釋，他們如何鼓勵孩子發揮學習優勢，並繞過學習弱點。

Macrorie, Ken. *The I-Search Paper.* Portsmouth, NH: Heinemann, 1988.

Marzano, Robert J., Debra J. Pickering, and June E. Pollock. *Classroom Instruction That Works: Research-Based Strategies for Increasing Student Achievement.* Alexandria, VA: ASCD, 2001.

McGinley, William. "Meaningful Curriculum for All: Project-Based Learning." *Educational Leadership* 52:3 (1994).

Meichenbaum, D. *Cognitive-Behavior Modification: An Integrative Approach.* New York: Plenum Press, 1977.

News Currents（www.newscurrents.com）. 一個有關每週時事的討論方案。針對三至十二年級所設計，包括三種層次，以一年份訂閱為期。可得到線上版或 DVD。1-800-356-2303。

Pathways to School Improvement（www.ncrel.org/sdrs）. 為 North Central Regional Educational Laboratory 的計畫案，Pathways 提供教師取得教學資訊以改善教學成效。線上版多媒體文件名為 Critical Issues，為綜合相關主題研究而成，包括評量、危險群學生及教育科技。

Perkins, David. *Smart Schools: Prom Training Memories to Educating Minds.* New York: Free Press, 1992。一項用來改善校內思考和學習品質的計畫。

Perry, Collin. "Maverick Principal." *Reader's Digest* (October 1994), pp. 134-138.

Purkey, William, and Paula Stanley. *Invitational Teaching, Learning and Living.* Washington, D.C.: NEA, 1991.

Rose, Colin. *Accelerated Learning for the 21st Century: The Six-Step Plan to Unlock Your Master-Mind.* New York: Dell Publishers, 1998.

Saphier, John, and Robert Gowan. *The Skillful Teacher: Building Your Teaching Skills.* Carlisle, MA: Research for Better Teaching Inc., 1997. 建立一個策略寶庫，用來改善教學及教室管理。

Savoie, J., and A. Hughes. "Problem-Based Learning as Classroom Solution." *Educational Leadership* 52:4 (1994), pp. 54-57.

Science Sleuths（www.videodiscovery.com）. 此 CD-ROM 系列使用幽默、推理方式介紹科學，使學生能參與問題解決及批判思考。透過這些虛構的推理小說，介紹科學的概念及歷程。1-800-548-3472。

Shelton, T., A. Anastopoulous, and J. Linden. “An Attribution Training Program with Learning Disabled Children.” *Journal of Learning Disabilities* 18:5 (1985), pp. 261-265.

Silver, Harvey F., Richard W. Strong, and Matthew J. Perini. *So Each May Learn: Integrating Learning Styles and Multiple Intelligences*. Alexandria, VA: ASCD, 2000.

—*Tools for Promoting Active, In-Depth Learning.* Second Edition. Ho-Ho-Kus, NJ: Thoughtful Education Press, 2001.

Tom Snyder Productions（www.tomsnyder.com）. 為支援主動學習的多媒體資源，包括在科學、數學、社會、閱讀及語文的應用。A Scholastic company。1-800-342-0236。

Stepien, W., and S. Gallagher. “Problem-Based Learning: As Authentic As It Gets.” *Educational Leadership* 50:7 (1993), pp. 25-28.

SuccessMaker（www.pearsondigital.com/successmaker）. 適合學前大班至八年級使用。此數位教育軟體針對每位學生的特殊需求提供個別化教學，教學的自然呈現視學生的預備能力而定，以期創造成功的學習經驗。能與學區、地方及全國課程標準密切配合，提供一個綜合性支援管理系統。美國有超過 16,000 所學校、國外有 1,500 所學校使用。此教育軟體可依顧客的需要大量訂購。方案所需要的花費不一，視學校購買的軟體、年級層、要求的專業成長服務量而定。1-888-977-7900。

Sunburst Technology（www.sunburst.com）. 為教育軟體出版商，包括知名的 Teach to Learn 及 HyperStudio。1-888-492-8817。

Think-Pair-Share SmartCard（www.kaganonline.com）. 描述 Frank Lyman 博士的名片法（Name Card method）其中的思考—配對—分享（Think-Pair-Share）部分如何做變化。也提供很多教材，使用 Spencer Kagan 博士的方法來幫助孩子增進合作學習能力。1-800-WEE CO-OP（1-800-933-2667）。

Tomlinson, Carol Ann. *How to Differentiate in the Mixed-Ability Classroom.* Alexandria, VA: ASCD, 1995.

U.S. Department of Labor and the Secretary's Commission on Achieving Necessary Skills (SCANS). "What Work Requires of Schools: A SCANS Report for America 2000." Washington, DC: U.S. Government Printing Office, 1991. 可於 wdr.doleta.gov/SCANS/what-work/ 下載。1-866-4-USA-DOL（1-866-487-2365）.

Wolk, Steve. "Project-Based Learning: Pursuits with a Purpose." *Educational Leadership* 52:4 (1994), pp. 42-45.

CHAPTER 6

閱讀教學：故事

閱讀（reading）是指從印刷文字獲得意義的能力。讀者如何自閱讀材料擷取意義？對閱讀能力佳者而言，他們會不自覺地使用策略來調整閱讀速度，並查看閱讀是否對自己產生意義。然而，閱讀能力不佳者甚至不知如何使用策略，他們常認為閱讀能力是與生俱來的。

從文字衍生意義的能力，關係著讀者能否活化與主題相關的先備知識（prior knowledge）。假使給孩子一段能輕鬆解碼的胡謅文章，這不代表任何意義。假使給孩子一段文章，他們能認得所有的字彙，卻對主題一無所悉，這樣的閱讀也沒有意義。上述情況使教師倍感挫折：孩子看似有認字能力，卻無法理解主旨。

學校成就視閱讀能力而定，閱讀障礙（dyslexia）的定義現已擴展至當個體出現任何顯著困難，足以影響其閱讀流暢性及（或）理解能力。所有學習領域（舉凡故事、數學文字題、數學概念解釋及其他學習領域的閱讀）都要求學生能具備流利閱讀及完整理解的能力。如果孩子在小學三年級之前無法流暢地閱讀，就有可能在青少年階段成為中輟生的危險群。學業中輟經常會導致一個人終生受挫，在職場中難以找到滿意工作及擁有穩定收入。兒童在小學階段中能否擁有良好的閱讀能力，對自我概念的發展也相當重要。

孩子從閱讀中學會閱讀，當我們致力於增進學生的學業表現，首先要做的是提升其閱讀能力。很多閱讀課程、方案的規劃周全，期待孩子能參與不同層次的閱讀活動。你學校所採用的方案可能對大多數的學生合適，但還是無法神奇地改善少數閱讀落後者的能力。因此，找出正確的方法縮短在閱讀流暢性（fluency）及理解（comprehension）所出現的差距，就變得更重要了。並非所有孩子都能對相同的策略出現正向反應，教師必須不斷地嘗試。當學生發現自己的閱讀問題不是因為缺乏天賦，而是沒有找到及用對適合的閱讀策略時，他們就能找回長久以來失去的自信，開始感覺學校是個學習的好地方。

有效的閱讀方案強調讀寫（literacy）能力的均衡發展，並結合不同教學方法。沒有一種閱讀方法能對所有孩子奏效，這主要是因為教室所反映出來的多元學習風格所導致。

本章及接下來兩章將分別建議各種教學方法，希望能藉此增進學習困難孩子的閱讀及寫作成就。你可應用於教科書、詩集或文學讀物等閱讀活動中。首先，找出你目前正教導的主題（或技能），再嘗試此書所描述的策略。舉例來說，你在教導字彙時可嘗試字彙屬性圖（Vocabulary Attributes Chart）（見第 210-212 頁）。當你準備好了，再適時加入其他方法。

請你確定，讓學生每天花些時間參與以下活動：閱讀一些文學作品；複習課本內容；認識發音、字母和字彙的關係；以及為學生安排寫作活動。如果你忽略其中任何要素，它就不是一個完整的閱讀方案了。

教師導向的閱讀教學

1. 選擇的閱讀內容要能吸引沒意願閱讀的學生。他們喜愛充滿神祕感、為生存挑戰、幻想、真實生活大冒險及幽默的讀物。至於其他類型故事就暫時先略過，或把它們安排在該學年後期的教學計畫。
2. 在你的教室裡，對著閱讀困難學生大聲地朗讀故事。綜合型思考者（global thinkers）必須先看到整體圖像，如果他們在閱讀前有機會聽到整篇故事，將會增進對故事的理解。有些聽覺型學習者（auditory learners）在閱讀時喜歡分析和推測，他們也許會反對先聽到故事。在朗讀故事時，允許那些學生去聆聽音樂或是戴上耳機。
3. 讓學生先聽故事錄音帶中的某一節（查看第 163-167 頁的卡寶有聲書），或讓他們把某一節故事朗讀給一位好朋友聽。

4. 把全班學生集合起來，討論剛才所讀內容的涵義。
5. 教導一個特定的閱讀技巧。讓學生與其夥伴一起做，並運用後設認知概念（請見第 121-122 頁）互相訓練如何使用放聲思考策略。
6. 利用字彙屬性圖的視覺輔助（查看第 210-212 頁），教導學生認識已讀過故事中的某些字彙。綜合型思考者不適合在他們閱讀故事之前先教其識字，因為缺少文章脈絡。
7. 創造一個故事圖（story map）（請見第 179-182 頁），以幫助學生了解故事各要素（例如：情節、背景、人物等）之間的關係，並預測故事最後發展的結局為何。在讀過故事之後填寫故事圖。
8. 使用其他類型讀物時重複步驟 1-7。

大字書[1]

很多出版商為年幼讀者製作大字書，這些大字書使孩子在你為他們朗讀故事時可同時看到文字與插圖。之候，孩子們可與你一起閱讀。初學閱讀者特別喜愛在聆聽故事過程中，去預測書中可能重複出現的字彙（或片語）。

1. 在開始為孩子讀故事之前，對他們展示書的封面，清楚地讀出書名，然後和他們討論插圖。
2. 讓孩子以封面插圖為基礎，去預測故事中可能發生的事情。稍後，他們可在你（或他們）讀完文本之前，瀏覽所有插圖，並預測這是什麼樣的故事。
3. 你直接將完整的故事讀完，當為孩子讀故事時，用一根指示棒指出每一個字。逐段地朗讀，以增加孩子對故事的理解。你在讀故事及指出字彙時要非常的熱情。
4. 在你讀完故事後，立刻重讀一遍，要孩子在任何時候加入你。
5. 在幾天之內重讀幾遍故事，直到大多數學生對故事熟悉到能自己閱讀為止。

1 此教學活動及隨後的變化活動係修正自 Theresa Catalina 使用的教學法，她來自密西根州的 Port Huron，是一位閱讀專家，經授權使用。

6. 如果你有相同的一本書（即大字書的正常尺寸版），讓孩子以小組方式讀給彼此聽。鼓勵學生把書借回家讀給家人聽。向學生示範，讀故事時應如何指出每個字。

變化

- 藉由讓學生指出，同一頁中所有用某個字母開頭的字，以提升他們對字母與語音關係的理解能力。
- 藉由在空白透明片上繪製故事中主要事件的插畫，讓學生製作該故事的投影片。
- 讓孩子製作故事的連環圖畫，以小組合作方式畫下故事內容，每組學生負責畫畫一頁插圖。
- 讓孩子製作屬於個人的故事書，為他們正閱讀的書重畫新的插圖。
- 為了發掘觸動覺學習者（tactile-kinesthetic learners）的學習優勢，把戲劇的元素融入學生的閱讀經驗中。讓孩子設計面具並進行角色扮演，或製作演員的名牌將其掛在學生的脖子上。當某位學生在朗讀故事時，則由演員負責故事的表演。

預測書

預測書（predictable books）最初是專門為就讀托兒所及幼稚園的孩子所設計，現在也提供給年齡較大的學生使用。它教導讀者如何從印刷文字中，藉由重複出現的單字（或片語）去猜測及建構故事的意義。通常此類型故事書會以一種固定型態呈現在讀者面前。利用連續猜測的過程，讀者能快速理解故事內容。這類故事書能建立閱讀的流暢性、教導孩子押韻及字族（word families）能力，以及製造閱讀樂趣。

你可使用任何類型的故事書，找出書中重複出現的字彙（或片語）。例如：《傑克蓋房子》（*The House that Jack Built*）、《三隻聲音沙啞的公羊》（*The Three Billy Goats Gruff*）以及類似故事，都能完美呈現預測書的特色（詢問圖書館員或閱讀專家來推薦其他書單）。當你朗讀故事時，記得臉上帶著豐富的表情；每次在可預測字（或片語）即將出現前就先停下來，然後讓學生一起有節奏地說出接下來會出現的字（或片語）。稍後再針對這些反覆出現的字（或片語），教導學生去辨識，並指出它們在書中出現的位置。

語言經驗法[2]

Jonathan 的案例

Jonathan 目前就讀小學三年級，他只能勉強閱讀初級程度以下的故事。他的老師 Taylor 女士對此情況極度地挫折，因為其他學生都在閱讀三年級或三年級以上程度的故事了。她每天都必須用一年級教材來為 Jonathan 準備個別化課程。

Jonathan 快滿十歲了。他曾經重讀過幼稚園，因為他的老師認為他無法跟上一年級；他也曾重讀一年級，但顯然地學不會閱讀。升上了二年級，他還是無法閱讀，於是，二年級老師把他交給 Taylor 老師，而 Taylor 老師再把他轉介給學校的特殊教育小組。

特教小組的召集人建議 Taylor 老師放棄基礎讀本（basal reader）。原先 Jonathan 花費大部分時間在學習自然發音法（phonics），特教小組希望能縮減這部分時間。Jonathan 是一位綜合型學習者，而自然發音法的成功需要具備分析思考技巧，他也學不會這個策略。Jonathan 偶爾才來學校上課，多數時候他看起來頭髮凌亂、情緒低落。

在我們會談期間，我教了 Jonathan 的老師如何使用語言經驗法（language-experience approach）。她同意一個為期兩週的試驗期，願意使用 Jonathan 在生活中實際體驗的故事來取代所有她目前的教學方法。

幾週之後我又回到了學校，我在 Taylor 老師的教室門口探望著，想引起她的注意。我輕聲地說道：「進行得如何呢？」她的反應卻是大聲地嚷著：「Jonathan ！她在這裡！趕快把信封拿過來！」

Jonathan 朝這兒看了一眼，他認出我來了，他帶著滑稽的笑臉離開位子，走到書架前，取下一個大型牛皮紙袋。自從他開始學習語言經驗

---

2 修正自：Russell G. Stauffer, *The Language Experience Approach to the Teaching of Reading*. New York: HarperCollins, 1980.

法，他已在兩週內口述並學會讀出三篇故事，都是有關他心愛寵物的故事。牛皮紙袋內裝著這三篇故事的句子卡，大約有二十句，它們都被割成一張張單字，並以迴紋針夾在一起。

Jonathan 拿著牛皮紙袋朝我走來，此刻他笑開了。Taylor 老師說：「Jonathan，你就隨便挑其中一句。讓 Winebrenner 女士看看你怎麼辦到的。」Jonathan 把手伸進紙袋，拿出了一個句子，並且得意地對我說：「就是這個了。」

「讓我們到桌子那邊，然後你可在那裡讀給我聽，」我建議。我拿了一個句子卡，取下迴紋針，接著把一張張單字面朝下放在桌上。再用誇張動作把單字的順序攪亂，Jonathan 選了一張單字，注視著它並正確地讀出 “was”。

「非常好，」我說：「再試一個！」他選了另一張單字，並正確讀出 “his”。

我難以掩藏好奇心，我說：「繼續往下做，直到你能說出這個句子是什麼。」第三個字是 “birthday”，他立刻回想起整個句子是描述他的寵物 —— 倉鼠過生日的情景。然後，他在其他句子也同樣有好表現。他不只是能清楚說出記得的單字，實際上他是在閱讀了。當活動結束時，Jonathan 笑得非常開心。

「下一步我們該做什麼呢？」Taylor 老師問我。

「為什麼要減少他的成就感呢？只要繼續你一直在做的，然後我會在兩、三週之後再回來。」

接下來的兩週，熱心的三年級學生快讓 Taylor 老師抓狂了，每個人都迫不及待地想當 Jonathan 的小幫手，以協助他順利閱讀。接下來的幾次拜訪中，Taylor 老師發現三年級讀本裡，即將教到一個小狗的故事，裡面包含很多 Jonathan 學會的字。「會發生什麼事呢？」Taylor 老師若有所思：「假使我們只是稍微把他帶進三年級團體，來讀這個故事呢？」我們決定放手一試。

Jonathan 在那個故事的表現相當好，他顯然樂於和同學一樣，使用相同的閱讀教材。他終於在對他曾是困難的事情中獲得成功，他的自信心如火箭一般衝上天。

有一天，當 Jonathan 正在朗讀他的故事給我聽時，他突然停下來，一臉不可置信地輕聲說道：「現在我懂了！」

「你懂什麼？」我對他暗示。

「你知道嗎？在所有這些故事裡的每張紙上的文字，它們只是人們寫下來的故事！」他帶著敬畏解釋著。

Jonathan 解開了閱讀的祕密。之前他總認為老師說的「閱讀」是指「做功課」。由於他能閱讀自己寫下的故事，他終於了解思考、說話、寫作和閱讀的關係，也為他那成功的閱讀經驗打下基礎。

大約在此同時，特教小組也針對 Jonathan 的長期觀察進行綜合研判。他們發現 Jonathan 有嚴重的學習障礙，並建議轉介至有特教專長教師的班級。Taylor 老師認為這個安置並不恰當。她與家長見面，並解釋 Jonathan 在普通班的進步情形，以及他的成就對班上其他人的意義。她要求家長向學校申請教師助理，以協助他在班上的學習。最後，學校同意了，Jonathan 大部分時間便留在普通班上課。這個對他如此關愛的班級，終於把他培育成為一位成功的讀者了。

Jonathan 能學會閱讀嗎？絕對可以！他的問題在於搭配了錯誤的方法，由於一、二年級時用在他身上的自然發音法強調基礎技巧的訓練，與他的偏好從整體學習語言的綜合型學習風格並不相合。一旦我們為他的學習風格提供更好的搭配，他就能在閱讀上達到成功 —— 即使他有學習障礙。

語言經驗法的原理

我們可以用以下三句話，簡單地概括語言經驗法的特色：

如果我能思考某件事，我就能談論它。
如果我能談論某件事，我就能寫下我的想法。
如果我能寫下我的想法，我就能讀出我所寫下的。

這個方法對閱讀能力不好的孩子特別有用，包括那些英語說得不流利的學生。雖然他們的故事有時會缺乏適當的語法和措詞，但這個方法的重點並非為了教會正確的故事結構，倒不如說它是要幫助學生了解構成閱讀行動的要素是如何相互關聯的。

語言經驗法在個別學生的應用

如果在你班上只有一、兩位學生有閱讀困難，讓他們個別創作自己的故事。

1. 要每位學生口述四至六句關於他個人生活的一個主題，例如：兄弟姊妹、寵物、最愛看的電視節目、得意的一刻、最難忘的經驗等。
2. 完全如他口述，用印刷體寫下這些句子（甚至包括錯誤）。語言經驗法使學生了解，閱讀只不過是寫下個人的想法，如果你不使用孩子的真實想法，就無從帶領他們對閱讀產生感覺。當寫下故事時，每個句子都以新的一行起頭，並且字與字的間隔固定（因為句子和單字在最後會被切割開來）。
3. 讓學生讀他的句子給你聽，在他大聲唸出時，要求他用手指出那些單字和片語。假使學生困在某個字，直接告訴他們那個字的意思。提示：如果學生沒有能力記住他所寫的，那麼就用較少的句子。當他們能不依順序讀出，甚至能向後（或往前）讀時，你就知道他們認得這些字了。
4. 把句子切割開來。不管學生讀句子的順序是否正確，給他們幾天時間來逐句的練習。
5. 當學生能輕易讀出句子時，把句子切割成一張張單字。用迴紋針把屬於同一句的單字別在一起。讓學生一次選一句讀，把該句中所有單字面朝下放在桌面上。一次翻一張並大聲唸出，直到能猜出句子剩餘部分。接著用正確順序排列單字並再讀一遍。當所有句子已照此方式組合完成，要求學生讀出整個故事。提示：當學生能自己翻動字卡，在閱讀經驗中會有較多的動態參與。
6. 當學生能輕易從上下文脈中辨認某個單字時，要他們利用小卡片及食譜盒來建立字彙檔案。要學生持續地把生字加入自己的生字檔案裡。你可利用這些單字來教字母—語音的關係，建立詞彙量或了解字彙涵義等。由於這些字是學生自己的單字，他們會從學習過程中

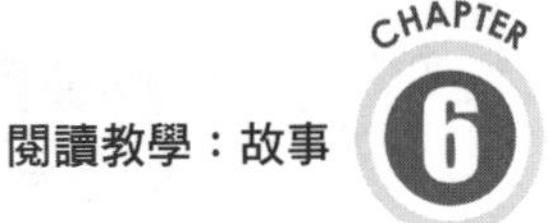

得到更多樂趣。製作閃示卡（flashcards）時，一面是單字，另一面是定義。對視覺型學習者（visual learners）來說，寫生字定義時可用畫圖取代文字。教學活動變化：如果學生創作的故事完整，要他們在讀對的每個字下方畫線。當一個單字下方畫了三條線時，就為那個單字製作一張閃示卡，並把它加入愈來愈多的生字檔案。

7. 當學生對語言經驗法更熟悉時，尋找一些真實故事讓他們閱讀。挑選的故事要有很多單字是出現在他們的「字彙檔案」裡的。

語言經驗法在團體的應用

如果你班上有不少學生的閱讀程度低於年級水準，你可以用團體活動的方式進行語言經驗法。

1. 提供全班一個共同的學校經驗。例如：在校園散步、觀賞一部電影、到圖書館挑選圖書、聆聽來賓演講。這是重要的第一步，因為我們一向無法假設所有學生能共享相似的校外經驗。
2. 當班上其他人正把這個經驗寫下來或畫下來時，將你班上有閱讀困難的學生集合起來，共同創作一個與他們有關的故事。要每位學生就這個故事至少口述一句。你將句子完全照他們口述，以印刷字體寫下，並把每位學生的名字以印刷體寫在他創作的句子後面。
3. 繼續依著「語言經驗法在個別學生的應用」的步驟 3-7，針對團體活動的特性做必要的調整。你的目標是使團體中的每位學生會讀這個故事的所有句子。

語言經驗法的變化：從藝術開始

對於那些難以提出故事想法和校外學習經驗受限的學生而言，你可嘗試在語言經驗法做些變化。它也能使視覺－綜合型學習者以和大腦相容的學習方式創造屬於個人、有趣的故事。

1. 提供全班一個共同經驗。
2. 之後要學生創作出關於這個經驗的圖畫，並依適當的順序安排它們，以創造出個人或團體的故事。所有學生都會喜歡這樣的經驗，因此，你會希望讓每個人都能參與。

3. 當圖畫故事完成時，讓學生為每張圖畫口述一、兩個句子。為了他們在寫作時能仔細描述，記住愈是複雜和描繪細節的圖畫，愈有可能產生好的句子。完全依照他們所口述，用印刷體寫下這些句子。
4. 繼續依照「語言經驗法在個別學生的應用」的步驟 3-7，必要時可調整步驟。

增進閱讀的流暢性

閱讀流暢性是所有閱讀者的目標。閱讀流暢者會不自覺地使用解碼技巧（decoding skills），所以能專注於擷取所閱讀內容的涵義。他們能靠著視覺認出很多單字，不斷地在閱讀過程中預測即將發生的內容。當對閱讀內容不了解時，也能自我修正，知道如何針對不同類型的閱讀材料調整閱讀速度和策略。

若閱讀缺少流暢性將有損於理解力的發展，對無法流暢閱讀者而言，要努力記住讀過的字及概念幾乎不可能。他們總擔心不能把字音唸對，以至於能思考理解的時間極為短暫。另外，他們過於頻繁地被伸出援手的老師、同學打斷。因此，當你看到這些孩子在閱讀時，絕對不要急於給予協助，除非他們要求。鼓勵閱讀困難學生像大部分能流利閱讀的成人一樣，不自覺地運用下列技巧：當遇到不熟悉的字彙時，先去猜測或略過此字。稍後，當整個句子的涵義變得更清楚時再回頭確認。

不出聲的流暢（silent fluency）比口語流暢（oral fluency）更為重要。假使孩子能懂得他所閱讀內容的涵義，但在朗讀時卻出現錯誤，先不要急於補救！理解力是檢測閱讀能力的唯一有效方式。

相不相信，假使有些孩子能在閱讀的同時進行以下動作，將能增進他閱讀的流暢性？例如：移動一隻手臂做誇大的繞圈動作、騎健身腳踏車，或以有節奏的方式來回走路！有一些好點子會使閱讀變得更容易，如提供有顏色的單字、字卡的背景為不同顏色，或將彩色投影片覆蓋在要閱讀的單字上面。以上方法可能與適應暗光敏感性（scotopic sensitivity）有關。請見第 56 頁。

卡寶有聲書（The Carbo Recorded Book）[3]

Marie Carbo 博士修改由 Rita Dunn 和 Kenneth Dunn 所創造的學習風格模式（learning styles model），並將有聲書（recorded books）的概念應用在閱讀教學中。她在《教導學生透過個人學習風格閱讀》（*Teaching Students to Read Through Their Individual Learning Styles*）一書中描述，如何將教師編選的閱讀材料錄成有聲書，再應用觸動覺教學法（tactile-kinesthetic approach）在技能及字彙教學中。有聲書對於任何閱讀材料都有很好的教學效果，從基礎讀本、文學到課本。它能把原本對閱讀束手無策的孩子帶入流暢及理解的路徑，至於成效只是時間的問題而已。

先與出版商聯繫，以取得錄製的同意權。你必須向出版商說明，有聲書的製作只是為了輔助教科書之用。

由於你只在每一面錄音帶錄製 3 至 4 分鐘長度，[4]你將需要採購大量的空白帶。學生會倒帶幾次，以便反覆聆聽指定的部分，如果你在單面錄下多個故事片段，他們將會浪費時間在尋找要聽的單元。挑選白色外殼的卡匣，直接寫下故事的名稱及頁碼，不需再加貼標籤。你也可以進入網路蒐尋引擎，簡單地鍵入關鍵字 white shell blank audio tape（或 audio cassette），就能獲得到供應資源的目錄。

你也會需要幾台卡帶型錄音機，或是一個可同時容納四至六個學生聽的傾聽角（listening station）。

如果你忙到無暇製作有聲書，不妨請家長來協助你。有些家長希望到學校擔任志工，卻發現學校的時間難以配合。假使你能給予適當的指導，他們就可在家中錄製有聲書。以第 165-166 頁所描述的「如何錄製有聲書」三步驟指導家長製作有聲書，或詢問與你任教同一年級的老師們是否願意團隊合作。每個人可各自錄製幾篇故事，再與其他人共享資源。實習教師和教師助理（或是退休教師、演員、圖書館員）也能成為最佳幫手。

3　修正並取得授權自：*Teaching Students to Read Through Their Individual Learning Styles* by Marie Carbo, Rita Dunn, and Kenneth Dunn. Englewood Cliffs, NJ: Allyn & Bacon, 1986.

4　當科技取代已過時的錄音機，可使用你目前能利用的任何科技來錄製有聲書。

當有聲書錄製完成後，應將其存放在圖書館以便所有教師能借用，一旦你聽完故事，不要再使用同一卷錄音帶重複錄音。也許學校能採購低價的卡帶複製機（可在折扣商店找得到）。相較於其他教學方法，有聲書的價格是最便宜的。

提示：如果你希望在閱讀教學時將學生分組，可試著從其學習風格（聽覺、視覺、觸動覺）來著手，而非孩子的閱讀能力。這將使得你在帶領全班閱讀時，字彙及閱讀技能的教學能與每個小組的學習風格相容。

卡寶有聲書的使用步驟

1. 選擇幾篇有趣的故事作為全班的閱讀材料（當閱讀困難學生能使用和同儕一樣的閱讀材料，他們的自信心能因此而提高）。請你依照如何錄製有聲書的方法來錄下故事。
2. 選擇幾位你認為將會對有聲書教學有反應的學生。帶他們至旁邊，介紹一個你錄好的故事，接著播放整個故事帶給他們聽。

   只對著閱讀困難學生大聲地朗讀整個故事。能順利閱讀者通常比較不想聆聽故事，因為他們喜歡在閱讀中預測結局，不希望太早知道最後的結果。記得提醒孩子聽完故事帶後不要和其他同學分享，也不要說出故事內容，否則會破壞此活動的用意。當你錄製好故事錄音帶，便邀請閱讀困難學生一起聆聽。

   提示：如果故事太長無法一次唸完（或錄完），先朗讀最前面的 5 到 6 頁，其餘部分則大概描述內容給孩子聽。如果你正錄製一本小說，先朗讀最前面一或兩章，剩下幾章則為重點敘述，或使用故事圖（見第 179-182 頁）使學生對故事產生想法或建立期待。
3. 讓學生將注意力集中在故事的第一段，給他們一些時間瀏覽其餘段落。從插圖或那一章的標題，對故事的未來發展進行預測。
4. 要求學生聆聽第一卷故事帶，A 面的最前面 1 到 3 分鐘的故事。當孩子聽故事時，他們應同時閱讀文本（默讀或輕聲讀出皆可）。孩子也應使用肢體動作，沿著印刷文字的軌跡，追蹤每一個片語移動的方向。使用慣用手的食指（或中指），在被讀到文字的下方游移，此一觸動覺動作能幫助孩子流暢地閱讀。提示：視知覺有困難的孩子對於保持固定位置有困難，你可提供一個書籤或其他的文字追蹤引導物。

5. 當孩子能成功的閱讀故事的最前面部分，教導與那部分有關的閱讀技巧和相關字彙。利用本章建議的任何方法，或你自創的教學方法。親自動手做的活動將能幫助閱讀困難學生更容易學會閱讀。在 Carbo 博士的《教導學生透過個人學習風格閱讀》一書中，對於此類策略的建議甚多，請見本章參考文獻及資源。
6. 讓學生繼續聽完故事帶的剩餘部分，每聽完一個故事片段，就利用視覺和觸動覺法來教導閱讀技巧和字彙。提示：如果有聲書的錄製及使用對你造成很大壓力，可針對某些學生的需要嘗試以下方法：你在朗讀故事時就好像在錄有聲書（如以下如何錄製有聲書所解釋），每當開始讀新的一頁，就大聲唸出該頁頁碼，在停頓幾秒鐘之後，再繼續唸出下一個片語。

如何錄製有聲書？

1. 故事的取材要有高度趣味性，學生的閱讀程度比他們應達到的教學水準（instructional level）再難一些。撥出一個安靜時段來錄音。
2. 每一面卡帶只可錄製 3 到 4 分鐘長度。Carbo 博士指出，這是你可使用的最長限度，對於年齡較大者也是一樣。在聆聽故事的過程中，學生會不斷的倒帶、反覆聆聽相同的片段。如果你在卡帶的單面同時錄製好幾個片段，當某一段故事太過冗長時，孩子反而容易感到困惑，漸漸失去耐性聆聽。
   - 你和錄音機保持約 8 英寸的距離，當你面對麥克風時，要保持口齒清晰；如果你太靠近麥克風，錄音時可能會出現雜音。建議你錄音時就彷彿在對全班學生朗讀，臉上帶著豐富表情，並展現你的熱情。
   - 每當你開始讀新的一頁故事，請輕聲讀出該頁的頁碼，接著說：「現在請你仔細看一下這一頁的文字和插圖。」然後，再停頓幾秒鐘。

- 請你往下朗讀一個個片語，在每個片語之間做短暫的停頓，這將使得學生能自然地將單字和想法做組合。特別是對那些能正確唸讀單字，但閱讀理解力很差的孩子最有幫助。如果你認為孩子可能不熟悉某個單字，在你唸讀它之前及之後都要有短暫的停頓。

3. 當你結束故事錄音時，請你這麼說：「在這裡結束錄音。」為了下一位使用者的方便，記得將錄音帶倒帶。

先錄製幾卷練習帶，讓學生測試錄音的效果如何。如果故事的某一片段已聽過兩、三遍，孩子仍然沒有明顯進步，可能是你的故事取材太難、錄製的片段過長，或朗讀的速度太快。請你就可能出現的原因進行調整，再嘗試一次。將同一故事的幾卷錄音帶保存在密封塑膠袋裡。

如何幫助閱讀困難學生使用卡實有聲書？

有些孩子可能會拒絕再聽一遍相同的故事片段；有些學生可能會反覆聆聽，但你也看不出他是否有進步。你可以試試以下策略，相信孩子能在聽過一遍錄音帶（或兩遍和三遍之後）能聽出自己朗讀得好不好。有的學生並不需反覆聆聽，以下的策略只是讓你準備不時之需：

1. 在孩子看（或聽）故事之前提供一卷空白帶，讓他們在毫無準備的情況下，用生硬的聲音朗讀，並錄下故事第一個片段。再用一小塊膠帶做記號，在卡帶的透明視窗上標出結尾部分。
2. 讓他們聆聽你所錄故事的第一個片段。
3. 在聆聽過一次你的錄音之後，讓他們再次朗讀、錄製一次。還是用膠帶在結尾部分做上記號。
4. 再重複兩次步驟 2 及步驟 3。
5. 當每一個學生播放自己的錄音帶時，和他一起聽聽看，你必須能聽出在毫無準備，及聽過你的錄音一次、兩次甚至三次之後，學生讀得好不好。你應能明顯看出學生的進步情形。
6. 根據你們所聽到的，和學生一起決定，重聽多少遍對他最有利。

並非每位學生（或每篇故事）都必須重複以上的步驟。應該一次就足以給學生動機來使用有聲書（反覆聆聽也可能），你不須在這方面做太多督促。

Jim 的案例

Jim 是個對閱讀態度消極的五年級學生 —— 你可以理解，因為他的閱讀技巧非常貧乏。聽他費力的朗讀真令人痛苦，他經常對於要讀的字彙猶豫再三、容易搞混單字、用同樣的片語和句子重複地開始。從他深鎖的眉頭可看出，他是多麼辛苦地努力閱讀，又是多麼的沮喪。

Jim 每天都去一位特殊閱讀教師（special reading teacher）那兒上課。他的老師，Abbrogado 女士，學習過卡寶有聲書教學法，並把它成功運用在很多像 Jim 這樣的孩子身上，以改善其閱讀流暢性及理解力。她發給所有學生一卷屬於個人的空白錄音帶，要學生在聽過為他們準備的有聲書之前和以後，都能錄下自己聲音的故事帶。

在感恩節過後沒多久，Jim 開始纏著老師不斷地叨唸著，想要拿他的錄音帶回家。每次 Jim 這麼要求時，老師總是拒絕並小心地解釋，她多麼需要把錄音帶留在學校，以便 Jim 可以重複地使用。在 Jim 第五次要求時，老師的耐心也用盡了，接著她終於問了一開始就該問的問題。

「為什麼你在家需要這個錄音帶？」

「因為，」Jim 的臉上略帶微笑，他回答：「我想在聖誕節時送給我的祖母！」

「喔！」老師不好意思地回應：「為什麼之前你沒這麼說呢？」

Jim 終於找回他對閱讀的自尊及自信。他甚至準備好要和他心愛的祖母分享他的閱讀了。

耳語閱讀[5]

耳語閱讀（whisper reading）讓人印象最深刻之處，在於它能同時運用不同感官，並強調一對一教學，它對於增進閱讀的流暢性非常有效。當你無法取得故事錄音帶時，可用它來取代有聲書，此策略非常適合對它感興趣的家長使用。

---

5 修正自：Theresa Catalina 所使用的教學法，他是一位閱讀專家，來自密西根州的 Port Huron。引自 R. G. Heckelman, "Using the Neurological-Impress Remedial Reading Technique." *Academic Therapy Quarterly*, Summer 1966, pp.235-239.

1. 挑選一篇學生熟悉的故事，它可能是你已經朗讀給全班聽過，或是學生自己讀過的故事。
2. 你坐在學生的右後方，要坐得夠靠近他，以便能為他指出正在讀的單字。
3. 要求學生朗讀故事（或故事的一部分）給你聽。你要同時跟著他一起讀。
   - 直接對著他的右耳讀出故事。當他讀得有信心時，降低你的聲音；當他需要協助時，把你的聲音稍微提高一點。
   - 當你和學生一起閱讀時，用一種比你獨自閱讀時再稍微慢一些、但仍然流暢的速度（當然不像閱讀困難孩子那麼緩慢）。告訴他不要擔心跟不上你。鼓勵他，隨著時間的進展他將會讀得更快。在他閱讀的流暢性有所改善時，開始調整你的速度，讓你自己總是比他讀得恰好快一點點。
   - 學生若是在朗讀時有些字音讀錯，你也不用太擔心。例如，若是他用來替代的某個字和實際意義相近，也剛好與句子原意相合，這是閱讀意義出現的成功徵兆。如果他因某個字讀不出來向你求助，你直接說出正確字音，而不是再要求他練習正確發音。
   - 在你和學生閱讀故事時，用你的手指指著被他讀到的片語。提示：在讀到的每一個片語，用你的手指從開始到結尾的單字移動，並做出一個挖掘的動作。這麼做可強調閱讀時能完整唸讀片語的重要性，而非個別單字的唱名。
4. 之後要學生說出從所朗讀故事中，他記得的一件事。接著你們一起翻閱尚未讀完的部分，預測下次閱讀此故事時可能發生的內容。不要詢問與故事相關的特定問題。

在每週三到五次，每次 10 到 15 分鐘的閱讀活動中遵循以上的步驟，相信不到一個月，你和你的學生應會注意到閱讀流暢度和理解力的改善。

口語閱讀的教學

因為某些理由，對於兒童應該能夠流利地朗讀，我們總是賦予很多重要性，而未曾去考量事先練習對孩子的好處。這令我覺得不可思議，成人很少將自己放在不舒服的位置。回想上次你在教堂做禮拜時，被要求當眾朗讀一節聖經，或你在公司會議中被要求做口頭報告。在以上情況中，你可能堅持在實際上場前有幾次排練的機會。很多成人都體驗過，在眾人之前朗讀多麼令人緊張與不安，如果能有預先準備的機會，我們肯定會衷心感謝。

孩子也是一樣。如果我們臨時通知學生，將用朗讀來測驗他們的閱讀流暢性或理解力，這是非常不公平的。即使是資優兒童有時也可能在朗讀表現不佳，這是因為他們的心智速度快得遠遠超過正試著閱讀的文字。讓閱讀困難學生去聽其他有同樣問題的孩子朗讀，再也沒有比這更糟糕的事了！為了讓孩子擁有更好的口語閱讀能力，他們必須聽到良好的口語示範。

在努力創造一個能發展兒童閱讀能力的學習環境裡，老師扮演著重要角色。藉由每天對所有年齡的學生朗讀（也包括青少年），我們將親身示範自己對閱讀的喜愛。當學生聽到你示範出良好閱讀的一切元素，他們將了解，閱讀不只是把單字唸對，他們變得更想學會在獨立閱讀時帶有聲調、表情的必備技巧。每次朗讀長篇小說的一小部分給學生聽時，你將能把朗讀的正面影響力以令人振奮的方式反映出來，可預見的是，孩子會期待下一個章節的到來，並要求你在任何時候把有趣的朗讀活動排入擁擠的課表裡。

對於那些得更換上課教室的學生們，每天為他們朗讀仍是可行的，但它需要有目的地詳細規劃。你可以朗讀一篇故事或某個劇本裡你最喜歡的一段、報紙上與孩子正在學習的事物有關的文章，或是關於科學方面正發生的事件報導。

此節將描述幾個有效的口語閱讀教學技巧。嘗試其中任何一個、甚至所有策略；創造更多你自己的技巧。用任何可能的方法向孩子傳達此訊息，閱讀是生命裡最愉悅的事情之一，朗讀可以讓讀者和聽者雙方都獲得樂趣。

夥伴閱讀（buddy reading）

1. 發給學生一篇書摘，是有關於他們將要閱讀的故事。
2. 先為那些在閱讀前必須先聽過故事的孩子朗讀整篇故事（或第一章）。
3. 在你做任何討論、提問、教導字彙之前，將閱讀困難者與閱讀能力較好者組成一對，但絕對不是與閱讀能力最好者搭檔，這樣的配對方式對閱讀能力最好及最差者都不會有效。
4. 分配每對學生一小段文本和夥伴一起朗讀。引導他們公平分攤每個人的朗讀分量。向學生說明當朗讀完畢時必須互相討論，他們認為故事主角遇到的難題是什麼。或指定一個（或一個以上）的基本問題（請見第 183-184 頁）。
5. 經常提供他們團體討論時間。假使全班都閱讀同一篇故事（或小說），則利用名片法（第 15-22 頁）以確保所有學生都能完全參與討論。
6. 重複步驟 4 和 5，直到朗讀完這篇故事。絕對不要要求閱讀困難者對全班當眾朗誦。循環制（round-robin method）的方式很難奏效，輪流回答對能力最佳者和視閱讀為艱苦挑戰的學生都同樣痛苦。

夥伴閱讀策略對家長也會有幫助，家長可利用在家的時間與孩子一起共讀，一定要提供此策略並教會給有興趣的父母。

排練閱讀[6]

你可以將排練閱讀（rehearsed reading）運用在文學讀物和教科書的閱讀活動中，它能取代不起作用的「循環制」。

6 Vacca, Richard, and JoAnne Vacca. *Content Area Reading.* 4th edition. Glenview, IL: HarperCollins College Publishers, 1993. HarperCollins College Publishers 授權使用。

1. 取代隨機叫學生起來朗讀的方式，每天事先分配給每位學生一個特定的文章段落。
2. 給學生充裕時間來排練他們的段落，可以獨自或經由夥伴協助進行閱讀。訓練學生，使用適合的音量和表情來朗讀。如果孩子能有家人從旁協助，可把練習經驗指定成家庭作業。
3. 當學生預備好了，把他們帶入更高的思考層次。吩咐他們必須就所讀段落準備一個問題，在朗讀結束時詢問聽眾。給每位學生一份「問題開胃菜」的講義（第 172 頁），事先把你希望他在特定故事用到的線索圈出或劃線。

   提示：為增加朗讀的趣味性，學生不但在朗讀結束時要提出問題，在開始口頭閱讀之前也要。當聽眾預先知道最後要回答什麼問題，更能提高傾聽興趣和專注的程度。當聽眾變得更機警和留神時，會令朗讀者感覺自己更有價值和聰明。
4. 接下來一天，要學生對班上朗讀排練過的段落，每次一位。當有學生朗讀時，其他人必須將書本闔上，用一隻手指（或書籤）夾著讀到的位置。這使得當朗讀者出現無關緊要的替代或更改時，不會被全班盯緊著並要求改正錯誤。

   提示：對於有些極度偏好視覺型的學習者而言，如果他們不能同時閱讀書中文字，就無法有效率的傾聽。允許那些孩子一直打開他們的書本，但讓他們保證不會幫助其他同學閱讀
5. 在每次閱讀結束時，允許學生有時間發問和回應。

合唱閱讀

合唱閱讀（choral reading）為孩子帶來樂趣，它能增進閱讀流暢度，並學會在朗讀時加入聲調、表情。有些讀本中包含專門為合唱閱讀編選的文章；一般課程中的許多教材也適合改編為合唱閱讀的用途。在網路蒐尋引擎輸入 choral reading 關鍵字，你會找到各種關於合唱閱讀的文章。

1. 找一篇適合朗讀的文章，對學生示範朗讀時如何融入聲調及表情，如何分音節、注意速度、咬字清楚、調整節奏及適當的音量。

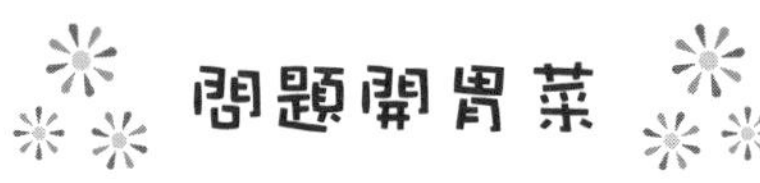

事實性思考

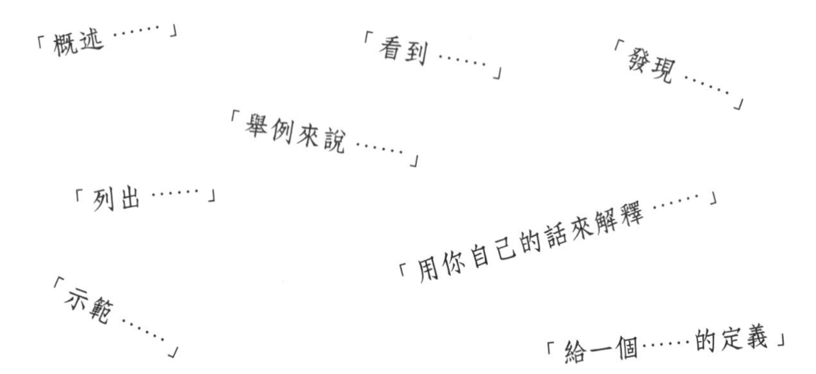

「概述……」
「看到……」
「發現……」
「舉例來說……」
「列出……」
「用你自己的話來解釋……」
「示範……」
「給一個……的定義」

解釋性／創意思考

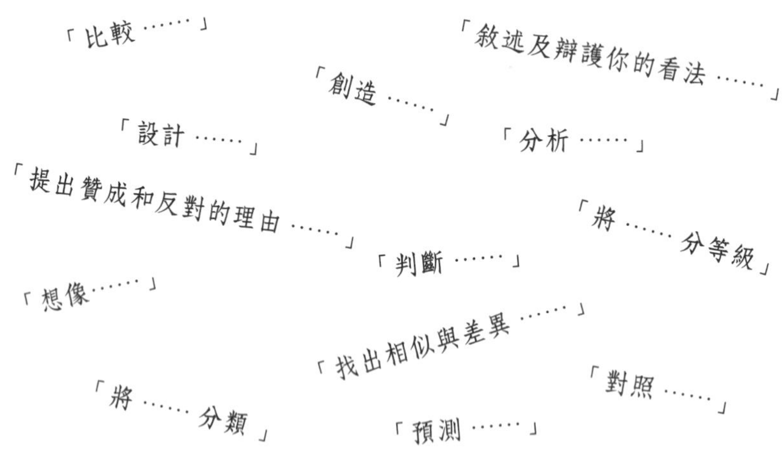

「比較……」
「敘述及辯護你的看法……」
「創造……」
「設計……」
「分析……」
「提出贊成和反對的理由……」
「將……分等級」
「判斷……」
「想像……」
「找出相似與差異……」
「對照……」
「將……分類」
「預測……」

資料來源：*Teaching Kids with Learning Difficulties in the Regular Classroom* by Susan Winebrenner, copyright © 2006, 1996. Free Spirit Publishing Inc., Minneapolis, MN; 866/703-7322; www.freespirit.com. 本頁允許個人、教室及小組活動複製使用。

2. 要學生在你指揮他們朗讀時模仿你。對於特定幾行和字彙應該怎麼讀，要指出所有的視覺暗示。例如說：以大寫字母書寫的部分是以齊唱來朗讀，儘管可能整篇故事呈現單調、有節奏感的吟誦方式。較大粗體字代表的是比較大聲。
3. 當學生成為更熟練的合唱閱讀者時，將一小段故事指定給個別學生、一整排學生、男生、女生等。在朗讀各行時加上一些聲音變化也很有趣。
4. 當學生熟練於文本朗讀之後，要求他們加上手勢及身體動作。
5. 要求學生反覆練習，當他們累積足夠的合唱閱讀經驗時，可表演給別的班級或家長觀賞。

假使孩子有閱讀有趣讀物的經驗，不妨在朗讀活動中試試合唱閱讀的方法。以小組方式，像唸劇本對白或一段段的輪流讀。請發揮你的想像力，經常將合唱閱讀運用在你的閱讀教學。

詩歌本身的特色非常適合使用合唱閱讀。與你的學生嘗試以下這首詩，並觀察他們喜歡的程度。

我們學校的孩子[7]

我們是〔某某〕學校的孩子
我們覺得我們棒
我們覺得我們酷。
我們老師的頭條*大規定*是：
「*盡你最大努力去嘗試！*」
我們學會遵守我們的校規，
我們會讀會寫還會算。
我們的爸媽天天問我們，「你們要不要
盡你最大努力去嘗試？」
我們努力樣樣討人喜歡，
功課遊戲都要真的棒！

7 改編自 Sue Rebholz 的作品，來自威斯康辛州的 Shorewood。經授權使用。

因為我們愛聽〔某某老師〕說，
「*他們盡他們的最大努力去嘗試！*」

提升閱讀理解力

理解力是一個人對其閱讀內容的了解能力，它可藉由許多技巧來輔助，其中一些方法將在本節有詳細的描述。理解能力取決於閱讀者能否將閱讀內容與他的先備知識相連結，並預測即將發生的故事情節。預測為閱讀創造了目的，學生樂於見到自己能精確地預知故事的未來發展。我們可使用故事圖（第 179-182 頁）來協助視覺及觸動覺學習者看見故事的整體圖像。

故事偵探（story detectives）

1. 影印一份預測單（第 175 頁），利用它來準備一份故事預測清單。要求學生根據書名、每章標題及（或）插圖所獲得的訊息以回應你對故事的預測。你的有些預測必須正確，有些幾乎不可能發生，其他則介於兩者之間。
2. 將全班分成幾個小組。
3. 要求全班把書名唸出來，從書名去預測故事可能發生的情節。或要求學生把故事瀏覽一遍，然後根據每章標題或插圖來預測。
4. 給每位學生（或每組）一份在步驟 1 完成的故事預測單。用打勾的方式來表示每項預測是否準確，可勾選是（認為這個情節將發生）、否（不認為它將發生）或也許（認為它有可能發生）。告知學生要為自己的選擇準備好提出理由。
5. 分別從各組取得回饋，用投影片或掛圖來核對故事預測單的各項回答。
6. 在為學生朗讀故事時，同時展示故事預測單的結果。經常核對這些預測的準確性。

預測單

姓名：______________________________

關於：______________________________

（故事標題）

預測	是	否	也許
____________	☐	☐	☐
____________	☐	☐	☐
____________	☐	☐	☐
____________	☐	☐	☐
____________	☐	☐	☐
____________	☐	☐	☐
____________	☐	☐	☐
____________	☐	☐	☐
____________	☐	☐	☐
____________	☐	☐	☐
____________	☐	☐	☐
____________	☐	☐	☐
____________	☐	☐	☐
____________	☐	☐	☐
____________	☐	☐	☐
____________	☐	☐	☐
____________	☐	☐	☐
____________	☐	☐	☐
____________	☐	☐	☐

KWPL 法[8]

KWPL 法容易操作，它帶給學生真正渴望閱讀的動機。它可被用於為學生挑選的文章，或任何社會、科學課程或主題單元的介紹，它幫助孩子從閱讀中建立極大的成就感。*名片法*（查看第 15-22 頁）若與 KWPL 法搭配使用非常有效。

1. 在黑板（或一大張圖畫紙）上畫出一個有四欄的表格。不同欄位的標題如下所示。每個標頭下要保留足夠寫字的空間，K 是指 Know（知道），W 是 Want（想要），P 是 Predict（預測），L 是 Learn（學會）。*重點*：要求學生在閱讀故事前先完成步驟 2 到 4。
2. 發給每位學生桌上型的 KWPL 圖（第 177 頁），要求和夥伴腦力激盪出所有他們*知道*（KNOW）有關指定主題的東西。使用「名片法」蒐集他們的想法，再填入「我們已經知道」一欄裡。
3. 要學生決定，*想要*（WANT）知道這個主題的什麼事情。在「我們想要知道」裡列出問題。使用「名片法」把問題列在「我們想要知道」那一欄。問題可能包括「我們已經知道」裡不同意見所引起的問題。例如：如果主題是短吻鱷，某個學生可能說：「短吻鱷有一個很長的鼻子。」另一位學生可能反對：「不對，那不是短吻鱷，那是鱷魚。」在這一刻，那個主題就變成一個疑問了，接著移到「我們想要知道」那一欄，寫成問題形式：「短吻鱷有長鼻子嗎？」

我們已經知道（What We Already **K**now）	我們想要知道（What We **W**ant to Know）	我們預測要學習（What We **P**redict We Will Learn）	我們已經學會（What We Have **L**earned）

8 修正自：Donna S. Ogle, "KWL: A Teaching Method That Develops Active Reading of Expository Text." *The Reading Teacher* 39 (October 1986), pp. 564-470. 經授權使用。

KWPL 圖

姓名：________________

關於：________________
（故事標題）

我們已經知道（What We Already **K**now）	我們想要知道（What We **W**ant to Know）	我們預測要學習（What We **P**redict We Will Learn）	我們已經學會（What We Have **L**earned）

4. 讓學生從「我們想要知道」的問題中，預測（PREDICT）他們問題的答案。如果和夥伴的答案不同也沒關係。使用「名片法」把預測結果填入「我們預測要學習」的那一欄。
5. 要學生閱讀你挑選的故事。在閱讀時要檢查自己的預測是否正確，使用加號（＋）表示預測正確，減號（－）則表示預測不正確。他們若以此方式討論故事發生的事件，就能在情意方面有充分的參與。
6. 和學生討論故事。詢問他們學會（LEARNED）什麼，把他們的回答填入最後一欄「我們已經學會」。使用「名片法」來完成。
7. 圖表上的四欄都要討論過。

經由教師指導，在體驗幾次歷程之後，也許學生不再需要 KWPL 圖，他們會喜歡和自己的夥伴，用不同的故事（或文章）做此活動。多準備幾份 KWPL 圖。

更多可嘗試的預測想法

- 如果某篇故事附有插圖，讓學生瀏覽所有的插圖，然後預測故事可能發生哪些事件，會出現哪些重大問題、危機，可使用哪些解決方法。你在朗讀故事的過程中停頓幾次，讓學生先闔上書本，然後要他們預測接下來會發生什麼事。
- 在學生閱讀完一篇故事（或是你朗讀給他們聽）之後，要他們闔上書本。再重讀一次故事，這次你故意略過一些字不讀，讓學生猜測你漏掉哪些字。可將此活動改變為書面作業，挑選故事中最精華的一頁，將某些字塗白作為生字填空之用。在這頁故事的下方列出可能的選擇字，讓學生從這排字中選擇他要的字。
- 有些學生喜歡寫下預測的結果，再隨著故事的發展來核對其準確性。在學生開始閱讀故事後，要他們不時停下來預測：

  —即將發生的事件。

  —句子中的下一個字。

  —一個重複的句子（查看第 156 頁的預測書）。

  —故事的結局會是如何。

—如果某個角色採取一個不同的做法，可能會發生什麼事。

■ 在故事讀完之後，吸引學生去想像：

—在故事結束後會發生什麼事。

—如果某個角色當初採取一個不同的做法，會發生什麼事。

—這個故事中的某個角色，在別的故事裡可能有哪些不同表現。

■ 討論如何從某個線索看出事件是否解決，而有時結果會出乎預料之外。讓學生重讀此故事，並找出哪些線索已有前兆。

視覺組體

對綜合型思考者而言，視覺組體（visual organizers）是一種與大腦相容、能改善孩子閱讀理解能力的方法。故事圖（story maps）和角色圖（character maps）能幫助讀者看到故事的整體圖像。比較／對比圓形圖（compare-and-contrast circles）則有助於澄清訊息類型的相似和差異性。

故事圖和角色圖

當故事的發展愈能接近讀者所期待及熟悉的架構，讀者就愈容易掌握並記住最重要的概念。在你和學生討論故事要素前先填入故事圖裡；查看第 180 頁的範例。在不同要素上增加一些輻射線，並使用名片法（查看第 15-22 頁），讓學生針對每一個要素提供細節。

另外，角色圖也是用視覺的方式組織故事的重要訊息。給每個主角單獨一張角色圖；查看第 181 頁範例。在角色要素旁增加一些輻射線，並要求學生在課堂討論中提供細節，再次搭配名片法使用。

一旦你對學生示範上述圖表的使用方法，他們會樂於和夥伴合作，為所閱讀的故事完成圖表。你可以影印範例並作為上課講義使用。

手指故事圖[9]

手指故事圖（handy story map）是故事圖及角色圖的變化形式，

9 Brenda Goffen，一位特教諮詢者，來自伊利諾州的 Highland Park。

故事圖

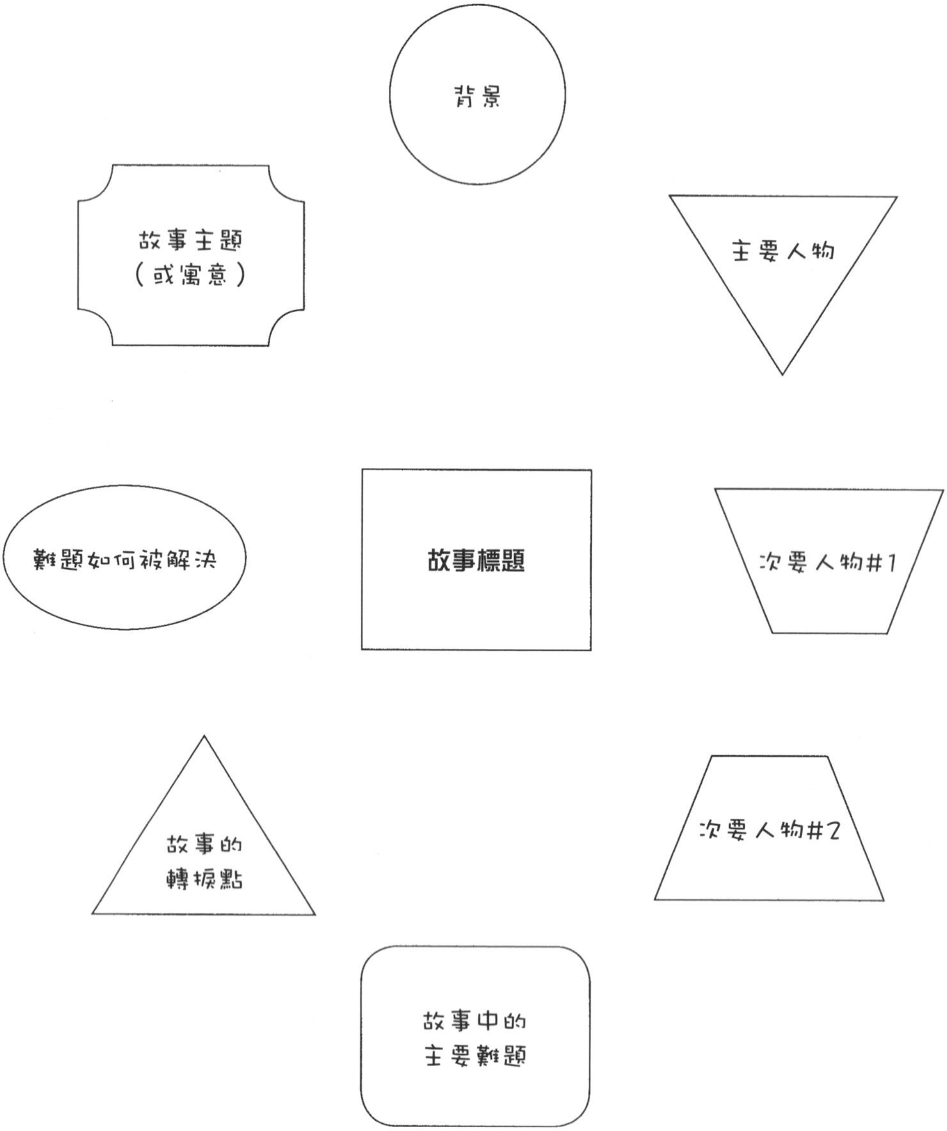

背景

故事主題
（或寓意）

主要人物

難題如何被解決

故事標題

次要人物#1

故事的
轉捩點

次要人物#2

故事中的
主要難題

資料來源：*Teaching Kids with Learning Difficulties in the Regular Classroom* by Susan Winebrenner, copyright © 2006, 1996. Free Spirit Publishing Inc., Minneapolis, MN; 866/703-7322; www.freespirit.com. 本頁允許個人、教室及小組活動複製使用。

角色圖

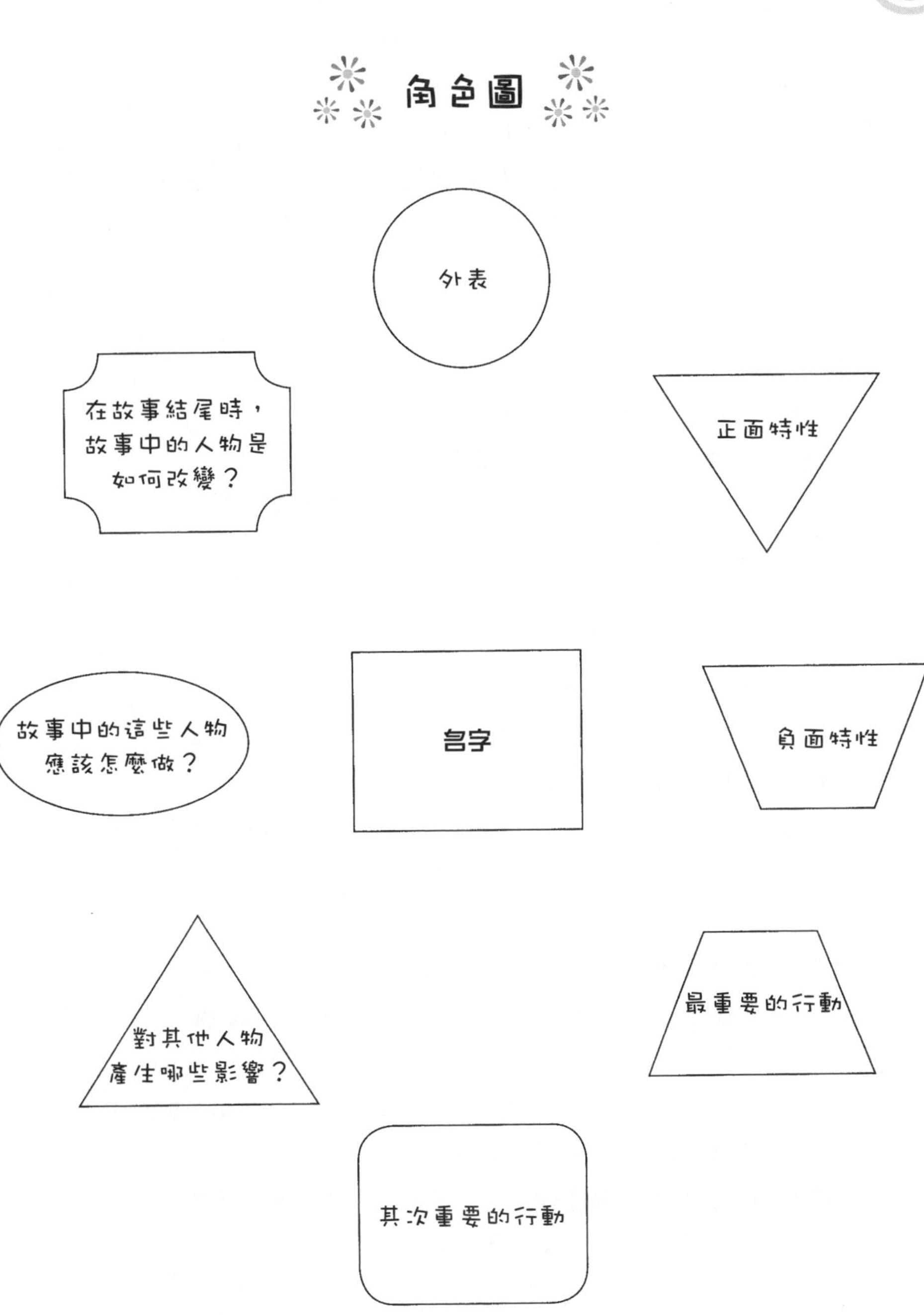
外表
在故事結尾時，
故事中的人物是
如何改變？
正面特性
故事中的這些人物
應該怎麼做？
名字
負面特性
對其他人物
產生哪些影響？
最重要的行動
其次重要的行動

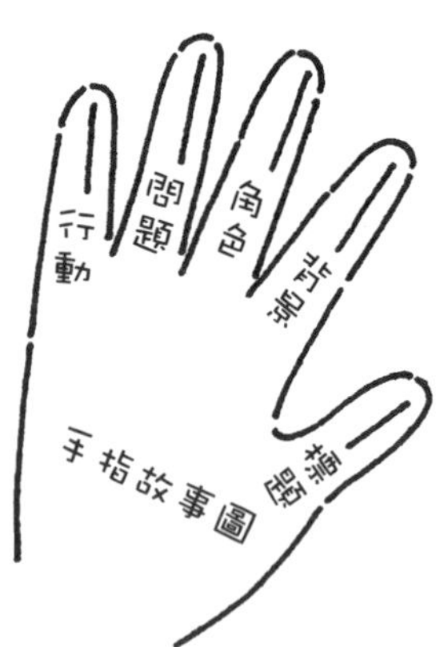

最適合年幼孩子使用。給他們一些空白紙張，要他們描出一隻手的輪廓（手指伸開、手掌朝下）。接著把你剛才讀過故事的相關訊息填入手指故事圖裡：

- 大拇指：故事標題。
- 食指：背景。
- 中指：主角。
- 無名指：主角的主要困難。
- 小指：主角在解決困難的主要行動。

或者，當你在朗讀故事時，學生可利用手指故事圖填入以下訊息：

- 大拇指：主要的難題。
- 食指：最重要的情節。
- 中指：其次重要的情節。
- 無名指：問題如何被解決。
- 小指：問題被解決後發生了什麼事。
- 手腕：故事的結局如何。

最後，學生可使用手指故事圖確定他們寫的故事包含所有基本要素。

比較／對比圓形圖

比較／對比圓形圖是兩個圓圈的交集圖形，可用來說明訊息類型的相似及差異處。

1. 在黑板上畫出兩個交集的大圓圈，接著開始課堂討論，或讓學生畫下自己的圓圈，並開始獨立工作。
2. 把其中一個要素的屬性列在左邊，另一要素的屬性列在右邊，而兩個要素的共有屬性則列在重疊的部分。例如：故事角色；角色的行為；發生的事件或經歷；作者的風格；擬人化、直喻等。
3. 如果要找出故事要素之間的相似性，就看兩個圓圈的重疊部分；要確認彼此的差異性，則參照左右兩部分。

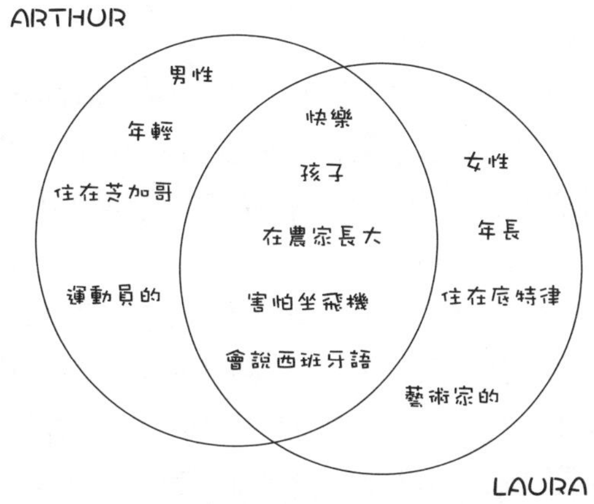

使用故事插圖

視覺學習者喜歡經由插圖來接近故事內容。為綜合型思考者及有藝術傾向的學生嘗試此策略。要求你的學生：

1. 描述在某個故事插圖裡確實看到的東西。
2. 以某個故事插圖為基礎，預測接下來會發生的情節。
3. 針對同樣主題，但出自不同來源的插圖做比較（這需要一些研究）。
4. 找出這些插圖之間的相似和差異性。
5. 研究不同插畫家對相同故事主題所描繪的插圖，並比較及對照其中不同之處。
6. 決定哪一幅插圖最能表達這個故事的核心意義。
7. 找出故事書中任何與主題看似不合或無關的插圖。要學生發表意見並說出理由。
8. 找出故事書中應使用插圖說明的某些情節，然後創作這幅插圖。

基本問題

對學生提問一些與故事有關、帶有連貫性和可預測性的問題，可用此加強閱讀啟蒙者的理解技巧。當問題聚焦於對內容的基本了解，將能限制問題的數量，學生也將學會在閱讀時提示自己。以下是我所使用的問題：

- 「這（幾）位故事人物必須解決的基本難題是什麼？」

■「他們會如何解決那個難題？」

■「如果你在他的處境，你會如何解決難題？請詳細說明。」

你也可使用自己的問題，但記得保持問題簡短和連貫。為了使視覺學習者更容易獲取訊息，用較少圖形來創造一個簡化版的故事圖（如第180頁所示）。

1. 在最初幾篇故事，都只問一個問題：「這個故事的基本難題是什麼？」讓閱讀夥伴們去討論，直到他們能發現基本難題為止。再將全班集合起來，利用名片法（查看第15-22頁）請大家加入討論。
2. 等學生能確認及描述基本難題後，加入第二個問題。讓閱讀夥伴討論：「這故事的基本難題是什麼？」「解決的方法是什麼？」你召集全班並要求大家對兩個問題都要有答案。
3. 一旦學生對前兩個問題都有滿意的答案，再加入第三個問題：「你會如何解決這個難題呢？」

當學生能以此方法閱讀，不但可學會使用相同問題來理解每篇新故事，更能自動參與閱讀活動。一旦他們熟悉了三個基本問題，再加入虛構故事（fiction）的其他要素，如背景、角色、情節和行動等。慢慢地增加，每次增加一個要素。

而對於非虛構故事（nonfiction）則可試試這些基本問題：

■「這篇故事最重要的主題是什麼？」

■「那些相關人物所經歷的最大難題是什麼？」

■「故事中的哪些事情可以被用來說明這個難題的起因？」

■「故事中為了要解決這個難題採取了什麼行動？」

■「到目前為止，故事中採取的所有行動造成了什麼影響？」

■「為了解決這個難題，你有哪些更有效的建議？」

■「作者寫這篇故事的目的是什麼？」

創意戲劇

對於觸動覺學習者而言，創意戲劇（creative dramatics）能啟發想像力，是一種能促進閱讀理解的理想工具。它往往被忽視，是由於教師對此技巧感覺滑稽、可笑。我鼓勵你嘗試以下的建議，你只須觀察戲劇如何對學生產生作用。你將會發現，它的好處其實遠多於你的疑慮和不安。

- 有些孩子對於要清楚的表達想法有困難。「讓我們看看你試著說什麼？」這樣的邀請方式會引發孩子有更好的描述。要學生演出生活中與故事角色經歷有關的場景（例如：如果故事人物正面臨祖父／母日漸衰老的問題，可把自己和年長親戚所發生的問題演成一齣短劇）。當他們能將閱讀與個人的經驗連結時，閱讀就會變得更有意義和更令人難忘。
- 要學生把故事改編成劇本、預測並表演即將發生的故事情節、把字彙的意思用動作表演出來，及（或）扮演故事中的特定角色。年齡較大的學生可以分小組進行，表演某個角色在故事中所經歷的不同改變。
- 要學生扮演故事的主角。當其他學生發問時，扮演主角者以第一人稱來回答問題。當他們開始問一些關於某個人物的感覺，或要求該角色對某件事做出判斷時，教師就可以輕易把學生引導至解釋性思考中。

當孩子對戲劇更熟悉時，讓他們從故事中取材，實際嘗試劇本的創作。他們總是喜歡把演出成果錄影帶與家人或別班同學一起分享。

變化：讀者劇場

有些老師發現，讀者劇場（Reader's Theater）比創意戲劇更令孩子舒服自在，也比較容易實行。學生在朗讀故事時就如同劇本演出，每個學生擔任一個角色（有個角色固定為故事敘述者）。把故事中所有的「他說」、「她說」的字眼都刪去，利用排練閱讀的技巧（第170-171頁）讓孩子在對聽眾朗讀之前準備好自己的角色。更多有關讀者劇場的相關訊息，請查看參考文獻及資源。

做摘要

利用魚骨圖（fishbone graphic）來教導學生做摘要（summarizing）的技巧。把魚骨圖畫在黑板上，或設計成一張學習單。讓學生就下列要素尋找適合的答案並填入圖中：誰（Who）、什麼（What）、何時（When）、何地（Where）、為什麼（Why）、如何（How）及主題（main

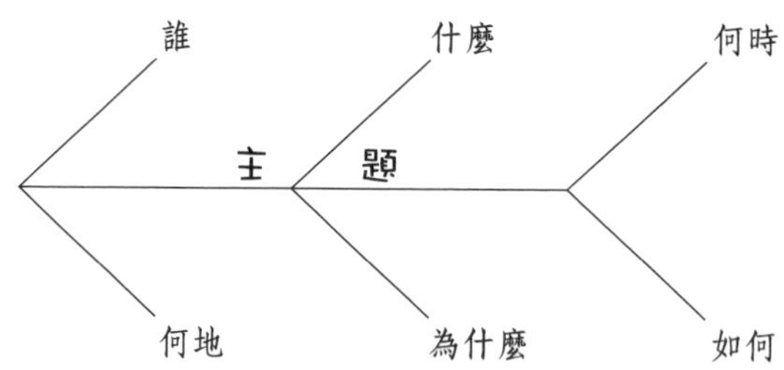

topic）等七個要素。之後他們再利用這些資料撰寫一篇摘要報告。

排列順序

依適當順序安排故事的情節，這需要邏輯、分析及連續性思考的能力，然而這是令綜合型思考者沮喪的任務。一開始，先以工作分析建立學生的順序性（sequencing）概念，要他們把熟悉活動依進行的先後順序排列（例如：上學前穿衣服、穿鞋子、做花生果醬三明治等日常活動）。他們可將一系列動作畫成一張張圖畫，或說出有哪些事件會發生，接著再由別人代為一句句寫下來。注意，必須以正確的順序排列這些動作，如果安排的次序不正確，要求用畫圖或說話的方式將這些動作表達出來的學生，再將圖片或句子剪開後重新排列。一旦學生能從此活動中學會順序的概念，就可應用至閱讀故事中。

以下敘述之方法已被證實有良好的成效，可將此安排故事情節（或歷史事件）的技巧教給綜合型思考者。

1. 請每組閱讀夥伴回想故事中的事件，不用擔心順序是否正確，要求學生把事件寫下來。每一則新事件從新的一行開始敘寫，每行之間留有適當的間隔。向學生示範，如何以放聲思考來描述一則新事件。
2. 要學生把一則則事件、甚至句子剪開，然後依照事件發生的正確順序排出來。
3. 當這些事件已依適當的順序排好，為它們編號，並用膠帶黏貼在一張大紙上。
4. 學生現在可以寫故事，或是用正確的順序來朗讀故事。

變化：連環漫畫

1. 找一組有相當長度、學生能理解又喜歡的漫畫，師生一起閱讀（例如：漫畫書裡的一個短篇故事、星期天報紙的連環漫畫）。
2. 為每一格漫畫編號，然後一格格剪開，並將它們混合在一起。
3. 要學生依照編號，以正確的順序排列這些分格漫畫，之後再混合在一起，並重複此動作幾次。
4. 當學生能自己按順序排列分格漫畫時，師生一起閱讀一組新的漫畫，在沒有分格編號的情況下把漫畫剪開，再協助學生重新組合。然後，再混合在一起，讓他們在沒有協助情況下重組漫畫。重複幾次相同的動作。
5. 在一段時間內多用幾組漫畫做練習，直到學生熟悉此程序，並能獨立完成為止。
6. 向學生展示，如何用他們閱讀的故事來做此練習，他們可以自己畫圖，並按正確的順序來排列。

變化：故事板

故事板（storyboards）的做法是把一張大圖畫紙切割成幾部分，對學生示範，如何按先後順序畫（或寫）下每部分的故事事件。讓觸動覺學習者在割開的紙上畫圖，再實際動手依正確的順序重排。

交互教學法[10]

交互教學（reciprocal teaching）是為了增進學生對文本的理解而設計的教學程序，它最大特色在於師生對話（dialogue）。「交互」一詞描述師生互動的本質，個人所採取的行動是來自對方的回應。在交互教學中，師生對話的架構是由提問（questioning）、摘要（summarizing）、澄清（clarifying）和預測（predicting）策略組合而成，並由師生輪流擔任對話的領導者。

10 此節及接下來一節的內容皆修正自：A. S. Palincsar、Y., David 和 A. L. Brown 合著的交互教學手冊。經 Annemarie Sullivan Palincsar 授權使用。

交互教學的目的及要素

交互教學法能讓師生一起努力，將文本的意義帶入閱讀活動中。教師選擇交互教學法的原因有二，一方面它能增進讀者的理解力，再者，它提供讀者監督自己理解的機會，使能更加覺察並調整自己的閱讀，因此也具備後設認知教學（metacognitive instruction）的特色。

- 摘要：摘要技巧使學生對於要閱讀的文本有辨認和改述（paraphrase）的機會，並能把重要訊息融入文本中。當學生在學習做摘要時，教師應允許他們使用單一語句、段落或整節的形式。在你開始嘗試交互教學時，學生做摘要的能力通常以段落表現，當他們做摘要的技巧變得更成熟時，就比較能整合大範圍的文本（注意：第 186 頁的魚骨圖能協助學生在摘要技巧的訓練）。
- 提問：提問技巧能強化摘要的能力，它會吸引學生對故事有更進一步的理解。當學生產生問題時，首先，他們會嘗試找出重要訊息的類型是否足以形成問題本體。然後，再將此訊息以問題形式提問。學生需要自我測驗，以確認他們能自問自答。問題的產生是一種彈性策略，學生都應當被教導這個策略，並被鼓勵去提問多層次的問題。舉例來說，有些學校要求學生對於支持性細節的知識具備精熟能力；其他學校則期待學生能有從文本推論，或將文本訊息應用於新問題或新情境中的能力〔注意：開胃菜問題講義（第 172 頁）及思考戲法：批判思考模式（第 125-126 頁）能協助提問技巧的訓練。〕
- 澄清：對於那些以為閱讀只需要把生字唸對，以及那些一旦對生字和段落意思無法理解，學習情緒就不安的學生來說，澄清過程對他們特別重要。當你在教導學生如何澄清時，首先，把學生的注意力拉回來，讓他們察覺文本的難懂其實有很多原因，例如：新字彙、字彙所指示的對象不清、某個概念不熟或太難。你要指導學生去留意這些阻礙及其對閱讀理解可能產生的影響，並採取重讀（reread）、先讀（read ahead）及要求協助等必要步驟來獲取文本意義（注意：本章所介紹的前導組體能協助澄清技巧的訓練）。
- 預測：要求學生去假設，在接下來的故事中作者可能會討論什麼。為了要有成功的假設，學生必須活化自己對此主題已有的背景知識。

他們要對閱讀設定明確目的，以便能對假設進行確認或表達不同的看法。另外，教師應為學生創造一些機會，使他們能把在文本接觸到的新知識與已有的知識連結。最後，文本的結構將有助於學生練習預測策略，不管是標題、小標題或隱含在文本中的問題，它們都能幫助學生有效地預測接下來的故事可能發生的事件（注意：第 175 頁的預測單對此技巧確有幫助）。

總而言之，交互教學的四種子策略能幫助學生從文本之中建構意義，並作為監督閱讀的工具，以確保他們真正了解所閱讀的故事。

有關交互教學法在閱讀教學的應用，其最終目標在於教會學生能彈性運用不同的子策略。一般而言，交互教學法的實施方式如下：首先，由討論者帶領小組成員進行提問，並協助回答問題，其他成員則繼續提問更多問題。然後，領導者會針對故事文本做摘要，並詢問是否有人希望把答案再予以精簡或是修正，在此過程中，任何想法的澄清都會納入小組討論的範圍。最後，在準備繼續閱讀文本時，小組成員會預測接下來的文本內容是什麼。

文學本位的閱讀教學

不管你的閱讀方案是以文學作品或基礎教材為特色，本章所描述的策略都將能顯現教學成效。有些教師把文學讀物作為閱讀課程的唯一教材。當然，如果你希望這麼做，就必須百分之百確定，此方案同時包括給學生的指定閱讀、自然發音法及配合該年級寫作課程的標準等要素。

- 無論你正使用哪種教學模式或方法，每天至少撥出 30 分鐘讓學生閱讀真正的文學作品。不要將它稱為「自由閱讀」或「休閒閱讀」。那麼在教室裡出現的其他閱讀活動是什麼呢？永遠記住，所有閱讀教學的目標都是希望能藉此增加學生的能力，使他們在一天中能閱讀任何選擇要讀的材料。在某些班級裡，在一般一節閱讀課之中，你可以觀察到學生實際花在閱讀的時間不到 7 分鐘。如果有人在你閱讀 7 分鐘之後奪走你的書、雜誌或報紙，而要你寫些強調技巧的作業（如學習單），你會喜歡他們這麼做嗎？

■ 協助你的學生使用三指規則來選擇有點挑戰性的書。在選好一本他們喜歡的書之後，隨便打開其中一頁 —— 最好是那頁只有幾個、甚至沒有插圖。接著請學生開始閱讀此頁，每當他們看到不會讀（或不懂）的生字就舉起一根手指。假使在這頁結束時舉起了三根（或更多的）手指，那麼把這本書作為獨立閱讀（independent reading）的讀物就可能對他們太難了，必須再另做選擇。然而，學生還是可以因為其他理由來閱讀這本書。

■ 廢除一些閱讀的限制，如禁止孩子再次選擇已經讀過的書，或對他們而言太容易的書。大人自己在閱讀時不也經常出現上述行為嗎？

■ 有些學生對閱讀的態度非常消極，在他們閱讀之前先對他們講述故事。讓他們對故事能先有一個整體圖像，在真正閱讀時就牢記在心了。或者，由你來朗讀故事，直到學生對故事的了解足以激起閱讀的興趣為止。從那一刻起，讓學生獨立閱讀。

■ 考慮在你學生閱讀故事之前或之後放映故事的影片（錄影帶或DVD）。稍後，讓學生比較書本和影片的相似及差異性（記住，允許分析型讀者在讀故事前能選擇先不看影片）。

■ 避免強制學生寫書面報告！孩子對閱讀的信心如同慢慢點燃的火苗，強迫寫報告會在剎那間澆息他們對閱讀好不容易產生的熱情。所有你認為在書面報告中練習的語文及寫作目標，都可以輕易地在其他課程中經歷。

■ 某位老師以「讓我們聊一本書」的活動來開始每一節課。學生們兩人一組來談論他們正在閱讀的書，或是朗讀最喜歡的一段。這位老師也和一位學生搭檔一起做此活動，給學生一段不被打斷的時間。所有學生的閱讀態度都變得更積極。

■ 撥出一段固定時間給學生，用來非正式地分享他們正在閱讀的書，甚至尚未讀完的書。大人不是一直如此嗎？你曾有任何朋友拒絕聽你談論某本書，只因你還沒讀完它嗎？

■ 影印給每位學生一份表格「我想要閱讀的書」（第 191 頁）。對學生說明，在任何時候當同儕在分享正閱讀書籍的相關訊息時，他們都必須帶著這張表。假使他們想閱讀某本同儕正分享的書，就把它列入書單

我想要閱讀的書

這份書單是屬於：____________________

作者或圖書編號	書名	這本書的簡單描述

中。當他們到圖書館時就可將這份書單帶著，就能自己選擇、借閱書籍，而不必再問一個許多圖書館員都害怕的問題：「你們這裡有任何好書嗎？」

如何帶領小說的團體討論？

你可使用任何方法，讓課堂中的讀書討論更具挑戰性、吸引力、知識性及意義化。對於接受過蘇格拉底問答教學法、研討會領導才能或「好書方案」訓練的老師來說，他們知道如何讓發問充滿挑戰性、探測學生的推論、指導學生為建立自己的觀點和結論找出證據，並持續提問以保持討論的開放性，而不去判斷學生回答的對或錯。至於，另一個對高層次思考能力有所助益的教學模式，則請參考 Frank Lyman 的思考戲法（第 125-126 頁）。

1. 要學生就目前讀完的部分做摘要，並加以敘述，來開始每次的小說討論。
2. 要學生就討論前一刻所閱讀的部分，來分析和批判小說中角色所採取的行動和決定。
3. 要學生就小說接下來的幾章，預測可能發生哪些事件和行動，並為他們的預測提出理由。
4. 任何可能的時候，促進學生在閱讀某篇小說的個人參與度。組織辯論活動，讓學生從各自偏袒的一方，就特定角色的觀點來進行辯論。接下來，要求他們互換角色，並採取相反的觀點討論。或是邀請學生討論他們和此角色在生活中的相似及差異之處。號召自願者來進行此活動，學生不一定要分享私人生活，除非他們選擇與人分享。

如何利用閱讀反應筆記？

對於寫作態度很積極的學生而言，他們喜歡持續為所閱讀的書籍寫札記。閱讀反應筆記（Reading Response Journal）是一個很棒的教學法，它能協助學生把批判思考應用在閱讀的書籍之中。學生可在每次閱讀結束時，或閱讀中途當想法還新鮮時，即時的寫下閱讀札記。

提示：不去要求學生每天都有書面回應。即使是對喜愛寫作的學生而言，這可能很快就變成令人討厭的例行公事。切記，拼字正確和寫作技巧在閱讀札記裡並不重要。把焦點放在學生思考過的反思札記之中。

1. 給每位學生幾份空白的「閱讀反應筆記：我的思考記錄」（第 194 頁）。向學生說明，他們可以用好幾行文字來回應某個特定故事情節。
2. 有些學生希望你對寫作主題給予建議，而不是開放式的如寫任何你想寫的東西。你可為特定類型的反思設計視覺提示。[11] 設計以各個視覺提示為特色的學習單。例如：

- 寫下你今天要閱讀的故事中所發生的相關事件。當你閱讀完畢時，評論自己預測的準確性。

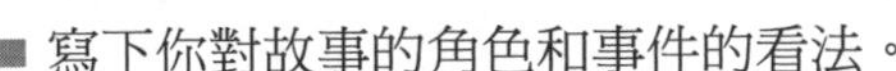

- 寫下你對故事的角色和事件的看法。

- 寫下關於你所閱讀的內容，如何使你回想起自身經驗。
- 從某個故事角色的觀點來敘述一些事。

- 寫一封信給故事中某位角色。告訴他你喜歡他什麼地方、對他做的哪些事給予回應，以及對某些他可以有不同做法的事情進行建議。

- 把你在故事裡不懂的事情用問題寫下來。準備好在課堂發問或在開會時與老師討論。

- 預測你認為在接下來的故事裡將發生的情節。

教導閱讀的技巧

當閱讀教學是被放在文學脈絡裡而不是作為一種單獨技巧，為了確保孩子能理解和遷移（transfer），直接教學確有其必要。以下所列步驟能有效地幫助你教導任何新的閱讀技巧。提示：假使你正以放聲思考示範任何策略，記得同時使用投影機放映投影片。如此學生可以清楚看到，若想成為好的閱讀者，即使是老師，也要使用策略。

11 修正自：Linda Holt 所使用的方法，她是一位教師，住在夏威夷 Maui。

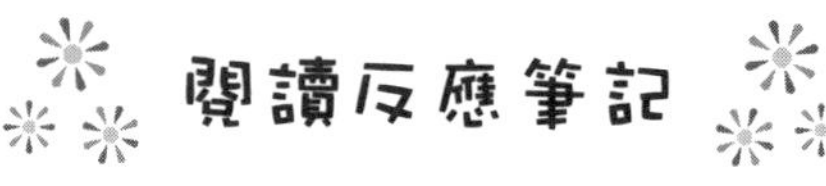

我的思考記錄

我的姓名：＿＿＿＿＿＿＿＿＿＿＿＿＿＿＿＿＿＿＿＿

書名：＿＿＿＿＿＿＿＿＿＿＿＿＿＿＿＿＿＿＿＿＿＿

作者姓名：＿＿＿＿＿＿＿＿＿＿＿＿＿＿＿＿＿＿＿＿

我開始讀
這本書的日期：＿＿＿＿＿＿＿

我讀完
這本書的日期：＿＿＿＿＿＿＿

故事中的事件	我的反應

1. 為教導新技巧做準備。活化學生關於此閱讀技巧的背景知識。讓他們討論曾經在哪裡見過或用過，以及他們認為此知識所代表的意義。
2. 描述技巧。給這個技巧一個名稱，告訴學生閱讀這個故事對他們有哪些幫助，並解釋如何把策略運用到其他學習之中（如看報紙或讀雜誌）。讓他們把此訊息用自己的話重述給另一位夥伴聽。
3. 應用技巧。向學生示範，何時及如何在目前所讀故事中使用此技巧，從頭到尾使用放聲思考，並用視覺組體伴隨你的示範。
4. 練習技巧。練習、練習和再練習是精通任何新技巧的關鍵。允許學生使用個別、配對或小組方式，把閱讀技巧在反覆練習之中應用，切記，任何一節課範例的練習次數都不應超過十二次。一次只練習一種技巧，直到他們能表現出適當能力為止。
5. 遷移技巧。將學生在閱讀所學技巧遷移至其他學科，他們的遷移能力並非自動產生，你必須有目的地在新環境裡示範。

利用學習單或習作本

把你的視覺型學生、觸動覺型學生配成一對，指定一些練習，讓他們可輕易轉換成動手操作的活動。例如，某一頁的練習需要把生字和定義配對，發給每對學生一張學習單及一張色紙。第一位學生把學習單垂直地切割為二，接下來把單字切割開來，而第二位學生把定義切割開來。兩位學生把切割好的紙片放在色紙上並重新組合，直到為每一個單字配對出適合的解釋（用不同顏色的紙張，允許個別學生使用使其更專注的顏色）。接下來，第二位學生把答案寫在一張未經切割過的學習單上，兩位學生同時在學習單上簽名，表示他們一起完成作業。

你可以定期地將此活動改成紙筆練習，以便察看學生是否準備好，進入不用操作性活動而能完成作業的階段。

以下策略也能增加學生對於寫學習單及習作的興趣：

- 任何學生所使用的習作本，必須要教會或強化他們，能了解所讀故事前後脈絡的技巧。略過你找不到上下文關係的那幾頁，或者重新安排這些技巧，以便在有意義的脈絡中教授它們。

■ 所有習作本都必須附有明確易懂的指示。和學生一起閱讀，並討論習作的指示語；提供具體範例，示範完成的作業應該是什麼樣子。

■ 假使有些孩子看不懂某頁習作的指示語，一次給他們看一項說明。在你增加別的指示語之前，讓學生證明他們能了解每項說明。

■ 藉由提供五個連一排的機會（Five-in-a-Row opportunity），使學生對寫習作感到興奮：當任何學生能整齊、清楚和正確地完成連續五個題目或範例就可停止練習！當他們能獨立寫習作而非和夥伴合作，此活動的效果最好。

 問答集

「我何時可以開始使用這些閱讀策略，我應該使用多久呢？」

本章介紹的所有閱讀策略，都是為了與目前你所使用的任何閱讀或寫作課程結合而做準備。換句話說，你不必等到策略已被學校（或是學區）認可或採用才開始。你今天就可以開始實施，把這些閱讀策略用在那些對目前教學法體驗不到成功的學生身上。倘若其他學生偶爾也想嘗試，你可以容許這樣情況，但你鎖定的對象必須一致性使用，直到他們已做好準備，從全天候練習，轉變為在特定課程使用。假使他們無法有此轉變，就不可能在特定課程學得來了，而學生的學習成果也可能因為你在教學法的調整而比調整前更多。

「我幾乎沒有足夠時間教完普通班的閱讀課程，我如何能找出這些活動的時間呢？」

和你所使用閱讀課程的出版社代表聯繫，詢問你是否被預期完成教學指引建議的所有活動（此代表是經由出版社指派，為提供你學區資源的人士），如果你被告知，必須教完教學指引中建議的每種活動。你可要求在你學校為所有年級學生舉辦一個免費說明會。就我的經驗來說，這會讓出版商確認，在教學活動的安排應有些彈性空間。切記，學生不應將寶貴的學習時間，花費在得不到成就感的課業活動裡。使用本章所

描述的一些教學活動及策略來取代那些正使你學生受挫的。

「本章建議的策略非常活潑，它們會不會使我的過動學生更難以控制？」

為學生計畫 10 到 15 分鐘的活動時間，並在活動之間有休息時間。假使學生需要平靜下來，在回到手邊課業之前，讓他們聽幾分鐘的輕柔音樂。將教室的燈光保持柔和、明亮。讓那些保持專心、不離座的學生可獲得額外好處。最後，老師要能察覺，比起那些飽嚐挫敗的孩子，在課業體驗成功的孩子通常比較不會出現過動的情形。

「對於那些閱讀表現比同年級程度落後的學生，我如何在閱讀教學中使用真正的文學作品？」

所有孩子都能享受閱讀好故事的樂趣。在所有的基礎閱讀課程中，閱讀故事所使用的策略一樣能適用於閱讀文學作品。對閱讀態度被動的讀者而言，他們可藉由真正的文學讀物，正向地激發其閱讀動機。你可嘗試 Irlen Institute 所發展的有色覆蓋片（colored overlays），來看看覆蓋片是否能幫助孩子在閱讀時感覺到字是固定不動。請見參考文獻及資源。

 參考文獻及資源

請參考第七章和第八章的參考文獻及資源。

Brain and Reading video series（www.ascd.org）. 共有三部錄影帶及一本使用指南，介紹教育工作者及家長有關與大腦相容的學習原則，以及它們如何被應用在閱讀上。使用指南包括講義、投影片及基礎背景資料，延伸錄影帶中的想法。1-800-933-ASCD（1-800-933-2723）。

Brown, Hazel, and Brian Cambourne. *Read and Retell: A Strategy for the Whole Language/Natural Learning Classroom.* Portsmouth, NH: Heinemann, 1990. 描述增進閱讀理解的策略。

Carbo, Marie. *What Every Principal Should Know About Teaching Reading: How to Raise Test Scores and Nurture a Love of Reading.* Syosset, NY: National Reading Styles Institute, 1997. 提供教室本位、有研究證據的實例，針對如何強化閱讀方案、善用學生閱讀風格、獲得最高閱讀成效、評估閱讀方案，以及如何開始一個示範性閱讀方案作詳細的介紹。

Carbo, Marie, Rita Dunn, and Kenneth Dunn. *Teaching Students to Read Through Their Individual Learning Styles.* Englewood Cliffs, NJ: Allyn & Bacon, 1986. 協助教師以對觸動覺學習者友善的方式，評估、調整學生的閱讀風格，以及教導閱讀技能。

Clay, Marie M. *Reading Recovery: A Guidebook for Teachers in Training.* Portsmouth, NH: Heinemann, 1993. 描述 Reading Recovery 方案，幫助有學習困難的讀者變得更有能力，獲得令人注目的學習成就。

Cunningham, Patricia, and Richard Allington. *Classrooms That Work: They Can All Read and Write.* 3rd edition. Boston, MA: Allyn & Bacon, 2003. 結合自然發音法及文學本位的歷程寫作及閱讀教學，以發展均衡的讀寫教學法。

Davis, Sandra. "Teaching the Reading of a Novel to Secondary Students with Learning Disabilities." *Illinois Reading Council Journal* 17:2 (1989), pp. 11-15.

Fountas, Irene C., and Gay Su Pinnell. *Guided Reading: Good First Teaching for All Children.* Portsmouth, NH: Heinemann, 1996. 為引導閱讀（guided reading）領域最重要的一本書，可用來幫助教師診斷及補救學生的閱讀困難。

Great Books Foundation（www.greatbooks.org）. Great Books 工作坊為成人所設，教導讀者如何進行分享式探索（shared inquiry），為合作、問題導向的討論方法。1-800-222-5870。

Harvey, Stephanie, and Anne Goudvis. *Strategies That Work: Teaching Comprehension to Enhance Understanding.* Portland, ME: Stenhouse Publishers, 2000. 此書介紹非常好的特定策略，教師可用來增進孩子的閱讀理解能力。

Heckelman. R.G. “Using the Neurological-Impress Remedial Reading Technique.” *Academic Therapy Quarterly* (Summer 1966), pp. 235-239.

HOTS: Higher Order Thinking Skills（www.hots.org）. 一般性思考技能的教學方案。專為四至八年級的 Title I 及學習障礙學生設計，可用它來加速學生學習、提高測驗分數，及增加社會適應的自信心。教學單元範例可自網站下載。1-800-999-0153。

International Reading Association（IRA）（www.reading.org）. 此協會提供專書、宣傳小冊、錄影帶及期刊，支援讀寫教學。1-800-336-READ（1-800-336-7323）。

Irlen, Helen. *Reading by the Colors: Overcoming Dyslexia and Other Reading Disabilities Through the Irlen Method.* New York: Perigee, 1991。描述 Irlen 教學法，藉此改善閱讀的技巧，並解釋能做什麼、不能做什麼。

Irlen Institute（www.irlen.com）. 針對知覺型閱讀者、學習困難兒童及成人，提供診斷測驗及協助，在美國合格的測驗中心都可獲得相關服務。對某些兒童來說，使用有色透明片及濾光鏡片的 Irlen 教學法，能顯著改善其學習成就。1-800-55-IRLEN（1-800-554-7536）。

The Literacy Web at the University of Connecticut（www.literacy.uconn.edu）. 針對文學及學科閱讀的讀寫發展，提供教師豐富的教學輔具。

Lyman, Donald E. *Making the Words Stand Still.* Boston: Houghton Mifflin, 1986. 此書描述作者親身經歷，作者兒時被診斷為學習障礙，在努力學習過程中曾感受痛苦，本書並介紹作者自創的獨特教學法。

National Reading Styles Institute（NRSI）（www.nrsi.com）. 此為 Marie Carbo 所撰述專書（如上所述）及其他閱讀相關支援教材的發源地。1-800-331-3117。

Ogle, Donna S. “KWL: A Teaching Model that Develops Active Reading of Expository Text.” *The Reading Teacher* 39 (October 1986), pp. 564-570.

Palincsar, A.S. “Reciprocal Teaching.” In *Teaching Reading As Thinking* by A.S. Palincsar, D.S. Ogle, et al. Alexandria, VA: Association for Supervision and Curriculum Development, 1986.

Palincsar, A.S., and A.L. Brown. "Reciprocal Teaching: Activities to Promote Reading with Your Mind." In *Reading, Thinking, and Concept Development: Strategies for the Classroom.* T.L. Harris and E.J. Cooper, eds. New York: The College Board, 1985.

Parents Active for Vision Education（P.A.V.E.）（www. pavevision.org）. 針對根源於視覺問題的閱讀困難者，提供家長及教師相關服務及診斷。1-800-PAVE-988（1-800-728-3988）。

Read • Write • Think（www.readwritethink.org）. 在 International Reading Association（IRA）、National Council of Teachers of English（NCTE）及 MarcoPolo Education Foundation 此三個機構彼此間建立合作的夥伴關係，可至網站查詢教學計畫、課程標準、教材、教室活動行事曆，以及更多與活動、讀寫教學及文學有關的線上資源。

Readers' Theater（www.evan-moor.com）. 提供腳本及劇本，可用來幫助學生練習朗讀，發展流暢性及表達能力。1-800-777-4362。

Reading Recovery（www.readingrecovery.org）. 由 Marie M. Clay 設計，此課程對於嚴重缺乏閱讀技巧及一年級學生頗具成效。當課程方案依設計實行，它的長期獲益將使得大部分學生在小學階段的最後幾年中，能以年級水準閱讀（或接近年級水準）。Reading Recovery 方案最有效之處在於當所有學生需要時能隨時取得，它被視為極佳的教學補充教材。可查閱 Marie Clay 所著書籍 *Reading Recovery: A Guidebook for Teachers in Training*（如上所述）。

Recording for the Blind and Dyslexic（RFB&D）（www.rfbd.org）. 此機構致力於美國各級學校所使用的大部分教科書，及一些文學作品的有聲書製作。只需象徵性付費即可取得相關教材。1-866-RFBD-585（1-866-732-3585）。

Simmons, Deborah C., and Edward J. Kameenui, eds. *What Reading Research Tells Us About Children with Diverse Learning Needs: Bases and Basics.* Mahwah, NJ: Lawrence Elbaum Associates, 1998. 此書關於如何教導掙扎於閱讀的學生，為內容完整的教科書。

Stauffer, Russell G. *The Language Experience Approach to the Teaching of Reading*. New York: HarperCollins, 1980.

SuccessMaker（www.pearsondigital.com/successmaker）. 為一套數位教育軟體，適合學前大班至八年級使用。針對每位學生的特殊需求設計個別化教學，強調自然的教學呈現，視學生的預備能力而定，以期創造成功的學習經驗。與學區、地方及全美的課程標準密切配合，提供綜合性支援管理系統。美國有超過 16,000 所學校、國外有 1,500 所學校正使用此套方案。可依顧客需要大量定做，所需花費不一，視學校購買軟體、不同年級、需要的專業成長服務量而定。1-888-977-7900。

Tibbett, Teri. *Listen to Learn: Using American Music to Teach Language Arts and Social Studies (Grades 5-8).* San Francisco, CA: Jossey-Bass, 2004. 提供教師動態教學法，利用美國音樂史來提升學生的學習參與感，它的特色在於提供多樣化活動，鼓勵學生寫下喜愛的音樂、調查歌曲中的詩境、研究知名音樂家的生活及更多內容。本書附有一片音樂 CD。

Vacca, Richard T., and JoAnne L. Vacca. *Content Area Reading: Literacy and Learning Across the Curriculum.* 8th edition. Boston, MA: Allyn & Bacon, 2004. 藉由閱讀、寫作、說話及傾聽歷程，幫助學生學習跨學科課程，此書獲得極高評價，它的設計目的是成為一個主動學習的工具，因同時提供真實案例，以研究為根據的實務內容而使本書更加完整。本書的更新版中加入當代議題，例如：學科內容標準、評量、沒有孩子會落後（No Child Left Behind）及閱讀優先（Reading First）等主題。

Winebrenner, Susan. *Teaching Gifted Kids in the Regular Classroom: Strategies and Techniques Every Teacher Can Use to Meet the Academic Needs of the Gifted and Talented.* revised and updated edition. Minneapolis: Free Spirit Publishing, 2001. 其中第七章，"Reading Instruction for Gifted Students"，針對如何實施及管理閱讀方案，使其彈性、有反應，本書提出很多建議。

CHAPTER 7

閱讀教學：發音、字彙及拼字

大部分學生可以從字母—語音連結（letter-sound associations）的學習獲益，但學習困難學生在音素覺識（phonemic awareness）及自然發音法（phonics）上出現許多困難，這是因為語音經常被拆開來單獨教，缺乏有意義的上下文脈。綜合學習者有時能藉由其他方法學會閱讀（如第六章所述策略），學習效果反而比自然發音法更好。我們應避免讓孩子在一開始學習自然發音法就遭遇挫敗，這會使他們認定因自己不聰明才學不會閱讀。

音素覺識

音素覺識能力是指個體能辨識口語字詞（spoken words）是由一連串獨立語音組合而成，此能力聚焦於單字的結構，以及語音和組成單字的字母之間關係的理解，並未涉及單字的意義。音素覺識能力包括對以下概念的理解及應用：

- 字（詞）是由獨立語音或混合音組成。
- 字（詞）在開始或結束可以是相同的語音。
- 字（詞）裡可以包含相同的語音。
- 字（詞）是可以押韻的。
- 字（詞）是可以有音節。
- 從字（詞）中刪去或替代一些字母或語音，就能創造出其他語音。

■ 某些語音可以用混合音來發音。

■ 語句是由一組單字所構成。

當孩子正進行任何與聲音有關的活動時，只要閉上眼睛能將這些聲音予以歸類，這就是一種音素覺識的能力。

自然發音法教學

自然發音法是閱讀者學習字母和其語音關係的方法，能使閱讀者辨識單字和其發音、單獨認字和拼字、從上下文脈中認字，以及在語句中認字。由於識字（word identification）能力的貧乏會妨礙閱讀者從文本中獲得意義的能力，自然發音法對學習有多方面的影響。對學習困難學生而言，基本問題不在於他們是否需要自然發音法，而是自然發音法應在何時及如何加入閱讀課程裡。

有些幼稚園到二年級的學生看來完全困惑於語音／字母的關係，也無法學會它們。我們應採用成果導向，以更整體的方法來教閱讀。自然發音法的規則應等到孩子有成功的閱讀經驗之後再正式教導。針對二、三年級的學生，你可以教他們玩些魔術遊戲，針對不熟悉的單字做發音練習，以改善拼字的能力（大部分 7、8 歲的孩子喜歡變把戲）。當學生具備預備能力時，所有年齡的學生都更容易學會自然發音法。

綜合型學習者無法用語音拆解的方式學習發音。在孩子能掌握自然發音法的構成要素之前，我們沒有理由剝奪孩子獲取閱讀經驗的機會。一定要在有意義的單字、片語和句子上下文裡，教導自然發音法的所有技巧。在任何時候利用觸動覺教學，其中包含對健康有益的音樂一律動活動。永遠記得，自然發音法系統的形成如此不合邏輯與不可靠。例如：為什麼 fish 拼成“f-i-s-h”？為何不把它拼成“g-h-o-t-i”？如同“gh”在 lau<u>gh</u>，“o”在 w<u>o</u>man，及“ti”在 na<u>ti</u>on = fish ！

識別字母一發音的教學技巧

字母

- 在教導母音字母之前先教子音字母，它們總是能「說出自己的名字」。教授的子音字母如平常聽到的發音，而不是例外音。
- 利用一個具體的畫面和有對應的提示字（cue words）的架構來教每個子音字母的發音。學生可以想像一個畫面來記住發音。提示：觸動覺學習者偏好選擇動作字（action words）當作他們的提示字，例如："s"如同在"ski"（滑雪），"r"如同在"run"（跑），"p"如同在"play"（玩）。至於聽覺及視覺學習者則偏好使用名詞。
- 使用教子音字母的方法來教母音字母的發音，在一個具體畫面和對應提示字的架構下，專注在母音字母的發音。
- 為了讓母音字母的發音也能「說出自己的名字」，讓學生依每個提示字所指，把它表演出來。這些提示字加上畫面可能是：

  "a"如同在"race"（賽跑）　"o"如同在"blow"（吹）
  "e"如同在"lean"（靠）　"u"如同在"music"（音樂）
  "i"如同在"ride"（騎）

  我選這些動作字為提示字，是因這些字容易表演，目標字母（target letter）只出現一次。你也可以使用目標字母出現一次以上的提示字，只要它的發音相同。你可任意選擇不同的提示字，但要遵循相同的準則。一旦你為某個母音字母選定一個提示字，就不要再改變。你在教母音字母的發音時，不要選用令人困惑的長母音和短母音。
- 針對其他母音字母的發音，它們的提示字加上畫面可能是：

  "a"如同在"pat"（輕拍）　"o"如同在"knock"（敲）
  "e"如同在"jet"（噴射）　"u"如同在"tug"（拖）
  "i"如同在"pitch"（投）
- 為每個提示字編一則小故事，以強化孩子的對此字的心理圖像。例如：在教"tug"（拖）的時候，你可敘述一艘小船必須將一艘大船拖上岸的故事（故事可用目前受歡迎的英雄、女英雄或動作演員命名）。故事為"He or she is tugging the ship away from the tug at the same time the tug is tugging it forward"（當拖船正把大船往前拖的同時，卻把大船拖離了拖船）。故事愈滑稽愈好！。

- 在單字關係裡教過發音後，便開始辨識字母（letter recognition）。唸出某個字母的發音，同時向學生展示它。讓學生一次只學一個字母的發音，也許最長花費三天學某個字母。當學生在單字裡看到這個字母時，提醒學生特別注意它。提供給孩子的點心及上下課玩的遊戲都以此字母開頭。將此字母一致地跟它的提示字連結。絕對不分開示範一個字母（"puh-puh-puh"）。永遠提到它的提示字（「puh 如同在 play」或"puh-puh-lay"）。
- 製作字母閃示卡（flashcards）。子音字母用一種顏色卡片，「說出自己名字」的母音字母用另一種顏色的卡片。而第三種顏色的卡片，給發出的音不同於自己名字的母音字母。
- 在學生大聲唸出字母發音時，用寫字那隻手的第二及第三根手指描出字母的輪廓。假使學生能感覺觸摸到字母，這樣的效果會最好。利用砂紙或軟蠟筆做成字母，或要求學生在裝有砂（或鹽）的鞋盒裡描繪字母。要求學生在空中用大動作寫字母，互相在背上或自己的手臂上寫字母。
- 將所有感官融入學習發音的過程裡。例如：在發音和讀字彙時，讓孩子在空中用力揮拳，唱歌詞中包含特定單字的歌曲，或者一邊唸字、一邊跳舞或表演。

字群[1]

- 當學生能唸出某些字母的發音就可認識字群（word families）。例如：如果他們總是能辨認 pat 的短母音"a"，就說：「如果你知道 pat（輕拍），你就知道 hat（帽子）、fat（胖的）、rat（老鼠）和 sat（坐的過去式）。」

1 此一小節的部分構想來自 Linda Holt，她是一位教師，現居住於夏威夷的 Maui，經授權使用。

- 你可一起教發音相似的字群。使用彩色粉筆、簽字筆或墨水，以印刷體寫下目標發音（target sounds）。每個字群使用一種顏色。
- 蒐集相同字群的單字，寫在字彙盒裡的卡片上。用特定的顏色強調目標音，以強化字群模式（family pattern）給孩子的視覺印象。
- 使字群的學習變成一種觸動覺體驗：利用磁鐵板上的塑膠字母，變換字首的子音字母。讓學生保存字群表，也許每個字群都用不同顏色。
- 創造一篇充滿字群的滑稽故事。例如："The purple turtle went to see the nurse because he got hurt going around the curve."（紫色烏龜去找護士，因為牠走到轉彎地方時受傷了。）要學生加上更多的單字；邀請學生，用其他的字群來編造類似的故事。
- 要學生盡量使用最多的字群來寫他的故事。用螢光筆畫出重複的字群。蒐集學生的故事編成一本書，並影印複製，把書寄到家裡給他們朗讀。
- 一旦孩子了解字群的簡單特性後，例如："cat"、"hat"、"sat"，變換其短母音字母，但保留相同的子音字母。例如：如果你知道"cat"，你就知道"cot"和"cut"。接下來，學習運用複合音（blending sounds），如"flat"、"clap"、"trap"。
- 增加字群的練習，直到學生能辨識字彙的發音，並自動唸出字彙為止。
- 設計遊戲和其他好玩的方法，以加強孩子在語音一字母技巧的練習。大部分孩子能透過遊戲，在令人驚訝的短時間內學會。

運用單字[2]

給學生一組字母，這些字母組成今天上課會學到的單字。要學生組合這些字母，做出幾個較短的字彙。也可由你口述要他們做的字彙，或提供給他們字彙的清單。

譬如說：假使你當天的目標字是"weather"，給所有學生七個字母。不說出目標字是什麼。請學生擔任生字小偵探，他們的工作是解開

2 運用單字和字牆活動係修正自：Patricia Cunningham and Richard Allington, *Classroom That Work: They Can All Read and Write.* New York: HarperCollins, 1994。經授權使用。

謎團：將這些字母全部組合成一個單字。指導他們用字母組成“the”、“wet”、“hat”、“her”、“wreath”、“where”等等，一直到有人想出所有字母合在一起變成“weather”為止。

變化：讓學生以小組競賽的方式，看看哪組能在 5 分鐘內用這些字母創造出最多單字。每組由一位學生負責記錄全部的單字。創造最多字的一組為獲勝者。能利用全部字母組成一個字的那組可獲得額外加分。

字牆[3]

字牆（Word Wall）為利用大型布告欄或指定黑板（或白板）上，某個不需擦拭的位置進行拼字活動，每週在字牆增加五個新單字，是學生在那週閱讀及寫作課中要學的生字。把生字寫在色紙上（以彩色簽字筆或彩色粉筆來寫字），再根據字首的字母順序來排列單字。每天從字牆選出五個單字讓學生練習。讓學生有節奏地吟誦，並在每個單字裡要學的字母上拍手拍三下，接著寫下那個單字。最後，把寫下的單字再次吟誦和拍手。活動如需變化，可使用手臂拍打拼字法（Arm Tap Spelling）（請見第 218 頁），把用於單字活動裡的所有單字都包括在內。也可利用閃示卡，練習字牆裡的字彙（查看第 210 頁）。

利用音樂、節奏和動作

- 饒舌歌曲和節奏能幫助動覺型學生更容易學會字母的發音。尋找使用自然發音法規則教導孩子吟誦的相關產品。
- 利用節奏信號來教發音及音節。讓學生用拳頭揮擊空氣，或在一個單字裡每聽到一個音節就拍一下手。例如：當你和學生一起唸“pizza”時，在唸到“piz”及“za”時拳頭就往上揮。
- 讓學生在寫字時用手（或手臂）做誇大的書空動作；或利用像刮鬍膏、指畫顏料或鹽巴等不同材料來寫字；或讓學生在彼此的背上寫字。

3　運用單字和字牆活動係修正自：Patricia Cunningham and Richard Allington, *Classroom That Work: They Can All Read and Write.* New York: HarperCollins, 1994。經授權使用。

- 讓學生在讀出每個字母時跟著拍手，這個動作有助於記住單字的正確拼法。要學生在每個音節上拍擊手臂也一樣有效。特別是對綜合型學習者而言，節奏信號遠比傳統音節規則來得更有效。
- 以上方法能幫助某些學生，在重複唸出一個字的同時把字表演出來。

利用打字機和電腦

對於自然發音法和拼字有問題的學生，允許他們把要學的單字試著打字出來。每個單字必須打字三遍，每次檢查其正確性。觸摸鍵盤字母會增強觸動覺學習者在字母發音的能力。要求家長或你的朋友捐贈舊打字機給你的教室。

建立閱讀字彙

如果你打算明天走進教室，給學生一個突擊生字測驗，考試範圍包括你從學年一開始到現在教過的所有字彙，你認為結果會怎樣呢？做個大方估計吧！可能有高達 50% 的通過率，但大部分老師的保守預測大概介於 20% 至 35% 之間。因為要學生能記住所有教過的字彙非常不可能，也由於不會記得相同的 20% 至 35%。所以，較有意義的做法是把少量字彙教到非常好，讓百分之百的學生能記住百分之百的相同字彙！

大多數傳統學習字彙的方法對學習困難學生起不了作用。就好像一位二年級學生的媽媽，當她看到女兒從課本裡的「詞彙表」抄下字彙和定義時，她問到：「妳剛才抄的這些字是什麼意思？」孩子回答：「媽媽，我不知道。我沒有時間記住這些字。我只是應該要把它們統統抄下來。」

相對於常見字的預習，教師不應在綜合型學習者閱讀課文之前先教其認識生字。綜合型學習者發現，如果他們遠離有意義的學習情境，要學會任何東西就很困難。在閱讀課文之前，先幫助他們熟悉罕見字的讀音，但等到字彙出現在課文中再教其認字。最重要的是，切記綜合型學習者從視覺化學習獲益最多，假使能增加觸動覺的活動，甚至能改善其學習過程。

你還記得嗎？大人在閱讀文章時，當某個地方出現一個不熟悉的字，我們是怎麼做的呢？僅僅在那一瞬間，我們試著從上下文去猜測字義。如果這方法行不通，我們就會先跳過這個字！我總是感到疑惑，我們為何把這祕密對孩子隱藏這麼久。假使我們真心希望孩子有很好的閱讀能力，就必須提供他們許多可靠著知識猜測字義的經驗。

字彙閃示卡

在讓學生使用字彙閃示卡之前，先確定他們已透過文章的上下文中看到和聽到這些字。

- 當學生製作基本閃示卡時，把字彙寫在卡片的某一面，而定義寫在另一面。
- 為了閃示卡的使用能達到更好的效果，要學生把字彙寫在卡片的左邊、定義寫在卡片的右邊，接著把卡片像拼圖的方式切割開，藉此動作加深學生對字彙的心像（mental image）能力。你也可設計字彙和定義的配對活動，在字彙教學之中加入觸動覺的元素。[4]
- 要學生依照類別或字群的特性，將字彙閃示卡分門別類。
- 使字彙的精熟學習變成遊戲的形成。每位學生有自己的基本閃示卡（每張卡上有姓名縮寫）。把有相似字彙的學生配成一對，並發給每對學生一個遊戲棋盤、骰子（或陀螺）和玩具錢幣。每輪流一次就由一位學生唸出閃示卡上的單字，並解釋其定義。如果學生說對定義就能得到這張卡片（或讓他們用另一種玩法：先說出定義，再提出單字）。當遊戲結束時，擁有最多卡片的人為優勝者。另外，卡片上的姓名縮寫可方便遊戲結束後將卡片歸還給卡片的所有者。

字彙屬性圖[5]

字彙屬性圖（Vocabulary Attributes Charts）能幫助學生想像及理解單字及其涵義。並非教導某個單字出現在文章不同地方的各種意義，而

4 Marie Carbo, Rita Dunn, and Kenneth Dunn. *Teaching Students to Read Through Their Individual Learning Styles.* Englewood Cliffs, NJ: Allyn & Bacon, 1986.

5 此表修正自：*New Directions in Vocabulary* by Barbara Abromitis. Carbondale, IL: Blue Ribbon Press, 1992. 經授權使用。

字彙屬性圖

資料來源：*Teaching Kids with Learning Difficulties in the Regular Classroom* by Susan Winebrenner, copyright © 2006, 1996. Free Spirit Publishing Inc., Minneapolis, MN; 866/703-7322; www.freespirit.com. 經Blue Ribbon Press授權使用。本頁允許個人、教室及小組活動複製使用。

是找出具有共同屬性的一群單字，然後一起教。此方法對任何學科學習都同樣有效果。

1. 製作幾份第 211 頁的字彙屬性圖。
2. 選定一個有共同屬性的單字類型。例如：描述物件的名詞。在每張表格的中央空格內，用紅筆以印刷字體寫下一個名詞。
3. 創造四個能描述某個單字屬性的亞型。例如：某個描述物件的名詞，其亞型可能是外表、一般用途、特殊用途及同義字。使用紅筆以印刷體將相關的訊息填入「字彙屬性圖」的四個方格內。每個單字保持相同數目的屬性方格。
4. 要學生腦力激盪，說出每個「單字類型」的屬性，並用藍筆記下它們。
5. 當學生完成每張表格時，把它貼在他們看得到的地方。同一個特定「單字類型」的所有表格必須被貼在一起。

請參考第 213 頁，四個「字彙屬性圖」的完成範例，其中「馬車」和「玫瑰」兩例皆為名詞及其屬性的描述；從「聖地牙哥的任務」可看出其屬性表用於歷史課程；而「暴龍」的範例則顯示在基礎科學的應用。

當經由你的指導，在體驗幾次製作「字彙屬性圖」的過程之後，學生應會享受和學習夥伴共同參與的樂趣。

拼字教學[6]

學生可能會這麼問:「為何要學習拼字呢？我們可使用有拼字檢查功能的電腦啊！」答案很明顯，知道如何拼字使我們更從容自在地閱讀和寫作。除此之外，很多時候，人們須在沒有科技輔助的情況下，完成一份申請書或寫一段文章。拙劣的拼字能力只會給人留下不好的第一印象。

6 在本章中討論的拼字教學需要與發音一起運作。無論如何，在讀、寫情境中教導拼字絕對適切，拼字是獲致讀寫成就過程中不可或缺的一部分。

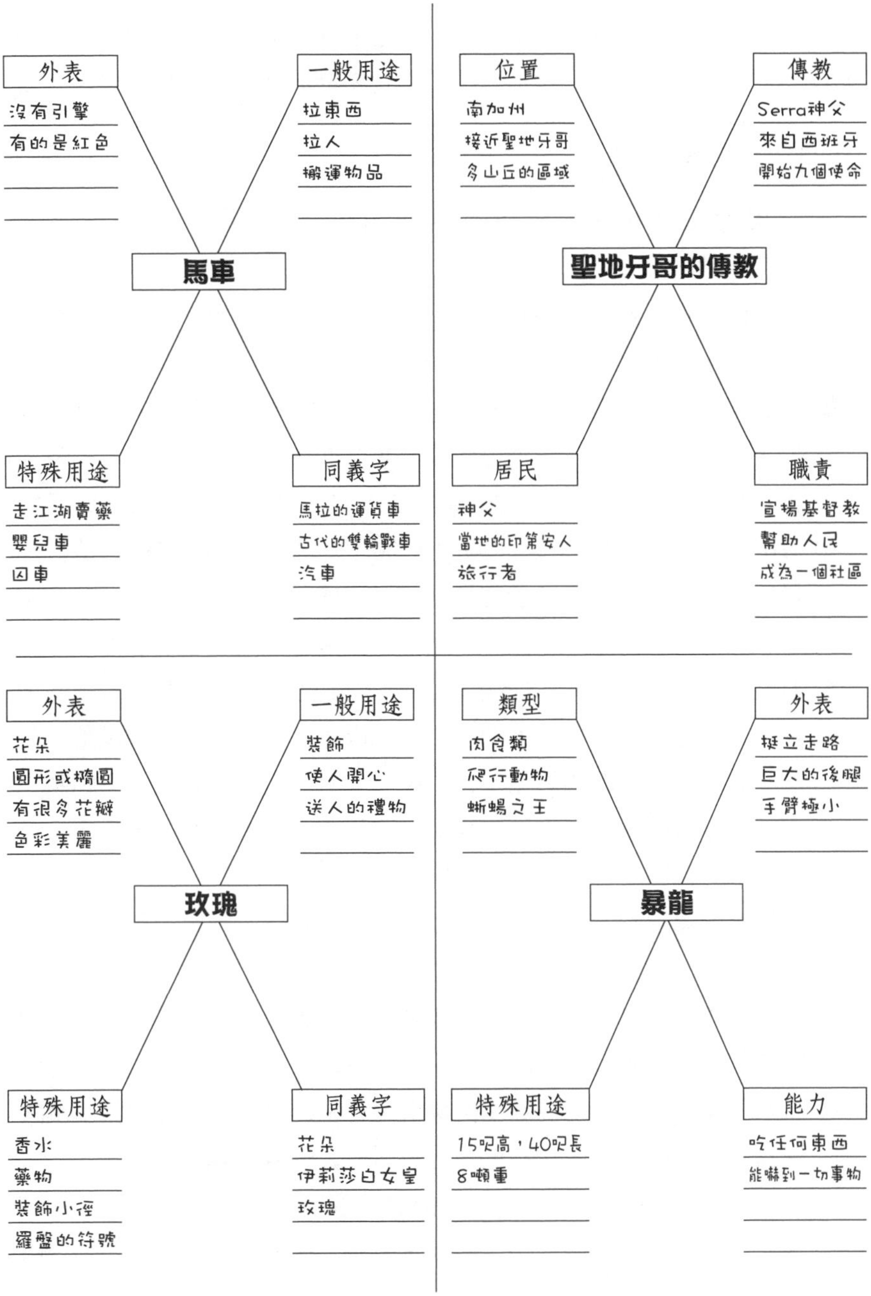

馬車

外表
- 沒有引擎
- 有的是紅色

一般用途
- 拉東西
- 拉人
- 搬運物品

特殊用途
- 走江湖賣藥
- 嬰兒車
- 囚車

同義字
- 馬拉的運貨車
- 古代的雙輪戰車
- 汽車

聖地牙哥的傳教

位置
- 南加州
- 接近聖地牙哥
- 多山丘的區域

傳教
- Serra神父
- 來自西班牙
- 開始九個使命

居民
- 神父
- 當地的印第安人
- 旅行者

職責
- 宣揚基督教
- 幫助人民
- 成為一個社區

玫瑰

外表
- 花朵
- 圓形或橢圓
- 有很多花瓣
- 色彩美麗

一般用途
- 裝飾
- 使人開心
- 送人的禮物

特殊用途
- 香水
- 藥物
- 裝飾小徑
- 羅盤的符號

同義字
- 花朵
- 伊莉莎白女皇
- 玫瑰

暴龍

類型
- 肉食類
- 爬行動物
- 蜥蜴之王

外表
- 挺立走路
- 巨大的後腿
- 手臂極小

特殊用途
- 15呎高，40呎長
- 8噸重

能力
- 吃任何東西
- 能嚇到一切事物

學會拼字所涉及的能力絕不僅只於熟記。如果可使用與學生學習風格相容的方法來教他們，相信大部分學生都能成為合格的拼字者。

拼字風格法[7]

假使你不教拼字，可以嘗試使用拼字風格法（spelling styles method）來教字彙。

1. 選擇四組難度相似、各有十至十五個單字的拼字單，不要提前預告哪組單字將被使用。
2. 告訴學生，你將暫停四週的正規拼字課程。你將在那段時間教會他們，如何利用學習風格讓自己成為更好的拼字者。
3. 給每位學生一份拼字風格表（第 215 頁）及拼字風格記錄單[8]（第 216 頁）。說明在接下來四週內，你將利用這些表格來確認他們偏好的學習風格，以期待達到最好的拼字成果。對學生保證，他們將私下記錄自己的分數，任何分數都不會被計算到拼字成績裡。
4. 對全班進行第一週的拼字預備測驗。縱使學生沒有事先準備的機會，也堅持每個人都應參加考試，並盡最大努力。你再次保證，分數不會被公開，即使你也不會看到。告訴學生，如果只錯一題將和另一位分數相近的學生搭配學習，選擇有點挑戰性的一組生字，並和班上其他同學一起使用視覺風格法。
5. 讓學生蒐集自己的試卷，用藍筆在「拼字風格記錄單」記下分數，在「視覺—前測」欄位塗上顏色，以顯示拼對的字數。然後，要學生拿出拼字風格表。示範並教導其中有關視覺風格的學習步驟，說明視覺學習者如何學習拼字。
6. 讓學生兩人一對，以視覺風格練習第一週的拼字。監控每組學生的學習情形，以確認他們能正確地使用視覺風格。
7. 在星期五為學生進行第一週的後測。讓他們訂正試卷，並用紅筆在「拼字風格記錄單」的「視覺—後測」欄位記錄分數，如同步驟

7 「拼字風格法」及第 215 頁的「拼字風格表」經 Anita DeBoer（為一位教育諮詢者）授權使用。

8 修正自 Doris Brown 的作品，其為退休的特教教師，經授權使用。

拼字風格表

視覺風格

- 看著這個單字；大聲唸出來，發出所有的音
- 閉上你的眼睛並試著「看到它」
- 睜開你的眼睛，寫下這個單字
- 檢查正確性；再寫一次
- 朝左向上看，並「看到」這個單字有著鮮豔顏色
- 遮住你寫下的例子；再寫一次；檢查正確性
- 遮住例子；用彩色簽字筆（或彩色鉛筆）再寫一次；檢查
- 用其他單字重複這些步驟
- 每個單字寫好幾遍；每遍都檢查

聽覺風格

- 唸出這個單字
- 將它發出音來，一個一個字母發音，或將不同的音混合發音
- 大聲地把它拼出來；當你大聲拼它時寫下它
- 檢查正確性；再寫一次；檢查
- 用你熟悉的某首曲調或押韻詩，把字母唱出來
- 將各個字母清晰地發音出來，或慢慢地將不同的音混合發音
- 用其他單字重複這些步驟
- 每個單字寫幾好遍；每遍都檢查

觸動覺風格

- 看著這個單字；用食指描摹它，唸出字母
- 繞著這個單字四周，照著單字形狀畫出一個輪廓；注意這個圖案會使你回想起什麼
- 用刮鬍膏或盒子裡的鹽巴、指畫顏料、布丁等寫下這個單字
- 做出空中揮拳把字母擊掉的動作；每唸到一個字母就用力揮拳一次
- 使用「手臂拍打拼字法」
- 把這個單字唱出來、演出來或跳舞（在你心裡做也不錯）
- 用砂紙字母造字；在大聲唸出它們的同時用食指描摹
- 在空中寫這個字；把它寫在紙上然後檢查正確性
- 遮住你寫下的例子；再寫一次；檢查正確性
- 用其他單字重複這些步驟
- 每個單字寫幾好遍；每遍都檢查

多感官風格（視覺／觸動覺／聽覺）

利用其他三格裡的策略。建議的組合：

- 看著這個單字；發出所有的音
- 閉上你的眼睛想像它
- 用你的食指描摹它；如果有必要就製作砂紙字
- 繞著這個單字四周畫一個輪廓
- 把這個單字唱出來、演出來或跳舞
- 用你的手指在夥伴的背上寫這個單字
- 用有顏色的粉筆或簽字筆寫字；或別的媒材
- 用其他單字重複這些步驟
- 用每一種方式溫習過後就寫下它；每次都檢查

拼字風格記錄單

姓名：______________________________

字數	視覺－前測	視覺－後測	觸動覺－前測	觸動覺－後測	聽覺－前測	聽覺－後測	多感官－前測	多感官－後測
15								
14								
13								
12								
11								
10								
9								
8								
7								
6								
5								
4								
3								
2								
1								

我最擅長的學習風格是（請在其中一項打勾）：

☐ 視覺　☐ 觸動覺　☐ 聽覺　☐ 多感官

資料來源：*Teaching Kids with Learning Difficulties in the Regular Classroom* by Susan Winebrenner, copyright © 2006, 1996. Free Spirit Publishing Inc., Minneapolis, MN; 866/703-7322; www.freespirit.com. 本頁允許個人、教室及小組活動複製使用。

5。前、後測分數的比較將能顯示出視覺學習者的拼字表現。

8. 在接下來三週，針對拼字風格表中的其他學習風格，重複步驟 4 到步驟 7，並教完剩下三組單字。如同第一週教學，要求學生在「拼字風格記錄單」記下前、後測的分數。在第四週結束時，長條圖中的不同顏色將能顯示出哪一種學習風格的學習成果最好。

你也可試著在其他領域，讓學生挑戰及練習他們偏好的學習風格（例如：認識美國各州及世界首都、字彙、數字事實等）。繼續參考拼字風格表給你的教學建議。當你回到一般的拼字課程時，鼓勵學生設定並記錄每週的拼字目標。

Elaine 的案例

我花了好多年才了解，自己不曾真正地教過拼字；我只是在測驗拼字！十一月裡的某一天，我終於決定改變我的教學方法。

八歲的 Elaine 從未在任何拼字測驗中得過高於 35% 的分數。由於大多數同儕的拼字風格都已定型，她的成績在一兩週之內不會有太大變動。所以，我宣布接下來四週的拼字時段，我要教大家認識拼字風格。

我知道 Elaine 會在家裡溫習拼字（她的母親也向我證實過），但成果總令人失望。在四週實驗的期間，Elaine 證實自己是位視、觸、動覺（多感官）的學習者。

在學習風格活動結束之後，我要求 Elaine 從她的強項來設定每週的學習目標，每週拼對多少字才能達成 80%，或更高的正確率。第一週，Elaine 竟然選了十個字。「喔，不行，那個目標對妳太難了！妳得拼對八個單字才達到 80% 的目標，妳以前最多不過拼對三個。」我吞回心裡想說的話。取而代之的是，我開始教她在「拼字風格記錄單」中畫記，以觀察她是否能達成目標。接著，我教她用多感官風格拼出她選的單字。我見證了她的「是的，我能夠」的態度 —— 當我看到她在拼字測驗的十個字全拼對時，我驚訝不已。Elaine 開心地記下她的成果，我將通知寄到她家裡，向她的家人宣布這得來不易的勝利。

Elaine 逐漸增加她的目標，到每週能拼對十五個字。在這學期剩下的時間裡，她一直在拼字方面保持良好的表現。警告：增加學習目標要出自學生的想法，而不是來自老師的堅持！

更多教導拼字及發音的技巧

手臂拍打拼字法

手臂拍打拼字法（Arm Tap Spelling）是讓學生在手臂上練習拼字。學生必須把不用來寫字的那隻手臂張開，而用寫字那隻手的食指及中指輕輕地敲打出該單字的每個音組，然後在唸完整個字時把手指悄悄地滑落。例如：以“arithmetic”一字為例。輕敲“A”（暫停）“R-I-T-H”（暫停）“M-E”（暫停）“T-I-C”（暫停），然後，當你把手指滑下手臂時唸出整個字。經過教師多次的引導練習，學生應能不出聲地熟練操作，以理解一個字有幾個音節和其正確的拼法。

傅娜描字法（Fernald Word-Tracing Method）[9]

1. 要求學生找出一個他希望能在寫作中拼寫的單字（最好利用他需要用到此字的時機，例如問：「老師，你怎麼拼（某個字）？」
2. 使用一個柔軟、蠟質的工具（像是粗粉蠟筆），以印刷體（或書寫體）將單字寫在一張 4 × 6 英寸的卡片上。字母必須凸出於卡片表面。
3. 要學生用寫字那隻手的食指來描摹此字，描寫時要大聲唸出來。多音節單字必須照音節發音。經過一些練習之後，學生應能把卡片翻面並靠記憶寫出單字。

功能性拼字

學習困難學生對於有意義和重要的事物往往更有學習的動機。當拼字練習集中在他們寫作需要用到的單字時，這種功能性拼字（functional spelling）的學習方式能夠使拼字練習更有意義。

1. 要學生保留經常拼錯單字的清單。

---

9 Fernauld, Grace. *Remedial Techniques in Basic School Subjects: Methods for Teaching Dyslexics and Other Learning Disabled.* Austin, TX: PRO-ED, 1988。經授權使用。

2. 當學生蒐集滿五個單字時，要求利用拼字風格法（第 214 頁）來溫習這些單字。
3. 要夥伴們互相做測驗。如果學生精熟某個單字，你就把該字從清單中刪去；再加入一個新單字，保持清單上一直有五個字。

如果學生用小型活頁筆記本保存字彙的清單，就能擁有學會單字的累積紀錄。假使在筆記本內夾有記錄進步情形的圖表，就能登記每次拼正確單字的字數。使用長條圖或曲線圖來顯示學生的學習紀錄。

拼字棒球

對於那些需要在學習時到處移動的學生而言，拼字棒球（spelling baseball）活動是他們的最愛。當學生藉著參與遊戲而有進步時，就能獲得跑壘的機會。

1. 將學生組成兩支隊伍，每隊隊員都包括各種拼字能力者。
2. 在教室黑板上畫出一個大型棒球場。
3. 要學生上場打擊，並選擇適合他們拼字難度的單字。一個簡單的字是一支安打；一個有挑戰性的單字是一支全壘打。
4. 每一個正確的拼字是一支安打或全壘打。每一個錯誤的拼字是一次出局。每次隊伍中有一名隊員回到本壘就得到一分；在三次出局之後，另一隊就上場打擊。

當然，你可利用這個活動為學生複習任何學科，而不僅限於拼字教學。

拼字比賽和其他競賽

在拼字比賽及其他競賽裡，學生被容許使用他們偏好的學習風格確有其必要性。

- 如果是視覺型學習者，允許他們把字寫出來，而不是大聲拼出單字。
- 如果是觸動覺型學習者，允許他們在砂或鹽上面寫字。

如果你對學生一視同仁，應規定所有學生的競賽時間相同。如果這些規定讓學生不符合地區或全國性比賽的參賽資格，你可以自己舉辦地方性質的拼字比賽，或將競賽特色加以區隔，讓自願參加者符合參賽的資格。

檢查拼錯的字

當視覺型學習者在練習拼字時，避免把他們的拼字錯誤圈出來。因為它會引起學生對錯誤的注意。取而代之是，把一張生字單摺成三等分，在左邊部分寫下學生練習拼寫的字彙。測驗那天把左邊那部分摺到後面，然後用中間部分寫考試答案。之後，再要求學生在右邊部分寫下改正過的拼字（寫在與拼字測驗那部分同一列）。

給予部分分數[10]

你可能盡了最大努力，但有些學生還是得繼續與拼字奮鬥。請不要在他們拼錯的單字上整個打錯，替代的做法是給每個寫對位置的字母部分的分數。

問答集

「所有學生是不是都應在小學階段就學會自然發音法？」

許多成年人（當然包括我，或許也包括你）使用自然發音法以外的方法來學會閱讀，而我們都讀得很好。我們應在孩子準備好要學習自然發音法的時候再教它們 —— 通常是孩子有能力區辨語音時。假使某個學生的聽覺記憶功能受損，或有某種形式的學習障礙，使得他們有困難（或不可能）來理解和使用自然發音法，則使用本書描述的其他方法來教閱讀技巧。延緩教導自然發音法的時間，直到學生感覺自己有能力閱讀。

「有些孩子會不會因為沒和其他學生做相同的作業，而因此錯過學習重要字彙或技能的機會？」

10 Brenda Goffen，擔任特殊教育諮詢者，來自伊利諾州的 Highland Park。

用其他形式教導適合他們年級程度的字彙。例如：將填字或跳棋遊戲加入單字教學之中（等到能說對特定方塊裡的字是什麼意思，才能繼續往前進）。將學習予以結構化，提供足夠機會練習其他學生正在學的技能，在教學中強調親自動手做。

「像 Elaine 這樣的學生，當自我設定的目標非常低時，他們應得到什麼樣的成績？」

當學生能完成自己的目標就應得到 C，直到目標進入 A 或 B 的標準範圍內。當孩子學習成果遠低於大人對其年級程度的期待，而我們卻大方贈送一個 A，所傳遞的訊息是我們永遠不期待他們能達到水準。C 代表學生能達到自我設定的目標，這比起因為百分等級過低，而被認定為表現劣等或不及格好得太多。像 Elaine 這樣的學生，當其目標調整到與年級程度更一致時，就可以得到更高成績。

「我們是否能掌握學生必須牢記事物的時機（例如拼字），純粹因他們需知道這些字？」

學生是否有記憶能力？答案是肯定的。但如果有某種學習障礙對記憶力有不利影響，則答案是否定的。那些孩子可學會正確拼字的唯一方法是利用學習輔具 —— 那情況就好像我們在國外時，會為了無法自動記住單字和片語而使用語言翻譯機。

參考文獻及資源

請參考第六章及第八章的參考文獻及資源。

Abromitis, Barbara. *New Directions in Vocabulary.* Carbondale, IL: Blue Ribbon Press, 1992.

Accelerated Vocabulary（www.renlearn.com/av/）. 能藉此電腦方案，幫助學生透過上下文脈的方式學習新字。在讀完多本流行的系列書籍之後，提供模擬測驗以協助字彙習得。教師也提供每位學生一份習得字彙的清單。1-866-846-7323。

Carbo, Marie, Rita Dunn, and Kenneth Dunn. *Teaching Students to Read Through Their Individual Learning Styles.* Englewood Cliffs, NJ: Allyn & Bacon, 1986. 此書內容包括協助教師以對觸動覺學習者友善的方式，評估及調整學生的閱讀風格，以及教導閱讀技能。

Clicker（www.cricksoft.com/us）. 具備語音功能的文字處理機，容許學生從畫圖的方式開始寫作，再協助他們將圖畫轉換成文字。1-866-33-CRICK（1-866-332-7425）.

Cunningham, Patricia, and Richard Allington. *Classrooms That Work: They Can All Read and Write.* 3rd edition. Boston, MA: Allyn & Bacon, 2003. 結合自然發音法及文學本位的歷程寫作及閱讀教學，以發展一個均衡的讀寫教學法。

Fernauld, Grace. *Remedial Techniques in Basic School Subjects: Methods for Teaching Dyslexics and Other Learning Disabled.* Austin, TX: PRO-ED, 1988.

Gentry, J. Richard, and Jean Wallace Gillet. *Teaching Kids to Spell.* Portsmouth, NH: Heinemann, 1993. 敘述很多拼字的教學法，包括提供拉丁字和希臘文字根的實用清單、學生在寫作需要的五百個常用字，書中大篇幅介紹 invented spelling，以及教導自然發音法的策略。

International Dyslexia Association（www.interdys.org）. 一個致力於失讀症研究及治療的國際性組織。許多方法能成功用於閱讀困難孩子身上，不管他們是否已被診斷為失讀症。此機構之前名為 Orton Dyslexia Society.（410）296-0232.

Promoting Vocabulary Development: Components of Effective Vocabulary Instruction. Austin, TX: Texas Education Agency, 2002. 為 Texas Education Agency 發展之 Reading Initiative program，所出版的五本 PDF 檔 Red Book 系列其中的一篇。此系列提供以閱讀為主題的資訊及資源（包括字彙發展、理解、學科閱讀），協助家長、教育工作者及學校董事會成員，以及其他對教育及兒童發展感興趣的人士。

Simon S.I.O.（Sounds It Out）（www.donjohnston.com）. 此課程對於教導音素覺識及自然發音法非常有幫助，強調與虛擬化的個人家教一起進行教學。1-800-999-4660。

Stevenson Learning Skills（www.stevensonsemple.com）. 教材採用多感官教學法，教導閱讀及相關技能、數學事實及概念。1-800-343-1211。

Winsor Learning（www.winsorlearning.com）. 提供有關自然發音法的教學資源，強調多感官教學，以多年來用於特殊教育領域的 Orton-Gillingham 教學法為發展的基礎。1-800-321-7585。

Word Quests for Word Seekers（www.wordquests.info）. 提供線上教學資源，可蒐尋從拉丁文及希臘文衍生的英文單字詞形變化的情形。

The Word Within the Word（rfwp.com/wordwithin.shtml）. 由 Michael Clay Thompson 設計的字彙發展課程，強調字彙學習應認識詞形變化而非記憶技巧，使學生以系統化方式學習字彙。分別提供學生版及教師版，每冊包含三十節課程，並有教室用書及替代測驗本（以減少作弊的可能），由 Royal Fireworks Press 所出版。(845) 726-4444。

WordMaker（www.donjohnston.com）. 教導自然發音法、音素覺識及拼音課程，係根據 Patricia Cunningham 博士的研究發展而成，幫助孩子記憶學過的字詞，並將其應用於寫作之中。1-800-999-4660。

Write:OutLoud（www.donjohnston.com）. 能幫助年幼及年長學生藉由一邊打字、一邊說出字詞的方式學習字彙。所以，學生能同時閱讀及傾聽所書寫的字詞。1-800-999-4660。

寫作教學

正如孩子經由閱讀學會閱讀，他們也透過寫作來學習寫作。假使我們對於學生寫作的方法和科技的使用能有些彈性，那麼幾乎所有學生都能學會寫作。如果小學三年級以後的寫字或寫作技巧補救教學，教師未能及時提供科技輔助，無疑是浪費學生寶貴的學習時間。目前已有許多電腦軟體附有寫作者鍵入單字，能提供即時讀音的功能，或就寫作者正蒐尋的單字協助即時辨識。請見第 142-143 頁的輔助性科技。

寫作教學的目標應使學生能以流暢及有意義的方式溝通。當學生察覺寫作能與人分享有趣和重要的想法時，他們會更願意嘗試任何與學習寫作有關的事情。本章所敘述的寫作策略及技巧，可讓原本對寫作裹足不前的學生轉為樂意，甚至渴望寫作。

當學生討厭寫作時該怎麼辦？

經常面對寫作挫敗的學生以為自己討厭寫作，其實他們真正討厭的是修改（revising）。當教師能提供對學生較容易的寫作方式時，他們就會對寫作建立更正向的態度。

從孩子入學第一天開始，語言經驗讓孩子對所有溝通的技巧有著不同的察覺。你可以單純地，從要求學生對於做過、看到或聽到的事物，寫下一些想法來開始他們的寫作之路。很顯然地，尚未具備讀寫能力者還是無法寫出真正的句子。然而，重要的是讓學生認為自己做得到，能開始理解思考、說話、寫作及閱讀之間的關係。身為老師，我們必須鼓勵學生以任何他們做得到的方式寫作。有些孩子只會亂塗，其他的人會畫圖，還有些人會畫記一些除了自己沒人能懂的符號。在孩子最初的寫作階段，我們唯一可接受的寫作標準應是學生是否能讀懂自己所寫的。

我曾經和一群 3 歲的孩子一起工作，他們才剛從一場水災之後重返托兒所，水災把大部分孩子的房屋淹沒了。我要求他們寫下水災發生在自己身上的兩件事，以及畫一張與水災有關的圖畫。當他們上來朗讀自己的故事時，我為他們示範，朗讀者的眼睛應如何往下看著故事書，並向上注視聽眾。直到第三個孩子上來時，每個人都以此方式朗讀，雖然大部分作品的筆跡難以辨讀。

Walter 的案例

Walter 曾經在托兒所的四歲班就讀，他當時被診斷為學習危險群。他的老師每一天都會要求全班寫日記，在當天上課結束時，她再將大家的作品修改成可被接受的英文。我建議她停止修改的動作，她擔心如果不加以協助，學生會看不到一個好的寫作範本。我對她解釋，一個好的寫作範本要等到孩子懂得思考、說話、寫作，以及與閱讀之間如何連結時才會產生意義。

老師同意試一試。第二天，她觀察到 Walter 花很多時間埋頭寫作。老師對於他在寫些什麼感到好奇，要求他與全班分享。Walter 走到老師的身旁，我的視線越過他的肩膀，老師看到日記裡一片塗鴉。

接著，Walter 開始朗讀：「昨天晚上我上床睡覺以前……」。他突然停止朗讀，難為情地咯咯笑著，用手遮住他的嘴巴，然後說：「哎呀，我弄錯了！」他接著把日記上下顛倒拿著（對他而言是正的），並繼續朗讀他的日記！

初學寫作者自有一套只有他們才能理解的代碼；當打斷他們的編碼工作，並向其展示正確的寫作方式時，我們便可能損害其發展寫作能力的恰當時機。

日記寫作

對任何年齡的學生來說，日記寫作（journal writing）是讀寫發展過程中的重要部分。隨著時間的過去，大部分教師讓孩子在日記中得以展現其寫作歷程（writing process）的進步。雖然，教會學生了解為自己想法和經驗，而保存書面紀錄的重要性是有其價值的，但若堅持他們每天都得寫日記，首先，這對有寫作困難的孩子可能變得非常有壓力。

- 告訴學生，每週至少兩次，可任選兩天來寫日記。這能允許寫作困難者在沒有心情寫作時，可先略過幾天不寫。
- 很多孩子會感激你對可能的寫作主題提供建議，永遠允許孩子選擇自己的主題，如果那是他們所偏好的。
- 在你閱讀學生的日記時，偶爾以書面方式回應。此做法將強調書面文字可用為溝通工具的用途。
- 如果你期待學生在日記裡暢所欲言，但他們卻表示不希望你閱讀某個部分時，建議他們用一個信號或符號特別地標示。
- 最重要的是，避免去修改學生的日記內容。

當學生不知道寫些什麼時該怎麼辦？

你曾不斷地聽別人這麼說：「真正的好作家總是寫個人的體驗。」然而，身為教師的我們，還是得繼續蒐集大量的故事開胃菜，來幫助學生發揮創造力。對於還得去認識寫作只是思考、說話、寫作、閱讀連結關係一部分的寫作困難者而言，個人體驗的寫作完全不切實際。

在我合作的某個班級中，我們花了兩天彙集一份可能的寫作主題清單。在第一天，我們把學生對「我能寫些什麼？」問題的反應，在 20 分鐘的腦力激盪時間內，大家把所想到的點子寫滿整個黑板。第二天，我們把一張 6 英尺長的肉店包裝紙，分成「我」、「我認識的人」、「我不認識的人」、「虛構的內容」四類主題。接下來，我們把腦力激盪想出的題目分別填入每一類（或一類以上）主題之中。最後，在圖表寫下「我能寫些什麼？」標題，並把它貼在牆上。

學生被鼓勵寫下第一個故事，是關於「我」的主題，他們之後寫的故事可來自任何其他主題。這張寫作主題表整年都貼在牆上。無論任何時候只要有人說：「可是我不知道要寫些什麼！」我們只需指著主題表，並說：「請檢查我們的主題表！」當然，不知道要寫些什麼的抱怨

我能寫些什麼？			
我	我認識的人	我不認識的人	虛構的主題

就此終止了。

直接寫作以增進流暢

當學生抱怨，無法動手寫出一個主題時，建議試試以下所列活動：

1. 在一張紙的最上方寫下你的主題。
2. 現在，不間斷地寫 3 到 5 分鐘，不要讓你的筆離開紙張。你可以寫任何出現在你心裡的東西，即使它與你的主題毫不相干。假使你真的一個字也想不出來，就寫下「我想不出任何東西可以寫」。不斷地回頭看看你的主題，讓你的筆為你做功課。
3. 當時間到時，重讀一遍你所寫下的。在任何與你主題有關的想法下面劃線。
4. 把你劃線的想法抄寫在另一張白紙上，在每一個寫下的想法之間隔開幾行。與一個搭檔一起合作，針對支持性想法及細節進行腦力激盪，並且把它們列出來。
5. 運用你的想法、支持性想法及細節寫下幾個句子。依照你的需要重新編排成一個（或一個以上的）文章段落。

有關幫助學生把句子組織成段落的方式，請查看使寫作成為視覺及綜合性活動（第 233-237 頁）。

優質的寫作方案

你應使用哪一種寫作方案？如果你的學區已採用某種寫作方案，你可能別無選擇。但如果你的學區並未規定，看看出版商及其他教育資源可提供哪些現成課程。

撰寫本書之際，「6＋1特質寫作模式」（6+1Trait Writing Model）已被全美很多學校選擇使用。目前，該課程架構係由奧瑞岡州Portland的西北區教育實驗室（Northwest Regional Educational Laboratory, NWREL）所發展。「6＋1特質寫作模式」教導學生認識最重要的七種寫作特質：[1]

- 想法及內容：此特質包括主要想法（或主題）、支持性細節、明確目的，及令人信服的訊息。寫作者的想法必須是高品質的。
- 文章組織（organization）：此特質包括引言動人、想法具邏輯順序性、文思的轉變流暢，及結論令人滿意。
- 作者主張（voice）：此特質包括作者人格、感情、坦誠及確實性。不管讀者／聽者都應相信作者所寫。
- 用字選擇：此特質包括所用片語令讀者記憶深刻、詞彙及特定詞性能適合預期聽眾閱讀。文筆簡潔是每位寫作者渴望達成的目標。
- 文句流暢：文章帶有節奏及韻律感；句子長度、押韻或頭韻呈現多樣性。整體而言，文思輕快流暢（easy flow of ideas）。
- 文章體例：此特質包括能使用適當文法、正確拼字、有意義的標點符號及有效分段。
- 整體呈現：此特質包括文章體裁、版面及易讀性（readability）。

如需更多「6＋1特質寫作模式」的相關訊息，請見本章的參考文獻及資源。

寫作歷程法[2]

寫作歷程法（Writing Process）藉由模仿專業作者來學習寫作。學

1 「6＋1特質寫作模式」是西北區教育實驗室的註冊之作。經奧瑞岡州Portland的西北區教育實驗室授權使用。

2 創始於三十餘年前舊金山的「海灣區域寫作方案」（Bay Area Wring Project），很多作者及教師嘗試改進其中寫作歷程的概念，包括：Nancy Atwell、Lucy McCormick Calkins、Donald H. Graves，以及Donald M. Murray。請見本章結尾的參考文獻及資源。

生就像真實寫作一般，被允許創作多篇的草稿，但不必每篇都潤飾到發表的程度。最後，由他們挑選幾篇可以被他人閱讀及理解的作品。

發給每位學生一份「優質寫作的步驟」（第 231 頁）的講義。明確地教導每個步驟；示範任何學生需要澄清的步驟；隨時準備好回答問題；教導他們寫作技巧並給予鼓勵。

注意：極為重要的是，要學生定期寫一篇作文，並期待他們的寫作歷程要進展至編輯（editing）及發表階段。既然我們很少要求低年級學生修正技巧及拼字錯誤，那麼高年級教師可能推論有些學生在寫作技巧嚴重不足，寫作問題形成的原因可能來自寫作歷程法沒有落實。某些州也因此放棄以寫作歷程法來教寫作。不管你選擇哪種寫作方案、模式或教法，確定學生能在未來的老師面前證明其穩固的寫作技巧。

Damien 的案例

Damien 是一位四年級學生，他被診斷為學習障礙。初次見到他的印象是，他能流暢地以言語表達自己想法。但一碰到寫作就躲開，並堅持「我不會寫！我討厭寫作文！」

有些學生思考敏捷、口齒伶俐，卻伴隨無法使用文字表達想法的明顯缺陷 —— 這種情況經常顯示這些學生具有雙重特殊性（twice exceptionality）：他們在某些學習領域展現資優天分，但又在其他領域經歷學習困難。更多相關主題請參閱第三章的「當有資優又要同時面對學習挑戰時」（第 44 頁）。

就像許多學習障礙兒童一樣，Damien 的拼字能力很糟糕。在寫作時，他的敏銳思考往往被自己的猶豫不決嚴重拖累。他過度仔細考慮每個用字，努力想確定是否能接近更精準的字彙；句子常常寫到一半就離題了。他對自己的寫作問題感到無助，很害怕老師交代任何寫作作業。

他的老師和我決定使用寫作歷程法，我們很好奇這個教學法會對他產生怎樣的影響。

首先，我得說服他，在寫作歷程的最初階段，唯一要達成的目標就是流暢。雖然他對此抱持懷疑的態度，但他很快了解我是認真的。他在紙上展開極大的熱情，我又面臨一個新挑戰：該如何讓他停筆！他選擇

優質寫作的步驟

1. **預備：寫作前**

- 當你的想法流動時，在燈光微暗的房間內聆聽輕柔音樂。
- 對於建議的主題進行腦力激盪，將其轉化為紙上的視覺圖像。用任何你感到自在的方式做這件事。例如，你可以利用網路或心靈地圖。

2. **寫作**

- 從你的圖像、網路或心靈地圖裡選出一個副主題。
- 依照你所想的，把想法寫成句子。
- 在這個階段，不要擔心是否以正確順序表達想法、使用正確拼字或寫作技巧等。
- 留在這個步驟一直到你的想法用完為止。

3. **修正**

- 將你所寫下的朗讀給另一個同學聽。
- 要求你的聽眾針對你作品裡的一個想法發表意見。徵求你的聽眾對於不明白的部分提出一個問題。
- 讓你的聽眾針對如何使你的作品更好給一個建議。你可以接受或拒絕這個建議。
- 為了做變更，剪貼你的作品並試驗句子和想法的不同安排。你可以實際上把句子剪下來，再以不同的排列順序用膠帶將它們黏在一起（用可重複黏貼的膠帶）。假使你用電腦來做，文字處理程式在此刻會對你有幫助。

4. **校訂**

- 與一個搭檔或老師合作，訂正拼字、寫作技巧等。
- 如果你覺得你的寫作需要很多協助，每次專注在一種技巧上，直到你掌握它為止。一次增加一種別的技巧，並知道所有先前已熟練的技巧也會在你的作品裡看到。

5. **發表**

- 針對你寫的每三到四篇作品，你必須選出一篇來發表。
- 潤飾你所選的那篇，讓別人可以看得懂它。
- 將你最後的稿子用墨水筆寫下（在一張空白紙上）或打在文字處理機上。如果你使用文字處理機，利用任何你可取得的拼字或文法檢查的電腦軟體。
- 跟老師安排好坐在「作者的位子」上，然後和全班分享你的作品。

重複寫作及修正步驟，
直到你對自己的作品滿意為止。

資料來源：*Teaching Kids with Learning Difficulties in the Regular Classroom* by Susan Winebrenner, copyright © 2006, 1996. Free Spirit Publishing Inc., Minneapolis, MN; 866/703-7322; www.freespirit.com. 本頁允許個人、教室及小組活動複製使用。

的寫作主題是他最喜歡的活動 —— 每年家族的夏令營活動會到某個偏遠地方釣魚。在那兩星期中，他和家人每天保持固定的例行活動。他把最近一次假期，每天從清晨起床到夜晚睡覺前所做的事寫成一篇故事。他在長達兩週的寫作中始終活力充沛，天天狂熱地寫作。

最後，他同意讓出一天時間，學習寫作歷程法的其他寫作步驟。我向他保證，另外找時間讓他完成故事。很明顯地，他再也不拒絕寫作。就像很多有寫作困難的學生，他從寫作歷程法找回成功的感覺。

如何支援寫作歷程法？

在初稿中鼓勵創意拼字法（inventive spelling）

學習如何正確拼字是一種發展歷程。我們都注意到，英語拼字所包含的特例似乎多於其規則。你能想像，它對學習困難的孩子造成多大的挫折，他得設法記住那些反覆無常、看來沒有任何邏輯的拼字規則！

所有人在學習拼字時都經歷了不同階段，從無法察覺語音和字母的關係，到大部分時候有能力正確地拼出單字。當孩子能了解，找出正確字母來代表特定語音的重要性時。事實上，他們正處於自然發音法的最高層次。你只要觀察某個沒有經驗的寫作者，在初試寫作時費力的發出某個特定單字的音，你就會真正看到發音及拼字之間的關聯產生了。

若要學生的寫作能力流暢，就應允許他們在寫草稿時使用猜測估計（guesstimates）策略。學生都被期待，寫作成果的拼字精確無誤。但對拼字能力薄弱者來說，應准許其借助拼字檢查軟體以完成寫作，另一可行之道為使用字典來協助其改正拼字錯誤。當學生在拼字已達到某種程度流暢時，期待一次增加一段的拼字正確性。記得，很多成人在寫作時也習慣借助拼字檢查軟體，沒有理由不教拼字能力不佳的孩子學會使用它，以期改善其拼字正確性。

使用電腦寫作軟體

電腦寫作軟體能協助寫作困難者發展及組織其想法，使文思更加流暢。目前市面上提供數種寫作軟體，有些具備寫作者能對麥克風說話，電腦就自動輸出字彙的功能；有些則協助寫作者能同時聽到自己輸入字彙的發音。拼字檢查者（Spellchecker）、單字預測（word-prediction）及線上版百科詞典等軟體能改善孩子的寫作能力。當寫作受挫者能更容易的達到流暢性，他們對寫作的抗拒也就會更快消失。

目前頗受歡迎的寫作軟體 Inspiration 和 Kidspiraton，都使用前導組體來建立並增強孩子的寫作技巧。請查閱參考文獻及資源，或參考第五章輔助性科技（第 142-143 頁）部分所描述的寫作、閱讀及拼字軟體。

使用造句圖[3]

假使學生陷在無法寫出完整句子的困境，向他們展示如何使用下面的造句圖（Sentence Construction Chart）。它對視覺學習者特別有效。當然，並非每位學生所寫的都有造句圖中的所有元素，但所有句子應該至少有一個主詞（「誰」或是「什麼」）及動詞（「做」或「做了」）。

哪個	誰／什麼	做／做了	什麼事物／什麼人	哪裡
我的	狗	舔了	郵差的	手臂

讓寫作成為視覺及綜合性活動

會分段的小蜈蚣

小學生喜歡用蜈蚣圖來寫出結合性強的段落 —— 隨著多次練習，他們的寫作能力將會有明顯的改善。讓學生分成小組合作此活動。

1. 在空白紙上畫出一隻蜈蚣身體。這張紙必須大到足夠寫出一個句子，並可以在蜈蚣身體加上很多隻腳。在另一張紙上畫幾隻蜈蚣腳，蜈蚣腳的長度及寬度要足夠寫進一個句子。為每組學生影印一張蜈蚣身體及蜈蚣腳圖。提示：可將蜈蚣圖護貝以便重複使用。

3 Morsink, Catherine Voelker. *Teaching Special Needs Students in Regular Classrooms.* Boston: Little, Brown and Co., 1984.

修正自：James F. Baumann and Maribeth C. Schmitt, "Main idea-pede," in *The Reading Teacher,* March 1986, p. 64. 版權為 International Reading Association所有。經授權使用。

2. 將這段文章的「主要想法」告訴學生。要他們把想法寫在蜈蚣的身體上。
3. 要每組學生腦力激盪出最多的「細節」，以敘述這段文章的「主要想法」。每位學生可建議一個細節，並把它寫在一隻蜈蚣腳裡。如果有些學生不會寫，在每組指派一名學生負責記錄其想法，把每個新細節填進不同的蜈蚣腳。向學生說明，流暢是此刻唯一的寫作目標。不用擔心內容的正確性、拼字、寫作技巧，或每個想法之間的相關或順序性。
4. 在各小組腦力激盪一些細節後，便開始選擇的過程。要求學生輪流讀出文章的「主要想法」（蜈蚣身體），再接著讀「細節」（蜈蚣腳）。要學生在閱讀時把蜈蚣的腳舉高到蜈蚣的身體下方，然後全組一起決定，某位學生提供的「細節」能否支持文章的「主要想法」。把那些能產生有意義連結的「細節」放在一堆；而無法連結的「細節」就捨棄不用。
5. 當各小組辨認出合適的「細節」之後，讓他們把蜈蚣腳從左到右排列以決定哪隻腳在前？哪隻腳在後？要各小組不斷地重排，直到每個人都同意先後順序為止，並為蜈蚣腳依序加上編號。請學生拿回自己的蜈蚣腳並訂正拼字、文法和標點符號，小組其他人也可以提供協助（不妨多準備幾隻蜈蚣腳，以備不時之需）。
6. 按照先後次序，把訂正過的蜈蚣腳附在蜈蚣的身體下方。然後，每個人寫下一段完整的文章並朗讀出來。

變化：段落組織表

四到十二年級學生適合嘗試段落組織表（Paragraph Organizer）。它和「會分段的小蜈蚣」的基本概念相同，但外觀上較不孩子氣。要學生兩人一對或以小組進行。

1. 給每對或每組學生一份段落組織表(第 236 頁)。要他們在指定位置寫下這段文章的「主要想法」(或在你影印該表格之前先寫下)。
2. 要學生腦力激盪出這段文章的支持性細節，把每個細節寫在新的一行。確定學生了解新的細節要寫在另一行（以便在步驟 3 容易剪開這些想法)，說明此階段的唯一目標是流暢性。不要重複寫出現過的句子。
3. 要學生把句子割開，分別找出適合「主要想法」的句子，然後捨棄其他不合適的句子。
4. 要學生把保留下來的「細節」排出先後次序，並為每個句子編號(使用「順序」下方的空格)。要學生編輯這些句子。
5. 最後，依正確順序把組好的句子用膠帶黏在一起，再把這段文章抄寫在白紙上。

故事圖

第 180 頁的故事圖（story maps）和第 181 頁的角色圖（character maps）也可被利用來規劃故事和角色的文字描述。學生可簡單地使用圖中的每個細節創造出句子。

用手送出完美的句子[4]

學生可用此簡單的工具進行寫作的自我校對。要學生描出一隻手的輪廓（手指張開，手掌朝下)。然後將下列要素寫在不同的手指部位：

4 Brenda Goffen，擔任特殊教育諮詢顧問，來自伊利諾州的 Highland Park。

主要想法：____

____

先後順序	請把你的想法寫成句子

■ 大拇指：大寫字母
■ 食指：標點符號
■ 中指：拼字
■ 無名指：整齊
■ 小指：主題（一直留在主題）

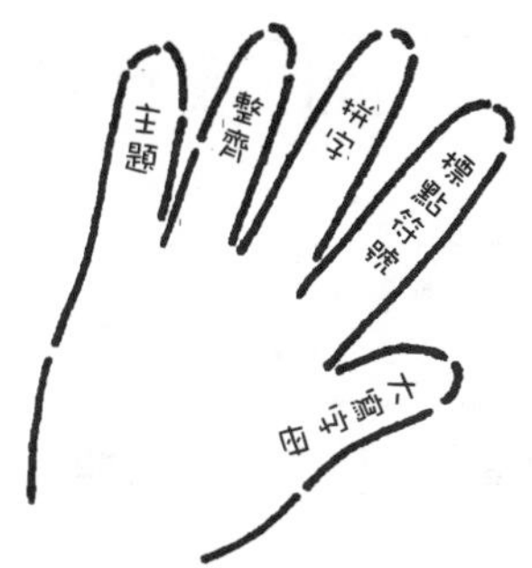

當學生校對文稿時，利用手的提示（hand prompts）輪流觸摸每隻手指頭，並自我提問下列問題，一次一隻手指頭：

■「句子是否以大寫的字母開頭？」
■「句子結束時是否有標點符號——句點、問號或驚嘆號？」
■「句子的拼字是否正確？」
■「是否書寫工整和清晰易讀？」
■「是否與我要寫的主題有關？」

變化：手的視覺教具可被利用於各種學習領域。針對寫作還有兩種變化：

■ 每根手指代表一篇好故事的重要構成要素——誰、什麼、何時、哪裡、為什麼——而手掌是代表「如何？」
■ 為了幫助學生能更詳細地描述故事角色和背景，把每一根手指當作一幕場景——「我們看到什麼？」「我們聽到什麼？」「我們觸摸到什麼？」「我們聞到什麼？」「我們嚐到什麼？」——而手掌是「我們感覺到什麼（有什麼樣的情感）？」

評估學習困難孩子的寫作能力

發給每位學生一個寫作專用資料夾。在資料夾內附有一份寫作檔案記錄單（Writing Portfolio Record Sheet）（第 238 頁）。協助學生選出他們最需要改善的一種寫作技巧。對學生解釋，除了他們要學的目標技能（target skill）及熟練的技巧之外，你並不會注意其他形式的錯誤。

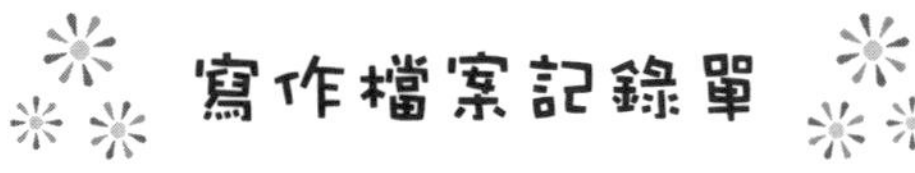

寫作檔案記錄單

這是：＿＿＿＿＿＿＿＿＿＿＿＿＿＿＿＿＿＿＿＿＿＿的記錄單
（學生姓名）

目標技能	開始日期	精熟日期	評語

當學生在目標技能的學習獲得明顯進步時，開會決定什麼是下次他們要專注學習的寫作技巧。告訴學生，你將一次增加一種新技巧，他們將會被要求維持所有先前已掌握到的寫作技巧。

對寫作困難學生而言，寫作規則的教學有助於學生把好的寫作規範予以內化。請再與提供語文和寫作方案的出版商確認，了解哪些資源已被提供，找出並使用你學區認可的寫作規範；尋找免費的線上學習方案（請見參考文獻及資源）。你可能察覺，若你安排的方案過於複雜，可能對初學寫作者形成過多壓力。最好的方法就是每次只用一種類型教寫作，直到學生的寫作表現能達到某種程度的流暢性。當你為學生加上其他類型方案時，要求他們保持之前的進步狀態。更多有關的評量訊息，查看第十二章。

掌握筆法及寫字技巧

對於所有會寫字的孩子來說，教師應視其發展狀況以決定是否要教書寫印刷體和草寫體，而不是局限於某個特定年齡。學生應被允許發展和使用對他們最容易、最可辨讀的寫作風格 —— 即使它是一種混合風格。

對於寫字技巧拙劣的學生，我們能為他們做些什麼？值得我們讚賞的是，有很多科技可用來幫助他們寫的字更加清晰可讀！至於那些因學習障礙導致寫字幾乎是不可能的孩子，請教你學區的科技專家，如何取得及應用適合的科技。有時若能把科技的協助寫入個別化教育計畫（Individual Education Plan, IEP）裡，將由特殊教育經費來支付這部分服務。

假使我們希望等到孩子的寫字技巧發展得更好，才開始文法、拼字或數學的教學，卻因此拖延了孩子與有意義的寫作互動，這樣的想法根本就行不通。

字母的組成

你可以利用這個程序來教印刷及草寫體的書寫。

1. 以放聲思考示範，在說出筆劃順序時教孩子寫出字母。例如：「要寫小寫字母‘a’時，我把筆放在 1 點鐘位置，以逆時針朝 12 點鐘的方向移動畫一個圓，並且繞時鐘一圈然後再回到 1 點鐘。不用把我的筆提起來，我往回在圓圈右邊向下畫直到我到達 5 點鐘位置，並接著畫出一個向右偏的小尾巴。」
2. 要學生把他的手放在你的手上面，隨著你書寫字母數次，以放聲思考說出筆劃的順序。
3. 要學生在字母上描寫（trace），以放聲思考說出筆劃順序（有些學生發現，砂紙字母或凸起類型的字母對此步驟的教學特別有幫助。有些學生喜歡別的孩子用手指或牙刷在他們的背上寫字）。為了讓教學有些變化，要學生使用誇大的動作寫出字母。如果你有根頂端能發光的指示棒，也可以提供學生使用。
4. 要學生仿寫（copy）這個字母幾遍，以放聲思考說出筆劃順序。
5. 要學生閉上眼睛，並想像字母是有顏色的光，向上朝左看。
6. 要學生在不仿寫而能自己寫出字母的情況下，以放聲思考說出筆劃順序，並核對其正確性。
7. 要學生練習寫這個字母幾遍，低聲說出筆劃的先後次序。到了此刻，學生應能憑藉記憶來寫出字母。

當教導學生去認識混合出現的字母時，要用真正的單字讓他們練習。

最後，如果你無法讀寫草寫體字母，你的生活中也不可能會有讓你因此受挫的其他狀況。所有的重要書寫形式都以印刷字體呈現。所以，能夠辨讀及具備流暢性應是寫字的首要目標，但寫字風格則屬於學生個人。

更多寫字教學的提示

實際的寫作會比單純的技巧訓練更能讓學生在寫字技巧有所進步。然而，假使你被要求將寫字當作一門單獨學科來教，下列教學提示對你可能有所助益：

- 確定學生的紙張擺放的位置適當。左撇子學生應把紙張向右傾斜約 15 度，他們不必為了將字寫得端正就把手彎成鉤狀來握筆。
- 每次使用相同的筆劃順序來教導所有符號（字母、數字）。經常藉由黑板、投影機或書空動作來示範正確的寫字方法。
- 斜體字寫字系列（Italic Handwriting Series）對於某些寫字困難學生有很好的成效，此寫字方案強調寫字母時不用繞圓圈，不需要有花俏字體，將從草體轉為印刷體的過程大為簡化。孩子在手寫字的可讀性及寫作流暢度上也改善很多。請查閱參考文獻及資源。
- 《讓字靜止不動》（*Making the Words Stand Still*）的作者 Donald Lyman 設計一組能讓孩子清楚辨識的手寫字母。他建議學生依下列字群來練習字母：直線、直線及傾斜、圓形、圓形及直線混合、圓形及曲線混合。查看本章的參考文獻及資源。
- 草寫體書寫能增進學習的連貫性，只要學生能用手操作，我們就應儘早教會他們使用草寫體寫字。實際上，對於有些學習困難學生來說，用草寫體寫字反而使他們寫得更敏捷，這是因為字母與字母的連接會增加其思考流暢性。
- 要學生藉由描寫凸起字母的方式練習寫字，接著描畫虛線字母。假使他們還是難以感覺字母的構成方式，可用鹽、砂、刮鬍膏、指畫顏料等多種教材讓他們體驗。也可兩位學生一組，在彼此的背上寫字；或用寫字的慣用手以誇大的動作寫字。
- 如果學生對於要在字與字之間保留適當的距離出現困難，要他們在字與字間放置一顆骰子或其他小東西，或使用一或兩隻手指頭放在上面並比出距離，可對字的間距產生一些靈感。

問答集

「如果孩子總是使用本章所介紹的支持策略寫作，他們會不會無法在真實世界的情況下寫作？」

對自己的寫作能力發展出積極態度的學生，最終有可能學會以較傳統的方式寫作。而從未建立此態度的學生，可能永遠會面對寫作的困難。你的教學目標必須是利用任何你可取得的方法，幫助學生感覺自己有能力寫作。

就我所知，並沒有任何標準化測驗不允許學生在開始寫作前先畫圖形。假使視覺學習者終其一生都需要藉由圖形的輔助，對他們而言，經由各種寫作策略的支持會有更好的學習成效，更勝於長大後只相信一種正確寫作方式的存在 —— 一種他們無法掌握的方式。

很多學院及大學已針對學習困難學生的寫作問題提供相關協助，教師的職責是幫助學生在未來能繼續接受教育，就我們能力所及，使用任何工具讓此願景能夠實現。

「有些學習障礙學生對於寫日記很抗拒。我能做些什麼好幫助他們呢？」

嘗試利用第 116-120 頁敘述的目標設定策略。這會讓你的學生對於要寫多少和寫什麼能產生一種控制感。

依我個人看法，有些教師經常過度執行寫日記的活動。有些學生甚至被要求，寫下某天裡大部分或所有學習領域的活動。如果有人要求成人把每天生活中的每個現象都以文字反映出來，我懷疑成人會有什麼感覺！不妨給學習困難學生一些選擇的機會，讓他們自己決定，願意多久寫一次日記。

參考文獻及資源

可查看第六章及第七章的參考文獻及資源。

Atwell, Nancie. *In the Middle: Writing, Reading, and Learning with Adolescents*. Portsmouth, NH: Heinemann, 1987.

—*In the Middle: New Understanding About Writing, Reading, and Learning*. 2nd Edition. Portsmouth, NH: Boynton/Cook, 1998. 作者 Atwell 在

此書中反思自從 *In the Middle* 初版以來十年的教學經驗。

Bellamy, Peter C., ed. *Seeing with New Eyes: Using the 6+1 Trait Writing Model.* 6th Edition. Portland, OR: Northwest Regional Educational Laboratory, 2005. 根據 NWREL 的「6 + 1 特質寫作模式」，此手冊協助教師利用優質寫作的特質，作為初學寫作者及寫作能力高者在寫作及計分結構之用。主要提供任教幼稚園大班至二年級的教師所使用，此寫作模式同時適用於當學生年齡較長、就讀特教班，以及英語學習能力受限者的班級。可自 www.nwrel.org 下載。(503) 275-9519。

Calkins, Lucy McCormick. *The Art of Teaching Writing.* New Edition. Portsmouth, NH: Heinemann, 1994. 此書自出版以來頗受好評，為作者 Calkin 最新版之作，介紹如何教導小學生寫作。

Cunningham, Patricia, and Richard Allington. *Classrooms That Work: They Can All Read and Write.* 3rd edition. Boston, MA: Allyn & Bacon, 2003. 結合自然發音法及文學本位的歷程寫作及閱讀教學，發展一個均衡的讀寫教學方法。

Dahlstrom, Lorraine M., M.A. *Doing the Days: A Year's Worth of Creative Journaling, Drawing, Listening, Reading, Thinking, Arts & Crafts Activities for Children Ages 8-12.* Minneapolis: Free Spirit Publishing, 1994. 包括 366 個適合初學寫作者的寫日記活動，加上 1,000 個相關活動，其中很多活動需要親自動手參與。

—Writing Down the Days: 365 Creative Journaling Ideas for Young People. Revised and updated edition. Minneapolis: Free Spirit Publishing, 2000。可與學校行事曆結合，提供一整年的寫作主題。

Daily Oral Language (DOL) (www.greatsource.com)。為口語教學課程，在教師手冊中提供值得教師整年度使用的錯誤句。當使用 DOL 時，我每天在黑板上寫下兩個句子，請學生和夥伴一起討論，並找出句中的錯誤。利用名片法（查看第 15-22 頁）叫學生到黑板前訂正錯誤。全部學生用「拇指朝上」或「拇指向下」的方式表示同意或不同意解決的方法。如果大部分學生反對，我會要求另一人提出更改的建議。接著，由全班投票表決，是否同意更改版本。有些老師使用學生匿名寫的句子作為教學

範例。請記住，此課程名為每日口語（Daily Oral Language）。當很多教師把它變成一項作業後，我認為對綜合型學習者的吸引力將大為減低。1-800-289-4490。

Graves, Donald H. *Writing: Teachers & Children at Work*. 20th Anniversary Edition. Portsmouth, NH: Heinemann, 2003. 很多人認為，此書係針對寫作教學進行徹底的改革。

Heiden, Corlene. *Writing Right.* Carbondale, IL: Blue Ribbon Press, 1993.

Inspiration Software（www.inspiration.com）. Inspiration（適合年齡較大的學生使用）及 Kidspiration（適合年幼的學生使用）為一套教學軟體，利用課文來設計圖解組體，讓學生能看到他們正在思考的內容。此課程能幫助學生將圖解組體的訊息轉換為書面文字。1-800-877-4292。

Italic Handwriting Series by Barbara Getty and Inga Dubay. Portland, OR: Portland State University Continuing Education Press（www.cep.pdx.edu）. 為適合幼稚園大班至六年級學生使用的綜合性寫字課程。可自出版商的官方網站下載所需教學範例。

鍵盤操作課程（keyboarding programs）係針對寫作困難學生而設計：

- SpongeBob SquarePants Typing（www.Broderbund.com）. 適合 7 歲及 7 歲以上。全身濕透、古怪精靈的海綿寶寶的「穿越鍵盤世界之旅」，廣受大人與小孩的喜愛，它的特色是提供多種挑戰，及附有兩種類型的遊戲。1-800-395-0277。
- Type It（www.epsbooks.com）. 適合幼稚園大班至十二年級。以語文為導向的觸控式輸入，適合初學者使用的打字系統。1-800-225-5750。
- Type to Learn and Type to Learn Jr.（www.schooldirect.com）. 適用於一至六年級。一個綜合的鍵盤操作課程。1-800-733-2828。
- UltraKey 5.0（www.bytesoflearning.com）. 適合所有年齡層學生使用。教導觸控式打字及安全性鍵盤操作技巧，使用語音、卡通、錄影帶及完全寫實。針對廣泛年齡層及特殊需求學生提供不同選擇。1-800-465-6428。

Lyman, Donald E. *Making the Words Stand Still.* Boston: Houghton Mifflin, 1986. 此書描述作者親身經歷兒時為學習障礙的感受及在努力學習時的痛苦，本書並介紹作者自創的獨特教學法。

Merit Software（www.meritsoftware.com）. 此教學軟體公司所販售之產品適合家庭及學校使用，包括 Grammar Fitness、Write It Right、ESL Fitness 及 Vocabulary Fitness。1-800-753-6488。也負責幾個互動網站的維護，學生可在此免費練習寫作技巧。它們是：

- www.englishgrammarconnection.com. 提供學生線上課程，以增進文法能力。
- www.essaypunch.com. 使用者透過實際的寫作步驟，練習基礎文章的寫作。
- www.paragraphpunch.com. 使用者透過實際的寫作步驟，練習文章段落的寫作。

Morsink, Catherine Voelker. *Teaching Special Needs Students in Regular Classrooms.* Boston: Little, Brown and Co., 1984.

Murray, Donald M. *Learning by Teaching: Selected Articles on Writing and Teaching.* Montclair, NJ: Boynton/Cook, 1982. 此書為有關寫作及教學的論述，從一位寫作者及教師的觀點出發，作者為歷程寫作法的創立者之一。

Rico, Gabrielle Lusser. *Writing the Natural Way: Using Right-Brain Techniques to Release Your Expressive Powers.* Revised edition. New York: Tarcher/Putnam, 2000. 此書示範可增加寫作流暢性的視覺技巧，能帶來更多寫作的喜悅。在最新修正版中加入圖解教學，並包括更新、實地試驗的練習。

Rubistar（rubistar.4teachers.org）。提供教師使用，是非常好的免費寫作工具，希望能針對沒時間擬草稿的使用者設定寫作的規範，此網站也同時提供西班牙文，可直接進入 Rubistar en Español 視窗。計畫案名稱：High Plains Regional Technology in Educational Consortium（HPR*TEC）（www.hprtec.org），由教育部提供經費贊助。

6+1 Trait Writing（www.nwrel.org/assessment）. 由西北區教育實驗室（Northwest Regional Educational Laboratory, NWREL）以獨特的方式呈現六種寫作特質的寫作模式（Six-Trait Writing model），並訓練教師如何使用。

當學生繼續專注於進步的作品時，能利用此架構指出其優缺點。(503) 275-9519。

The Writing Process: A Web Tutorial（www.psesd.org/technology/writeprocess/）. Conn McQuinn of the Puget Sound Educational Service District in Burien, Washington. 透過寫作歷程法，引導師生的寫作教學。此網站包括系列錄影帶的呈現。(206) 439-3636。

CHAPTER 9

知識學科的閱讀與學習

當孩子閱讀的範圍延伸至寫作、數學等知識學科（content areas）的課本時，我們不難發現，這些領域對學習困難學生也造成特別的問題。當他們在文學、科學、健康教育或社會課程面對困難的閱讀材料時，往往抱持消極態度。事實上，有些學生會在一聽到任何有關「閱讀」的字彙時便出現強烈的反應。他們在閱讀的壓力增加了，自我防禦的機制也被喚起。所以，在任何可能時候，我都會謹慎地使用略讀、掃描、尋找、查明等其他字來代替「閱讀」一詞。

假使你認為自己不是教閱讀的老師，再想一想！當某位學生對特定學科的學習出現困難時，部分原因是與其拙劣的閱讀技巧有關。所以，我們都是教閱讀的老師，都需要知道如何幫助孩子閱讀和理解特定知識學科。科技總是不斷地推陳出新，我們幾乎可以確定，未來有一天人類將無需藉由閱讀，也能從各種來源獲得必要資訊。但在當前，孩子仍須學會將教科書及教室所學有效運用，那就是我們必得教會他們的。

為了幫助學習困難孩子在不同知識學科能學得更成功，藉由允許他們選擇一個感興趣或看似有趣的主題，並想出不同教法來使他們學得過癮。教孩子發問：「我如何能把書中的文字變成一幅圖畫，讓我能靠視覺來記住這些知識？」也可以在學生獲得及分享知識時，增強他們使用學習風格優勢的能力。我們更可以提供他們有效的方法，以最少量的閱讀去蒐集、辨識及組織出最多的知識（記住，如果學生學不會老師教的方法，那麼就用學生學得來的方法來教他們！）。

本章將聚焦於不同知識學科的閱讀及學習策略，以及如何進行明示教學（explicit teaching）的建議。當你和學習困難孩子一起嘗試時，請記住這個由字首字母組合而成的縮寫字 WHOLISTIC（查看第 99 頁），可確使你努力融入多種策略，而綜合型學習者會感受此學習方式的友善。假使策略教學看似占用你太多時間，導致你教學工作過量，也千萬不要因此氣餒。一旦學生知道如何學習，往後就能節省你更多時間。使用你所需要的，盡可能多花些時間來幫助學生學習各種策略。請你配合課程標準的規定，教導學生這些策略，事實上，它並不會浪費到孩子的學習時間。

Elizabeth 的案例

Elizabeth 到了十年級時，對於自己能否在學校有所成就，她已失去信心，並認真考慮要輟學。她的學業挫敗並非缺乏嘗試，她幾乎每天都帶著各科筆記本準時上學，在每堂課結束前她會盡職地把功課寫完。放學後她又把每科課本都帶回家，每晚又花 30 分鐘時間來完成各科作業。沮喪的她及父母都無法理解，為什麼她老是得到壞成績。

Elizabeth 總是把大部分寫功課的時間花在抄寫課本。這些課本是屬於學校的，依規定學生是不被允許在書裡寫字。她寫滿好幾本的筆記，幾乎是逐字抄寫課文。當為了準備某科考試，她就一字不漏地抄寫那一科的課本。因為她無法分辨重要或不重要訊息，只是把所有東西從頭到尾抄一遍，然後盼望著最好的考試結果出現。

到了第二學期，Elizabeth 的科學老師示範了視覺導向的作筆記方法，並引導全班用前導組體整理筆記。有一天 Elizabeth 在學校經歷一次難得的成功經驗後，她興奮地回家。那個特殊經驗是全班共同觀賞一部影片，每個人都被鼓勵使用與自己學習風格相容的方式作筆記。Elizabeth 選擇一種簡單的圖示技巧，並打算用她的筆記來為第二天的考試複習。就如同她告訴父母：「我現在才明白，我是一個視覺學習者。當我使用與我學習風格相容的方式來整理筆記和溫習時，我竟然能夠了解課本的內容呢！這也是我有生以來第一次真正覺得為一個測驗在做準備。」接著她補充：「也許這些方法會讓我在其他課程也變得更聰明呢！」

準備好學習

你的學生知道多少「學會如何學習」（learning-how-to-learn strategies）的策略呢？你在第 250 頁會發現一個表格，可將它影印並用來追蹤學生進步情形。使用「還沒學」一欄，確認學生需要學習的策略，「正在學」表示你目前正教的策略，而「知道如何做」則代表學生已精熟的策略。填入日期，以顯示學生在不同時間的進步情形；當學生學到新策略時要記得更新表格。年齡較大的學生可自己記錄。

你可將此表格略做修改，以追蹤學生在讀書技巧（study skill）及組織技巧（organizational skill）的學習情形（如第十一章所述）。

簡單圖示法

將簡單圖示法付諸行動的案例

還記得有一天，當我在某個中學示範「模式課程」時，我拜訪一個班上有十二位學習障礙學生的班級，他們的障礙嚴重到使他們被安置在自足式特教班裡。那位洩氣的導師迎接我的開場白是：「我真高興見到妳！之前的六節課裡我們一直很努力地擬大綱，可是他們還是搞不懂！妳要如何幫我呢？」

對於她的疑問，我有兩個立即卻無法說出的反應。第一，我知道她的大部分學生可能是綜合型學習者，擬大綱這回事只有分析型思考者才會感到自在。第二，我很納悶為何她把這麼多寶貴的教學時間浪費在一個過時的學習技巧。擬大綱並非是大多數的我們在日常生活中需要做的事；而組織資訊息卻有其必要性。其實，你只要花 15 分鐘的時間，就可讓孩子學會如何用與其大腦相容的方式組織訊息。

學生們使用複製練習的方式：首先，我利用三段文字描述三種類型的蝙蝠（哺乳類）。學生的工作是用羅馬數字標出每種蝙蝠的類型，他

學會如何學習

學生姓名：______________________

策略	還沒學	正在學	知道如何做
能在閱讀或讀書之前預習			
使用檢查法去注意書中的圖片			
在閱讀課本內容之前先讀過每一章結尾所列的問題			
能預測重要的訊息			
能用與自己學習風格容的方式作筆記			
能概述已經學到的			
能理解和記憶字彙			
能記得已經學到的			
能利用不同形式的參考資料			
能將所學遷移到其他情況			
能獨立工作及學習			
當需要時能請求協助			

們找出每一類蝙蝠的三個細節。然後在羅馬數字下分別用 A、B 和 C 列出細節。

我替每位學生安排一名夥伴，然後要求他們快速瀏覽（而非閱讀）這篇短文，以識別蝙蝠的類型。我隨意喊一位學生回答。不出所料，他認出那段短文在介紹吸血蝙蝠。

導師從她的桌子那兒向我示意。「吸血蝙蝠在第二段，」她低聲說道：「我要求學生依羅馬數字的正確順序來識別蝙蝠。」

「別擔心」，我低聲回答：「最後都會成功。」

我用彩色粉筆畫了一個紅色圓圈，並在圓圈內寫下「吸血蝙蝠」。接下來，我要求夥伴們瀏覽吸血蝙蝠那一段，並找出二或三項細節。我提醒他們，至少要找出那麼多細節，因為我會一直隨機提問，直到所有細節都被提到為止。我宣布大家有 60 秒的作答時間，那給了大家一種共同承擔時間的急迫感，使得他們在 60 秒內保持最佳工作狀態。當時間到時，我隨機叫了幾位學生回答，並把他們的答案填入紅色圓圈裡。

對於接下來的兩種蝙蝠，我們也重複這個程序，藍色三角形給果蝠，而綠色正方形給狐蝠（你很可能會猜測，我使用不同顏色和形狀的理由，因為這會在孩子腦海裡形成一個永久印象）。

我接著說：「現在，老師要你們用古羅馬人的方式來整理這些資料！所以，請你們先閱讀第一段文章，並確定那是否描述果蝠。既然是介紹果蝠，我們就在藍色三角形裡用印刷體寫下一個羅馬數字 I。接下來，讓我們找出第一項細節，把它標上大寫的 A。第二項細節是 B，其他的以此類推。」

我們重複同樣的步驟，直到學生對三種蝙蝠的細節都有個清楚的畫面（請見第 252 頁）。最後，我們以大綱的形式把資料轉移到學習單。我們的綜合型學習者正用最接近他們學習風格的方式擬大綱 —— 由整體再回到局部學習！

此刻，孩子們終於體會擬大綱其實很容易，假使他們被允許使用一種讓他們自在的方式 —— 視覺化及整體的方式。接下來，有人問了一個令人震驚的問題：「我們可以再做一次嗎？」導師不可置信地對我搖頭，她很快地發下另一個例子。大部分學生使用和之前擬大綱相同的方

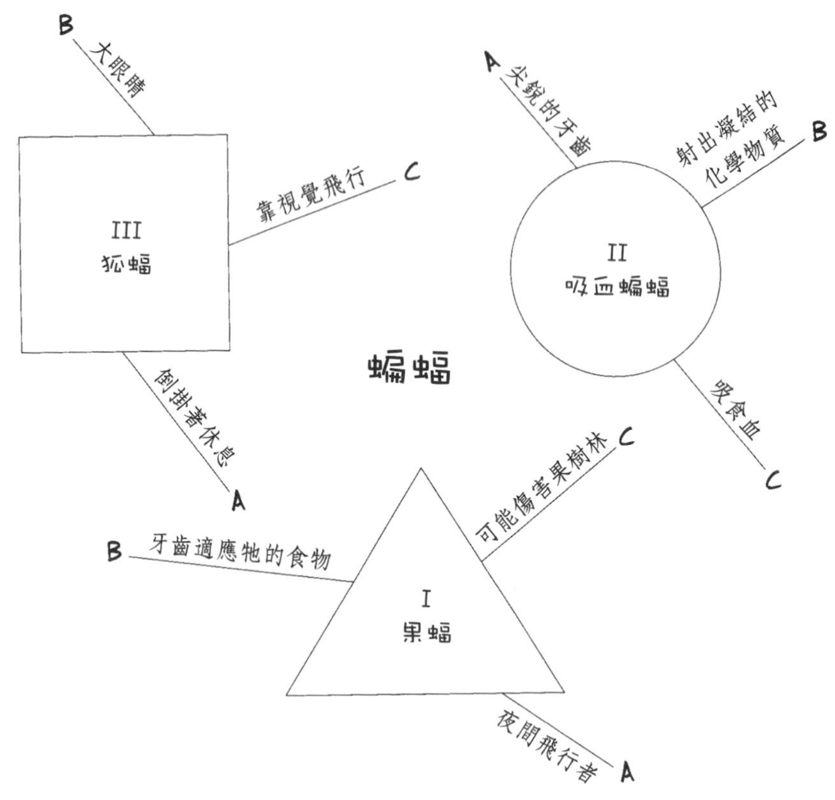

式，學生們的獨立作業只花了 12 分鐘就完成第二個例子。

使用簡單圖示法

圖示法（mapping）是一種使用視覺輔助來促進學習的策略。即使一張簡單的圖表都可以作為視覺組織的工具。視覺組織工具讓學生對於訊息做視覺的想像。圖解組體、心智圖、流程圖、活動時間表、圖形、連環圖、圖片、集合圖（Venn diagrams）—— 都是不同類型的視覺組織工具。綜合型學習者在閱讀時，會為了從書中找出能代表重要訊息的指標，或為得到必要的訊息而瀏覽一段特定文字，再以視覺方式記錄那份資料。最後，針對他們必須學到的內容創造出一個心理圖像（mental picture）。在重要訊息的取得方面，綜合型學習者能使用少量的閱讀蒐集大量訊息。回想本書曾提及，綜合型學習者在專注於局部之前，必須先看到事物的整體畫面。

1. 把你講課或談話的內容畫成簡單的圖表。盡可能利用多種形狀和顏色，並在畫圖時使用放聲思考（查看第 121-122 頁的後設認知）。這樣一來，學生將能重複你示範的程序。
2. 對學生示範，如何以簡短片語把訊息做總結（summarize），並放入某個圖形內。絕對不要寫成完整的句子，那反倒會鼓勵學生逐字抄寫所讀到的內容。
3. 引導學生了解，圖示法不僅可用來圖解重要的訊息，也可作為讀書的指引，幫助他們記住學會的知識。
4. 從不同的訊息來源（例如：書本、錄影帶、雷射影碟等）提供學生使用圖示法的經驗。一旦綜合型學習者發展出個人學習風格時，他們對於用各種方式整理筆記會變得更為自信。

假使有些學生能成功地使用其他方法做筆記，鼓勵他們嘗試此方法一兩次。提供第 254 頁的「簡單圖示法」講義，並對學生說明，一旦了解如何繪製簡單圖表，當在任何時候需要學習特別困難的知識，就能在學習工具箱裡找到方法。所有學生都應被允許，使用任何可以幫助他們獲致最佳學習成果的方法。

字彙圖示法

字彙屬性圖是一種學習字彙的視覺組織工具。在第 210-213 頁介紹如何建立閱讀字彙部分有詳細的描述，它對學習任何領域的字彙同樣有效。

在某個六年級班級裡，老師正試圖教大家認識古羅馬字彙。學生看來十分沮喪，因為他們能寫出單字的定義，卻無法記得住。我們將單字分成幾類（例如：描述古羅馬文化裡的職業），接著為每種字彙的類別設計了字彙屬性圖。針對「元老院議員」職業的屬性圖看起來是這樣：[1]

1 修正自：*New Directions in Vocabulary* by Barbara Abromitis. Carbondale, IL: Blue Ribbon Press, 1992. 經授權使用。

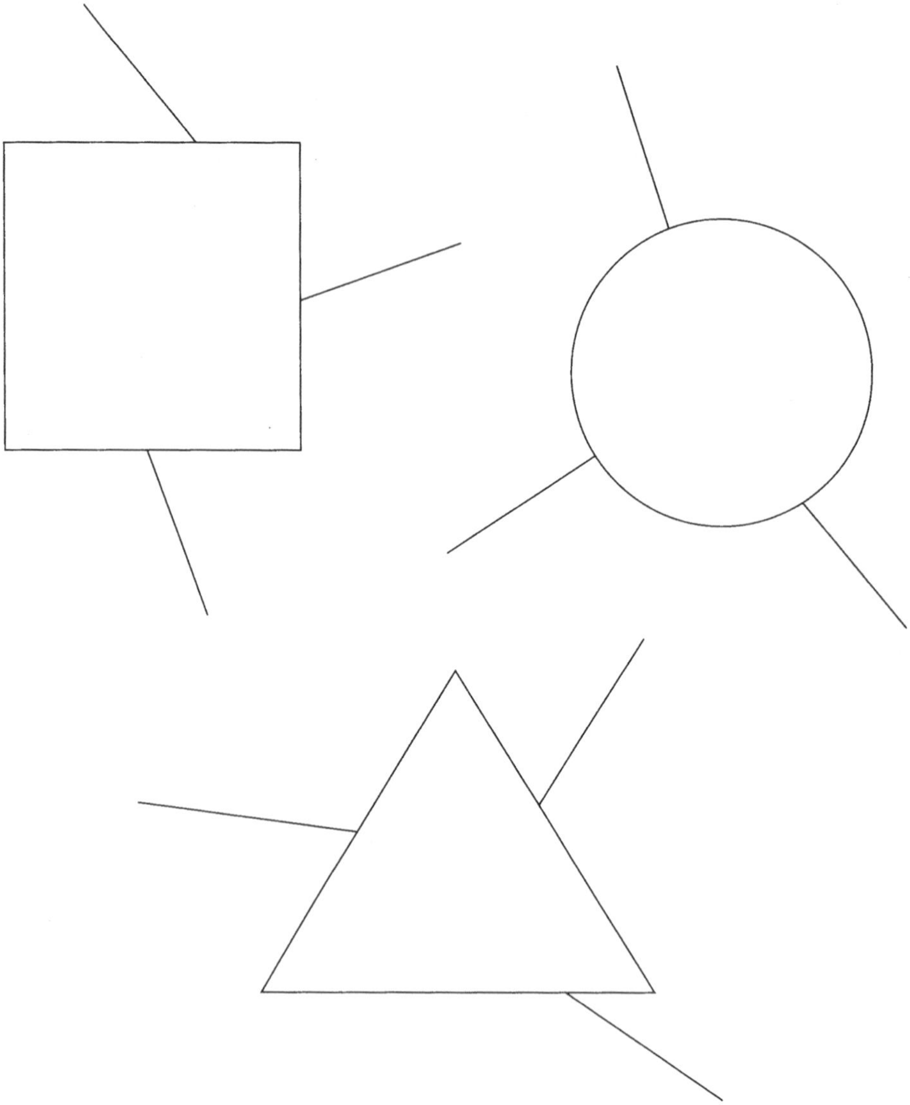

資料來源：*Teaching Kids with Learning Difficulties in the Regular Classroom* by Susan Winebrenner, copyright © 2006, 1996. Free Spirit Publishing Inc., Minneapolis, MN; 866/703-7322; www.freespirit.com. 本頁允許個人、教室及小組活動複製使用。

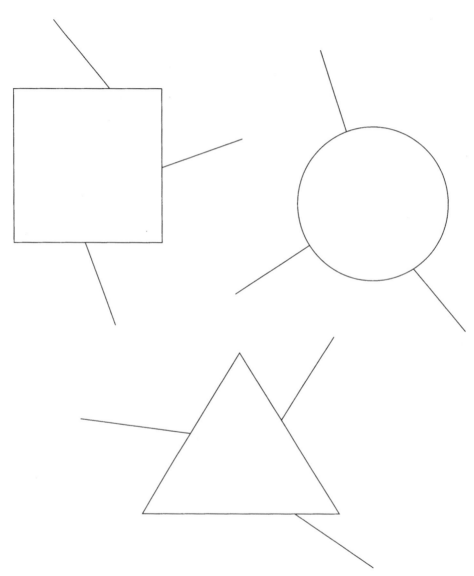

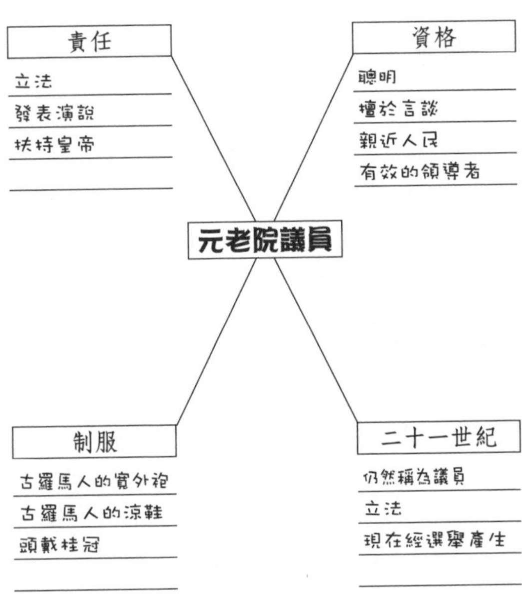

幫助學生理解課本及上課的教材

很多教師並不了解，學生需要能幫助自己獲得成功的閱讀策略，使他們能在不同學科（如社會課程、科學）參與課本或上課的討論，甚至擴及非小說及（或）主題單元活動的參與。其實，閱讀教科書最有效的策略和用於文學作品的有些相似，這中間又有些差別。教導學生用後設認知來學習這些策略，請查閱第 121-123 頁。鼓勵學生放聲思考說出如何理解學習歷程，這方法對他們非常有幫助。

1. 在閱讀之前：學生必須活化先備知識，並將已經知道的和正要學的新教材連結。要求學生：
   - 對於每個人所了解的主題進行腦力激盪（請參考第 174、176-178 頁的 KWPL 法）。
   - 描述及討論學習此教材的目的。
   - 檢視這一課內容並注意重要的特色為何，例如：圖畫、地圖、圖表、圖形、斜體字及粗體字部分，並從此方向對課文內容進行預測（使用第 175 頁的預測單講義）。

- 在閱讀某一節課文之前，先閱讀該節結尾所列的問題，這會提醒大腦在閱讀時去注意哪些地方是重要訊息。
- 關於字彙的認讀，等到學生先閱讀（或傾聽）過課文內容再來學習生字。注意：相關研究發現，抄寫字典的解釋對於孩子記憶生字並無幫助。透過課文中前後文脈學習字彙的效果會較好。要求學生用自己的話寫出生字的解釋。圖解組體（如第 211 頁的字彙屬性圖）是視覺學習者的重要小幫手。
- 在地圖上標出位置及事件。
- 觀賞 DVD、錄影帶或其他視覺化表徵的教材。幫助視覺學習者將新知識與其正儲存在記憶裡的圖畫相互連結。

2. 閱讀中：學生必須確定他們了解正閱讀的（或聽到的內容），若有任何不了解部分就必須加以澄清。要求學生：
   - 注意課本的標題或其他特徵（圖畫、地圖、圖表、圖形、斜體字或粗體字）以辨認其中重要訊息。
   - 藉由瀏覽課文的動作，盡可能從課本中獲得最多訊息（請查閱第 257 頁的瀏覽及總結書面教材）。
   - 當學生讀完某一節課文後，請他們把臉轉過去，然後把所讀到（或聽到）的以放聲思考方式說出（或寫下）該節的內容摘要；也可找一位夥伴一起完成。
   - 使用圖解組體，例如：第 258 頁的內容組織圖（Content Organization Chart）或第 264 頁的 3S TN（Qs）講義。
   - 學習如何針對課文內容提問（請見第 187-189 頁的交互教學及第 172 頁的問題開胃菜講義）。
   - 檢查學生之前對課文內容的預測（使用第 175 頁的預測單講義及第六章的 KWPL 法的預測欄位；請查閱第 174、176-178 頁）。
   - 要學生經常將從課本所學到的部分做出摘要（使用圖解組體，例如第 186 頁的魚骨圖）。

3. 閱讀之後：請學生回答在閱讀之前步驟中每一節結尾所列的問題，證明他們了解課本內容。要求這一課能融會貫通，並將每一節的訊息相互連結。

- 要學生就最初對課文內容的預測進行確認或反駁。
- 藉由擬大綱、圖解組體或簡單畫下，來簡述這一課的主要概念。
- 回想此節內容與之前所學有何連結。
- 再回頭讀以前的筆記，並結合筆記內容，描述這一課中最值得記的五個重要概念。

瀏覽及總結書面教材

要求學生：

- 在開始閱讀新的一節課文之前，先注意並讀出這一節標題。
- 找出並閱讀這一節必須解答的所有問題。
- 先略讀第一段和最後一段。
- 針對此節課文的其他段落，讀出第一句和最後一句，以及印成斜體字或以某種方式被強調的關鍵字。找出斜體字可能顯示的訊息，並利用圖解組體來說明一兩項重點。
- 針對此節課文必須回答的問題，要求學生一確定答案就立刻把它寫下來。
- 當為此節課文做出總結，把各段的重點合併成一兩項敘述性文字。
- 在這一節課文摘要的前後再加上引言及結論。

第 187-189 頁所介紹的交互教學法能加強其他學科的閱讀理解能力。它可增進學生對教科書及上課內容的理解。

內容組織圖

當綜合型學生在學習一項新知識時，他們需要一種能組織其思考的方法。為了讓大腦學會新的知識，首先必須連結已經知道的知識。因為大腦是一種模式蒐尋裝置（pattern-seeking device），因此我們必須用模式來教導。

第 258 頁的內容組織圖與之前介紹的簡單圖示法稍有不同，這兩者一旦以視覺形式呈現，它們在特定學習領域（或學科）的舉例方式皆相同。內容組織圖可適用於任何年級的學習領域（或學科）。例如：

內容組織圖

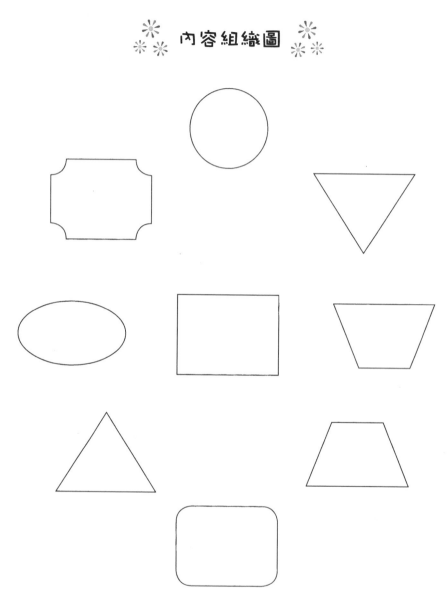

資料來源：*Teaching Kids with Learning Difficulties in the Regular Classroom* by Susan Winebrenner, copyright © 2006, 1996. Free Spirit Publishing Inc., Minneapolis, MN; 866/703-7322; www.freespirit.com. 本頁允許個人、教室及小組活動複製使用。

- 季節。
- 人類的身體系統。
- 某個特定類別的植物。
- 某個故事或小說裡的要素。
- 數學方程式的程序。
- 某個科學實驗的步驟。
- 社區團體。
- 能源的類型。
- 世界的區域。
- 政府系統的類型。
- 來自任何類型的名人。
- 某種特定類別的動物。
- 某種特定風格的藝術家。
- 某種特定音樂類型的作曲家。
- 太陽系的行星。
- 任何國家的人。
- 任何國家的州和省。

P.S. 沒錯 —— 內容組織圖看來和第六章的故事圖和角色圖完全一樣！此基本形式可用於不同目的的學習。

如何使用內容組織圖？

以下所列步驟將逐一說明，如何利用內容組織圖教導學生認識不同地理區域。在此教學單元中，教科書是學生接收訊息的唯一來源。一旦你陪伴學生走過此歷程，就能輕鬆調整其他教科書的用法，你也可以和上課、光碟、錄影帶或任何來源的訊息一起使用。

1. 準備一張大型、可作為牆壁掛圖的內容組織圖（請見第 258 頁），用不同顏色畫出各種幾何圖形。
2. 每兩位學生安排成一對討論夥伴。發給每個人一張內容組織圖。向學生說明，你會使用牆壁上的內容組織圖來示範他們該寫些什麼。

3. 告訴學生，他們會學到和自己有關的地理區域（例如：假使你的學校位於懷俄明州，學生將學到有關大平原的知識）。在牆壁上「內容組織圖」的正方形內，用印刷體寫下區域名稱。學生也必須照著寫在自己的組織圖中。
4. 指導學生打開課本至目錄頁，找出被指定學習的地理區域那一章。
5. 要學生從頭到尾瀏覽一遍課文，以檢視那一章的內容，留意課文如何組織，並讓學生針對圖畫、圖表及其他相關特色互相提問。學生並不需回答自己所提問題。另外，學生必須閱讀那一章結尾所列的全部問題。
6. 要學生回到那一章的開頭。要求他們預習第一頁，並留意課文對重要訊息出現時的示意方式。把第一類訊息的名稱（例如：地理位置）以印刷體寫在內容組織圖的圓形裡。
7. 指導學生瀏覽課文裡出現「地理位置」的這一節，接著在內容組織圖中，用印刷體（或書寫體）寫下有關此類別的三件事實。學生必須把三件事實記錄在所畫圖形內。
8. 利用第 15-22 頁的「名片法」叫學生回答，直到你取得四到六項與「地理位置」有關的細節為止。將它們寫在牆上的內容組織圖。指導學生把任何尚未出現的細節加入自己的內容組織圖。
9. 要求學生留意，課文使用哪種方式來示意第二類訊息即將出現。在牆上的內容組織圖的下一個圖形內，用印刷體寫下訊息類別名稱，依順時鐘方向來做；學生一樣將它加入自己的內容組織圖內。
10. 針對新訊息的類型重複步驟 7 和步驟 8。以相同方式繼續進行，直到所有類別都被製成圖表為止。要學生注意一個事實，此刻他們已完成一份內容組織圖，並可用來準備任何與該地理區域有關的討論或考試。
11. 當學生要認識下一個地理區域時，給每個人一份新的內容組織圖；你會需要新掛圖。這次盡可能選擇和學生居住地不同的地理區域。在牆上的內容組織圖中間的正方形內，以印刷體寫下區域名稱。告訴學生，課本也以類似方式介紹每章、每個主題的資訊。

12. 使用名片法，叫一位學生預測哪種類型的訊息會在新的地理區域被描述到。把它寫在牆上的內容組織圖中 —— 寫在和第一張內容組織圖中你給該類別訊息的相同圖形裡
13. 指導學生回到課本的索引部分，找出描述到被預測類別的那一頁，並把相關細節填寫到學生的內容組織圖中。
14. 針對新的地理區域重複步驟 8 到步驟 10。

當學生學到第三個地理區域時，多數的討論夥伴都準備好要獨立使用課本及（或）其他來源來完成的圖表。而仍然需要你協助的那幾組則繼續一起做。對學生指出，相同類別的訊息必須一致出現在圖表的相同地方。例如：如果「位置」在第一張內容組織圖是出現在上方的圓形，它就必須在所有圖表中都是上方的圓形。

提示：常常在手邊準備充足的內容組織圖影印本。一旦學生認識了這個程序的好處，就會想要經常使用。當你給學生一個測驗時，先發下一張空白圖表，然後吩咐他們在考前盡可能地填寫下所能記得的細節。由於在腦中已有一個完成圖表的視覺印象，比起傳統作筆記方式，內容組織圖應當能幫助學生回想起更多與主題有關的訊息。

變化：年齡較大學生可能偏好沒有幾何圖形的圖表。以下範例所示為研究人體系統時所設計的圖表。

人體系統	器官	功能	疾病	保健
循環	心臟、動脈、靜脈	把血液抽送至或抽離心臟	高血壓；阻塞	體重控制；運動；戒煙
呼吸	鼻子、肺、支氣管、橫隔膜	輸送氧氣到血液；呼吸	癌症；肺氣腫	同上
消化	胃、肝臟、膽、膀胱、腸	吸收食物；輸送營養到細胞；排除廢物	潰瘍；膽疾病；癌症	低脂食物；低脂乳製品；多喝水

人體系統	器官	功能	疾病	保健
神經	腦、脊柱、神經	智力；控制其他器官	癌症；中風	避免跌倒；終身學習

3S TN（Qs）策略：教綜合型學習者作筆記

對於年齡較大的學生來說，由於他們在閱讀、觀賞錄影帶或聽課時多半需要使用視覺方式作筆記，將可受惠於 3S TN（Qs）技巧。3S TN（Qs）技巧結合多種策略的特色，它的奇妙之處不僅可協助作筆記，更可用此策略複習考試或準備討論。學生的任何討論都可從其事先做好的筆記中獲益。

3S TN（Qs）的解釋為：三個 S 分別代表 Surveys（檢視）、Skim（瀏覽）及 Study（溫習）；TN 代表 Take Notes（作筆記），而（Qs）代表 Questions（問題）。

1. 安排每兩位學生成為一對討論小組。給每位學生一份 3S TN（Qs）表（第 263 頁）。
2. 協助學生學習檢視（Survey）整個篇章或單元（它們可能出自課本、光碟、錄影帶或 DVD 等；教材形式並不重要）。對於他們注意到的每種特色，都必須問自己一個問題（Questions），但不必急於回答。討論小組最後應能獨立完成此一步驟，被允許在自己的圖表中加減一些訊息，以配合你對學生反應的期待。你可在投影片或牆上畫出 3S TN（Qs）。讓學生在整個單元進行時都可看見此圖表。
3. 請討論小組一起瀏覽（Skim）某一節，並回答下列問題（Questions）：「這一節描述的最重要概念是什麼？」將答案寫在 3S TN（Qs）表格左邊的「主題」欄。如果學生需要協助，可以利用魚骨圖（第 186 頁）找出主要概念。
4. 指導學生在 3S TN（Qs）表格右方的「說明」欄寫下對該主題的說明，使用簡短的片語而非完整句子。

5. 利用名片法（查看第 15-22 頁）要求孩子針對「主題」與「說明」做解釋。同時邀請幾個小組進行分享。請學生在回答時放心說出某個概念的一般重點即可，不必像別人一樣地使用精確詞彙來描述。
6. 活動繼續依相同方式進行，直到學生記滿一頁的筆記為止。

讀書技巧：雙欄策略

當你希望將 3S TN（Qs）策略作為學生的讀書指引，他們就必須遵循著以下步驟：

1. 將「主題」及「說明」欄位各用一張紙遮起來。
2. 由討論小組的夥伴 A 掀開第一個「主題」，並針對「說明」進行預測。
3. 兩人一起查看夥伴 A 的預測是否正確。如果預測正確則角色互換，由夥伴 B 掀開第二個主題並預測「說明」欄。如果內容正確則再換夥伴 A 繼續嘗試。
4. 當所有的主題都被討論過，繼續重複以上步驟，這次先掀開「說明」欄，再預測「主題」。

如此一來，學生將可由「主題」及「說明」兩個觀點來學習知識。

對於在挑選正確主題及說明出現困難的學生，可為他們多示範幾次 3S TN（Qs）技巧。

變化：如果你要為雙欄策略做一些變化，你可設計一份新講義，左欄為「問題」而右欄則為「解釋」。學生每次針對一部分知識直接在「解釋」那欄作筆記，再回頭檢視筆記，並為每一個重點想出一個問題。如同上述步驟 1 到步驟 4，複習筆記的內容。

3S TN (Qs)

你可使用此表格來幫助你作筆記、為準備討論及考試複習之用。

- 檢視（Survey）整篇文章先獲得一個整體畫面。在檢視時提出問題（Questions），不用寫下答案，只需要想一想，再把答案告訴你的夥伴。
- 當找到你想記得的知識，用簡短片語來作筆記（Take Notes），不斷問自己問題（Questions）。這樣會幫助你確認這些要學的知識是不是很重要。
- 每次瀏覽（Skim）課文一小節。當你略讀時提出問題（Questions），確定你注意到最重要的訊息。
- 利用雙欄策略來複習（Study）筆記。提出問題（Questions）並給予口頭回答。

主題	說明

資料來源：*Teaching Kids with Learning Difficulties in the Regular Classroom* by Susan Winebrenner, copyright © 2006, 1996. Free Spirit Publishing Inc., Minneapolis, MN; 866/703-7322; www.freespirit.com. 本頁允許個人、教室及小組活動複製使用。

問答集

「圖示法的學習會不會讓學生的速度變得更慢，以至於無法完成作業？」

想一想，當孩子不知道如何學習時，他們所浪費的時間有多少？他們永遠都在找尋課本、紙張和鉛筆。接著，他們又得找出一個適當的地方開始寫作業，在這之後，他們又通常有一連串問題等著對你及同學發問。當使用圖解組體工具變成一種習慣時，你的學生會需要較少時間來完成被指定的作業。

「內容組織圖、一般圖示法或其他圖解組體有何不同？」

很多圖解組體或圖示法僅僅是設計成為印刷文本的視覺表徵，內容組織圖（查看第 257-262 頁）則是以圖解的方式說明不同章節（或單元）之間的相似性。當學生發現及了解這些相似性，他們會開始對課文即將出現的內容進行預測。經過一段時間，他們將體認新知識與過去學會的知識相連結的重要性。

「我是不是要像字彙出現在課本的相同順序來教它們？」

你可以如同它們在課本被介紹的順序來教這些字彙，但要記住，學習困難學生一次只能學會幾個字，意即你必須稍後再來教其他字彙。假使你能利用字彙屬性圖（查看第 210-213 頁），以字彙分類的特性來教導識字。學生不但能認識目前課文出現的生字，也能學到別的課文中有類似屬性的生字。

「會不會有些時候學生必須仔細閱讀整課課文，而無法經由瀏覽、圖示法或圖表來了解課文內容？」

假如那個時候真的來到，學生仍可使用視覺組織工具來幫助自己更容易學會和理解課文。很有可能的是，他們除了用傳統閱讀和作筆記之外，最後將會擁有許多讓他們可隨意支配的學習策略。永遠記住，唯有學生感知自己是有能力的學習者，才會在現實世界成功。運用任何你做得到的方法來引導他們實現對學習的正向看法。一般而言，當學生愈能順利使用瀏覽策略，愈能發展並維持對閱讀積極的態度。

一位來自伊利諾州 Midlothian 的高中英文老師，她在整個學年為學生貢獻許多時間與努力，教導他們在實際開始寫作前，如何把所想寫的東西設計成為視覺化的心智圖。她對學生示範此策略，使他們在想法產生階段能暢通無阻，當實際付諸行動時能更專注於寫作。當她在大學入學筆試為她幾位學生監考時，她感到非常欣慰，因為看到幾位她的學生使用圖示法計畫必須寫的段落。這位老師當下明白，她已教會學生一種能應用在寫作任務的生存技巧，甚至在她無法當場指導時也可應用得到。

任何你的學習困難學生能從你身上學到的輔助技巧，將使得他們更有自信，並在高中後的求學之路成為更有能力的學生。

參考文獻及資源

Abromitis, Barbara. *New Directions in Vocabulary.* Carbondale, IL: Blue Ribbon Press, 1992.

Parks, Sandra, and Howard Black. *Organizing Thinking: Book 1.* Grades 2-4. Pacific Grove, CA: Critical Thinking Press and Software, 1992. 學生學習如何更有效地分析並使用訊息，創造自己的組織導體，以增進對任何學科的理解力及保留。

—*Organizing Thinking: Book 2.* Grades 5-8. Pacific Grove, CA: Critical Thinking Press and Software, 1990.

Thinking Maps（www.thinkingmaps.com）. 此思考圖為一視覺化的教學工具，它可培養及鼓勵個體的終身學習。不管在特定學科或跨學科的學習中，它都可作為一種共同的視覺性語言。1-800-243-9169。

Vacca, Richard T, and JoAnne L. Vacca. *Content Area Reading: Literacy and Learning Across the Curriculum.* 8th edition. Boston, MA: Allyn & Bacon, 2004. 藉由閱讀、寫作、說話及傾聽歷程，幫助學生學習跨學科課程，此

書獲得極高評價，它的設計目的是成為一個主動學習的工具，因同時提供真實案例及，以研究為根據的實務內容，而使本書更加完整。本書的更新版中加入當代議題，例如：學科內容標準、評量、沒有任何孩子會落後（No Child Left Behind），及閱讀優先（Reading First）等主題。

改善學生的數學成就

在教育界這麼多年，總感覺數學教育的鐘擺始終在計算（computation）與問題解決（problem-solving）之間來回擺盪。當然，最有效的數學課程莫過於同時去強調這兩者以求其均衡發展。但對數學有困難的孩子來說，即使他們的數學能力還停留在基礎、機械記憶層次，我們也必須確定他們能趕上年級程度。否則，他們會發現自己遠遠落後預期標準，永遠也沒有趕上別人的一天。二十一世紀的大部分工作皆需優異的數學能力，這使得數學讀寫（math literacy）與其他讀寫科目一樣，占有相當的重要性。

數學和閱讀都屬於符號性語言（symbolic language）。我們知道，學習困難學生對於符號性語言的學習會感到困難。一般而言，當涉及數學學習時，數學困難學生會顯現以下所述之一些、很多或全部特徵：

- 他們對於看及聽到正確數字有困難，經常出現顛倒和替代問題。對某些孩子而言，紙上的數字看來像是在跳動。
- 他們也許能把數字背得很熟，但對數字和所代表的意義缺乏直覺理解。他們的數字概念很薄弱。
- 他們無法察覺組型（patterns）及其之間的關聯性（例如：用數字表示數量、硬幣大小與價值、哪個符號代表哪種運算）。
- 他們在組成數字時總耗盡精力，導致沒有多餘的力氣去解題。出現數字唸讀及書寫的錯誤、有數數困難，以及無法保持在某個行列裡。在動作方面的困難使得答案紙髒亂不堪、計算不正確。在行列與數字的對齊會出現混淆情形；要他們在一頁紙上維持某個位置有其困難；假使必須從黑板抄寫作業，這種情況會更糟。他們對手的操作性不佳。

- 他們對於記住數字事實（number facts）或字彙、問題解決程序或之前學過的東西有困難。對快速心算感覺非常痛苦，又不可能做得到。
- 文字題（word problems）特別令他們氣餒，由於文字題的解題包括符號的三種層次：數字、文字及運算。他們在問題解決的過程中無法產生一連串的想法。
- 他們會被數學課本中包含多重概念的新題目困惑。
- 他們會一再重複地解答相同習題，或反覆使用相同方法解決問題（這被稱作反覆症）。
- 他們無法不理會分散其注意力的事物，例如師生在他們身旁討論所發出的聲音。

許多孩子在學前階段已發展對數學概念的直覺理解。當孩子觀察世界時，學懂了數字和它們所代表的數量、如何公平分配東西，以及看懂時鐘所顯示該睡覺、起床和吃飯的時間。既然腦子能探索不同的組型，那麼有效的數學教學應把焦點放在組型的示範，幫助孩子把新觀念連接到已了解的觀念。由於綜合型學習者在理解局部前必須先看到整個畫面，所以有效教學必須從具體、實際動手做，慢慢轉移到計算的抽象應用，和其他需要逐步實施的程序。

在數學困難學生學習解決問題之前，不應要求他們先學會基本原理。這就好比孩子藉由閱讀學會閱讀，藉由寫作學會寫作一樣，他們能藉著計算學會數學 —— 利用出現於真實生活的事件、情節之中的數學概念。在教導綜合型學習者時，都從具體情境開始教學（例如：我們應從盒子裡拿出多少餅乾，因此每位學生都可以有一塊餅乾？）。就理想而言，只有在學習困難學生懂得有關的數學概念之後，才進入計算階段。當你無法創造實際情境教學時，可利用操作性教具作為數學問題表徵。有些學生對於使用記憶策略反應熱烈（例如第 287 頁的請問麥當勞有沒有賣起司漢堡），這些記憶策略能使抽象概念的教學更為具體化。

在 2000 年，全國數學教師委員會（National Council of Teachers of Mathematics, NCTM）修訂之前所提出的數學課程標準，並指出計算及問題解決能力相同的重要性。該委員會也在《學校數學的原則及標準》（*Principles & Standards for School Mathematics*）的序言提及，「學生需要學習新的數學基礎能力，使其具備流利的計算，以及用創意與策略解決問題的能力。」

NCTM 數學課程標準所包含的範圍廣泛，有可能在未來再度改變（如需評估目前的標準，可查閱本章的參考文獻及資源）。當使用你這一州的數學課程標準時，你會發現假使要將所有學生帶至熟練階段，他們可能很快就被過多的課程標準壓垮。數學有成就者往往能快速學懂數學概念，輕鬆理解關係之間的連結。學習困難學生卻需要很長的時間去慢慢摸索、學習，他們常在概念關聯性的理解上出現嚴重挫折，學習的保留更難以掌握。許多系列版本的教科書使得當前教導數學困難學生的工作更加複雜，太多的概念出現在某一課，或只出現在某一頁習作中。當以有限的時間及僅一兩頁教科書的篇幅對學生解釋，並建立某些新概念時，這會讓部分學生對數學變得更困惑。

對那些正學習數學概念的學生，最重要的是盡可能地提供充足、需要的時間，學習如何操作物件以解決對其日常生活中有意義的問題（例如：分配生日派對的點心；使用金錢在商店購買物品；操作形狀以看出彼此的關係 —— 這些真實場景必須在轉移至抽象數字使用之前出現）。必須記住，我們要專注於孩子正做得好的事情，而非他們的挫折。要有耐心！所有美好事物都是拿時間來換取的，對於容易氣餒的學生而言，多一點點時間也許正是他們所需要的。

本章所介紹之策略，將有助於你改善數學困難學生的學習成效。先嘗試幾個策略，直到你看出其中一兩種策略能對其數學成就產生明顯差異。再次記住 Kenneth Dunn 博士所言：「如果學生學不會老師教的方法，那麼就用學生學得來的方法來教他們！」學生應一直和自己對話：「如果這個方法對我沒有意義，我會請老師幫助我，再試試其他方法，直到我們能一起找出對我最有效的方法為止。」再回顧這個由字首組成的單字 WHOLISTIC（查看第 99 頁），它會提醒你如何改善學習困難孩子在任何學科的成就。

如何吸引學生學數學？

- 保持實際動手做的學習方式，直到學生能完全理解為止，然後協助他們找出解決相同問題時需具備的技能。換句話說，他們必須先用具體物件來察看及操作問題，接著，再把訊息轉譯成數字的符號性語言。允許學生在任何時候都能和同儕合作學習。
- 記住，數學發生於一天中的任何時刻，而不只是在數學課。把握每一個機會向學生展示數學如何出現於所有科目（例如：打一場戰役的代價、人們在某一天消耗的卡路里量、聲音在音樂裡如何被計算）。把學校數學課程與學生的家庭生活連結（例如：要求學生觀察並製作圖表，以了解家庭成員的看電視習慣；在製圖紙上畫出家中臥房或客廳，製作家具紙樣，然後重新安排以學習比例的問題）。
- 要求學生注意數學如何被運用在文學之中。從你朗讀的故事裡，利用其中與數學有關的情節；在童話故事、民間故事和兒童圖書裡都充滿可能的情境；向圖書館員尋求建議。你覺得《愛麗思夢遊仙境》（*Alice's Adventures in Wonder land*）裡的數學情境如何呢？要學生從正閱讀的書或最受歡迎的經典文學作品中設計一些應用問題。尋找有反覆出現數學組型的歌曲、詩詞和韻文；使用小說或故事作為數學討論的開端。例如：說一則關於逃家青少年的故事，可以引導孩子實際進行一個靠自己生活要花費多少錢的調查研究。
- 在數學問題中使用學生名字及生活中的真實事件。
- 由於綜合型學習者在學習局部前需要先看到整個畫面，總是先向他們展示完整問題（或作業）看起來的模樣。例如說：當你要學生填寫一個數字事實的棋盤式表格時，先向綜合型學習者展示完成後的表格，然後要他們倒著做回去，以了解其關聯性和模式。
- 使用音樂、押韻詩歌及饒舌歌曲，幫助孩子用好玩及有效率的方式來學習數字事實。
- 要學生設定自己的目標，他們希望完成某項數學作業的哪些部分，或在指定時間內會解答多少題（查閱第 116-120 頁的目標設定）。倘若這樣仍無法激發做數學的動機，也許試著讓學生累積自己的點數用來交換想要的獎勵。如果他們能符合設定的目標，就可獲得最高點數；如果能完成 70% 或以上的目標，就能得到最高點數的 70%；如果能勝過自己的目標，就可擁有額外點數。

- 前後一致地對學生強調，提出疑問及犯錯是學會的唯一途徑。
- 教導學生估數的技巧，並要求把它運用在所有數學作業。
- 要學生利用一種策略解決幾個不同問題，以及用幾個不同策略解決一個問題。當他們領略有許多方法可解決相同問題時，就不會再害怕把唯一正確的方法給搞砸了。
- 經常複習學會的概念。每堂數學課都應為學生複習一次。
- 尋找並使用任何可利用的科技，並經你的科技支援人員及行政處室核准使用，包括電腦教學軟體、計算機及其他支持系統。舉例來說，Fastt Math 方案據說能明顯增加在所有數學事實學習的流暢性（見參考文獻及資源）。研究也顯示此方案的長期成效。還有其他方案對孩子的學習態度及性向有正向改變。詢問你的科技支援人員以獲得必要協助。

可嘗試的教學技巧

- 經常找時間為學生示範，學習的技能要如何應用至現實生活的工作或休閒之中。
- 出示一個例題，並呈現解題的歷程與結果。當綜合型學習者能預先獲知最後的解題結果時，通常更有助於理解。
- 在進行演算時，選擇及使用一致的顏色提示。例如：如果在分數教學時分子的數字用綠色，分母則用紅色。顏色提示將有助於學生記住並使用於使其困惑的數學語言。
- 具體—表徵—符號—抽象（Concrete to Representational to Symbolic to Abstract）的教學順序通常能成功地運用在數學困難學生身上，在具體階段，使用操作性教具；在表徵階段，使用圖片及其他與操作物有直接關係的視覺性輔助；在符號階段，由老師對學生示範如何將具體及表徵階段所學以數字呈現；至於在抽象階段，則以自然的方式進行活動。一開始時，讓學生參與引導練習，最後，他們應能獨立練習所學到的東西。所有教學階段都應包括放聲思考，鼓勵使用後設認知策略來覺察自己正學些什麼，參考第 121-122 頁。

- 另一廣受師生歡迎的教學法為認知引導教學法（Cognitively Guided Instruction, CGI）。老師使用蘇格拉底提問法（Socratic questioning）引導學生說出在解決一個問題時他們是如何思考的。讓學生學會使用很多方式解決問題，重視冒險對個人思考的價值，以及尊重同儕的想法。認知引導教學法所根據的信念是兒童的知識對教學決策有其重要性。老師應從旁引導，而非以教學舞台的聖賢者自居。研究發現，被教導認知引導教學法的學生與大部分學習時間都用於計算的學生相比較，前者看來對於數學運作有更深入理解。欲知認知引導教學法的相關訓練訊息，可與全國促進學生數學與科學學習及成就中心（National Center for Improving Student Learning and Achievement in Mathematics and Science, NCISLA）聯繫。請見參考文獻及資源。
- 示範你如何使用後設認知來解題，以放聲思考說出你正經歷的步驟（見第 121-122 頁）。重複此一程序幾次，一致地遵循相同的步驟及順序。
- 使用名片法（第 15-22 頁）檢查學生的回家作業及他們能否理解你的教學。利用名片法，叫學生到黑板前示範做例題。偶爾允許他們能有位數學夥伴在旁邊陪伴、討論。當做完題目，請他們解釋如何得到答案。然後，全班投票決定是否同意此答案。某位教導幾何的中學老師曾經告訴學生，當學生呈現學習成果時可選擇做正確或錯誤。以這樣方式去做，假使班上學生不同意答案，這位學生可對大家解釋他知道答案錯了，他只是想捉弄同學一下。此方式也能為學生保留面子，避免直接面對在黑板寫錯答案的窘境。
- 盡可能的經常要求學生，用文字記錄解決問題時的想法。這樣的練習非常有用，向學生證明可用許多方法解決某個特定問題，每個孩子的想法都值得教師傾聽及處理。利用班級時間一起討論，請他們各自描述解題的過程，並要求欣賞及享受他人對數學的思考。

- 教學的人數宜少，使孩子能一次做一個步驟，並獲得很多練習的機會。當教導新概念時，不要要求學習困難學生同時做計算問題。提供必要的學習輔助，直到他們能掌握新概念的意義。確認他們是否了解你用來描述新概念的詞彙。例如：當你教導周長的概念時，要求學生在計算實際周長之前，先確定知道周長的意思。
- 確定教學及評量的安排通常與學生必須參加的任何高風險測驗（high-stakes tests）的形式相同，他們必須事先熟悉測驗的情況，不會因此而擾亂心情。例如：如果在正式測驗中，學生必須在答案卡劃記，那麼在你的教學評量中也不妨採用此種形式。
- 分別指定英文二十六個字母的對應數值，要學生計算出不同單字及句子的總值是多少。
- 帶一本郵購目錄到班上。發給每位學生一筆祕密額度的經費，要他們從看目錄來進行採購活動。指導學生當他們決定好採買物品總金額時，要記得加上稅金和運費。
- 把餐廳的菜單帶到教室，要學生練習點菜、計算帳單（包括稅金和小費），以及平均分攤每個人用餐的費用。
- 針對數學的應用，去仔細地分析一份日報。一份當天的報紙可讓你的班級持續忙碌一個禮拜。假使你不知如何利用報紙來設計數學課程，與教育版編輯聯繫，並對外徵求適合的課程計畫。
- 要學生算出全世界的時間變化情形，包括當越過國際換日線時要減少或增加一整天的時間。
- 讓學生加入經濟學的學習。經濟學教育國家委員會（National Council on Economics Education）渴望分享免費的資料，提供給小學到高中的學生使用（查看參考文獻及資源）。你甚至可在班上從事商業活動，當整個班級都忙著有關製造、銷售和獲利等商業行為時，數學課程就變得生動、活潑起來。
- 在任何可行的時候，讓學生選擇在限定時間內完成較少的題目。最好依據時間的多少來決定作答的題數，而不是要求所有學生完成相同的題數。鼓勵學生使用目標計畫表（第 117 頁）來設定及達成個人目標。

- 在任何時候使用數學遊戲，都可為你的數學課帶入一些不同的刺激。順應你的動覺學習型學生，你所選擇的遊戲是允許他們在教室到處走動。太多的紙筆活動只會讓掙扎於數學的學生變得更挫折。
- 讓學生使用任何可得到的特殊技巧，手指乘法（Finger Multiplication）（第 285 頁）及手指數學（Fingermath）（第 280 頁）都是很好的學習輔具，學生可將這些訣竅帶至任何測驗情境中，因為需要的唯一工具就是自己的手指頭。
- 尋找並一致地使用任何可利用的科技及軟體來幫助孩子學習數學。像成功製造者（SuccessMaker）方案，能在孩子在進入數學世界時，帶來樂趣及些許神祕感。請查閱參考文獻及資源以獲得相關建議。

如果你需要更多構想，查一查你的教師手冊。倘若在你學校或學區裡，有人的頭銜與數學有關，打電話請求協助。邀請一些同事到你的休息室共進午餐；或帶一些巧克力，共同腦力激盪一些想法。

教導基本原理

計算

- 經常讓學生先看到解題的方法，他們能夠立即了解整個解題模式。當已顯示此模式幾次後，即可開始要求他們獨立計算。
- 絕對不要求學習困難學生從黑板或課本上抄寫作業。數學是有關數字之間的關係，而非準確抄寫的能力。
- 孩子在一開始用數字寫作業時就利用數線（number lines）教學，當你介紹新概念時也是如此。幾乎所有教具目錄都可購得數線。或者也可把一個鐘面上刻有小時與分鐘記號的大型時鐘當作數線；有些孩子發現，在鐘面上來來回回地數比較容易。使用某個顏色的簽字筆為每 5 分鐘做下記號，而另外一個顏色則標出 15 分鐘的數量。
- 提供學生許多可以練習正確寫數字的機會。利用第 239-241 頁的字母的組成及更多寫字教學的提示，它們可針對數字教學的用途方便老師進行修改。
- 永遠要求孩子在做任何計算題之前，心裡先估算一個合理的解答。

■ 就習作習題而言，做得少就是練習得多。絕不指定超過 7 到 10 個習題。藉由這樣的選擇自由來激發學生，一旦他們能正確完成連續 5 題，就可以立即停止練習。
■ 允許學生用製圖紙做計算題，以保持行列整齊。在他們做習題時，準備一個堅固耐用的模板。在模板中挖出一個「視窗」，當把它套在題目上，可一次露出一個習題或算式裡的一欄。用彩色簽字筆把題號圈起來，因此孩子不會以為那些數字也是習題的一部分。
■ 尋找及使用電腦教學軟體，讓某些孩子可以用較快的速度來精熟數字事實。

教導數字事實

遵循以下的程序來教導加法及減法事實。提示：在進入數字部分之前，永遠用具體物來開始你的教學。

1. 教導兩倍的概念。
   ■ 要學生列出兩倍事實的算式。
   ■ 要學生利用每天的生活情境為文字題出題目。
   ■ 要學生彼此分享所寫的文字題，鼓勵放聲說出自己的思考歷程。要他們把應用問題演出來以增加理解力。
   ■ 要學生把思考歷程作成筆記，然後討論他們的想法。
   ■ 交代學生回家作業，請他們在家重複相同程序。寫封信對家長解釋，並請父母給孩子適當的回饋。
2. 重複此程序，做「兩倍再加 1」。例如：「如果 5 + 5 = 10，那麼 5 + 6 = 10 再加 1，或是 11。同樣的，如果 5 － 5 = 0，那麼 6 － 5 = 0 再加 1，或是 1」。
3. 重複此程序，做兩倍加 2、兩倍加 3、兩倍加 4，以此類推。
4. 重複此程序，做兩倍減 1、兩倍減 2、兩倍減 3，以此類推。

記錄的擴充性

使用記錄擴充性（expanded notation）的概念，以確定孩子是否能理解問題中數字的意義。例如：「36 + 42」可改寫為「30 + 6 和 40 +

2」，先從個位數或十位數開始相加：30 + 40 = 70；6 + 2 = 8，答案是78。

如果必須進位，如 39 + 25，遵循相同過程：30 + 9 和 20 + 5。9 + 5 = 14；30 + 20 = 50；50 + 14 = 64。

一旦孩子能了解記錄擴充性的概念，會更容易掌握相關的演算。

部分和

部分和（partial sums）是一種快速解決加法難題的方法。例如：在 49 + 57 的題目中，個位數先相加：9 + 7 = 16。然後，十位數再相加：40 + 50 = 90。最後，將兩個和加起來：16 + 90 = 106。

數字事實

- 使用同類群組的特性來教導數字事實。例如：兩個數字相加起來總和為 10 的所有組合（例如：2 ＋ 8，8 ＋ 2，3 ＋ 7，7 ＋ 3 ⋯⋯）；彼此有相互關聯的數字事實（例如：6 ＋ 4 ＝ 10，10 － 6 ＝ 4，10 － 4 ＝ 6 ⋯⋯）。
- 加法和乘法一起教，因為是同一概念的兩面。教減法和除法也是利用相同道理。
- 用操作物示範每件事。放聲說出思考過程並要學生照著做。
- 引起學生去注意數字事實在真實生活被運用的方式。
- 把數字事實變成每堂數學課的遊戲。將幾張紙摺成幾等分，接著鼓勵學生接受挑戰，在每部分寫下一個完整的數字事實。要孩子設定他們自己的目標，看看能寫完多少數字事實。[1]
- 請家長協助數字事實閃示卡的製作。在每張 5 × 7 英寸卡片上面寫下數字事實，再以獨特形狀切割成兩片拼圖，一片是問題而另一片是答案。這對視覺學習者特別有幫助，可將數字事實與形狀結合。
- 在學習從 1 到 10 的乘法事實時，多數學生已經知道（或輕易掌握到）0、1、2、5 和 10 的倍數。接下來，增加「雙胞胎」：3 × 3、

1 Susan Flynn，一位教師，來自維吉尼亞州的 Christianburg。

4 × 4、6 × 6、7 × 7、8 × 8 和 9 × 9。現在他們知道 100 個乘法事實裡的 56 個，而要學習剩餘的就相對容易了。例如：要得到八組 7，想一想「七組 7 = 49；再多一組 7 就如同是 49 + 7，也就是 56」。

- 發給每位學生屬於個人的、有護貝的數字事實格子表。使用不同顏色顯示出值得注意的組型（奇數、偶數）。要學生利用格子表估算互逆性（reciprocal）的過程（減法對加法，除法對乘法）。例如：「14 除以 3。14 屬於 3 那行的一個數字嗎？不是，既然這樣，什麼是最接近的數字？」

記錄數字事實

我們可利用許多商業性產品教孩子認識數字事實，我發現一種簡單、可自創的方法，它恰好對那些升上高年級，但又不清楚數字事實的學生有效。它容易被修改來教導其他類型的事實。

1. 製作一份數字事實的錄音卡帶，一次一個系列。依照順序唸出每一個事實，在每個後面做短暫停頓（例如：6、12、18、24、30、36、42、48、54、60）。
2. 學生聆聽錄音帶，並聽完前三個事實：6……12……18，然後把錄音機關掉。
3. 學生把前三個數字事實吟誦幾遍，唸到 6 舉出一根手指，唸到 12 舉兩根手指，唸到 18 則舉三根手指，諸如此類。用這個方法，他們可以看見的是 2 × 6 = 12，3 × 6 = 18 等。
4. 當他們掌握前三個數字事實時，再增加下一個，錄音帶只聽到 24 為止。他們吟誦 6、12、18、24，並依序舉出一、二、三、四根手指。
5. 學生繼續重複這個連續動作，每次多增加一個數字事實，直到他們能將 6 的倍數吟誦到 60（10 × 6）為止。當能順利做到這點時，試著從 6 × 5 = 30 開始，同時舉出一隻手全部的手指。接著計數到 36 並往後數，學生可將「某個數字五倍以上的事實」的程序簡化。
6. 對於其他乘法表，重複相同程序一直到 9。之後，向學生展示如何用「雙胞胎」往前或往回做，不需要每次都從頭做這個連續動作。

7. 準備另一份含有「事實群組」的錄音帶。例如：6 × 3 = 18，所以 3 × 6 = 18，以及 18 ÷ 3 = 6，所以 18 ÷ 6 = 3。

手指數學

在我所推動有關學習困難孩子教學的工作坊裡，參加者常對手指乘法策略（Finger Multiplication strategy）的成效充滿驚喜（見第 285 頁）。很多人希望能學會相似的策略來教數學運算。我也樂於推薦好用的手指數學（Fingermath）策略。

事實上，手指數學和算盤的原理相通，也和手指操作有關。我把它用於那些經過幾個月練習，卻還記不起來數學事實，也達不到熟練程度的學生身上。手指數學允許使用十根手指頭，來練習不超過 100 的加減乘除運算。一旦能流暢地使用（經多次練習之後），此方法在測驗或真實生活情境中都用得到，能讓學生在基本數字運算有快速及精準的表現。有一位自命為手指數學的粉絲將它稱為「它是個可以偷溜進去考 SAT 測驗的計算機」呢！

由 Edwin M. Lieberthal 所撰寫的《完整的手指數學》（*The Complete Book of Fingermath*）已於 1979 年出版（目前已再次付印）。透過線上資源，有可能在某些圖書館找得到。此書提供許多範例及圖解，並教導學生如何使用此方法。我推薦你查閱此書，然後將此奇妙的教學法教給你的學生。

我就加到 19 這麼多[2]

用這個方法，學生從來都不必加超過 19。

寫出一個「兩位數加兩位數」的加法題目。任何時候當你得到 10，在數字上劃過一條斜線，然後把「剩餘的」數字寫成一個小小的數字。例如：

2 Rita McNeeley，是一位教師，來自密西根州的 Port Huron。

1. 加個位數那一列。

78	8 + 5 = 13；5 劃斜線並在它旁邊寫一個小小的 3
5~~5~~ 3	3 + 9 = 12；9 劃斜線並在它旁邊寫一個小小的 2
6~~9~~ 2	2 + 7 = 9；在總和的個位數位置寫上 9
+47	
9	

2. 加十位數那一列。

2 78	計算個位數那列的斜線：2 將 2 寫在十位數那列 7 的上面 2 + 7 = 9
4 ~~5~~5	
0 ~~6~~9	9 + 5 = 14；5 劃斜線並在它旁邊寫一個小小的 4
+ 47	4 + 6 = 10；6 劃斜線並在它旁邊寫一個小小的 0
49	0 + 4 = 4；在總和的十位數位置寫上 4

3. 加百位數那一列。

2 78	計算十位數那列的斜線：2
55	在總和的百位數位置寫上 2
69	
+ 47	
249	

觸摸式數學[3]

觸摸式數學（TouchMath）能幫助觸動覺學習者了解基本數學運算，它提供實際動手做，卻不用操作物的學習。

從 1 到 9，每個數字都被畫上與數字所代表同樣數目的黑點（觸摸點），而從 6 到 9 的數字被畫上有圓圈環繞的點，則每個代表兩點。

1. 在數 1 的同時碰觸 1 的頂點。

2. 在數「1，2」的同時，碰觸 2 的開端和尾端。

3. 在數「1，2，3」的同時，碰觸 3 的開端、中間和尾端。

4. 在數「1，2，3，4」的同時，碰觸 4 並且從頂點向下到底端的筆劃上計數。

5. 依照所顯示的順序「1，2，3，4，5」來碰觸和計數 5。你可以稱呼「4」那點為「肚臍」來幫助學生記住它。

6. 從 6 開始使用有圓圈的點。被圓圈包圍的點要被碰觸並計算兩次。所以 6 是從頂點到底端被碰觸和計數：「1-2，3-4，5-6」。

7. 7 是從頂點到底端被碰觸和計數：「1-2，3-4，5-6」，接著是在左上方單獨的一點「7」。你可以稱呼「7」那點為「鼻子」來幫助學生記住它。

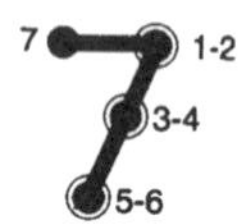

8. 8 是從左到右被碰觸和計數，先算「頭部」然後其次「身體」：「1-2，3-4，5-6，7-8」。

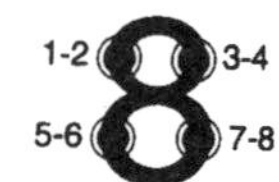

---

3 *TouchMath*. 4th edition. Innovative Learning Concepts, Inc. 經授權使用。

9. 9 是從頂點到底端被碰觸和計數：「1-2，3-4，5-6，7-8」，接著是在左邊單獨的一點（「鼻子」），「9」。

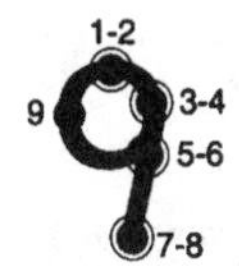

學生經由碰觸數字強化「有多少」的概念以學習加法與減法。為了把數字加起來，計算所有黑點及被圓圈包圍的點。

加法範例：要算 3 加 6：3 點加 6 點（在 6 上面每一個有圓圈的點算作 2 點）= 9。學生計數「1，2，3，4-5，6-7，8-9。」

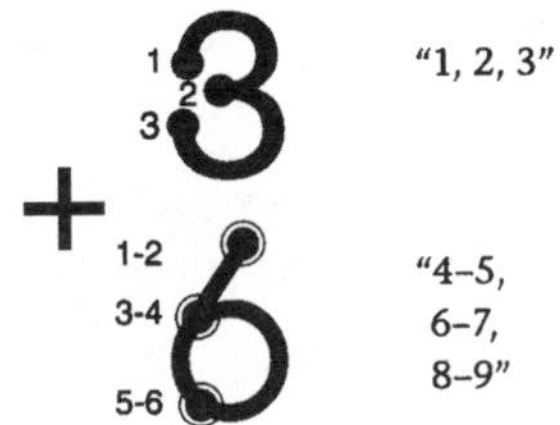

減法範例：要從 8 減掉 3，碰觸到最上面的數字（8），然後藉著碰觸 3 上面的點，從那兒往回計數（7，6，5）。答案就和最後碰觸到那點一樣。（在觸摸式數學減法中，最上面的數字沒有碰觸點。）

8 "8"
- 3 "7, 6, 5"

一套完整的觸摸式數學課程包括乘法和除法，以及時間、位值及其他概念。它強調學生應經常重複練習，並以放聲思考回答，以記憶數字事實並將學會的技能遷移至傳統算術學習。如需此一課程的更多相關資訊，查看參考文獻及資源。

乘法和除法

數字排列

下列數列代表有 3 組 4，或一組 4 的 3 倍，或 3 × 4。一旦學生了解這點就能學會「互逆性」：4 × 3 = 12；12 ÷ 3 = 4；12 ÷ 4 = 3。

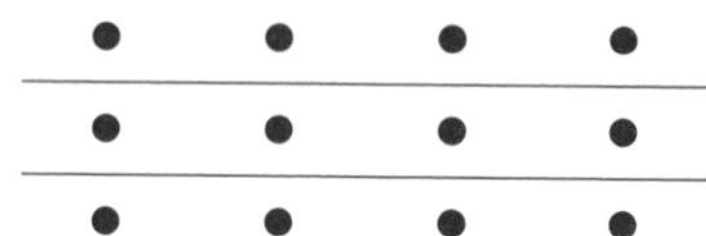

9 在我的手指上[4]

把從 1 到 10 的數字寫在彩色圓形貼紙上。要學生把圓形貼紙由左到右的順序黏貼在他們的手指背面。左手小指是 1，左手無名指是 2，依此類推，一直到右手小指是 10。

當要計算 9 × 4，學生舉起雙手，手掌心朝外。

1. 將左手食指（4）彎曲。彎曲手指左邊的手指代表 10 的倍數。3 個 10 = 30。
2. 彎曲手指右邊的六根手指（包括大拇指）代表 1 的倍數。6 個 1 = 6。
3. 把 10 的倍數和 1 的倍數加起來。30 + 6 = 36，所以 9 × 4 = 36。

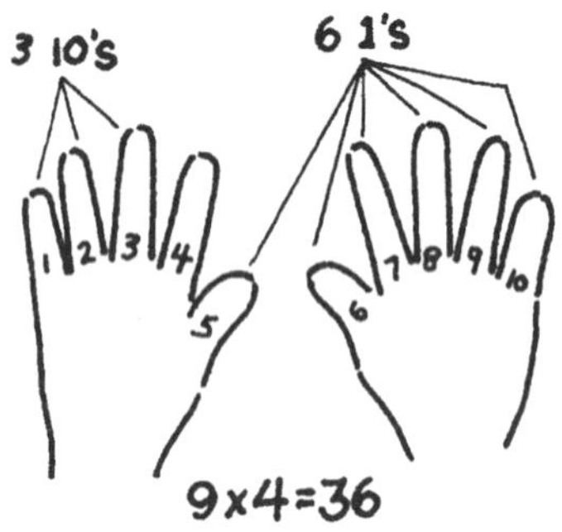

4　修正自：Nancy S. Bley and Carol A. Thornton, *Teaching Mathematics to Students with Learning Disabilities.* 3rd edition. Austin, TX: PRO-ED, 1995. 經授權使用。

試試 9 × 7。將右手食指（7）彎曲。從彎曲的手指往左有六個 10 的倍數，以及從彎曲的手指往右有三個 1 的倍數，所以 9 × 7 = 63。

手指乘法[5]

要使用此方法，學生必須知道從 0 到 5 的乘法表。在這個方法上有兩種組合是例外（6 × 6 和 6 × 7），它們應該被留到最後再來示範。

把從 6 到 10 的數字寫在兩套彩色的圓形貼紙上（二個 6，二個 7，依此類推）。要學生將圓形貼紙黏貼在他們的手指尖上。小指是 6 並且必須是同一種顏色；無名指是 7 並且必須是同一種顏色；中指是 8（另一種顏色）；食指是 9（另一種顏色）；大拇指是 10（另一種顏色）。提示：如果要取代圓形貼紙，你也可以利用水性簽字筆將數字寫在學生的手指上。

要計算 7 × 8，學生舉起雙手，手掌橫著放，面向內，小指在手和地板之間。

1. 將任何一隻手的手指的 7 對著另一隻手的手指的 8。相碰觸的手指頭，和在它們下面兩隻手上的所有手指，代表的是 10 的倍數，五個 10 = 50。
2. 把一隻手上剩餘的手指，和另一隻手上剩餘的手指相乘以得到 1 的倍數，3 × 2 = 6。
3. 將 10 的倍數與 1 的倍數加在一起。50 + 6 =5，所以 7 × 8 = 56。

5 修正自 Martin Gardner, *Entertaining Science Experiments with Everyday Objects.* New York: Dover Publications, 1981. 經作者授權使用。

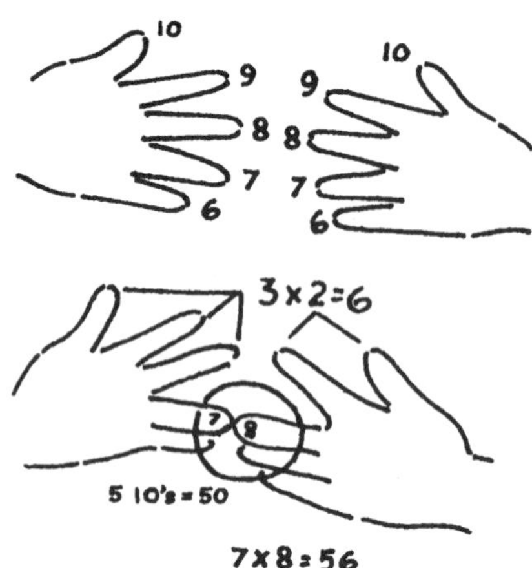

試試 9×7。將一隻手指的 7 與一隻手指的 9 對著碰觸。所有碰觸的手指和在它們下面的手指 = 六個 10 = 60。把剩餘的手指頭相乘：3 × 1 = 3。將 10 的倍數與 1 的倍數相加：60 +3 = 63，所以 9 × 7 = 63。

例外：

- 6 × 6：碰觸小指：二個 10 = 20。把鬆開的手指頭相乘：4 × 4 = 16。20 + 16 = 36，所以 6 × 6 = 36。
- 6 × 7：碰觸小指和無名指：3 個 10 = 30。把鬆開的手指頭相乘：4 × 3 = 12。30 +12 = 42，所以 6 × 7 = 42。

兩種例外的組合（6 × 6 和 6 × 7）留到最後再來教，因為它們在最後有加法的步驟。

部分乘積

部分乘積（partial products）的概念應用在乘法的學習，與加法及減法的記錄擴充性有關（見第 277 頁）。例如：46（40 + 6）× 23（20 +3）。

1. 個位數和個位數相乘：3 × 6 = 18。
2. 下方的個位數和上方的十位數相乘：3 × 40 = 120。
3. 下方的十位數和上方的個位數相乘：20 × 6 = 120。
4. 十位數和十位數相乘：20 × 40 = 800。

5. 把 18 + 120 + 120 + 800 相加得到答案 1,058。

除法變簡單

在這個方法裡，學生學到的除法是漸次減法（progressive subtraction）。藉由記憶術（mnemonic）的吟誦技巧記住解題步驟，請問麥當勞有沒有賣起司漢堡（“Does McDonald’s Sell Cheeseburgers”[6]），同時加上觸動覺輔助，這個方法讓抽象演算法更容易被記住及使用。

1. 要學生把除法題目寫下來，在右邊往下加一條垂直線來擴大除法符號。

```
25 ) 2991 |
          |
          |
```

2. 要學生吟誦 Does（是否），提醒自己第一個步驟要 Divide（除），同時在空中畫一個除號（÷）。要他們估計如果每組學生得到 25 個起司漢堡，一批 2991 個的漢堡可以分給多少組？任何估計都合適，只要總數不超過可利用的供應量。例如：「我可以把 2,991 分成每 25 個一組，至少 100 次。」
3. 要學生吟誦 McDonald’s（麥當勞），提醒自己下一個步驟要 Multiply（乘），同時在空中畫一個乘號（×）。要他們把估計數（100）用每組的起司漢堡數量（25）來乘，用掉了 2500 個起司漢堡。

```
25 ) 2991 | 100
     2500 |
          |
```

4. 要學生吟誦 Sell（賣），提醒自己下一個步驟要 Subtract（減）。同時在空中畫一個減號（－）。要他們將分好的起司漢堡數量（2500），從最初可利用的漢堡數量（2991）中減掉，以查看還剩下多少漢堡要被分。他們會發現，還剩下 491 個。

```
25 ) 2991 | 100
     2500 |
     ---- |
      491 |
```

5. 要學生吟誦 Cheeseburgers（起司漢堡），提醒自己要 Check（檢查）剩下的漢堡，以確認有剩下足夠的來分出更多組的 25 個漢堡。同時要學生大聲地拍一下手，示意整個程序又要開始了。

6 Dave Wurst 為一位教師，來自伊利諾州的 Indian Prairie District。

6. 要學生重複步驟 1 到步驟 5，直到剩下的漢堡少到不夠分出更多組的 25 個漢堡。凡是剩下的就是餘數。總組數是由所有已被推算出組數的總和來決定。答案：共分 119 組，剩下 16 個漢堡。

```
25 ) 2991 |
     2500 |  100
     ---- |
      491 |
      250 |   10
     ---- |
      241 |
      225 |    9
     ---- |  ---
       16 |  119
```

7. 使用同樣的步驟來證明，任何數字都可被用來估算，只要是有足夠的項目來構成需要的分組。

```
25 ) 2991 |
      250 |   10
     ---- |
     2741 |
      250 |   10
     ---- |
     2491 |
     1250 |   50
     ---- |
     1241 |
      250 |   10
     ---- |
      991 |
      250 |   10
     ---- |
      741 |
      500 |   20
     ---- |
      241 |
      225 |    9
     ---- |  ---
       16 |  119
```

當除法題目冗長時，假使要用比較簡短的一般方法，可用相同提示語但做一些變化（把“cheeseburgers”看作兩個字）：

Does（是否）= Divide（除）

問：「有多少個 25 在 2 裡面？ 0。

那麼有多少個 25 在 29 裡面？ 1。」

```
       01
25 ) 2991 |
```

McDonald’s（麥當勞）= Multiply（乘）
1 × 25 = 25

```
     01
25 ) 2991
     25
     —
      4
```

Sell（賣）= Subtract（減）
29 – 25 = 4

Cheese（起司）= Check（檢查），看看餘數（4）有沒有比除數（25）大。

Burgers（漢堡）= Bring down（拿下來）下一個數字並再 Begin（開始）。

```
     01
25 ) 2991
     25
     —
      49
```

一直持續到最終的餘數是小於除數，並且沒有剩下的數字可以拿下來為止。

分數

對一些學生來說，學習分數的過程充滿疑惑，他們之前用整數學一對一對應（1-to-1 correspondence）的能力不復存在。WHOLISTIC（見第 99 頁）的概念協助教師在大部分的科目中教導綜合型學習者，當然也包括分數教學。

- 要學生找出被用於真實生活的分數範例。把它們分類整理成為圖表。
- 設計一些學生需要使用分數的教室情境。例如：為一個教室派對分配餐點；為一項活動分配美術材料。
- 一開始就利用具體物來教分數，例如：在進入顯示等量的視覺輔助之前，讓學生使用有刻度的量杯倒水。
- 要記住，實際動手做的活動和操作物，對學習困難學生而言永遠是最有效的。

小數

對於很多學習困難學生而言，小數也許比分數更令人困惑。

- 要學生找出實際生活中用到小數的實例。提示：要學生在報紙上到處找尋哪些地方有小數，將其分類整理成圖表。
- 使用不同的彩色積木來展示等值。
- 讓學生使用金錢來練習分數概念，例如計算、買東西、兌換等。利用含有銅板的玩具錢。

液體測量[7]

畫一個外表看來像大寫 G 的大圓圈。在 G 裡面畫四個形狀像大寫 Q 的圈圈。在每個 Q 裡面寫二個大寫的 P。在每個 P 的形狀裡寫二個 C。在整個圖形四周畫出一個一加侖牛奶容器的輪廓。現在，學生有一個能幫助理解液體測量的捷徑：2 cups（杯）= 1 pint（品脫）；2 pints（品脫）= 1 quart（夸脫）；4 quarts（夸脫）= 1 gallon（加侖）。

長度測量

畫一個很長的長方形，把它等分為三部分。將它稱作 The Yard（碼），如同 "schoolyard"（學校操場）的 yard。在每個等分裡畫一隻大腳丫以顯示 3 呎（feet）= 1 碼（yard）（譯註：feet 的單數是 foot，也有「腳」的意思）。在每隻腳裡畫上 12 個 1，以表示 12 吋（inches）= 1 呎（foot）。

7 修正自：Melissa Matusevich 所使用的策略，其為一位教師，來自維吉尼亞州的 Montgomery County。

文字題

創造及展示常用的問題解決策略，列出解題策略一覽表，並描述下列事項：

- 製作及畫出一個模型、圖形、圖畫、表格或圖表。
- 猜猜看答案可能是什麼？把最後得到的答案與最初的猜測作比較。
- 找出所代表的解決模式並使用它。
- 從解決問題的最後方式倒退回去到問題的開始。
- 列出一張有條理的清單。
- 使用簡單的數字。
- 寫出算式。
- 將文字題的內容表演出來。
- 結合不同的解題策略。

教學生解文字題時，先從吸引他們上鉤開始，故使用和個人生活相關的問題或情境。在問題情境中使用學生的真實姓名。遵照以下的步驟進行：

1. 大聲讀出題目，用你自己的話把題目再說一遍。
2. 想想這個問題，關於這個題目你知道哪些事情？題目給你哪些訊息？作筆記、畫圖或圖表，或使用前導組體記錄你的想法。
3. 想想看這個問題需要你做哪些事？你需要從問題中找出什麼？
4. 檢視所有你可以得到的訊息，確定你了解題目中的所有字彙或符號。
5. 排除問題中所有不必要的訊息。
6. 先估算可能的答案。
7. 從解題策略一覽表中找出你想用的策略（注意，策略表的使用前提是鼓勵學生也創造出自己的策略）。

8. 選擇並使用適合的單一或混合運算的方式 —— 加、減、乘，及（或）除法來解決問題。
9. 將你的答案與最初估算的答案作比較，這個解題策略有意義嗎？你的計算正確嗎？
10. 嘗試使用另一個解題策略來得到相同答案。

問題解決單

一旦學生選擇一個解題策略，可開始使用第 293 頁的問題解決單（Problem-Solving Box）。對學生描述及示範如何使用問題解決單，他們應在學習單左方空格清楚寫下每個步驟，然後在右方空格記下使用此步驟的理由。

要學生兩人一組，一起解決問題及完成學習單。當學生開始寫問題解決單時，鼓勵他們大聲說出解題步驟及理由，要求先說出知道解題方法的簡單問題，稍後再進入更有挑戰性的問題。

永遠將數學學習困難學生與樂於助人、能力中等的學生配對，而並非是數學能力最頂尖的學生。要求每組學生對全班報告，介紹他們使用的解題策略。

在這節（及你教室所張貼的問題解決策略圖）所列出的一些（或全部的）問題解決策略，你也許能發現或創造逐步使用的過程。當小組使用問題解決單時可遵循這些過程，或當他們想創造自己的解題策略時，可查閱這些圖表。

 問答集

「數學向來都不是我最擅長的教學領域，我能做些什麼來增強我的教學技巧？」

當探究此書的修正版及最新版時，我發現如果教師想在數學教學一展所長，目前電腦教學軟題及網際網路所能提供給現場老師的豐富協助，會令人感到無比訝異。請查閱參考文獻及資源，並花些時間至

問題解決單

你的解題步驟	你使用每個步驟的理由

不同的網址蒐尋。你也可選修像 Marilyn Burns 所開設的一門課程，或是從數學女士圖書館（即 Rachel McAnallen 創辦）研究一些錄影帶或 DVD。研究你的教學指引並找些策略，當你需要協助時直接與出版商電話聯繫。

「假若要求學生通過所有規定的數學課程標準，會給他們太大壓力。我找不到時間幫助數學有困難的學生，我能做些什麼以確保他們不會永遠落後？」

記得中國的古諺語：「不聞不若聞之，聞之不若見之，見之不若知之，知之不若行之。」我想能做得好的，就是以直接教學來教導每天的新概念。然後，當數學能力較強的學生已在練習今天教過的，將一組有數學困難的學生帶到旁邊再教一次。不管視覺或動覺形式學習，課程是基本數字事實、基本幾何圖形或其他重要概念。試著讓數學課有趣又好玩！我的信念是當孩子在這一學年能有正向的數學經驗時，會比較容易從任何數學測驗中得到成就感。而相較之下，那些每天接受挫敗的學生會相信自己再也無法了解數學了。

「假如當這些學生是成年人時，他們還必須用手指來協助計算，那會是什麼樣子呢？」

它差不多就像你使用有拼字檢查功能的電腦一樣，它是可以被接受的！除此之外，可裝進你口袋或皮包裡的太陽能計算機，現在甚至不到 10 美元就買得到。不要擔心未來；讓我們專注在教學生愛上數學吧！

「是不是所有的學生最終都必須把數字事實付諸於記憶？」

假使一個學生在記憶的處理過程沒有受損，期待他記住數字事實是合理的。假使他的記憶力受損，如此期待就可能不合理了。不論是哪一種狀況，協助學生發展對數學的熱情，把學數學當作一種整體學習經驗，會遠比學習數字事實來得更重要。

「我有一些學生總是在限時測驗裡表現得很糟糕。我能做些什麼讓他們的考試分數比較能真正反映出他們知道的？」

與其要所有學生費力地在規定時間內完成一定數目的數學問題，倒不如讓你那些有困難的學生控制自己的速度（有關你能如何給學生控制權的範例，查看第 214-215 頁的拼字風格法）。在第一次接受測驗時，讓他們把自己的測驗結果畫在長條圖上。之後在每次記錄中，預測自己下次能再多做對幾題，用小圓點在圖表標示代表一個新目標（對學生強調設定實際、可行的目標是非常重要）。在每次測驗之後，把他們的學習結果用固定顏色在圖表上標示出來，也許在目標和結果之間畫一條虛線。對於那些能獲得穩定進步和打破自己紀錄的學生則給予獎勵。

參考文獻及資源

Algeblocks（www.etacuisenaire.com）. 適合六至十二年級。使用操作性教具，強調親自動手做的代數課程。可索取試用教材及課程訓練錄影帶。1-800-445-5985。

A+ Math（www.aplusmath.com）. 協助學生以互動方式增進數學能力。包含各種主題、線上互動式學習單、閃示卡及遊戲。此網站提供特別設計、可供列印的閃示卡及學習單。

Bley, Nancy S., and Carol A. Thornton. *Teaching Mathematics to Students with Learning Disabilities.* 4th edition. Austin, TX: PRO-ED, 2001. 提供幫助學習障礙學生學習數學的相關資訊與策略的寶庫。

Buchholz, Lisa. "Learning Strategies for Addition and Subtraction Facts: The Road to Fluency and the License to Think." *Teaching Children Mathematics* (March 2004), pp. 362-367.

Burns, Marilyn. *About Teaching Mathematics: A K-8 Resource.* 2nd edition. Sausalito, CA: Math Solutions Publications, 2000。提供教導不願意學習數學學生的創意方法。

Carpenter, Thomas P., and Elizabeth Fennema. *Children's Mathematics: Cognitively Guided Instruction.* Portsmouth, NH: Heinemann; Reston, VA: NCTM, 1999。包括書籍及 CD，藉由學生新、舊知識的連結，以後設認知方式，教導年幼學生學習數學。

Cawley, J.F., et al. "Arithmetic Computation Abilities of Students with Learning Disabilities: Implications for Instruction." *Learning Disabilities Research and Practic*e 11:4 (1996), pp. 230-237.

Daily Mathematics（www.greatsource.com）. 適合一至八年級。每天只需 5-10 分鐘來幫助孩子發展重要的數學技能。1-800-289-4490。

Dix, Tonya. "Doing Business with Math." *Teaching PreK-8* (January 1992), pp. 56-57.

Educational Songs That Teach（www.twinsisters.com）。適合年齡 6 至 12 歲。藉由音樂及韻律活動，協助孩子學習加法、減法、乘法及除法（也提供其他學習領域教材；所有產品皆製成 CD）。1-800-248-8946。

ERIC Education Resources Information Center（www.eric.ed.gov）. 此線上資料庫提供許多有關各類型學障兒童教學的文章。可蒐尋與數學主題相關的 ERIC 摘要。

FASTT Math（www.tomsnyder.com）。適合二年級和二年級以上的學生。經研究證實，此課程協助學習困難學生在加減乘除法的基礎數學事實建立流暢性。教學軟體強調調整式課程，特別設計為 10 分鐘即可完成的每日課程。此套課程包括一片課程示範光碟，可直接洽詢索取。接受課程訓練的教師可取得地區性證照。1-800-342-0236。（Tom Snyder Productions 是 Scholastic company 的產品。）

Fraction Islands（www.fractionislands.org）. 提供 3D 教材軟體、強調動手做的教學方法，協助學生學習分數概念。1-888-888-1150。

Gamco Educational Software（www.gamco.com/math.htm）。適合幼稚園大班至九年級學生。讓數學變得好玩的學習遊戲。1-888-726-8100。

Gardner, Martin. *Entertaining Science Experiments with Everyday Objects.* New York: Dover Publications, 1981.

Georgia Learning Connections（www.glc.kl2.ga.us/seqlps）. 由美國喬治亞州的教育部門負責管理，此網站提供許多頗獲好評的課程計畫，可用在不同年級、科目及一學年。其教師資源中心（Teacher Resource Center）與很多數學網站及產品連結。

Give and Take（www.ait.net/catalog）. 適合八至十年級學生。包括系列錄影帶及教學指引，幫助學生認識經濟及應用於個人生活的決定——如消費者、獲利者及公民。此課程為 Agency for Instructional Technology 發展。1-800-457-4509。

Hands-On Equations: Making Algebra Child's Play（www. borenson. com）. 適合三至八年級學生，以視覺及動覺為特色的教學系統，對學生介紹代數概念。藉平衡等式的兩邊了解「相等」概念。此公司除提供教學產品之外，也在美國各地辦理教學工作坊。1-800-993-6284。

Hart, Leslie A. *Anchor Math: The Brain-Compatible Approach to Learning.* Village of Oak Cree, AZ: Books for Educators, 1992. 本書幫助你使用一種能啟動孩子學習數學的方法，教導數字及數學運算。

Higher Order Thinking Skills（HOTS）（www.hots.org）. 此課程係針對如何發展四至七年級教育弱勢學生的思考技能而設計。它結合電腦、戲劇、蘇格拉底的問答教學法及詳細課程，以刺激學生思考歷程。此課程中電腦被用來激發學生使其參與學習，而非呈現教學內容。1-800-999-0153。

I Can Divide and Conquer: A Concept in a Day（www.books4educ.com）. 此錄影帶說明如何讓孩子沉浸於一天的學習體驗之中，因而學會除法運算。1-888-777-9827。

Kamii, Constance. *Implications of Piaget's Theory and Using Piaget's Theory*（store.tcpress.com）. 同時出版書籍及錄影帶，根據 Jean Piaget 的科學思想，有關如何發展孩子邏輯、數學思考能力，針對小學低年級學生設計的教學策略。1-800-575-6566。

Lieberthal, Edwin M. *The Complete Book of Fingermath.* New York: McGraw-Hill, 1979. 此書已絕版，但值得你在網際網路及圖書館蒐尋。可使用國際標準書號 ISBN 0070376808 為查詢欄位。

Math Channel（www.mathchannel.com）. Rachel McAnallen（"Ms. Math"）為此組織負責人，致力於數學教育改革，此課程讓兒童體驗數學真正的奇妙之處，可逕自洽購取得出版品及教學輔助教材，也可加入此網站的影片圖書館會員訂購課程，該圖書館提供超過 120 小時的數學課程。可索取目錄：1-800-NUMERAL（1-800-686-3725）。

The Math Forum（www.mathforum.org）. 為美國卓克索大學（Drexel University）的附屬機構，此網站最大特色在於提供很多有關分數及其他概念的數學課程。點擊選項"Ask Dr. Math"並提出你的問題，並可蒐尋已張貼在此網站的問題。

Math Notes（www.mathsongs.com）. 此 CD 系列使用跟唱歌詠形式教導動覺型學生數學概念，每片 CD 同時附有一本書，包括教學目標及教材使用說明，以及可供複製的原版歌曲帶。使用歌曲時不需任何數學先備技能。(979) 849-4413。

Math Solutions Professional Development（www. mathsolutions.com）. 由教育工作者 Marilyn Burns 創立，數學解決（Math Solutions）課程能針對如何促進數學教學，提供相關協助與資源。1-800-868-9092。

MathLine Concept-Building System（www.howbrite.com）. 為操作性教材，結合了數線及算盤；此型計算機能自動顯示數學演算及實際運作過程。1-800-505-MATH（1-800-505-6284）.

Meagher, Michael. *Teaching Fractions: New Methods, New Resources.* Columbus, OH: ERIC Clearinghouse for Science, Mathematics, and Environmental Education (ERIC/CSMEE), 2002. ERIC # ED478711. 可自 www.eric.ed.gov 下載。

National Center for Improving Student Learning and Achievement in Mathematics and Science（NCISLA）(www.wcer.wisc.edu/ncisla）. 此機構為 Cognitively Guided Instruction（CGI）總會，提供教學法的教師在職訓練。(608) 263-7582。

National Council on Economics Education（NCEE）(www. ncee.net）. 一個全國性的網絡，以提升教師及學生在經濟學方面的閱讀資訊，可免費索取教導所有年齡學生的相關教材。(212) 730-7007。

National Council of Teachers of Mathematics（NCTM）（www.nctm.org）. 提供書籍、期刊、教材、錄影帶及不同主題與年級程度的單元教學活動。可取得紙本、CD 及線上（standards.nctm.org）形式的 NCTM Standards（*Principles & Standards for School Mathematics*）。（703）620-9840。

Pallotta, Jerry, and Rob Bolster. *The Hershey's Milk Chocolate Bar Fractions Book.* New York: Scholastic, 1999. 使用 Hershey 生產的巧克力棒來教授基本分數，這是一堂美味的數學課程！

Problem Solver workbooks（www.wrightgroup.com）. 一至八年級。教授全部十個一般性問題解決策略，教師可為學生影印習作本的問題。1-800-648-2970。

Rowan, Thomas, and Barbara Bourne. *Thinking Like Mathematicians: Putting the NCTM Standards into Practice: Updated for Standards 2000.* Portsmouth, NH: Heinemann, 2001.

Shake and Learn（www.shakeandlearn.com）. 使用音樂及動作教導學業標準。其中 *Shake and Learn: Mathematics* 包括一張使用動覺線索的音樂 CD、教學計畫、可複製的教材及延伸活動。也有 *Shake and Learn Mathematics* DVD。 出版者：SALT Productions, Inc。1-877-430-SALT（1-877-430-7258）.

SuccessMaker（www.pearsondigital.com/successmaker）. 數位教育軟體，適合學前大班至八年級使用。針對每位學生的特殊需求設計個別化的教學，教學強調自然呈現，視學生的預備能力而定，以期創造成功的學習經驗。與學區、地方及全美課程標準密切配合，提供一個綜合性的支援管理系統。美國有超過 16,000 所學校及國外 1,500 所學校正使用此方案。可依顧客需要大量定做，所需花費不一，視學校購買軟體、不同年級、需要的專業成長服務量而定。1-888-977-7900。

Teacher to Teacher（www.mathforum.org/t2t/）. 提供教師及家長有關數學教學的諮詢服務。

TouchMath（www.touchmath.com）. 提供多感官教學法，在操作及記憶之間連結。1-800-888-9191.

TouchMath. 4th edition. Colorado Springs, CO: Innovative Learning Concepts, Inc.

Trade-Offs（www.ait.net/catalog）. 適合五至八年級學生使用，十五支長度有 20 分鐘的影片教學課程及教學指引，對中學生解釋基本經濟學。教材來源：Agency for Instructional Technology。1-800-457-4509。

The 24 Game（www.24game.com）. 此數學教學工具，示範數學可以是有力、參與性高的，並且大部分都是好玩的。答案就在這套課程中，它能減少學生對找到正確答案的焦慮感，並將重點放在歷程 —— 數學背後的方法。(610) 253-5255。

The University of Chicago School Mathematics Project（UCSMP）（socialsciences.uchicago.edu/ucsmp）. 提供資訊、訓練課程及教學協助。可取得各年級教材。(773) 702-1130。

幫助孩子學習組織及讀書技巧

學習困難學生要面對的挑戰好像還不夠多，他們往往缺乏條理，更不知如何溫習功課。一個人能否具備良好的組織及讀書技巧，對於在學校及生活能否獲致成功皆有其必要性。以下是你可以用來示範及訓練的訣竅與策略，把這些具體技巧教授給那些掙扎於困境的學生，以及多少能藉此獲得一些額外協助的其他學生。

將秩序帶入學習困難孩子的混亂生活裡

老師：「Manuel，請把你的報告從 1 到 10 編上頁碼。」
Manuel：「我一定要照順序來排列嗎？」

那真的發生過……你不會喜歡吧？這樣的師生對話，說明了要幫助學習困難孩子把學習付諸行動是何等艱鉅的任務。當老師問到「你的家庭作業做好了嗎？」「你記得把昨晚應該複習的功課帶回家嗎？」「你為了考試複習功課了嗎？」「你記得帶今天上課要用的教材嗎？」果然不出所料，你得到的答案是「沒有！」、「我忘了！」、「什麼考試？」或「什麼樣的教材？」。這一切都使得每位參與其中的人深感挫折。

有些能使我們生活更有效率的方法會讓所有人都得到好處。許多學習困難學生在生活裡雜亂無章。當我們了解，學生的組織風格確能反映其學習風格（learning styles）時，我們就能體會每一個孩子對於組織技巧的感受與處理方式也大不相同。要教會他們組織技巧，就必須像教導任何其他技能一樣使用明確的方法。從小處著手，慢慢地一次建立一項成就。

首先，不要預做任何假設。絕對不假設這些孩子具備讀書及組織技巧卻選擇不去使用。絕對不假設他們被教過如何有條理和有效率。而且，即使被教過，也不要假設他們還記得！請選擇並一貫地使用一個簡單的流程，不要一次給超過一或兩個指令，當孩子的表現值得你讚賞時，要給予真誠、特別的讚美，並確定你同時附上了書面形式，例如在講義上清楚說明要他們記住的重要訊息，視覺學習者可藉此參照自己被期待什麼樣行為。例如：針對特定作業的指示說明、提醒記得帶回家或帶至學校的東西、慶祝派對或校外旅行等訊息等。

如何聰明地思考（Think SMART）？

教導學生這個由字首字母組成的單字 SMART，他們可以為一天的成功學習預做準備。將下列敘述寫在黑板上或設計成一份講義：

聰明（Smart）的學生使用學習策略。

文具（Materials）準備好（書本、報告、資料夾、鉛筆等）。

把聯絡簿（Assignment notebook）放在你的手邊。

記得（Remember）不懂要問問題。

思考（Think）要正向（「我做得到！」）。

在開始一個學習活動之前，學生先對自己說：「如果我能聰明地思考，我就能學會。」（I can learn if I think SMART.）接著，他們複習這個單字所代表的意義，每天都用這個單字來增強學習。

使用例行程序

為每件事設計一個例行程序並遵守它。在學年一開始的前兩週，多花些時間來增強學生對例行活動的概念，他們因而學會沒有你的提醒也能自動遵守。關鍵字（如「整隊」）或暗號（將手掌彎成杯狀，放在耳後即代表「聽我說」）都可立即導致你預期的動作出現。至於那些對口頭指令反應不佳的學生，提供他們視覺檢核表或圖片指示，以用來幫助他們遵循例行程序。

當你的日常生活程序愈是可預測和前後一致時，學習困難學生就愈能應付自如。從持續簡單例行程序一小段時間開始，學生能因此獲得頻繁的正向回饋。一開始只用一兩項例行程序，要求每完成一次活動時一一核對。當學生準備好面對更多項目時，每次只增加一個項目。

例如：當某位學生在課業活動的轉換出現嚴重的適應困難，你不是讓全班等候他，而是在新活動快開始前的 3 至 5 分鐘，給那位學生一個預定暗號。在你給暗號時，他必須停止手邊正在做的事，並與你一起查對檢核表，一步步地通過以下程序：

1. 完成你正在寫的句子或練習，不要再寫任何新作業。
2. 檢查並確定你的名字寫在學習單的右上角。
3. 將你的學習單放進屬於那一科顏色的資料夾裡。如果你的作業已經完成，把它放進資料夾的左側口袋裡；如果沒有完成，則放進右側的口袋裡。
4. 把你的鉛筆放在桌上的筆槽裡。
5. 把你的課本放在桌上或抽屜裡。
6. 注意並聽好老師給下一個動作的暗號。

在此刻，這位學生應當是準備好要跟著全班同學往下一個活動前進了。

提示：如果你的學生使用有顏色、附有口袋的資料夾，來代表每一個學科，要他們在資料夾左邊的口袋上寫著「完成的作業」，在右邊的口袋上寫著「未完成的作業」。

養成使用檢核表的習慣

幫助孩子養成規劃和使用檢核表的習慣，這個動作看似簡單，卻能把秩序帶進許多學生的生活裡。查看第 304 頁的範例。假使孩子每天需要從家裡帶一些特定東西上學，一張貼在家裡大門後的檢核表可以在離家之前作為提示之用。如果用一條繩子吊著一支筆或用魔鬼氈黏在牆

每一天要帶回家的東西

項目	星期一	星期二	星期三	星期四	星期五
把書帶回家					
鉛筆、原子筆、學習單					
家庭作業					
午餐或午餐費					
家長簽名回條					
其他					

每一節課要帶到教室的東西

項目	第 1 節	第 2 節	第 3 節	第 4 節	第 5 節	第 6 節	第 7 節	第 8 節
課本								
家庭作業								
鉛筆、原子筆、學習單								
其他								

上，他們就不必浪費時間尋找寫字工具，可以快速地檢查書包，然後核對他們注意到的各個項目。

檢核表可被保存在固定資料夾裡或用膠帶黏貼在學生課桌上。假使學生有專屬的置物櫃，為他們製作個人的檢核表，並貼在櫃子裡面，以便提醒下一節課需要帶些什麼物品。學習困難孩子應被允許在每節課上課之前先去查看個人置物櫃。

發給每位學生每日作業檢核表（Daily Task checklist）（查看第 40 頁），放在他們的課桌上使用。當完成作業可一一核對，以藉此建立學生對學習的滿足感。當學生能獲得部分成功時即可給予部分榮譽。

更多使學生有組織、保持條理的方法

- 在所有用得到的地方，使用顏色來協助孩子建立組織能力。有可能是給各學科使用不同顏色的資料夾、用不同顏色的筆來標示需要修正的錯誤類型，或在內容組織圖（第 258 頁）用顏色分類等。
- 假使你學校的學生要為不同科目更換教室，提供每位學生一個塑膠置物盒。把其他科目需要的東西留在原班教室，只在置物盒裡裝入下一節課要用的東西（紙張、筆、水壺、課本和習作等）。舉例來說，當他們到數學教室時，只需將置物盒放進這節課要用的課桌裡。因為剛才空出座位的學生已帶走置物盒，留有足夠空間給下一位學生使用。
- 協助學生按優先順序來安排功課，依照每樣功課的重要性列成一張表。即使他們無法完成全部作業，對於自己能先完成最重要的一份作業，仍會有一種愉悅的感覺。
- 對於注意力有問題的孩子而言，在課桌上做功課可能讓他難以忍受。安排他坐在有隔間的閱讀桌（study carrel）。他可在那兒單獨地寫作業，而為了討論和團體活動時再重新加入全班活動。
- 與其要求學生去整理桌面上的所有東西，不如在教室裡提供另一個地方，在那裡可用顏色編碼、整理及存放他們的書本及相關作業（例如：用雜誌檔案盒收納某一科學習所需要的物品 —— 數學課本、學習單或資料夾）。請求家長支援這些學用品（如鉛筆盒、裝講義的夾鍊資料袋或加蓋的塑膠置物盒等）。
- 如果有可能，提供學習障礙學生另一套課本，讓他們保存在家中，以降低家裡、學校往返遺失的可能性。有些老師甚至在教室裡提供最過動的學生第二張桌子，給那些孩子另一個可被接受的理由來移動身體。
- 把孩子經常遺忘的物品，用一塊魔鬼氈黏在桌面上。例如：書本、鉛筆、原子筆、橡皮擦……任何他們可能掉落地面的東西。

- 為需要長時間完成的作業設計一份「逆向時間表」(backwards timeline)。同樣地，訓練家長在家中使用這個方法。例如：假使某篇故事的繳交期限為星期五，引導學生如何計畫從星期四、星期三、星期二及星期一的倒退順序開始，規劃他們每天需要完成的句子數量。如果故事書角色活動的表演將在兩週之後舉行，和學生一起合作，計畫每天活動的內容，從到期日的早上開始倒退起。請務必確定，學生的每日作業檢核表裡要包括這些計畫（查看第 40 頁)。
- 前後一致地在每節課使用家庭聯絡簿。父母和其他照顧者必須被告知，不管當天是否有家庭作業，期待孩子每天帶聯絡簿回家。所以，家庭的例行活動是和孩子一起檢查聯絡簿。假使「逆向時間表」的活動正在學校進行，也應該把它帶回家，也許可用釘書機把表格釘在聯絡簿裡，第二天就能記得再帶回學校。

教學生如何溫習功課

回顧第 249 頁的「準備好學習」。你的學生是否知道這些學會如何學習（learning-how-to-learn）策略？利用第 250 頁的圖表來追蹤他們的進展，然後判斷哪種策略你要直接教，或是再教一次。

課本及上課教材

教導學生後設認知策略（查看第 121-122 頁）使用這些策略和技巧將有助於學生以放聲思考說出學習歷程。

瀏覽及做摘要

1. 注意並讀出每節新的文章標題。
2. 找出並讀出在這節文章裡所有必須回答的問題。
3. 瀏覽這節文章的第一段和最後一段。
4. 對於這節文章裡的其他段落，讀出第一句和最後一句及印成斜體字或以某種方式被強調的關鍵字；找出斜體字的訊息；利用圖解組體來說明一兩項重點。

5. 當確認出某個必要問題的答案，就立即把它寫下來。
6. 為了總結一節文章做摘要，把所有段落裡的重點合併成一兩項敘述。
7. 為你所做摘要寫下一個序言及結論。

使用圖解組體

利用學生感覺自在的任何圖解組織工具。示範如何使用簡短片語作筆記，用畫出來而不是寫出來的。學會的學生常在考試中去想像圖解組體所呈現的畫面，它會幫助記憶許多資料。

利用第 258 頁的內容組織圖，作為任何主題作一般筆記的圖解組體工具，只要將它重新命名為筆記圖[1]。

使用備忘卡

教導學生如何使用備忘卡來作筆記和組織資訊。

1. 給每位學生四到六張備忘卡。要他們在每張卡片寫下一個標題。例如：如果正在研究加州的西班牙修道院，可能選出四個標題——也許是 San Luis Obispo、Santa Barbara、Santa Cruz 和 San Juan Capistrano。每個地點都成為一張卡片的標題。
2. 引導學生用簡短詞句作筆記，或重述所讀到、聽到或觀察到的。務必堅持他們不用寫出完整的句子。
3. 要學生在配對的卡片上作筆記。例如：當學習 San Luis Obispo 的知識時，找出有該標題的卡片並記下相關資料。而當認識 Santa Cruz 時，則把資料記在有 Santa Cru 標題的卡片上。

如此，作筆記成為一種動覺經驗。學習困難孩子發現這比起在一張紙上寫下所有資料再重新組織來得更容易。

也可利用備忘卡協助學生準備考試和溫習功課。在卡片的一面寫下一個問題，是關於某個需要了解的單字或概念，用藍或黑色簽字筆來

1 本書所附的可複製講義，包括內容組織圖，都收錄於《在普通班教導學習困難學生》（*Teaching Kids with Learning Difficulties in the Regular Classroom*）所附之光碟。你可按個人特殊需求去修改，並在你的教室或小組中列印使用。

寫。而用紅色簽字筆把答案寫或畫在卡片的另一面。學生可獨自完成，或和一位搭檔合作，並利用這些卡片溫習功課。如果答對一題，將那張卡片放到可被丟棄的一疊牌。如果答錯了，就把那張卡片重新插入主牌，因此它很快地會再次出現。在每次要使用卡片時都重新洗牌。

針對中學與高中學生的使用方式，請查看第 262 頁的 3S TN（Qs）策略。

快速記憶的五個訣竅

記憶術

有時候，學生就是得記住某些事物。當學習者利用某種記憶術（mnemonics）（即一種記憶手段）把訊息儲存（store）在腦中時，會更容易從記憶中檢索（retrieve）出來。藉由後設認知方式，以放聲思考來教導學生任何一種記憶術，並期待學生同樣照著做。

例如：「我需要一種記憶術，可以依照行星與太陽距離的順序記住每個行星的名字。一開始，我先列出一張行星的清單。接著，我會為每個行星想一個單字（或片語），它和那個行星的開頭字母一樣。我希望把這些單字連成一個我記得起來的句子。」

Mercury（水星）	**M**ary's（瑪莉的）
Venus（金星）	**V**ery（非常）
Earth（地球）	**E**nergetic（精力旺盛的）
Mars（火星）	**M**usic teacher（音樂老師）
Jupiter（木星）	**J**oyfully（高興地）
Saturn（土星）	**S**old（賣給了）
Uranus（天王星）	**U**s（我們）
Neptune（海王星）	**N**ew（新的）
Pluto（冥王星）	**P**ianos（鋼琴）

「現在，每當我想依照正確順序記憶行星的名字，我就會先回想那個句子，然後再去想每個單字（或片語）的第一個字母是什麼，它們與行星單字的第一個字母相同。」

請激發學生去創造屬於他們自己的記憶句。

口頭複誦

口頭複述（verbal repetition）就像殖民時代的舊式聊天社，整個團體聚在一起吟誦要學會的東西，學生的記憶力因此被增強。如果適時地加入押韻或節奏（拍子），訊息被記住的可能性就更大。

字首字母的縮略字

字首字母縮略字（acronym）將學生試圖記住的一組單字（或片語）中的字首字母組合成另一個單字（或片語）。課堂上最有名的字首字母縮略字範例為 HOMES（家），它代表北美五大湖的名稱：休倫湖（**H**uron）、安大略湖（**O**ntario）、密西根湖（**M**ichigan）、伊利湖（**E**rie）、蘇必略湖（**S**uperior）。另一個則是 NEWS（消息），它能幫助學生記住四個方位：北（**N**orth）、東（**E**ast）、西（**W**est）、南（**S**outh）。

記憶集組

記憶集組（chunking）能減少短期記憶（short-term memory）的負擔。與其設法去學會並記住許多個別事物，倒不如使用一套或一組方式去學習。例如：你要求學生學會一套 3 的數學事實。當要學習 3 的倍數時，讓他們吟誦「3，6，9；3，6，9；3，6，9」；接下來「12，15，18；12，15，18；12，15，18」；接下來「3，6，9，12，15，18；3，6，9，12，15，18；3，6，9，12，15，18」；以此類推。

位置法

大家認為位置法（location method）是相當滑稽、但又不失效果的記憶術，它要學生記住列在表中的項目，藉著想像自己在一個熟悉房間裡，每個項目被放置在不同位置上。例如：要記住三種草食性恐龍的名稱，某位學生想像自己在沙發上放一隻雷龍，在鋼琴上放一隻劍龍，以及在電視上面放一隻蜥腳龍。然後，他就會想像看到自己用相同的順序來檢索這些項目。

家庭作業

家庭作業是學習困難學生最大的壓力來源之一。他們往往做不完回家功課，或根本忘了帶到學校。家庭作業對他們造成問題是有原因的。有時候上課內容太多讓他們記不住，而無法做家庭作業。有時就是不知該做什麼或如何做。有時孩子的家庭狀況混亂到沒有大人從旁監督，以及家中沒有提供作功課的地方，而當孩子需要協助時又求助無門。

幫助學習困難孩子改善家庭作業狀況的方法

- 假使你知道孩子出現任何上述狀況 —— 無法記住上課內容、在家中缺乏支援，則絕對不要因為沒做完家庭作業而處罰他們。
- 和家長談一談，消除他們認為教育子女並非自己職責的疑惑，提醒家長不要過度協助孩子。讓他們知道當孩子對理解及寫家庭作業出現困難時，你希望他們如何與你溝通（更多有關此主題的內容，查看第十四章）。
- 指定孩子以「實際寫作業的時間」來寫回家功課，而不是必須完成的作業分量。以此方式取代必須閱讀的頁數、解答題數或完成的活動，你告訴學生，要花 15 分鐘複習數學概念或用 20 分鐘寫一篇故事。允許在時間結束時就停止寫家庭作業。你可以寄通知到家裡，說明什麼是「實際寫作業的時間」的家庭作業，要求家長（或照顧者）在家庭作業上簽名，以證明孩子實際使用你預設的作業時間。
- 孩子交回學校的功課都給予分數。假使你以「實際寫作業的時間」來指定功課，可因他們用滿指定時間而給予完整分數。當寫功課時間用得較少，則可給予部分分數。我不建議因為孩子多花額外時間就給予加分獎勵。最後，這會導致有些家長要求延長寫功課的時間以討好老師，反倒讓親子出現權力對抗。

- 試著不去對沒做完功課的學生扣分數。如果他們能因完成部分作業而得到部分分數，就更有至少完成一些作業的可能性。有些老師會因特別強調家庭作業有助於學習成果，對於完成或繳交的學生都給予獎勵點數或加分，但絕對不可以從未交功課的學生那裡，把他們已獲得的分數再扣掉。
- 學生在任何特定科目所得到的分數，都會反映出從一個評分階段到另一個評分階段的進步情形。這樣的效果會比跨過評分階段，只是平均各次段考成績更好。如果你要被評鑑，你會希望從一個觀察期到另一個觀察期期間你所做的任何改進都能獲得完整的分數。你並不會希望這個對你進行評鑑的人，把他的觀察平均到整個時期裡。
- 針對需要長時間完成的作業和學習計畫案，協助學生設計及使用「逆向時間表」。要他們把個人的時間表記錄在家庭作業／計畫案的月行事曆（Monthly Homework and Project Calendar）（第 315 頁）。

使用家庭聯絡簿

提供每位學生家庭聯絡簿，每節課前後一致地使用它們。所有老師都應對學習困難孩子一視同仁，使用和一般學生相同的聯絡簿。在第 313-314 頁有一份雙頁的家庭作業（Home Assignment）表格，如果你和你的同事都認同它對你的教育理念及校方行得通，就可把它影印來使用（印成雙面以節省紙張；把任何特別指示加在第二面）。如果這份家庭作業表格並不適用於你學校，那麼就設計或尋找大家都能接受的格式。

引導學生將已完成的功課用線畫掉及用星號標出還需注意的功課。也可使用色碼系統 —— 藍色或黑色代表「完成」，紅色代表「未完成」。讓家長（或照顧者）知道大人對家庭聯絡簿的責任是什麼：

- 家長必須期待孩子每天放學都記得帶聯絡簿回家，不管當天是否有功課。

- 家長必須要求查看聯絡簿，並要孩子對那天的功課加以說明。
- 家長必須要檢查「逆向時間表」，以核對任何一項長期作業的進度。

使用行事曆

有些孩子寧可選擇行事曆而不要家庭聯絡簿。行事曆有助於孩子看到長期作業從頭到尾（期限日）的整體畫面 —— 或以逆向操作方式，從結束回到開始。它還有助於立即瞥見即將來臨的一週或幾週之內，朝向功課完成的目標還需完成哪些步驟？

對於那些想用行事曆做功課的學生（或你認為會從嘗試此策略而獲益的學生），複製第 315 頁家庭作業／計畫案的月行事曆。如果這是新學年的開始，為每位學生至少影印十份，如果已進入學年後半段，則不妨少影印幾張。對學生具體說明這些表格中並未標示月份或日期，引導學生自行把日期填入（月份在最上方，日期在每格的右上角）。接下來，對學生示範如何把家庭作業的內容寫在 H（Homework；代表家庭作業）旁邊，將計畫案的名稱寫在 D（Due date；代表期限日）旁邊。並以逆向操作方式，找出與計畫案有關的作業，並記錄下來。

考試

大部分的學習困難學生在任何考試都表現不佳。他們可能非常焦慮，或是已經放棄希望。當一個人很少或甚至從未享受成功的感覺時，他很容易抱持失敗主義者的消極態度。你可以幫助這些身處困境的學生，去協助他們改變對學習的態度、方法及經驗。

先從提供每位學生一份如何準備考試（第 316 頁）的講義開始。就像在任何科目上課一般，仔細教導講義的內容。毫無疑問地，學生會了解這些訊息對他們絕對重要。多花時間和他們仔細討論每一個步驟。你也許會想增加、刪去或改變其中部分步驟以符合學生的個別需求。

家庭作業

姓名：＿＿＿＿＿＿＿＿＿＿ 今天日期：＿＿＿＿＿＿＿＿＿＿

科目	作業	檢查你是否完成，或說明你未完成的理由
閱讀		
英語		
寫作		
數學		
社會		
科學		
健康教育		
外國語言		
應用美術		

資料來源：*Teaching Kids with Learning Difficulties in the Regular Classroom* by Susan Winebrenner, copyright © 2006, 1996. Free Spirit Publishing Inc., Minneapolis, MN; 866/703-7322; www.freespirit.com. 本頁允許個人、教室及小組活動複製使用。

家庭作業（續）

請你圈出要帶回家的東西	請你圈出明天要帶到學校的東西
課本：	**課本：**
數學	數學
閱讀	閱讀
社會	社會
科學	科學
英語	英語
外國語言	外國語言
其他：________	其他：________
文具：	**文具：**
鉛筆	鉛筆
色鉛筆	色鉛筆
鉛字筆	鉛字筆
原子筆	原子筆
紙張	紙張
尺	尺
家庭聯絡簿	家庭聯絡簿
其他：________	其他：________

家長的簽名證明我花了________做所有的回家功課。
（多少時間）

家長簽名：________________

家長的意見：________________

____

資料來源：*Teaching Kids with Learning Difficulties in the Regular Classroom* by Susan Winebrenner, copyright © 2006, 1996. Free Spirit Publishing Inc., Minneapolis, MN; 866/703-7322; www.freespirit.com. 本頁允許個人、教室及小組活動複製使用。

家庭作業／計畫案的月行事曆

使用說明：請你填寫月份與日期。用黑色、藍色鉛筆或原子筆，將家庭作業寫在 H 旁邊。用紅色鉛筆或原子筆，將計畫案名稱寫在 D（代表期限日）的旁邊。從期限日開始逆向操作，請寫出你為了準時交出計畫案需要完成哪些作業。

月份：＿＿＿＿＿＿＿＿＿＿＿＿

星期日	星期一	星期二	星期三	星期四	星期五	星期六
H D	H D	H D	H D	H D	H D	H D
H D	H D	H D	H D	H D	H D	H D
H D	H D	H D	H D	H D	H D	H D
H D	H D	H D	H D	H D	H D	H D
H D	H D	H D	H D	H D	H D	H D

資料來源：*Teaching Kids with Learning Difficulties in the Regular Classroom* by Susan Winebrenner, copyright © 2006, 1996. Free Spirit Publishing Inc., Minneapolis, MN; 866/703-7322; www.freespirit.com. 本頁允許個人、教室及小組活動複製使用。

如何準備考試：十個試過的有效訣竅

幾乎沒有人喜歡考試，但每個人都得接受它！
這裡教你如何確定你準備好在考試時全力以赴。

1. 你在離開教室前務必確定，對任何不是完全懂的單字、句子或概念已提出疑問。
2. 在你離開學校前務必確定，你有複習考試所需要的所有資料：你的課本、筆記、任何老師提供的補充資料、家庭作業的熱線電話或網址等（你還有什麼需要？）。
3. 在家裡找個安靜的地方複習功課。要是音樂對你專心學習有幫助，在讀書時小聲播放輕柔的音樂。不要接電話、回覆電子郵件、看電視、玩電腦遊戲或跟任何人進行線上即時通。你就只要複習功課。
4. 複習你課本中每一個章節的標題、斜體或粗體印刷的字句、圖畫、表格、圖解等。假使你做過筆記，也記得要複習。
5. 你在複習功課時務必作筆記。利用圖解組體工具、不同顏色、字首字母的縮略字、記憶術，或任何其他有助於記住資料的方法。
6. 練習問題的範例或習題。
7. 如果你和某人一起複習功課，務必確定留些時間讓你單獨複習一次。
8. 在你上床睡覺前，把所有明天需要帶到學校的東西放在一個地方（在你的書包裡？在書桌上？在大門邊？）。務必確定你帶了考試要用到的鉛筆或原子筆。還有其他任何你需要的東西嗎？課本？計算機？還有什麼？要準備好每一樣東西。
9. 在合理的時間內上床睡覺。
10. 設定好你的鬧鐘，因此你能很早起床，可以在離家之前好好吃一頓早餐。

附送：在考試時的快速訣竅

- 當你拿到試卷時，做三個深呼吸。每次你吐氣時，在心裡想著「我準備好參加這個考試了。我已為它做了準備，我會表現得很好！」
- 在你的試卷背後（或在一張便條紙上），快速寫下任何你認為考試會需要用到的資料。草草記下關鍵的概念、日期、字彙和名稱。粗略地畫出簡易圖表和字彙表。
- 把整份試卷瀏覽一遍。回頭先做完比較簡單的題目。
- 當你把試卷的剩餘部分從頭到尾做一遍時，如果你無法理解某一題或它看似非常困難，不要在一個題目上花超過兩分鐘。在旁邊空白處做記號，以便如果你有足夠時間再回到那一題。

資料來源：*Teaching Kids with Learning Difficulties in the Regular Classroom* by Susan Winebrenner,

如何改善學習困難學生的考試成果

使用目標設定

就像學生用目標設定（查看第 116-120 頁）來預期他們做了多少功課，他們一樣也可以使用目標設定來預期考試結果。

要學生為每次考試設定個人目標：在指定時間內能完成多少題？要學生在試卷的最上方，把個人目標寫成一個比率：預測題數比上時間量。例如：在 30 分鐘內做 10 題＝ 10/30。

持續目標設定一段時間，訂正學生試過的題目，不要因為題目沒做完而把他們的分數降低。隨著幾週成果出現後，溫和的鼓勵孩子把目標稍微提高一點。藉由此架構實施的評量，學生得到的最低成績是 C，因為他們正學習為自己設定和達成實際目標。

如何應付考試焦慮？

- 與曾體驗考試焦慮的學生討論。什麼是考試焦慮？從哪裡來？是什麼樣感覺？會出現的症狀是什麼？
- 討論考試前一晚得到足夠睡眠及考試當天早上吃頓營養早餐的重要性。
- 對學生示範深呼吸的技巧。
- 對學生示範漸進式放鬆 —— 想像身體不同部位在釋放壓力。
- 允許學生在考試時透過耳機聆聽輕柔音樂。
- 教導學生在考前和考試時和自己反覆對話，進行正向自我肯定。
- 務必確定，每位學生都有一份如何準備考試（第 316 頁）的講義。

教導考試策略與訣竅

對學生教導及示範下列策略，它們將有助於減輕考試焦慮，並給予計畫妥當的安適感。

針對任何考試：

- 當你拿到試卷時，先花點時間檢查一遍所有的題目。從你認為有把握的部分開始作答，然後在時間許可下繼續做其他部分。

- 仔細閱讀答題說明。假使你看不懂指示，舉手詢問老師。
- 向老師詢問在考試中猜答案是否可靠（有時候是，而有時候不是）。如果猜測是可靠的或如果你不知道答案就用猜的。
- 一旦你回答了一個題目，不要事後再改變答案，除非你肯定你的第一個答案是錯的。
- 絕對不要花太多的時間在某個問題上。假使你在兩分鐘之內想不出解題方法，繼續做下一題。在略過的任何問題旁做一個小小記號，因此稍後你可輕易地找到它們。

針對是非題：

- 當題目敘述中帶有像「總是」、「從未」、「完全」、「只有」等字句時，答案差不多總是「非」。
- 假使在一連串的敘述中有任何一個敘述是錯的，那麼全部敘述都會是錯的。
- 推測「是」通常會比推測「非」來得可靠。

針對選擇題：

- 先回答最簡單的問題。
- 不要在任何一題花太多時間。
- 把要選擇的答案遮住，再讀一次問題，並提出你自己的答案，然後把它跟可以選的答案作比較。
- 把問題的開頭分別和每一個選項一起讀，把它們當成「是非題」來選擇對錯。
- 刪除任何你知道是不正確的選項。
- 假使有兩個或兩個以上的選項是正確的，而且有另一個選項是「以上皆是」，那麼選擇「以上皆是」作為你的答案。
- 假使有兩個選項是彼此對立的，選擇它們其中的一個。

針對簡答題：

- 先檢查一遍所有的問題，然後略為記下你所知道的所有關鍵字。
- 再回頭就你已寫下的關鍵字，寫出幾個句子或完整片語。

針對申論題：

- 花幾分鐘畫下一個圖解組體工具，並略為記下你的想法。

- 就每一個主題寫下幾個句子。持續重讀主題句，以確定你寫下的細節只和那個主題有關。
- 當不同論點必須分別在幾個段落敘述出來，最好每段都能寫幾個句子，這比起你只在一個論點花費全部時間來得好。當你作答時記得在每段之間預留空白，稍後你可把更多適合的句子填入。

 問答集

「我應該如何找出時間來協助這些學習困難孩子建立良好的組織能力？」

做這件事的好時機，是在當其他學生正忙著合作小組活動時（其他學生當時可能不需你持續協助，因為他們可以互相幫忙。所以，利用 10 分鐘來協助有學習困難的學生，應該不會對班上其他學生形成麻煩，因為你很快就會回到他們身邊了）。你只要記住，當孩子的讀書與組織技巧已建立時，他們的學習能力將有所提升，你就會為此目的允許自己使用正常的教學時間。

「當孩子遺失一些相關表格和檢核表時，我應該怎麼辦？」

影印副本並寄到家裡；在學校保存一份相關表格。學生必須一直將他們的組織工具保留在學校。

「某些孩子是不是有可能只是懶惰而已，他們只要努力做好份內的學習工作，就有可能表現得更好？」

想想你曾經嘗試學習的一件事情，在你歷經一段時間卻只有零星或毫無成就時，無論你多麼努力嘗試這件任務似乎都不會變得更容易。在這期間你的學習動機受到哪些影響？很多孩子看似懶惰，事實上，他們是絕望和挫折。當我們持續傳達給學生訊息：我們對他們有信心，他們一定能學會讓學習更容易成功的策略；這樣的信心喊話會使他們有再次嘗試的勇氣。一旦某個策略為孩子帶來希望果實，你一定要用特別、真

誠的讚美來回應他們的努力。再利用那項成功的事實來激勵學生多去嘗試幾個策略。當我們沒有找到與孩子最相配、對他們有利的學習策略時，他們就別無選擇，而是推斷自己沒有學習能力。我們一定要證明，事實不是那樣的。

「我的許多學生極少得到父母協助或根本沒有。我的學生如何能在沒有父母的支援下，學會所有他們需要懂的東西呢？」

愈是隨著年齡增長，我愈能了解，對於花費精力在「我能改變」和「我不能改變」的事情之間要如何分辨。你可能改變父母態度的唯一方式，就是把有關孩子的正面消息寄到家裡。即使你從未成功改善你學生的家庭狀況，還是可以持續證實你的堅定信念 —— 照著學生的學習風格去搭配適合的策略，不管有沒有家長的協助，孩子都會有驚人的進步。

參考文獻及資源

Heacox, Diane. *Up from Underachievement: How Teachers, Students, and Parents Can Work Together to Promote Student Success.* Minneapolis: Free Spirit Publishing, 1991. 敘述一個按部就班的課程，它用來幫助所有年級的學生能打破失敗的枷鎖。

Learning to Learn（www.learningtolearn.com）. 由美國教育部推薦給全國使用，一個以研究為基礎的學習與思考技巧的系統。讓學生從死記硬背的學習中脫離，朝向以探索為基礎的學習，並且所取得的技巧有助於學生使用其天賦的學習能力。藉由教師訓練把這套課程帶進各個學校。1-800-288-4465。

Levine, Mel. *Keeping a Head in School: A Student's Book About Learning Abilities and Learning Disorders.* Cambridge, MA: Educators Publishing Service, 1991. 幫助學生發展和使用有效策略以達到更好的學業成果。

Parks, Sandra, and Howard Black. *Organizing Thinking: Book 1.* Grades 2-4. Pacific Grove, CA: Critical Thinking Press and Software, 1992. 學生學習如何更有效分析並使用訊息，創造他們自己的組織導體，以促進任何學科的理解力及維持。

—*Organizing Thinking: Book 2.* Grades 5-8. Pacific Grove, CA: Critical Thinking Press and Software, 1990.

Pieces of Learning（www.piecesoflearning.com）. 出版有關因材施教、以規範為準的教學、評量以及提升學生成績的書籍，包括 Carolyn Coil 所著 *Becoming an Achiever: A Student Guide and Motivating Underachievers: 220 Strategies for Success*。1-800-729-5137。

Study Guides and Strategies（www.studygs.net）. 提供有關改善讀書習慣的相關資訊。該網站包含許多基本指南的頁面，示範針對考試、寫報告、組織、網路使用等指導原則。所有資訊都屬於公開範圍。

Success by Design（www.successbydesign.com）. 為幼稚園到十二年級學生，提供有關家庭聯絡簿及學生計畫工具的好來源。1-800-327-0057。

推薦給學生的讀物

Carlson, Richard. *Don't Sweat the Small Stuff for Teens: Simple Ways to Keep Your Cool in Stressful Times.* New York: Hyperion, 2000.

Covey, Sean. *The Seven Habits of Highly Effective Teens: The Ultimate Teenage Success Guide.* New York: Simon and Schuster, 1998. 適合 13 歲及 13 歲以上的學生閱讀。為青少年、家長、祖父母及任何可能影響年輕人的成年人而寫。

Fox, Annie, and Ruth Kirschner. *Too Stressed to Think? A Teen Guide to Staying Sane When Life Makes You Crazy.* Minneapolis: Free Spirit Publishing, 2005.

Johnson, Spencer. *Who Moved My Cheese? for Teens: An Amazing Way to Change and Win!* New York: Putnam Publishing Group, 2002. 作者呈現一個人們如何改變的寓言，故事是以一群高中好友在生命中為應付改變而嘗試作為本書的架構。

Moser, Adolph J., illustrated by Dav Pilkey. *Don't Pop Your Cork on Mondays: The Children's Anti-Stress Book.* Kansas City, MO: Landmark Editions, 1998. 給 9 歲到 12 歲的孩子閱讀。探索壓力的因果，及為處理日常生活壓力提供實用方法與技巧。推薦給孩子、父母、老師和臨床醫生閱讀。

Romain, Trevor. *How to Do Homework Without Throwing Up.* Minneapolis: Free Spirit Publishing, 1997. 給 8 歲到 13 歲的孩子閱讀。孩子可學到多種完成家庭作業的簡單技巧。本書以機智和幽默傳遞嚴肅的建議。

Schneider, Meg. *Help! My Teacher Hates Me: A School Survival Guide for Kids 10 to 14 Years Old.* New York: Workman Publishing, 1994.

Whitney, Brooks. *School Smarts: All the Right Answers to Homework, Teachers, Popularity, and More!* Middleton, WI: Pleasant Co. Publications, 2000. 給 9 歲到 12 歲的孩子閱讀。美國女孩圖書館（American Girl Library）的系列出版物之一。

Williams, Julie, illustrated by Angela Martini-Wonde. *A Smart Girl's Guide to Starting Middle School: Everything You Need to Know About Juggling More Homework, More Teachers, and More Friends.* Middleton, WI: Pleasant Co. Publications, 2004. Grades 5-8.

CHAPTER 12

如何對學生進行評量？

在新學年開始，當教育工作者在面對學業成就顯著低於年級水準的學生時，他們的最大挑戰是如何為這些學生進行評量？過去學校為特殊需求學生設計的評量和用於多數學生的大不相同，特教學生的成績通常是經過調整的，教師會考量孩子的努力情形而給予更高分數，不僅是希望能保有學生的自尊，更期待他們最終能獲致學業進步。

當介入對學業成績處於底層的學生沒有成效時，我們竟看到他們被允許失敗，有些教師會幫他們找藉口，是學生自己選擇了失敗，因為他們對教師給予的所有協助不回應。所以，學習困難學生必須體驗自己選擇的後果也看似合理。當家長對學校努力改善孩子學業成就反應冷淡時，有些教師也有此結論，孩子的學業失敗應歸咎於家庭，而不是由學校來承擔一切責任。

由於「沒有任何孩子會落後」的法案通過，以及美國各州政府對教育標準的日益嚴苛，學生被期待達到什麼樣的學業成就水準授權各州政府決定。就整體而言，所有學校必須有足夠的年度成長（Adequate Yearly Progress, AYP），未能達此標準的學校則須接受聯邦及州政府的相關制裁。

教師、學生及家長深受學校評量所影響。目前，針對學生該學些什麼所提出的研究數據引導所有教學的方向，不同階段的教育工作者致力於把教學內容對準學生被期待的標準、經常實施教學評量，並在當學生表現稍有滑落時就尋找介入方法。學校對學習困難學生提供不同層次的介入，包括課前、課後、課間及暑假學習輔導等。另外，學習策略訓練的對象也包括來自貧困家庭的兒童，以協助其學業表現能達到年級水準。教學、評量、使用研究數據資料以決定如何給予教學介入……教學、評量及使用研究數據資料來影響教學……這樣的循環似乎永無止盡。

有些學校在推動教學評量的成果令人印象深刻，實作評量中心（Center for Performance Assessment）提供學校領導者相關建議，並協助學生達成預期目標，中心主任 Douglas Reeves 指出，該中心預定達成的目標為 90/90/90，他說：「如果學校有 90% 的學生來自少數族群，並有 90% 的學生享有免費午餐，然而卻有 90% 的學生正達到或超越預期的標準，同樣的結果可能應該在任何學校出現。該中心的官方網站提供引人注目的實際見證，它們是來自達成 AYP 目標的 90/90/90 學校，此網站並同時提供學校聯絡人員姓名及其電子郵件信箱（請見本章之參考書目及資源）。這些學校對學生建立明確的學習態度：「你能做得到，你將做得到，我們將會幫助你。」在 Douglas Reeves 與行政人員的充分合作之下，他把對於學生學業成就會產生正向影響的狀況分述如下：

- 老師所發展的課程需聚焦於學習標準的設定，至少有一半的教學時間要致力於培養孩子的讀寫能力。
- 經常在你學校舉行結構性會談，討論重點在於如何提升學生的學習成就；注意與學生學業表現有關的研究資料；當教學策略無法順利運作時，教師應有改變教學方向的意願。
- 積極與學校相關人員合作，致力於改善學生的成就。
- 教師指定給學生的作業，視作業本身能否帶給學生最大的學習成效而定。
- 在你學校進行跨課程領域的寫作計畫。

本章將描述你如何藉由師生的密切合作，把所有學生帶上來，帶到你這一州可以接受的評量標準。對孩子有高標準的期待將有賴於所有教育工作者一起檢視，或許能改變在評分及評量的實務推動。

促進學業成就的方法

當學生是成功的學習者，評量對他們就容易得多了。以下提示及原則將有助於你幫助學生獲得滿意的評量結果：

- 持續地在學校傳達此訊息，你對所有學生都有高標準期待。
- 活化學生的先備知識，如此他們能看到將要學的東西和已經知道的東西是如何產生連結。如需相關建議，請見第 255 頁的幫助學生理解課本及上課的教材。
- 在教學活動前，一定和學生分享他們實際要達到的標準是什麼。在這節課結束時，再回頭檢視這些標準以增強和課程的關聯性。
- 對學習困難學生示範，他們該如何設定目標，讓他們感覺自己能控制自己的學習及評量結果（請見第 116-120 頁）。試試看某間學校所做的：開始進行一場「是的，我能做得到！」的戰役。在這學校裡，學生都被要求佩戴一枚徽章，徽章上標示他們在打分數的那一節課裡將要達到的特定目標。教室裡也同時張貼一張很大的圖表，上面列出所有學生的學習目標，但並非公布個人的進步情形。這會讓學生能夠確認並增強彼此是否出現與目標有關的行為。當他們為某個目標努力時，會大聲地宣示：「是的，我能做得到！」當注意到同儕為目標而努力時，他們會向對方說：「是的，你能做得到！」每位學生保持一份私人的學習紀錄，上面記載實際的進步情形。如果你的學校有製作這種徽章的機器，不妨為每位孩子製作一枚「是的，我能做得到！」的徽章，並要求所有學生都佩戴。
- 在任何可能時候，教學評量的形式都與你那州的評量方式相同。例如：如果州測驗需要學生在答案卡上的圓圈內填入答案，也在你教室的評量中使用相同形式的答案卡。
- 經常評量學生，並依此調整你的教學，確定你的評量程序能正確顯示學生隨著時間的進步情形。
- 使用較為描述性的評量方式，而不是批判或懲罰性質的。例如：不要只就學生做錯的題數寫出一個分數，指出他們做正確的題數，並包括你的評語，它可幫助學生了解下次在相似的測驗中，他能做些什麼以改善自己的考試結果。

- 當你使用各科評量標準時，確定你的學生能理解其中的語言層次。評量標準要分階段實施，而不是一次全部交代。例如：寫作標準包括四類——明確性、準確性、能發展自我想法、有意義的順序。先專注於明確性的達成，直到你學生的寫作得分是在平均或平均以上，然後，再慢慢加入其他寫作標準。一次只加入一種，當學生對於要獨自使用寫作標準變得更為自在時，他們的評量結果將大有進步。
- 根據你的觀察及評量所獲得的回饋，持續調整你的教學。
- 找出及使用（或創造及使用）學生的自我評量工具，來顯示他們隨時間的進步情形，請見第 341 頁的成績報告圖（Report Card Chart）。
- 讓學生主動和教師及家長溝通學習成果，聚焦於他們隨時間改善的情形。
- 如果你對於是否該選擇電腦輔助學習而猶豫不決時，請你選擇科技。繼續和學生合作以幫助他們能獨立學習，但不要猶豫採取任何能奏效的方法。比起那些只經歷挫敗的學生來說，當學生在學校能享受小小的成就，他們將會在各種評量中有較好的表現。

Noah 的案例

Noah 是一位七年級學生，這幾年他對上學變得愈來愈消極。他的媽媽傷心地回憶起，兒時的他多麼渴望上幼稚園。她還記得，當得知 Noah 無法學會簡單概念，學業表現因而停滯不前時，她是多麼地沮喪。例如：Noah 無法理解字母—語音的關係，或工整地寫出字母及數字，這些都嚴重地阻礙了他的學習。

在過去，Noah 一直藉由聆聽大孩子和（或）成人的對話來學習，他一直是教育性電視節目的忠實觀眾。他喜歡拿電視節目學到的知識來讓人嚇一跳。儘管他流利說出能顯露其創意和想像力的精彩故事，但當他被要求工整、清晰並正確地寫下他的想法時，他就變得悶悶不樂了。

他的小學老師曾給他機會做較少作業，或選擇較少拼字。雖然他們的態度是真誠的，但 Noah 總是拒絕，因為他擔心其他孩子會發現這個特殊待遇而嘲笑他。他的成績從來沒有好過，儘管因為他的努力態度，他的四年級老師送給他全 A。由於他知道他的全 A 和大部分的同儕意義不同，他並沒有因此感到驕傲。

當 Noah 到了中學時，他變成一個製造麻煩的人。比起被標認為他在七年級的課業挫敗，或許他覺得接納老師、同儕所認定的角色 —— 麻煩製造者，要安全太多了。他仍舊觀看教育性電視節目，但再也不願和別人談論了。

陷入分數的困境

「我痛恨成績單！」這句話經常從那些心灰意冷的老師口中說出，他們長久以來都了解，傳統的評分方式有太多需要改進的空間。不管我們為學生的進步給再高的成績，單是給成績這個動作就足以引發孩子許多焦慮和煩惱。我們不免懷疑成績的適當性（和正確性），以及它能多有效地把學生真正進步的訊息報告出來。我們領悟到，無論我們多麼努力做到客觀及公平，我們在打分數時，仍經常受到學生的行為及態度所影響。

許多家長也厭惡成績單。少有家長能了解成績單帶來的困惑和前後矛盾的訊息。他們知道，儘管很多老師採取的評分標準符合學校規定，某些老師還是會給真正努力的孩子較高成績。對家長而言，教師的評語經常像是個謎團，而且充滿難懂的術語。老師的評語像是「你的兒子並未發揮潛能」、「你的女兒需要更加善於利用時間」、「你的孩子可以做得更好，假使她能更專心學習」，如此的陳腔濫調，以至於毫無意義可言。對家長和學生而言，真正有意義的成績單必須被所有看見它的人都能有一致的詮釋。

大多數的孩子對成績的真正意義毫無概念，對於老師在試圖評出正確、公平成績時所花費的心血也不能感受。每當我看到學生把字母的成績等第換算成分數、檢查成績單的加號、減號時，我真想大聲吶喊：「不是，那並不是你應該得到成績的方式！」

學習困難的孩子甚至比老師和家長更討厭成績單。一旦他們了解，發成績單時沒有太多的好消息讓他們帶回家，一般來說，他們便會開始對成績單發展及採取一種負面態度。成績的低分通常不會激發學生更努力和在未來有更好的表現。

專有名詞

評量（assessment）：決定一位學生的能力與進步的情形。

真實評量（authentic assessment）：利用與學生所學直接相關的有意義課業，來對他們的學習進行評鑑。

平均值（averaging）：以學生在一段特定時間內做的所有作業的平均數為基礎，來評估其學習成果。

曲線圖（curve）：成績安排方式讓學生的成果從優秀到不及格的範圍分布。

評鑑（evaluation）：對學生已符合什麼程度的標準做出一個判斷。

評分（grading）：對學生作業賦予一個量的數值。

表演（performance）、展覽（exhibitions）、示範（demonstrations）：由學生所做生動、活潑的實際說明，來證明他們在紙筆活動之外所學會的。

作品集（portfolio）：歷經一段時間所蒐集的不同形式之學生作業，用以評估學生從某個起點起所獲得的進步情況。

報告（reporting）：傳達有關學生學習進步的訊息給家長及學生自己。

準則（rubric）：描述及對照各項學生作業必須被評判的準則。

傳統評量（traditional assessment）：需要學生以傳統形式的紙筆活動來回答測驗問題。例如：是非題、選擇題及申論題。

傳統評量與真實評量

在1990年代，很多學校以真實評量（authentic assessment）為實施教學評量的首要目標，老師被期待設計真實世界類型的教學活動，期使學生能表現知識和技能的習得。「沒有任何孩子會落後」的法案通過，及各州對孩子教育標準的提高，都把我們帶回更傳統的評量方式。就某些案例而言，某位學生在一次高風險測驗（high-stake tests）的表現能決定他在整個學年的學習成敗。當然如果老師覺得適用，也不妨雙管齊下，同時使用真實評量及傳統評量。

這麼多年來，「教學配合測驗」總被抨擊為未顧及教學倫理。現在我們了解，唯有在測驗中呈現教師教了些什麼才是合乎教學倫理。真實評量使老師能有效地診斷出學生的強項及弱點，並提供特殊的學習經驗，以提升學生的學習成就。

有效評量包括以下信念的推動：

- 當學生的學習風格被尊重時，所有學生都能成為成功的學習者。
- 具有啟發性、含有意義的課程能增強學生努力的動機；若單靠評分是行不通的。
- 學生不應在學習過程中被評分（當你才正開始使用一個新策略時，你會喜歡被立即評斷成果嗎？）。
- 分數的評定多少帶有鼓勵的作用，但幾乎不會產生懲罰效果。例如：當學生作業遲交或寫得不完整時，若給予零分並不能激勵他更努力。
- 成績的低分導致大部分學生更退縮。當學生得以展現其進步時，登錄在成績單上的零分應被改為較高的分數。在任何可能時候，都應讓學生取得部分分數（連奧林匹克運動會某些競賽場合的評審對於最低分數都不考慮！）。
- 把成績當作平均數值來報告是不公平的。學生成績單應永遠聚焦在你準備成績報告之際，學生在當時階段所達到的程度如何！
- 用真實評量將學生相互比較，對於學習困難的學生並沒有幫助。把學生表現與特殊標準比較的做法則更為公平及有效。
- 當學生意識到只有少數人能得到最高成績時，就不會有動機去協助彼此改善他們的學習。宜避免使用曲線圖來呈現學生的成績，所有學生都可能得到最高分數；所有學生都必須得到他們該贏得的好成績。
- 絕對不要因為學生的努力而單獨給予另一個成績[1]。只有該位學生才清楚他花費了多少努力在一次行動之中。

1 Kohn, Alfie, *Punished by Rewards.* New York: Houghton Mifflin, 1993, p. 208.

- 提供學生贏得好分數的機會是因為他們的學習有進步，而不是他們達到限定的標準，請提供孩子更多學習動力。
- 學校設計的評分與評鑑辦法，應使學生、家長和老師能為下次嘗試改進結果而訂定計畫。
- 老師應訓練學生如何對家長解釋成績單。如此父母和學生本身對於成績單的真正意義會有更清楚的認識。
- 持續地要求學生做好一項作業，直到出現高品質成果為止。對學生而言，能將較少作業做到高水準，遠比把較多作業做到品質無法被接受來得更有效。
- 不管學生程度如何，只要符合榮譽標準的期待並能出現成果，他們都該有獲得榮譽分數的機會。

更多提升學生成就的方法

觀察學生

在學校有計畫地觀察學生，是評量學生表現的有效方法。首先，當你注視孩子做功課和遊戲時，也許必須強迫自己去記錄觀察結果；一陣子之後這會變成習慣，以至於當你看到某些事情無法不去記錄它。

倘若你的學生知道你正觀察他們，這絕對沒有問題，只要你說明目的和打算如何使用你的紀錄。在適應期過後，孩子對你的記錄方式就不會再去注意了。在任何時候錄音帶或錄影帶可能豐富你的觀察資料時候，一定要使用它們，或許有助於你將觀察結果與家長和教學專家分享。

在第 331 頁，你會發現一份可被影印複製，並用來記錄學生表現的每日觀察記錄表。準備一份寫有你全部學生名字的，再多準備幾份副本放在手邊。來自這些觀察的資料不但對班級的親師座談有幫助，而且在你為特定學生做方案調整的教師會議中也同樣有用。第 332 頁所示為每日觀察記錄表的範例。

每日觀察記錄表

日期：____________________

學生名字	觀察的行為	＋ ＝ 進步 － ＝ 退步 Ø ＝ 保持原來表現	評語

每日觀察記錄表

日期：11月15日，星期一

學生名字	觀察的行為	＋ ＝ 進步 － ＝ 退步 Ø ＝ 保持原來表現	評語
Charlotte	拼字	＋	選擇溫習十個單字而非四個；已達80%的正確率
Brian	社交技巧	－	在操場以肢體攻擊Sarah
Maria	數學	＋	能夠學會實際測量
Rudy	數學	Ø	先前對數學事實部分的了解正持續進步中
Alonzo	閱讀	＋	本月已閱讀完第二本書
Kristin	拼字	－	無法把測驗中拼正確的單字類化到其他書面作業

學生檔案

檔案（portfolio）的創造有其系統化程序，它讓學生在一段時間內，就某個指定學科去蒐集和展示他們的作業（或作品），差不多就像藝術家會做的事。學生檔案能凸顯他們的優勢，並說明他們如何學習而不是知道什麼。它讓人更注意學生的努力和進步，提供更多他們已獲得知識的訊息，而非只提供成績和測驗分數。學生（和他們的父母）更容易在檔案集中看到他們進步的幅度。

一個檔案可以是一種組合，它包含正規作業和下列各項作業：

- 一段期間內，在不同時間間隔所做的同類型活動。
- 一個獨特的構想。
- 針對一個疑難問題或構想的深入理解。
- 一個機智或巧妙的教材運用。
- 一位學生能長時間持續於某個主題，並學到許多東西的證明。
- 紙筆作業之外的作品或成果。

學生的檔案集可用任何形式呈現，從文字報告、測驗到繪畫、攝影、錄音帶、錄影帶、證照、評論文章、光碟片，甚至立體物件等（例如：一個數學檔案可包括學生已完成的調查研究；一項有關日常生活中數學在何處及如何被運用的觀察；某件學生應用數學功能所創造的視覺設計，甚至是立體表徵；以及對某個充實活動的經驗描述）。學生蒐集的每件檔案都應符合下列基本準則：

- 它必須由學生親自挑選，是讓他引以為傲的作品範例，或認為可以代表優質的作品。
- 它必須經過學生訂正和潤飾，一直到預期的精熟度，就如評量準則所描述，學生將隨著努力，不斷參照檔案評量準則以期達到更高水準。把未經學生訂正的作品寄至他們家裡，但作品上必須被蓋印「未訂正」的戳章。

一旦教師開始採用檔案作為教學評量形式，每週撥出固定時間讓學生整理檔案，檢閱自上次挑選後想再增加的作品，選擇某些感覺應放進檔案的新作品，並做必要的改變或修正，使得新增作品能成為最好的代表之作。

為了讓家長獲得有關孩子學習進步的最新訊息，比寄送成績單更頻繁地定期把學生檔案報告寄給家長。要求孩子把最新檔案帶回家與父母分享；一定要訓練學生有對父母描述自己作品的能力。在檔案夾裡附上一張檔案成果報告（Portfolio Product Report）[2]（第 334 頁），請家長填寫後交回給老師。由學生填寫此表格的一部分，家長則填寫其餘的部分。

2 修正自"Texas Portfolio Record Sheet"，經 Texas Education Agency 授權同意。

檔案成果報告

以下部分由學生填寫：

姓名：________________ 日期：________________

作品名稱／題目：________________

有關作品的描述：________________

____

你為何選擇將這個作品放入你的檔案？________________

____

____

____

這件作品如何證明你的課業正在進步之中？________________

____

____

以下部分由家長填寫：________________

孩子如何與你分享與這個作品有關的訊息？________________

____

____

____

你如何確認及讚美孩子的進步？________________

____

____

學生簽名：________________

家長簽名：________________

請將這份表格交給您的孩子帶回學校。謝謝！

提示：在親師座談時向家長介紹這個表格的用途。告訴家長，給予真誠的口頭鼓勵及讚美孩子小小的成就，會比金錢或是其他有形的獎賞更能激勵孩子去學習。勸告父母，不要因不滿意孩子的課業表現而責罰孩子，或剝奪孩子在家中的某些基本權利。

表演、展覽或示範

在某些學校，學生被要求表現出他們在真實生活情境中學會的東西。比起客觀的考試，贊成者認為實作評量是學生學習過程更為可信的成長指標。問題在於設計及評估學生的實作表現比傳統評量更困難。以下圖表說明傳統評量和實作評量之間的差異。

傳統測驗和實作評量的比較

要精熟的技能	傳統測驗	實作評量
數學計算	紙筆測驗 解決應用問題	利用商品目錄，訂購一個需要花費 1200 美元的書面計畫。要包括稅金和運費。總數不能超過 1200 美元，而且不可少於 1175 美元。
傳記	閱讀名人傳記 把答案寫在傳記報告的學習單	找一位搭檔一起選擇兩位當代人物傳記。使用訪談來表現你所學。由你扮演其中一個角色，你的搭檔扮演另一個角色，接著請你們互相訪問彼此生命裡的重要事件。為了添加訪談的趣味性，你們可扮演傳記中的人物。
政治	能完成顯示美國政府在權力運作方面是如何採取平衡流程圖，以預防權力的誤用或濫用。	選擇一個歷史事件，在該事件中美國人民曾試圖取得比在憲法中被賦予的更多權力。準備系列新聞報導，來說明制衡是如何中止權力濫用的可能。

準則

評量準則提供學習的指引，它針對不同程度學生在特定學習領域的表現給予不同量值，使學生能確切了解被要求的表現是什麼。也可由同儕搭檔互相評量彼此達到哪種程度，以決定在進入更高層次學習前還要學什麼。在每一個準則的類別裡，學生得到的分數及總分可被換算成字母分數或是計算成點數。以下三個範例顯示評量準則的各種樣貌。

當前網路提供無數可供使用者免費下載的各式評量準則，如果你不想自己設計或沒有充裕時間來做這件事，你只需在搜索引擎鍵入「免費評量準則」，即可查詢相關網站。請見參考文獻及資源。

準則的範例

數數的準則（幼稚園）

數數	4分	3分	2分	1分
憑記憶數數到 _____（數字）。	能輕鬆數完並超過目標數字。	能數到目標數字，沒有任何錯誤。	數到目標數字，但有兩個或少於兩個錯誤。	無法數到目標數字。
得分				

閱讀理解（小學）

閱讀	4分	3分	2分	1分
主要概念。	完全理解主要概念；能用自己的話來描述；能使用推論性資料得出結論。	能用自己的話來描述，多半直接使用故事中找到的資料來推論。	似乎了解故事主旨，但無法用故事中的資料來表現論點。	完全無法了解故事的主要概念；對於什麼是主要概念有錯誤想法。
得分				

寫作（五年級和五年級以上）

寫作	4 分	3 分	2 分	1 分
描寫關於最喜愛地方的一段文章。	容易理解；能運用細節和描述；文章的前後連貫、合乎邏輯；使用正確的文法、技巧及拼字。	清楚的訊息，流暢性佳，帶有些許細節與描述；文章前後連貫、合乎邏輯；通常使用正確文法、技巧及拼字。	文章條理不是完全清楚；極少細節及描述；缺乏邏輯順暢性；在文法、技巧及拼字有很多錯誤。	缺乏以寫作表達想法的能力。
得分				

由學生設計評量準則

當學生實際開始一個計畫案或活動前，教導他們如何設計自己的評量準則。某位老師提供六年級學生一個機會，要他們從八個古文明中挑選一個作為計畫案。組別是由選擇同一計畫案的學生來組成。某組學生決定創作立體模型來介紹集會廣場，即古希臘的露天市集。他們先研究一些其他班級做過的立體模型，從藝術設計的相關書籍中找出製作立體模型的資料，並設計下列的評量準則來評估每個人的立體模型。

1. 盒子夠大，能清楚看見所有物體。	是	幾乎	否
2. 完成的展示品是立體形狀。	是	幾乎	否
3. 圖畫能以堅固方式站立。	是	幾乎	否
4. 主要展示品有注意到細節，能引起觀賞興趣。	是	幾乎	否
5. 背景精細並與展示品合而為一。	是	幾乎	否

學生在製作立體模型時經常對照自訂的評分準則。他們被鼓勵持續填寫評分表，直到所有要素都能得到「是」為止。在某些案例裡，學生的最後成績決定於完成作品被圈出多少「是」及「幾乎」。最棒的是，

老師的工作變得輕鬆多了，因為大部分的調整都在收到定案作品前就完成了。

學習困難學生與標準化測驗

標準化測驗對學習困難學生特別有挑戰性，他們突然被要求在最佳狀況下，去做許多對他們而言並不容易的事。他們必須快速閱讀、提出答案、寫下和解答問題，全都得在限定時間內完成。很顯然地，這些學生需要我們提供任何可能的協助。

- 給每位學生一份第 316 頁如何準備考試的影印本（這些考試訣竅可讓所有學生受惠，而不僅是陷於學習困難的學生）。為全班複習並討論每一個考試技巧，對學生解釋這些策略對別的學生已有效。
- 教導學生在考試致勝的 STAR 策略：[3]

  先檢視（Survey）一遍考卷以便有個概念，你要花多少時間在每個題目上，把你認為能夠很快回答的題目做上記號。

  利用時間（Take time）仔細閱讀試卷中的答題說明。

  回答（Answer）問題，從某個簡單題目做起以提高你的自信，先略過你無法回答的題目。

  重讀（Reread）題目和你的答案，做任何必要的改變，回到任何你曾略過的題目並再試一次。
- 如果學習困難學生被允許在平日學習的環境裡考試，他們往往在標準化測驗時會有較好表現。如果他們寫作業時總是坐在地上，甚至一邊聽著音樂，他們就應被允許在相同情境下參加考試。
- 如果學習困難學生被允許把考試題目唸出聲來，或是有人為他們報讀題目，他們就可能獲得更好的考試結果。為想要有此需求的學生安排在另一房間考試和一名成人在場監考。

3 修正自：*School Power: Study Skill Strategies for Succeeding in School*, Revised and Updated Edition, by Jeanne Shay Schumm, Ph.D. Minneapolis: Free Spirit Publishing, 2001. 經出版公司授權使用。

■ 有學習困難的學生不應該有考試時間的限制。假使你需要堅持時間限制，是為了對所有學生一視同仁，你當然必須這麼做。不過在測驗過後的某一天，你可能想再給他們一次相同測驗，而不去強加時間限制。這次考試結果只能算是你的參考，並不會作為學期成績之用。對於許多學習困難學生而言，接受沒有時間限制的考試，他們被允許把題目唸出聲音（或安排其他人為其報讀題目），同時舒適地坐在伴隨輕柔音樂和微弱燈光的環境之中，相信更能幫助你獲得孩子學會什麼的正確輪廓。

Seth 的案例

Seth 是二年級學生，他總得花費很長時間來做完任何一種測驗。他的動作是如此緩慢，以至於在限時測驗中他連一半題目都做不完。不出所料，他在標準化測驗的結果也令人遺憾，資料的不足使老師和父母都難以判讀，測驗結果側面圖也無法反映他的真正能力。

舉例來說，他在某次標準化測驗中是如何考慮下列問題的：

哪一個東西比較堅硬（Which is harder）？

a) 羽毛

b) 人行道

c) 床頭板

d) 以上皆是

Seth 的推理是，假使要將羽毛丟起來很困難，人行道走起來很硬，而床頭板被他的頭撞上時也感覺是硬的，因此選擇「以上皆是」作為他的答案。當然，這一題他並未得分。

綜合型學習者在做選擇題時，總能找到理由去解釋為何所有選擇都是正確的。比起標準化測驗所能提供給老師的訊息，下列建議讓你能更深入認識學生懂些什麼。

讓評量對所有學生都更有意義

- 鼓勵並允許學習困難學生，以最擅長的學習風格來證明他們學到什麼。
- 公開邀請學生，如果他們能夠表現自己是如何思考的，你就能為他們的作業加分（即使他們的答案並非如你預期也沒關係）。
- 在你為試卷評分時，在正確答案上做記號，而不是錯誤答案。以分數形式寫出學生的得分，將學生答對的題數寫在總題數的上方。例如：十題答對六題的得分為 6/10。
- 當你用字母方式給成績是和比率有關時，去計算出學生的做對題數在完成題數的比率，而並非整份作業裡的全部題數。
- 提供孩子機會，沒有任何次數限制，讓他們選擇重考或重新評量，直到他們的表現能達到滿意程度為止。警告：確定這不會讓較有能力者出現怠惰的讀書習慣。為那些很快就能達到應有程度的學生，設計一些有吸引力的替代性活動。
- 提供全校性鼓勵以表揚孩子們的成績。請見後文「蟲蟲榮譽榜」（BUG Roll）的敘述。

成績報告圖

在第 341 頁是成績報告圖（Report Card Chart）的範例，它鼓勵學生對自己在定期評量要達到的目標能有更多的自我控制。你最好在學年一開始時就使用它，但也可在第一次或第二次定期評量結束前才開始使用。

為每位學生準備一份成績報告圖，填入從上學期結束至今的分數（標準九分或百分位數），解釋及示範他們在這學期被預期進步多少。舉例來說，如果上學期結束時，某位學生在「數學計算」的得分為百分等級 25，鼓勵他設定這一學期能達到 50% 或是更高成績。設定第一次定期評量目標為 35%，第二次為 40%，第三次為 50% 或更高。

對學生說明，如何針對每一學科設定不同目標，幫助他們為每次定期評量擬下特定目標。當通知他們定期評量的結果時，同時對他們展示

成績報告圖

學生姓名：＿＿＿＿＿＿＿＿＿＿＿＿＿＿＿＿

	閱讀技巧	閱讀理解	數學技巧	數學計算	問題解決	寫作	其他
上學期的學期成績							
學期開始至第一次評量前							
第一次評量後至第二次評量前							
第二次評量後至期末評量之前							

資料來源：*Teaching Kids with Learning Difficulties in the Regular Classroom* by Susan Winebrenner,

成績報告圖，示範如何使用顏色標出實際進步情形，協助他們看出自己是否達成預定目標。你可在每一次定期評量與學年結束前重複此過程。

成績報告圖能夠幫助學生了解，如何從一個目標跨越至另一目標。因為目標設定對象是自己，學生將充滿繼續前進的動力，更甚於只是等待看著老師在每次定期評量期間為他做些什麼。當然，你可以在過程中對他們伸出援手，但當評量目標是屬於學生的，這個方法將最能奏效。

你可同時使用成績報告圖及目標計畫表（頁 117），以及在第 217 頁所描述的「是的，我能夠」策略。

蟲蟲榮譽榜（BUG Roll）[4]

傳統的評分制度在很多方面並不公平，其中最大問題在於它不常獎勵值得注意的進步。細想在一個典型班級中，當學生甲的平均從 92 分進步到 93 分，就因為增加 1 分，他得到榮譽榜中特優等級的認可。而同時，學生乙的平均從 42 分進步到 68 分 —— 多達 26 分的成長 —— 但卻什麼認可也沒得到。

蟲蟲榮譽榜（BUG Roll）——小蟲（BUG）這個字有「把成績帶上來」（Bringing Up Grades）的涵義 —— 它激勵許多學習困難學生努力改善學業成績。學校仍保有獎勵高分的辦法，而蟲蟲榮譽榜是外加的。如果學生希望進入蟲蟲榮譽榜，任何一科的成績就必須提高一個字母等級，而其他科目則不能比上次評量退步。這可能出現一種結果，當某個學生第一次評量中每科不及格，但如果他在科學的成績從 F 進步到 D，雖然別科都得到 F，他還是進入蟲蟲榮譽榜，這是學習困難學生被正面認可的好機會。假使為了成為一般優等生，得一下子從 F 進步到很高的分數，他們便知道自己不可能有此機會。

那些學習困難學生會了解，一旦進入蟲蟲榮譽榜，他們得到的額外好處其實和一般優等生相同。兩種學生都享有名字被列入榮譽榜的榮耀，尤其他被放在訪客容易注意到的地方（一般優等生的名字列在一張名單，蟲蟲榮譽榜的學生則在另一張名單，但它們被並列展示著）。兩

4　1987 年 10 月於伊利諾州資優教育會議（Illinois Gifted Education Conference）與 Felice Kaufmann 的對話內容，經授權使用。

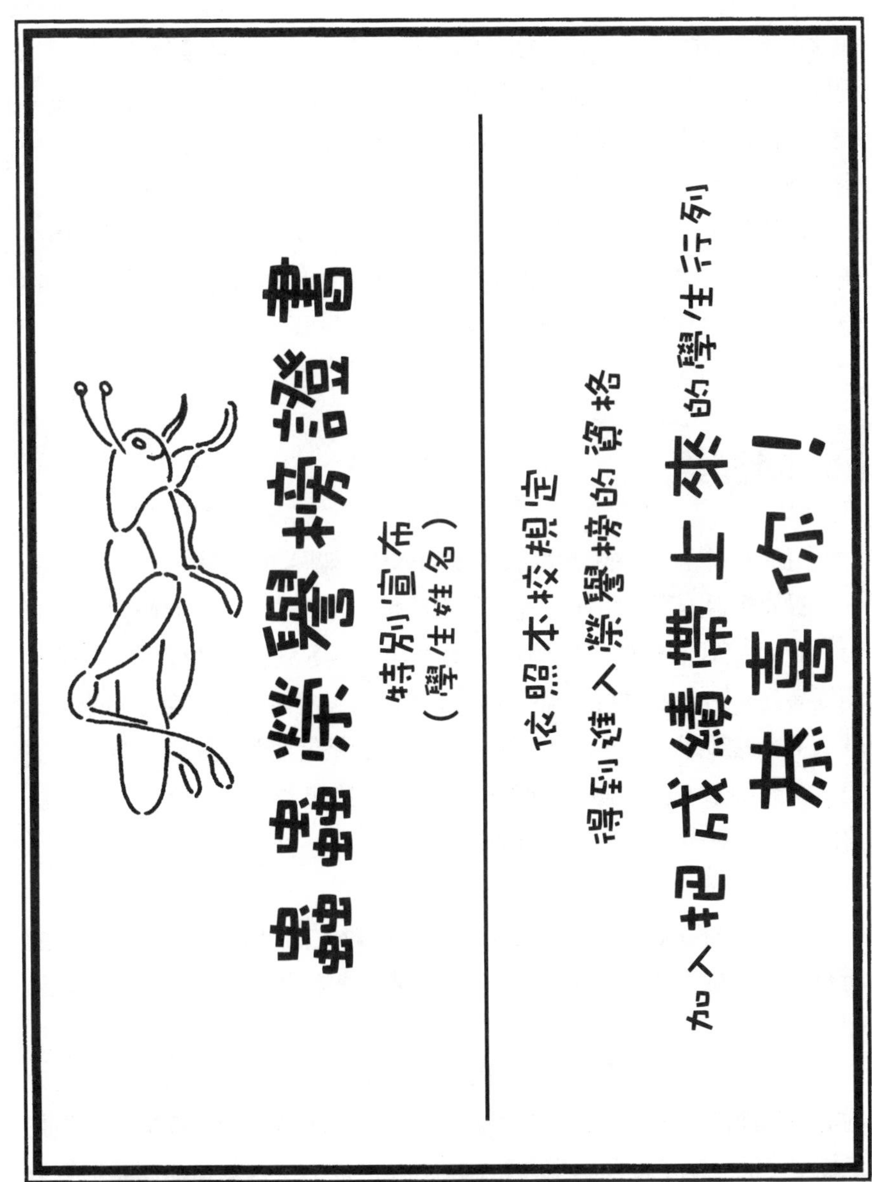

資料來源：*Teaching Kids with Learning Difficulties in the Regular Classroom* by Susan Winebrenner, copyright © 2006, 1996. Free Spirit Publishing Inc., Minneapolis, MN; 866/703-7322; www.freespirit.com. 本頁允許個人、教室及小組活動複製使用。

種學生皆享有賦予個人特殊權利的代幣制度，例如：家庭作業休息日、到學校福利社買東西，或學校特別、大型活動入場券。某些學校特別訂製一種圓形小徽章，在學生得到蟲蟲榮譽榜資格時送給他們。在某所中學，我知道學生會互相詢問，打算用哪些科目來上蟲蟲榮譽榜。

假使你想在班上或學校推動蟲蟲榮譽榜制度，第 343 頁有張可用來使孩子感受榮耀的獎狀。要確定，一般優等生也同樣因為優異成績，在特殊方式下繼續追求屬於他們的榮耀。

問答集

「我何時該給那些陷於學習困境的學生一個 A 的成績？」

對於學習困難學生而言，我的看法是，當他們的目標實際可行就應有得到 C 或 B 的機會。他們在得到 A 之前應等到目標（及學業成績）能提高到與別人須達到的相同時才能獲得 A。當他們意識自己的學業成就低下，老師卻大方送個 A，可能斷定老師相信他們無法得高分。一個正當得來的 C（它在過去可能是 D 或 F），比起一個不是靠自己能力贏得的高分，更有可能建立自尊與自信。

「在大學和職場中，人們經常互相比較。如果我們把課堂用到的所有評量都個人化時，這些孩子要等到何時才能有與他人比較的經驗呢？」

在學生準備好拿學習成果去和他人比較之前，必須先對自己有成功的能力充滿自信。當老師把教學評量個人化時，並未因此放棄對學生設定標準，而是賦予更多學生具有達到成功的能力，因為在他們開始努力前就知道老師要求什麼，而且一定是在交作業之前。今日的職場強調合作與競爭的能力，而學生必須同時體驗。平衡才是成功致勝的關鍵。

「我如何能期望家長對於我實施的教學評量有反應，那與他們過去所習慣的僅有少數相似或毫無相似之處？」

家長的再教育是任何教育改革裡的重要要素。家長不應靠自己去詮釋新型態的教學評量。當我們提出合作學習（cooperative learning）和全語言（whole language）概念時，事實上，我們就與家長分享評量的基本原理與實踐精神。訓練學生對家長解釋新評量的運作情形，強調他們最喜愛的地方是什麼。定期把學校通訊刊物寄到家裡。要主動在先；使家長對校園訊息隨時保持最新接觸。

參考文獻及資源

bertiekingore.com（www.bertiekingore.com）. 為 Bertie Kingore 博士的官方網站，她是一位全美知名的諮詢者，與學生、教師及家長合作經驗長達三十年。她持續在教室現場對所有學生示範區別教學（differentiated instruction）。此網站致力於教材提供，以豐富所有學生的學習經驗。

Center for Performance Assessment（www.makingstandardswork.com）. 主席及創辦人為 Douglas Reeves 博士，他發現學業表現在百分等級 90 以上者有五種形成因素，其中 90% 來自混合的少數族群，90% 的學生享有免費午餐。這些學生的共同特色為：極度強調學業成就的重要性；教學聚焦於重要課程領域；提供學生經常性評量及給予多樣的進步表現機會；跨越不同課程的寫作計畫方案，對所有班級的評量使用一致標準。可洽詢索取相關資訊及合格學校名單，1-800-844-6599。

Kaufmann, Felice. Talk given at the Illinois Gifted Education Conference, December 1987.

Kimeldorf, Martin. *Creating Portfolios for Success in School, Work, and Life.* Minneapolis: Free Spirit Publishing, 1994. 給七年級和七年級以上學生的練習，透過準備四種類型檔案的歷程來指導：個人、學生、計畫案及專業的。所附的教師指引中建議檔案如何依學生的年級程度實施及評鑑，並針對學生特殊需求進行調整。

Kohn, Alfie. *Punished by Rewards.* New York: Houghton Mifflin, 1993.

Learner Profile（www.learnerprofile.com）. 為電腦化評量的管理工具，允許教師追蹤學生的成績及作業、有效率地組織學生資訊、使用電腦或掌上型 PDA 撰寫學期評量報告。1-800-733-2828。

Product Guide Kits（www.curriculumproject.com/guides.htm）. 特別蒐集相關評量準則，幫助學生規劃如何為計畫案和作品贏得好成績。1-800-867-9067.

Rubistar（rubistar.4teachers.org）。提供教師使用，是一套非常好的免費寫作工具，希望能針對沒有時間寫草稿的使用者設定寫作規範，此網站也同時提供西班牙文，可直接進入 Rubistar en Español 視窗。計畫案名稱：High Plains Regional Technology in Educational Consortium（RTEC）（www.hprtec.org），由美國教育部提供經費贊助。

Schumm, Jeanne Shay, Ph. D. *School Power: Study Skill Strategies for Succeeding in School*, Revised and Updated Edition. Minneapolis: Ph. D. Minneapolis: Free Spirit Publishing, 2001.

CHAPTER 13

教導學生如何表現適當行為

Armen 的案例

Armen 在整個小學階段都參加資優方案課程。儘管他在普通班的課業慘不忍睹，飽受挫敗的老師們仍然認可他的特殊天分，大多數老師都樂意讓他離開普通班，去上每週半天的挑戰課程。老師能理解他之所以抗拒作業，是因為他認為那不是他的作業，而是老師的作業。就像別的資優孩子一樣，做些有新鮮感的作業比較能使他興奮。當老師把 Armen 從普通班的課程轉移到他感興趣的專案計畫時，他的學習態度就變得非常認真了。

當 Armen 進入初中時，那裡的老師傾向把他當成懶散、固執及需要學會教訓的學生。「在真實世界裡，我們不可能永遠有機會只做自己喜歡的事！」因此，他大部分的學校時間裡，都待在一個與辦公室相連的小隔間，他在那兒對著老師和訪客耍寶逗笑。老師會堅持等到他承諾寫完作業才可以回教室。有些老師甚至要他抄寫幾百遍的「我不能在學校浪費時間」—— 其實，這嚴重浪費他在學校的時間。就在 3 月 30 日那天，老師的一切努力都白費了，他失去參加隔天校外野餐的權利！在學期結束前的兩個月，學校用來懲罰他的方法也用盡了。接下來的兩個月，他們還能怎麼對待 Armen 呢？

笨孩子或壞孩子？

當教師被要求列出對學生最關心的事情，通常最重要的一項就是班級紀律（discipline）。當我們被迫對此字下定義，它出現的也正是最令人擔心的，有效地維持對班級秩序的控制！紀律不應被視為無知的服從。或是說，有效的班級紀律應使孩子的良好習慣能變成常規，並能獨立自主地保有正當行為。

在學校的一天生活中，所有學生無時不在表現著行為。當我們指出某個孩子「行為不當」時，事實上，我們的意思是他並未照著我們所想的去表現行為，而且我們希望他的行為能有所改變。

為什麼有些孩子在學校行為表現不好？一個強而有力的理由是，他們為了避免被視為笨蛋、傻瓜或無能學習的難堪。每一次，當我們將某個孩子放在一個害怕學習缺陷被揭露的狀況時，就導致他必需在「笨孩子」和「壞孩子」之間做選擇。他會選擇哪一個答案是很明顯的。所以，要解決孩子的問題行為，最簡單的方法就是去幫助他們，使他們成為有能力和成功的學習者。

當某些學生察覺自己無法學習時，他們的反應可能經歷以下三個階段：[1]

- 階段一，他們開始對自己的困境感到惶恐，可能退縮至一個安靜保護殼裡，或開始表現他們清楚可能會招致處罰的過度動作或行為。隨著挫折感的持續加深，可能對任何新課程感到恐懼。甚至還會推斷以前擅長做的事，現在再也無法勝任了。
- 階段二，他們會出現一種脫離的現象，目標就只是為了逃避對他們似乎是不可能之任務的痛苦。做事可能拖延是可被預期的，不斷地對參與的活動抱怨、不滿自己被人叫作笨蛋或傻瓜。他們會以強烈的自我保護企圖，經常表現出毫不在乎的態度，這可能意味著「我不在乎再一次把自己暴露於讓自己感覺無能的可能性」。

1 引自："Child and Context: Reactive Adaptations of Learning Disabled Children" by R.G. Ziegler, *Journal of Learning Disabilities* 14:7 (August-September 1981), pp.391-393, 430. 經授權使用。

- 階段三，他們可能普遍出現否定與消極反應。再也無法忍受必須承認自己愚笨，也就是說，只有那些配合學校在「玩遊戲」，以表現更安全態度的學生才是真正愚笨的人。

你或許能從個人經驗中領會，要鼓起勇氣做任何改變有多麼困難。有許多成人寧可讓自己停留在不滿意狀態中，因為他們害怕一個重大的改變會帶來更多痛苦，甚至更令人難以忍受。如果改變對成人是件辛苦的事，你可以想像當同樣事情發生在孩子身上，情況可能變得更艱難。一旦孩子開始被形容成在團體中難以和人相處，事實上，可能對他們來說，保持現況要比變成一個好孩子容易太多了。那就是為什麼有時孩子會試圖破壞生活和大人所給予的真心幫助。為了幫助孩子以更適當的方式表現行為，任何你希望提供學生的建議，都必須讓他們感覺安全並願意去嘗試。讓他們相信是自己在控制，教師則扮演指導者而不是權威者的角色。

有的時候，孩子在校的不當行為是源自其艱困的家庭狀況。而老師會覺得無力改變一切。當得不到來自家庭的合作和支持，老師會很快地放棄孩子。事實上，我們知道，家庭力量能讓孩子有很大差異。以下是我們的底限：對於學生在家庭裡發生了什麼事，老師的控制力極少，甚至是沒有的；老師所能控制的是學生在學校裡發生什麼事。我甚至懷疑，很多家長從來不參加學校的親師座談是由於其求學時對學校的負面記憶。我相信，如果教師能定期與家長電話聯繫，傳遞有關孩子在校的學業和行為的好消息。對家長而言，當學校會更像是個友善的地方，他們會更有意願去參與子女的教育。這當然值得你我一試了！

當我們企圖用責罵、威脅、剝奪權利、降低分數、留校或通知家長等方式來強制孩子的行為時，我們便開始一個惡性循環，而唯一可預料的結果就是報復行動。學生或許會順從一小段時間，然而由於自尊的損傷，總是導致他們想出和執行某種行動來回頭對付我們。通常他們的報復是消極的 —— 遺忘事物、看起來無助、頻頻抱怨別人，他們的行為終將把你逼進另一個強制行動，這樣的循環將持續不斷。教育心理學家 Raymond Wlodkowski 曾經巧妙地將這個循環做一總結，如圖所示。

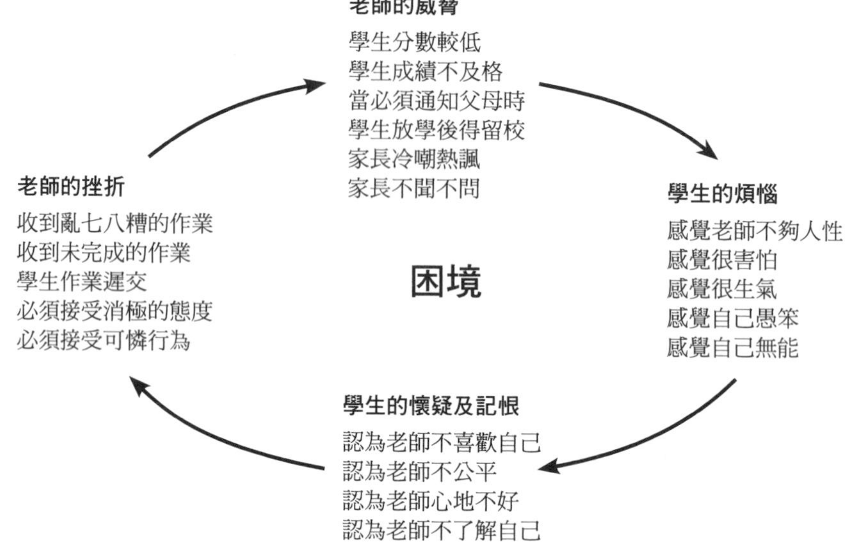

資料來源：Wlodkiwski, Raymond J. *Motivation and Teaching: A Practical Guide.* Washington, D.C.: National Education Association, 1986. 經授權使用。

不管老師的教學經驗是多或少，他們都堅信學生的行為問題與課程或教學方法無關。事實上，我不認為我們應該控制學生，而是必須保證他們的學習品質。假使要這麼做，我們就必須了解行為管理、教學方法和課程三者之間的密切關係。

如果我是你的校長，直到你填完一份像下面的表格之前，我都不會讓你把孩子送到校長室：

學生姓名：______________________________

年級：______________________________

老師姓名：______________________________

請你描述，身為一位老師，在你將教學活動與這位學生最成功的學習風格互相配合的過程中，你做過哪些事：

請你舉出實際例子，說明你期待這位學生完成的哪些作業，對他而言既不是太困難，也不是太簡單：

請你描述這位學生出現問題的行為及發生的事件，它為何促使你決定將他送到校長室：

當填完這份表格時，大部分的老師會了解，在把孩子送給學校高層處理問題行為前，其實可在教室有更多的嘗試。

本章描述幾個在採取強制行動以外的有效選擇。假使這些策略在你看來過於浩大——假使你覺得沒有時間或資源在學生身上嘗試——那麼反問你自己，以你現在做的，你得到什麼樣的結果？如果你繼續做你正在做的，你會繼續得到你正得到的！此刻是個大好時機，善用其他讓你做得更聰明而不是更辛苦的方法，來取代任何無效策略。

記住，你的學生也許要花上很長時間去練習改正其不當行為。孩子在邁向行為改變的過程中，他們的進步也許是微小、緩慢的，而且經常伴隨著挫折。若期待教室有真正的行為管理，我們要先試著改變成人的行為！學生的改變是緊跟在老師與家長的改變之後的。

介入不適當的行為

如果我是參與評鑑學校紀律方案成效的小組成員，我會反向思考，去試著評鑑學生紀律手冊的厚度。我相信，當紀律手冊愈是厚重，紀律方案的推動就愈是難以產生預期的效果。在目前，各式各樣的校規被教師、整個學校，以及學校系統所制定及使用。然而，那些負責處理學生紀律問題的相關處室總是擠滿一再違規、不斷出現的熟面孔，以及那些不曾察覺有校規存在的初犯者，更遑論如何期待他們遵守紀律。我們的確有能力去改變這個劣勢。請繼續往下閱讀並學習如何做改變。

幫助所有學生感覺自己是班級一份子

在一學年或學期開始時，為學生規劃一些活動，特別設計來幫助所有學生感覺他們屬於這個團體。請查看第一章的相關建議。

按照學生的學習風格優勢來教學

記住：假使學生無法使用你的教學方法來學習，你可以等待他們改變而習慣你的教學方式，也可以用學生學得會的方式來教他們。你是否曾被推入一種狀態，你完全搞不懂老師教什麼，甚至覺得自己毫無學習能力？請查閱第四和第五章的策略，可用來賦予所有學生能力，使他們學得更有效。經常提醒你的學生，在學習中犯錯並沒有害處，只要能從中獲取教訓。

制定與使用可預測的常規

有教學效能的老師從經驗中學到，在每一個學年開始時，花些時間幫助學生把新建立的班級常規變得自動化是一件非常值得的事。我認識一位高中數學老師，他把學生的常規訓練得非常好，特別在交作業方面。首先，每個人會把作業傳給每排的第一位學生，然後再由老師收齊每排作業。這位數學老師覺得很自豪，他無需確認作業上的名字就可以完成全班的成績登錄，因為每份作業都井然有序地在預期的位置出現。我並不是支持所有老師都要做到這種程度，但這麼做當然對老師有些幫助，它讓學生方便及自在，特別是只要老師說出某個字或打出某個暗號時，每位學生都知道接下來該怎麼做。

有學習或社交困難的學生，往往因為教室活動的替換而造成班級秩序大亂。當你能了解部分原因可能是他們對班級常規的中斷感到不安，就應當有助於你想出一些有創意的解決方法。

例如：請你把詳細資料留在你已建立的班級常規上，包括班級課表、上課程序，盡可能列出你希望保持常規與課表的要求，以及緊急聯絡人的姓名。或許你可把某位特別不守規矩的學生送到隔離區（time-out area）、另一位老師的教室，或是學校負責管理紀律人員的辦公室——不要當作是一種處罰，而是一種預防的手段。

制定與強化簡單的教室規則

在我的經驗裡，當教室規則所列出的項目愈長，孩子們就愈有可能挑出一項沒有被具體列出的違規行為。例如說：假使有一項規定指出「不准在走廊上奔跑」，某個學生可能會沿著走廊蹦蹦跳跳，然後再與你爭辯，校規中並沒有禁止蹦跳。解決的辦法是，保持你的班規簡單明瞭和顯而易見。把它們貼在一張圖表上，展示在教室最顯目的位置，並經常給你的學生口頭提醒。

以下是我最喜歡的四項班規，它能為孩子的學習帶來滿意結果：

1. 對待別人的方式是如同你希望被對待的。

2. 不要找任何人的麻煩（把例子填進圖表裡）。
3. 不要引起別人對你的注意（把例子填進圖表裡）。
4. 作功課！

如果某位學生破壞班規，私下要求他確定違反哪條規定。假使他無法確定自己的行為違規，則要求他單獨坐，直到他能停止那個不受歡迎的行為，或者與孩子談論他所需要的改變。對他解釋違規行為對別人的影響，包括對你的影響，並請你重點說明，假使不能選擇更適當行為將會引起什麼後果。告訴他在完成行為改變計畫（Behavior Change Plan）（第 355 頁）後，可以重新加入全班活動。

前後一致及公平對待

- 避免對學生過度地使用否定或不友善的眼神接觸。務必確定，每位學生經常有機會接收到來自你臉上的肯定表情。
- 預先考慮有可能會引起問題行為的班級狀況，並在下一次類似事件發生之前，和該學生腦力激盪可能的解決方法。例如：「Eric，一小時之後我們必須去禮堂看表演。讓我們先想個方法。所以，當你覺得無法坐著靜靜聽時，可以在引起別人注意你之前就先離開。」
- 建立一些讓學生得以保留面子的狀況。例如：如果你知道 Josie 會抗拒你要求他打掃個人座位的要求，就先從他比較不可能反對的其他要求著手，以漸進方式做下去。「Josie，請幫我把這些鉛筆發給大家……謝謝。現在，你願意幫我把訂午餐的統計人數表送到辦公室嗎……謝謝。現在，你願意把你桌子附近的所有紙屑撿起來，把它們丟進垃圾桶嗎……謝謝。」
- 使愛抱怨的學生能了解你聽到他們的心聲，並激發他們想出實際可行的解決方法。讓他們選擇是想出好方法或停止抱怨！提示：要求學生寫下所有他們想得出來的細節，你可因此了解這些問題的複雜性。抱怨就有可能很快結束。

確定課程充滿刺激和值得學習

我們並不是真的能夠要求孩子做任何事；我們只是使機會被孩子利

行為改變計畫

我的姓名：________________

日期：________________ 時間：________________

我做錯了什麼事：	我曾經希望發生什麼事：	事實上，已經發生什麼事：
為了得到我想要的，我必須停止做什麼：	**為了表現更適當的行為，我能做什麼：**	**在這個計畫中，我需要老師給我什麼協助：**

資料來源：*Teaching Kids with Learning Difficulties in the Regular Classroom* by Susan Winebrenner, copyright © 2006, 1996. Free Spirit Publishing Inc., Minneapolis, MN; 866/703-7322; www.freespirit.com. 本頁允許個人、教室及小組活動複製使用。

用到，激發他們想參與學習的動機。相關的具體策略請查看第 125-128 頁，將有助於你為學生準備一個有意義、有挑戰的課程。

把談話保持到最少限度

對某些出現行為異常和（或）語言處理問題的孩子來說，當老師話太多時是令人洩氣和厭煩的。設計幾個非語言的線索，它們代表你希望孩子去做或停止某件事，並在任何可能時候用來取代語言。當然，你得對學生充分解說並示範每個信號的涵義。例如：

- 為了要表示學生必須停止某個特殊行為：把你的手高舉過頭，數 1，並舉起一根手指頭 10 秒鐘。如果他的行為沒有改變，每隔 10 秒鐘再多加兩根手指（數 2 跟 3）。
- 為了表示學生必須離開座位走到隔離角落：使用暗示暫停的手勢。
- 為了表示學生做了適當的行為選擇：給他一個豎起大拇指或擊掌手勢。

你還可以教學生如何打信號，當他們想要你改變你的行為時。有位老師告訴她的班級：「假使你覺得需要移動，請站在你的桌子旁邊。假使你需要休息一下，用手勢打出暫停信號。假使你認為我們太嚴肅而你需要輕鬆一點，向我眨眼睛。」當這個過程是雙向進行時，學生會更有可能去尊重你對他們的要求。

幫助學生保持平靜

- 要察覺任何可能過度刺激學生的狀況。在激發學生和使他們平靜地活動之間要努力找出平衡。
- 在每節課一開始時，讓學生透過控制練習或韻律活動來移動身體，以釋放被抑制的能量。有許多針對此用途的商業產品（錄音帶、錄影帶、DVD）可供你利用。
- 告訴全班，透過從頭到腳的練習，輪流收緊和放鬆身體的許多部分。

教導學生處理憤怒的情緒

當你看到班上的某個孩子，沒有任何被同儕激怒的原因就勃然大怒，他可能不知道如何採取比較能被接受的方式來表達怒氣。把講義如果不要繼續生氣，你能做些什麼？（第 358 頁）影印發給學生，或留在他們課桌上。請學生開始嘗試對其最有效的策略，或在講義上圈出下次生氣時可嘗試的方法。每當你注意到有學生恰當地處理憤怒情緒時，則給予正增強。

假使我們希望孩子用健康的方式處理憤怒情緒，很顯然地，我們有必要去立下優良典範。孩子需要了解，他們的行為會導致哪些正面及負面的行為後果。在那些負面的行為後果裡，其中不應包括老師的生氣反應。切記，許多學習困難學生，特別是那些有嚴重情緒問題的孩子，如果他們沒有經過直接教導、給予主動在先的諮商，以及來自合格專業人員的支援，他們真的不會選擇較適當的行為。以立即、公平的方式來處理學生不適當行為；實施合理的行為後果，而不是給孩子威脅及懲罰。

教導學生監督他們的自我對話（Self-Talk）

當孩子沉溺在負面的自我對話時，會對其行為和學習產生不利的影響。幫助學生擬出一篇簡短稿子，把它放在桌面上。任何時候當學生發現自己正在進行負面的自我對話時，先做幾次深呼吸，接著讀這篇稿子給自己聽。要學生在讀完稿子後閉上他們的眼睛，想像自己處於一個正向的情境中。舉例來說：

- 負面的自我對話：「如果老師叫到我，我又不知道答案，其他小朋友會不會認為我很笨？我最好讓他們因為其他事情而注意到我。」
- 正面的自我對話：「等一等！我要開始做三個深呼吸，我記得，老師會等我們跟搭檔討論之後才叫人回答。我有一位好搭檔，他總是能幫助我想出應該說什麼。我要來練習我的答案，所以，當我被叫到時，我就能夠說出很棒的答案！」

訓練學生，當注意到自己能表現出正確及助人行為時，可以和自己說悄悄話，為自己的成功做自我喝采。他們的自我對話可能是：「我真的以自己為榮，我在旅行出發及回程中都沒有碰撞到其他同學。」安排一個非語言訊號，並把它用在學生身上，當你注意到某些值得讚賞的行為出現時，讓他們知道自我讚美的時間到了。

如果不要繼續生氣，你能做些什麼？

____ 閉上你的眼睛，往前數到 10 和（或）往回數。或是從 100 開始用 3 的倍數往回數。當你專心於一個活動時，你就無法繼續生氣了。

____ 想一想，如果別人用你想表達憤怒的方式來對你生氣，你會有什麼樣的感覺？

____ 把你的意見放在一篇「我的聲明」中。告訴別人，他們說的話或做的事給你什麼樣的感受。像這樣：「當你____時，我感覺____。」

____ 試著從別人的觀點來看這個問題。如果你是那個人，你會有什麼樣的感覺？

____ 請求老師或另一位學生的協助，以克制你的怒氣。

____ 使用放鬆技巧幫助自己冷靜下來。做一個深呼吸，在你數到 6 的時候把氣憋住，然後慢慢把氣吐出去。重複幾次這樣的動作。

____ 到視聽中心去聆聽一會兒使人心情平靜的音樂。

____ 取得一張暫停通行證。在教室裡或到另一個隔離區進行自願暫停。

____ 閉上你的雙眼，並想像自己在一個讓人心情平靜的地方。去注意這個地方的細節，並想一想你有多喜歡待在那裡。

____ 得到老師的許可，在樓梯上上下下來回跑幾次。

____ 想一想正面的語詞：鎮定、打開心胸、樂意學習、寧靜、快樂……。

____ 記住，沒有人能讓你憤怒。是你在控制要如何選擇回應某一種狀況。

____ 想一個笑話。說一個繞口令。微笑！當你在微笑時是很難繼續生氣的！

其他對我有效的想法：

____ ____

____ ____

____ ____

____ ____

____ ____

使用 WDEP 模式

WDEP 模式是根據 William Glasser 的現實治療（reality therapy）所發展而成，WDEP 分別代表希望（**W**ant）、行動（**D**oing）、評估（**E**valuate）及計畫（**P**lan）四個字。它可用來改善學生的不適當行為，提供師生對話的指引，並導致行為改變計畫（第 355 頁）的產生。

師生對話的場景應是一種私下會談的形式。你就坐在學生的身旁，而不是他的對面。建議你們成為好搭檔，共同為難題找出解決的方法。你們一起想像，難題就在你們對面的空房間。請務必確定，學生能了解師生會談的目的不是要處罰他，而是要為他的適當行為擬下計畫，使他更能得到想要或需要的東西。

告訴學生，你就要向 WDEP 無線電台報到了。詢問下列問題，然後以尊重的態度來聆聽任何及所有回答。

- 「你希望（**W**ant）讓什麼事情發生？」
- 「為了得到你所希望的，你正在採取那些行動（**D**oing）？」
- 「關於評估（**E**valuate）你的行為表現，對於你要達到的目標能產生哪些幫助。你現在所做的是否違反班規？若是如此，是哪一項或哪幾項的規定？」
- 「你能想出一個計畫（**P**lan）來改變你正在做的事情，你的新行為會因而有更好的機會來幫助你得到想要的或需要的東西。」

努力嘗試避免在給孩子建議時突然轉變話題，除非是他要求你說出其他想法。針對此次對話所關注的行為問題，一次只給一個建議。安排一兩天後與學生再次見面，以觀察計畫實施情形，如有需要，則指導學生設計另一個新計畫。

Charlie 的案例

Charlie 是一位行為異常的七年級學生。他對自己完全無法控制，只要一有機會就想碰觸其他同學，有時還會傷害班上同學。在每次意外發生後，他都立刻感到懊悔，但就是無法把抱歉轉成更適當的行為。我想對 Charlie 而言，控制自己是個非常模糊而無法被理解的期待。

Charlie 和我見面，並同意無論在什麼時候，當他離開座位時他願意隨身帶著一顆彈性球，好用它來提醒自己不要碰觸其他同學。在他離開及回到座位的過程中，他可利用這顆球來幫忙消耗他那無所不在的過剩精力。

我向 Charlie 展示一張將保存在他桌面的記錄表，並解釋他將如何記錄他行為的進步情形。每次在他離開座位後而沒有碰到任何同學，當他再回到座位時他就得到並記錄一個加號（＋），而每次他碰到某位同學就得到一個減號（－）。一旦他累積三個加號，並沒有多於兩個連續減號，就可以得到用來繪畫的 10 分鐘自由活動（因為 Charlie 熱愛繪畫）。

我把一張記錄表貼在他的桌面上，並示範當他符合「不碰觸別人」的目標時如何記上一個加號，以及當他不符合時又如何記上一個減號。我對他解釋，在剛開始幾天我會用「豎起大拇指」或「大拇指朝下」的手勢來增強他的行為。

第一次當 Charlie 離開又返回他的座位時，我給了他「豎起大拇指」的手勢。他在記錄表上記一個加號。

第二次的手勢為「大拇指朝下」。他在削鉛筆機的位置意外地撞到 Brain。我走到 Charlie 的座位前，然後，我們有了簡短對話：

我：「我注意到你碰到 Brain，所以，這次你得記下哪個符號？」

Charlie：「那不是我的錯。是他先碰到我的！」

我：「你不是在記錄是誰的錯，你是在記錄不管怎樣你碰撞某個人。」

Charlie：「那不公平。」

我（無動於衷地）：「請記錄下你應得的減號，然後我們要一起做一個計畫，同樣的事情不可以再發生了。」

Charlie：「好吧 —— 可是，那還是不公平。」

在 Charlie 勉強記下一個小小減號之後，我要他想出一個計畫，一個讓他下次能順利回到座位的計畫。他決定等到沒人用削鉛筆機時再去。

接下來，Charlie 記錄另一個加號，然後是兩個相連的減號。在他已經記下第二個減號之後，我提醒他：

我：「你知道，如果下回你離開座位後必須記一個減號，之前的兩個加號就不算了。記住，我們的協議是你要有三個加號，以及沒有兩個以上連續的減號。所以，告訴我你如何確定下次回到座位前不碰到任何人。」

Charlie：「我想我應該用雙手握緊你送我的那顆球。」

我：「聽起來是個好主意。希望它有效。」

後來 Charlie 在每次離開座位時，都緊握著他的球，並很快就能記下一個加號。我也立即給他獎勵，而他在 10 分鐘的自由活動裡看來很得意，他畫了一幅畫 —— 一位在教室裡四處走動，但緊握一顆彈性球的小男孩。

接下來的幾天裡，Charlie 學會了沒有我的直接協助也能記錄自己的得分，而他贏得的加號遠比減號來得多。在幾次成功的經驗之後，我們把標準提高到四個連續的加號，然後是五個。其實，孩子是否完全誠實記錄他的得分並不重要，而是他對記錄個人行為能負責任，這個行動最終能導致行為的改變。

+	−	−	+	+ 獎賞	+	+	−	+ 獎賞	+	−	+

幫助學生學會選擇適當的行為

補捉學生的好表現與進步

■ 定期地以眼光巡視全班學生的行為表現，注意並增強學生的適當行為。假使你讓學生覺得，當他們做錯事是引起你注意的唯一方法，那問題就明顯了。只要要求每位學生去觀察什麼是對的行為，就可激發他們從別的孩子身上去借用老師喜歡的行為。當他們正表現適當行為時，請你用心去留意，並且以鼓勵性言語來支持他們。例如：「我注意到班上有一半的同學準備好要上課。我很想看到另一半的同學也準備好了。」不要在你的讚美裡提到某位特定學生的名字，這麼做或許會比較好。因為這位孩子很可能成為其他人敵視的目標。

- 當你已經輔導一位學生改變某個異常行為，而當更好的行為發生時，就要暗中去注意著它的再次出現，即使一開始你必須放下手邊正做的事情。把每次你對學生讚美的間隔時間拉長，一直到最後他們會自動選擇適當行為。
- 讚美何時會更有效？是當它的焦點被放在孩子的行動，而非其品格。例如：與其說「Joseph，你真是個好男孩。」倒不如說「Joseph，你在這個禮拜所改進的行為，一定是你辛苦努力得來的成果。」與其說「這是我教過最棒的班級」，倒不如說「全班同學，當我們能夠遵守班規並且相互包容、體諒時，我們竟然有這麼豐富的收穫」。

留意在不當行為出現之前，通常會發生的事件

針對某位學生的不當行為所做的軼事紀錄（anecdotal record），至少將它保存一個星期。務必留意當他出現不當行為的前一刻發生了什麼事，並試著找出該不當行為的發生模式。利用第 368-371 頁的行為需求表（behavior charts），去診斷出他尚未被滿足的需求，並給予行為改變的介入。

軼事記錄

不適當行為的類型	剛好發生在之前的事件	我如何處理它
出口羞辱別的學生	時事討論時沒有使用名片法	明白學生害怕、尷尬、學到教訓，並使用名片法

使用覺察記錄

假使學生沒有察覺自己的行為有改變的必要，可使用一段時間的覺

察記錄（awareness tallies）。

1. 確認和描述一項你想要某位學生改變的行為。
2. 蒐集有關該學生行為的基準線資料。如果能獲得父母親或監護人同意，一種可行方法是拍攝錄影帶進行觀察。你只需要在三腳架上架設一部攝影機，然後把它對焦在鎖定目標的學生身上；在他不再對攝影機注意後才開機。事後當你不必監督別的學生時，就可計算違規行為的次數。
3. 切記，一張圖片勝過千言萬語！除了該位學生之外，不可以把錄影帶給任何人看過（或許，除了和父母親或監護人開會時）。當你把錄影帶拿給他看時，只使用一小段帶子，並確保他在私底下看。要他算出在 10 到 15 分鐘時間之內，看到自己出現多少次不當行為。

   沒有錄影帶的變通方法：要學生在一段指定時間內，算出他有多少次不當行為。之後，與他討論行為出現的頻率。要他為下一次記錄週期設定目標，不當行為的次數要比第一個週期內記錄到的少。
4. 重複這個過程，直到被觀察的行為次數下降到一個可控制的數量為止。

覺察記錄

日期／時間	不適當行為	在哪一個教學活動	記錄次數
4/6 9:45-10:15	沒有輪到卻發言	小說討論	卌

使用我的訊息（I-Messages）

與其責備學生的行為，倒不如直接告訴他們你對那個行為的感覺。例如：與其說「如果你繼續叫 Jason 是個『呆子』，你就得到我的辦公室來做功課。」不如說「我很擔心，當你用難聽的字眼稱呼 Jason 時，他一定感覺很尷尬。」

接著給予一個肯定的陳述，明確地要求這位學生該做哪些事。例如說：「我要你在下課前，清楚地說出你要如何解決這個問題。如果你想不出任何方法，我會為你計畫。」

示範你希望學生模仿的行為

1. 決定哪一種正向行為是你希望學生去學習的。重點：一次要求改變一種行為。在每一種新行為被學會之前，不要增加其他要求。
2. 在你輕聲說出步驟時，確切地示範你想要學生做什麼。例如：「我正沿著走道往黑板走，我把手臂貼緊身體，所以我不會碰到任何人。假使我一路都沒碰到人，我會跟自己恭喜我把事情做得很好。當你走到黑板時，說出：『恭喜我自己做到了，我從座位到黑板都沒碰到任何人。我真棒！』」
3. 輕聲地告訴學生從頭做到尾，同時要他也做出相同動作。
4. 要他表現出相同動作，同時以口頭訓練從頭做到尾。
5. 要他表現出相同動作，同時以想像或悄悄話的方式進行自我對話。

要學生在課桌上保存一張記錄表，如此他就可以每次在完成正確動作時做記號。如果你認為有必要，讓他選擇師生雙方都能接受的獎勵方式，可在他完成一定程度的記錄次數之後獲得獎賞。

學生行為記錄

日期／時間	適當行為	記錄次數	自我讚美
2/11 12:15-2:00	走到黑板沒有碰到任何人	卌	「我做到了，為我歡呼！」

使用錄製的聲音提示

長期以來，特教老師會使用一種特定聲音，以隨機間隔出現的方式來給予學生暗示；讓學生在聽到某個聲音的那一刻，能監督並記錄自己的行為。最好的使用時機是當他們有能力學習某些課業，但卻沒有專注的能力。在一節 15 到 20 分鐘的訓練之後，他們專注在課業的時間能有效地延長與改善；經大量練習後，有些學生不必正式錄音，也能有效地監督自己的行為。這個方法最奇妙之處在於即使學生記錄方式不對，還是能達到很好的效果。雖然在使用過程中很少會困擾到班上其他學生，但如果你或你的學生想要的是私下暗示，你也許可考慮使用耳機。大多數學生在使用耳機幾個星期或幾個月之後，就會在過程中放棄不用了。

1. 製作一卷卡帶或 CD，錄製一種使人心情愉悅的嗶嗶聲響，讓學生能在每 5 到 6 分鐘的間隔聽到它。
2. 訓練學生在聽到嗶嗶聲響的那一刻，停下手邊正在做的事並且問自己：
   - 「我在做什麼？」
   - 「這是我現在應該要做事的嗎？」

   如果第二個問題的答案為「是的」，則在記錄表上「是的」那欄記下反應，並且默默地恭喜自己。如果答案為「不是」，則記下另一種反應，並計畫如何回到正軌。
3. 以固定的時距監督這些反應。你可以希望孩子因為某種數量的「是的」而贏得獎勵。他們不應該因為「不是」的記錄而得到處罰。

聲音提示表

聲響編號	當我聽到聲響時我正在做什麼	是（正確行為）	不是（不正確行為）	新計畫
1	正在寫一個句子	＋		
2	正在看窗外		－	重新開始寫

直接教導社交技巧

1. 確認學生缺乏哪個社交技巧。和學生討論，當他有此技巧時如何和別人有更積極的互動。
2. 示範如何使用社交技巧，或由其他學生來示範。
3. 要學生像你正確示範那樣，請他說出這個技巧的構成要素。
4. 要學生像你的指導那樣，和其他學生以角色扮演（role play）的方式來演練此技巧。
5. 要學生以口頭方式，以角色扮演的方式來演練社交技巧。

6. 用悄悄話的「自我對話」訓練，以角色扮演來演練社交技巧。
7. 提供許多機會給學生練習。
8. 每次當你注意學生能正確使用社交技巧時，你走向他並說：「我注意到你正確地使用〔敘述那個社交技巧〕。做得很好！」為了讓他建立使用社交技巧的習慣，給予一致、立即的正向回饋。
9. 無論何時，當學生出現不當行為時，要他以任何方式用放聲思考來表現適當行為。然後，以幽默的方式，讓學生大聲說出為何懷疑自己在該情況中這麼糊塗，以至於未能表現正確行為。最後，要學生計畫下次如何能有更好選擇，並結束這個小練習。

建立機會成本的程序

儘管我傾向專注於給孩子正面增強，並試著避開行為的負面後果，但有時，行為的後果的確能產生一種遏阻的力量。把它作為一種最後的憑藉手段，去為學生建立一個機會成本（opportunity cost）的程序。機會成本的概念很簡單：當學生失去遵守「行為管理計畫」的機會時，他們就得付出些成本。

例如：一位小學三年級，名字叫 Miguel 的男孩，他非常喜歡在下課時對同學挑釁。我們為他設計一個「行為管理計畫」，計畫中規定如果他在下課時不對任何同學有身體或言語的冒犯，就可贏得一定點數。一開始，他在 15 分鐘的下課時間使用 15 個點數的額度，一個點數代表 1 分鐘。每當我必須把他叫過來，指出他某項違規行為時，他看著我把一些得到的點數刪掉：扣 3 點代表沒有遵守下課規則，5 點是侵犯他人。如果他在每次下課時沒有丟掉點數，全班同學就可在當天放學前得到 5 點紅利的「5 分鐘聊天時間」。這麼一來，同儕開始幫他避開任何負面行為出現的機會。每一次當他存滿 15 點，他就會選擇在下課時把球帶到教室外面玩。

使用行為需求表

所有人類的行為都受到企圖所驅使，是為了讓需求得到滿足。對於那些終其一生大部分時候都能以正向方式表現行為的人來說，他們覺得個人的重要需求已獲取。而不當行為所發出的警訊是，某些人認為自己的重要需求未被滿足。請查看第四章有關滿足你學生的基本需求的討論，並試著去改善他們的行為。

有幾位行為心理學家（包括 William Glasser、Rudolf Dreikurs 和 Donald Dinkmeyer）都已建立相關的理論，他們強調成人能以正向的方式協助年輕人的行為塑造（shape），例如：

1. 觀察其不適當行為。
2. 診斷它所反映出未被滿足的需求。
3. 介入以滿足其需求。
4. 避免有增強其不當行為的情況。

第 368-371 頁的行為需求表（behavior charts）會幫助你改善學生的行為，並提供他們真正需要的：

- 建立歸屬感。
- 感受自己的價值感及重要性。
- 能擁有選擇的自由。
- 能體驗樂趣與享受。

在你查看這些行為需求表之前、在學校紀律計畫推動之前，以及在專注於改善學生的不適當行為之前，問問自己這三個問題：

1. 我是否藉由關注學生的學習風格需求，提供他們使用與大腦相容的方式學習？
2. 學校課程是否對學生有適切的挑戰性 —— 不會太簡單也不會太困難？
3. 學生是否能了解，我要求他們學習的內容的關聯性與重要性？

如果在上述問題中，有一個或一個以上的問題回答「不是」，則遵照這本書描述至此的相關建議，來創造更適合學生的學習經驗。但是，如果你對三個問題都回答「是」，而他們仍持續出現負面行為時，則繼續使用行為需求表和介入建議。請務必注意，某些訊息重複出現在幾個行為需求表中，因為學生可能會有一個以上未被滿足的需求。

1. 當你確認某位學生的不當行為正引起問題時，連續做軼事記錄至少五個上課日。精確地記錄你觀察到學生在做些什麼，還有什麼事是

行為需求表1：對歸屬感、關注、友誼和愛的需求

需要被接受你就是你；成為你渴望的團體或班級裡一位受歡迎的人。

不當行為 （需求未被滿足的徵兆）	介入 （滿足需求的方式）	要避免的行為／反應
■ 需要老師許多的注意力和時間；經常需要幫助。 ■ 也許會害羞、害怕、猶豫或……。 ■ 也許愛指揮他人，是愛表現的人，或是班上的小丑。 ■ 好管閒事；想要知道每一個人的事。 ■ 也許表現出憤怒；小惡霸。 ■ 也許破壞屬於別人的東西。 ■ 抱怨「沒有人喜歡我」。	■ 因他的長處而認可他，並與他閒聊他在校外的興趣，以證明你把他當成個體來關心，即使有時他的行為不適當。 ■ 立即認可他的正面行為。 ■ 讓他當較年幼孩子的小老師。 ■ 利用名片法；偶爾重述他的答覆。 ■ 使他的長處展現在團體學習的場合裡。 ■ 賦予他重要任務。	■ 公開選擇分組或合作團隊。 ■ 威脅和處罰。 ■ 任何看起來像拒絕的事。 ■ 忽視該學生。 ■ 對權力對抗的讓步。 ■ 給予過多的幫助；這可能使得該學生變成軟弱無助。

行為需求表 2：對自我價值的需求

需要感覺有價值、重要和有能力；感覺你的能力被欣賞而且成功是可達到的。

不當行為 （需求未被滿足的徵兆）	介入 （滿足需求的方式）	要避免的行動／反應
■ 期望失敗並得到失敗；受到挫折時就放棄。 ■ 消極地談論自己。 ■ 製造藉口 —— 牢騷、哭泣、抱怨、焦慮。 ■ 拖延；表現出一種我不在乎的態度。 ■ 奚落其他有成就的同學。 ■ 很少做功課；功課雜亂無章；抄襲別人作業。 ■ 將注意力從自己身上轉移；責怪他人；說閒話。 ■ 退縮；如果被問到話可能不發言。 ■ 時常心不在焉或遲到。	■ 創造一個無風險的學習環境，在其中錯誤是受到鼓勵的。 ■ 教導努力與成果之間的關係。 ■ 示範正面思考和歸因化表達。 ■ 使學習課業與學生的學習風格優勢相配。 ■ 介紹稍具挑戰性和值得學習的課業。 ■ 將新知識與先前已掌握的概念連結。 ■ 每次只專注於補救一種範圍的缺陷。 ■ 教導他如何設定每天的短期目標。 ■ 利用名片法；偶爾重述他的答覆。 ■ 將他的興趣融入他的學校課業中。	■ 過度幫忙；學生可能學會軟弱無助。 ■ 為該學生做他有能力為自己做的事。 ■ 重複；操練；千篇一律。 ■ 威脅；處罰；冷嘲熱諷；當眾取笑。 ■ 當一般作業尚未完成時，指定額外的功課。 ■ 拒絕。

資料來源：*Teaching Kids with Learning Difficulties in the Regular Classroom* by Susan Winebrenner, copyright © 2006, 1996. Free Spirit Publishing Inc., Minneapolis, MN; 866/703-7322; www.freespirit.com. 本頁允許個人、教室及小組活動複製使用。

行為需求表 3：對自由、獨立與選擇的需求

需要感覺對你發生的事有控制權；對於影響你的事有做選擇和決定的自由。

不當行為（需求未被滿足的徵兆）	**介入**（滿足需求的方式）	**要避免的行動／反應**
■ 不斷地尋求關注。 ■ 脫口而出或大聲喊叫；製造奇怪的噪音。 ■ 打斷講話或大聲說話。 ■ 說閒話，取笑人。 ■ 說一些荒誕不經的故事和其他捏造的事。 ■ 可能欺負人或打架。 ■ 常聽到他很愛生氣和喜歡與人爭辯；向權威挑戰。 ■ 把學校規定推到表面極限；尋找特例。 ■ 抱怨「我不想做這件事。為何我們必須做這件事？」 ■ 拖延；健忘。 ■ 指責老師和制度的不公平。	■ 在任何可能時候，提供有意義的選擇。 ■ 發現他的個人興趣，每天花一兩分鐘來聊它們。 ■ 將他的興趣併入他的學校課業中。 ■ 示範知識將如何增進個人能力。 ■ 利用名片法；偶爾重述他的答覆。 ■ 將教室和學校裡的重要任務指派給他。 ■ 利用他的領導才能。 ■ 示範、教導和強化滿意的行為，包括控制憤怒的策略。 ■ 幫他設定他個人的短期改進目標。 ■ 要他敘述不當行為的後果，以確定他了解後果。 ■ 利用非口頭提示來對負面行為的認定發出信號，及對正面行為的強化。例如：「當我拉耳朵時，表示你需要選擇一個更適當行為。當我對你點頭時，我注意到你做一個好選擇。」 ■ 不動怒氣地實施行為的後果。 ■ 讓小惡霸們知道，學校的權威是延伸到上課和校園之外的。	■ 要求學生以相同方式做相同作業。 ■ 權力對抗；獨裁者的表達方式，像是「因為我說一定要這麼做」。 ■ 威脅、處罰和額外作業。 ■ 當學生表現恰當時忽視他們。 ■ 完全負面的家長會議。 ■ 容許學生透過第三者報告的訊息，來使老師和家長處於對立狀態。家長與老師應當直接地溝通敏感問題。

行為需求表4：對樂趣與享受的需求

需要享有樂趣；有歡笑、遊戲與娛樂的時間和機會。

不當行為 （需求未被滿足的徵兆）	**介入** （滿足需求的方式）	**要避免的行動／反應**
■ 糊里糊塗；傻笑。 ■ 班上的小丑；逗別人笑。 ■ 玩弄玩具和其他物件。 ■ 講述許多私人故事及隱私。	■ 去了解傻笑是釋放過多精力和焦慮的一種方式。 ■ 將樂趣融入一般的學校課業裡，在課間休息和遊戲時間也一樣。 ■ 增加學校課業活動的多樣性。 ■ 利用遊戲形式來教導必要知識。	■ 老是嚴肅的。 ■ 很少容許變化的可預測活動。 ■ 傳達給學生只有一種正確做事方式的訊息。

資料來源：*Teaching Kids with Learning Difficulties in the Regular Classroom* by Susan Winebrenner,

剛好發生在該目標行為之前的。

2. 仔細查看行為需求表第一欄的「不當行為」，直到你發現一個描述是和你的學生很多不當行為相似。接下來，看看這張行為需求表的標題，它會告訴你學生的哪些需求未被滿足。
3. 查看行為需求表的第二欄「介入」，並查看解決行為問題的建議方式。每次嘗試一或兩個解決方法。可能的話，把你嘗試什麼和學生如何反應做一個簡單的記錄。然後，核對第三欄的「該避免的行動／反應」以了解什麼是不要做的。
4. 同時，嘗試去改變看似會激發不當行為的事件。
5. 連續兩個星期，利用這些行為需求表提供給你的訊息來改善學生行為，到了那個時候，你應該會知道是否選對行為需求表。如果你沒有選對，再利用其他的行為需求表重複步驟 1-4。

使用行為契約

當我的孫女 Brooke 五歲的時候，她和她的父母來拜訪我們。他們待了三天，而在當他們該回家的那個早上，Brooke 的情緒顯得極為不安，因為她很想在祖父母家待久一點。那段時間我非常忙碌，而 Brooke 之前的幾次造訪，幾乎是每當她的父母一踏出門外，她就急著需要他們的陪伴。之前她答應這次不再重複那樣的行為了。

「好吧，如果妳想留下來，妳得簽下一個約定。」我說。

她張大眼睛並問道：「那是什麼意思？」

「我把我對妳行為的要求寫出來，」我解釋著：「如果妳同意做到我所要求的，妳必須簽這個約定。當妳簽完這份約定，就表示你答應完全照著它所說的去做了。」

「可以。」

我拿出一張紙，然後寫下三個行為要求。我在每項要求的左邊加上一條線，因此，Brooke 可以簽上她的名字。

______ 1. 我答應晚上不會哭著找媽媽。如果我想和媽媽說話，我會在白天告訴奶奶。

______ 2. 當我必須上床睡覺時，我答應我不會哭。

______ 3. 在我回家之前我不會問剩下幾天，奶奶會和我一起劃掉日曆上的每一天，我會自己算天數。

我們一起把行為約定書讀過一遍，然後 Brooke 很認真的，把她的姓名縮寫用印刷體分別寫在每個項目旁。接著，把行為約定用磁鐵貼在冰箱上，Brooke 與她的爸媽吻別，我們開始一段快樂的相處時光。在那五天裡，Brooke 都沒有出現我所擔心的不當行為。每當我帶她出門，而有人問她：「妳在奶奶家有沒有做個好孩子啊？」她就會認真回答：「是的，我有，因為我們有一個約定！」

除了本章建議的其他記錄形式，你可能想進展到一個正式的行為契約（behavior contracts）。行為契約對孩子能產生驚人的影響力。這多少跟他們把名字簽到一張紙上有關，這個動作使他們認真允諾。即使是年幼學生也能學會使用行為契約。

1. 確認你希望某位學生改正的不當行為。
2. 蒐集幾天的行為基準線資料，以便建立出該行為的發生頻率。
3. 和學生面談，來溝通你蒐集的資料。描述你觀察的行為，並要他解釋為何該行為不適當。如果他無法解釋，就為他說明並建議一個你希望他表現的行為以取代不當行為。務必非常具體地描述你希望什麼樣的行為；如有需要則示範它。
4. 交給他一份行為契約（第 374 頁）。包括對你所期望行為的描述，以及他應表現此行為的次數（提示：讓他選擇目標數字；記得從小的數目開始）。說明每次當他出現此行為時，他必須在行為契約上記錄得分。當他的行為符合或勝過契約所要求數目時，答應給予獎賞。

   請注意，這份行為契約要求的是，學生記錄他成功表現的次數，而不是他失敗多少次。相較於努力減少不想要的行為頻率努力增加你確實想要的行為頻率會來得更有效。
5. 一旦學生符合行為契約的約定條件後，盡可能地立即送出獎賞。

提示：

- 只將行為的約定維持在你和學生之間。不要牽涉到他的父母，因為你將會在約定條件的達成中失去監督行為的控制權。

行為契約

由 ____________________ 和 ____________________ 共同約定
（學生姓名）（老師姓名）

從 ____________________ 到 ____________________ 這段期間
（開始日期）（結束日期）

我同意去證明的行為：

____

____

____

____

____

我嘗試要贏得的獎賞：

____

____

獎賞的代價（我需要的得分數量）：______________

得分格

學生簽名：______________________________

老師簽名：______________________________

- 與學生行為的最初約定以他能在短期內達成為原則。而在後來的約定裡逐漸延長實行時間及增加贏得獎賞的得分數量。
- 不用擔心學生沒有準確地記錄行為。記錄動作的本身就能導致行為的改善。
- 如果學生的不當行為正引起對其他同儕的傷害，或嚴重妨礙到全班的學習進度，也許你需要確認在傷害造成時被強加的行為後果。把行為的後果跟行為契約做區隔；它不應打斷行為契約的延續性。

改善全班的行為

為了學生的行為表現良好，理想而言，我們總希望把外在的刺激移開。但是，當要說服行為不當的學生達到教師的合理期待，一個全班性的方案是非常有效的。

當老師已對學生清楚界定及說明適當行為的標準，而所有學生都符合此期待時，有些老師會給予全班加分的獎勵，這樣的場景通常出現在某個活動或某堂課，而不是在全天上課中。團體加分制度也同樣適用於一排或小組學生。

可作為全班加分的方式包括出席率、準時交家庭作業、遵守班規、完成老師要求的活動等。記得，只給學生加分，絕對不可以拿走他們的分數。當實施班級加分辦法之後，你很快會發現，學生開始把壓力加諸於讓他們得不到分數的同儕（有趣的是，學生快速接管在過去你為了讓他們獲得正向成果所做的一些事）。定期記錄學生的得分，並讓他們把積分兌換成請客、招待券和（或）個人特權，不管是額外的休息時間或班級派對的範圍都可以。

當非常年幼的學生在出現良好行為時，你可能會想發給他們有顏色的卡片或代幣。就在快下課之前，記得提醒他們把卡片或代幣兌換所選擇的獎賞。

至於針對年齡較大的學生，可以嘗試集點制度（Positive Points

system)。[2]每位學生都有一張集點卡，用來記錄有達到個人目標所得到的點數。每當你留意某位學生正出現與目標相關的行為時，就要口頭給予確認。舉例來說：「Tracy，我注意到了，妳今天把所有學習單都放進資料夾。請給自己加 5 點。」「Jeffrey，我注意你有遵守老師的規定。給你自己加 3 點。」你和全班學生事前決定，某種行為值多少點數，你們合力製作一張獎賞清單（獎品選擇單），並列出每項獎勵可兌換的特定點數。經常變化獎品內容，讓學生對全班的獎勵制度保持高度興趣。如果集點卡遺失或損壞，當天不可以補發；本週的點數不能保留到下一週；一旦學生贏得點數，不會因為後來的不當行為被拿走。在一個星期結束時，學生可用自己的點數來交換所選擇的獎賞，或合力累計大家的點數，一起投資在全班請客或班級活動上。

Swanson 老師的笑臉計畫[3]

當幼稚園老師 Charlotte Swanson 知道她得在新學年面對一個麻煩的班級時，她設計了一個笑臉計畫（Smiley Face program）。如果有學生能遵守班規，就可以得到一張笑臉卡，而當違反規定時，笑臉卡就會被老師收回。

當 Swanson 老師必須收回某位學生的笑臉卡時，她總是保持冷靜、就事論事，她並不會說：「注意了，你剛才少了一張笑臉卡」，而是「你能不能告訴我為什麼？你可不可以想出解決方法，就不會因為相同原因又丟掉一張卡呢？」偶爾，孩子也可為別人做一件好事，或因為某個活動的努力表現來把失去的笑臉卡贖回來。

學生能依排定時間，把代幣（即笑臉卡）交換成他們喜歡的獎品。當他們在微笑商店選擇想要的東西，就必須計算自己有幾張笑臉卡。在那個學年的後期，Swanson 老師又設計有不同面額的笑臉卡，並教會學

2 Leslie Bersman and Michelle Westley. "Reinforce First: An Effective Approach to Promote 'Positive' Behavior in Behavior Disorder Classroom." Paper presented at the Council for the Exceptional Children (CEC) Conference, Denver, CO, April 1994. 經授權使用。

3 Charlotte Swanson，是一位教師，來自伊利諾州的 Elgin，經授權使用。

生在兌換時如何找零。學生對於微笑商店應供應哪些東西，甚至會開始表達意見。

Swanson 老師對於計畫的豐碩成果開心不已。最令她滿意的是看到班上的學生會為了避免某位學生有不當行為而互相幫助。

班級會議

William Glasser 的教學原理包含一個基本信念：學生通常能解決自己的問題。班級會議提供一個讓學生公開討論全班問題的方式，大家一起合力找出解決方法。有種類型的班會可用來處理學生的行為問題。它強調針對一個團體問題找出團體的解決辦法；要小心不把任何人當成是嫌疑犯，找出某人的過失或施以處罰。定期召開班級會議將有助於全班共同來監督問題的解決成效。

1. 由學生圍坐成一個圓圈或以別的方式坐下，讓他們能看到彼此的臉孔。
2. 由一位學生（或老師）來陳述問題，小心、簡單地敘述問題，不去提及個別學生的姓名或為這個問題而相互譴責。
3. 老師對學生保證，所有希望提供訊息、想法或有所貢獻的學生都有參與解決問題的機會。
4. 學生相互交談，而不是對著老師說話。例如：與其說「Rosemary 說沒有同學在努力」，倒不如由一位學生看著 Rosemary，並說，「妳說妳認為沒有同學在努力」。
5. 每位新的發言者在貢獻自己的意見之前，先重述前一位發言者說的內容。
6. 師生共同提出幾個解決方案。要學生說出他建議的理由，並徵求其他意見來讓討論繼續。老師試著讓自己成為團體的一份子，而不是團體的焦點。老師（或指定一名學生）把所有意見寫在記錄表上。
7. 任何人都被允許去反對任何他不滿意的建議，包括老師所提的建議。不被接受的建議則從建議清單上刪去。
8. 全班對剩餘的建議進行投票，並同意嘗試獲得最高票的那個建議。提示：不要丟棄其他建議，因為它們有可能在後來的會議中被重新考慮。

9. 由學生立下一個口頭承諾，來遵守大家都同意的解決方法。
10. 三到五天之後再開一次班會，來評估這個方案的解決成效。如果它有成果，讓學生以某種方式向自己道喜，然後繼續使用。如果它沒有成果，一起查看第一次會議的建議清單，並選擇另一個方法來嘗試。

變化：小組會議

每位學生都有機會在不受干擾下陳述他對問題的看法。每位新的發言者必須重述前一位發言者的內容。唯有當所有學生都從自己的觀點陳述過問題之後，問題解決的建議才因而產生。

對於某個特別麻煩的班級，我要求那些學生寫出他們看到的問題版本，強力主張盡可能的列出所有細節，可因此獲得正確訊息。沒幾天之後發生一件有趣的事：我留意到愛抱怨的人顯著減少。很特別的，我聽到一位叫 David 的學生說：「不，不 —— 不要告訴老師！她會要求我們把細節都寫下來。我們別去在意它吧！」

衝突解決與同儕調解

許多學校正使用的問題解決方案，其設計是以在暴力行為出現之前減少衝突為目標。有些方案會訓練老師來調解學生們的衝突，其中最令人興奮的方案莫過於 Fred Schrumpf 在《同儕調解》(*Peer Mediation*) 一書中所描述，此方案教導學生去學習解決衝突的技巧（查看本章的參考文獻及資源）。當此方案成功地運用在學校時，不當行為事件的數量明顯下降，因紀律問題被轉介的學生人數也變少了。

當學生之間出現爭執或意見衝突時，幫助他們學會直接應付問題。訓練他們透過以下過程，準備好面對面的接觸以實際解決他們的問題：徹底想清楚問題、簡單清楚地說明它、試著去想像對方的感受，以及提出可能的解決方法。準備好談一談：給在衝突中的人（第 379 頁），邀請學生把他們的想法寫在紙上。當填完這份問卷之後，把它帶到解決衝

準備好談一談：給在衝突中的人

我的姓名：____

誰與我有爭執或意見不合：______________________________

我對這個問題的說明：

____
____
____
____
____

對方對這個狀況可能有的感受：

____
____
____
____
____

為了解決這個問題，我將願意：

____
____
____
____
____

突的會面上，而且在會談中查閱它，這些都是掌握事情線索的絕佳方法。

隔離策略

隔離（time-out）策略經常被用於當學生無法選擇適當行為的時候。隔離的目的是說服那些不守規矩的學生，他們只有兩種選擇：待在教室並遵守老師對他的行為要求，或是他們得離開教室，然後坐下來靜心等候。我們在大部分案例裡看到，一個較為大家所偏好的隔離方式是，把孩子送到走廊或送到執行學校紀律人員的辦公室。如果你學校的隔離室並未配置人員監督，則試試以下程序。

1. 在教室內設立一個區域，在那裡無法看到一般學習角落（learning area）在進行什麼活動，這就是隔離角落（time-out area）。當學生覺得情緒快爆發時，他們可以把自己送到那兒；或是他們的行為讓團體有實際開除的理由時，你可以把他們送到那兒。隔離角落必須只有一張椅子和一張寫字檯（或是桌子）—— 沒有任何討人喜歡或引人興趣的東西。

   學生必須在隔離角落停留一段合理的時間（最少 5-15 分鐘），或等到他們覺得有足夠的自我控制時，再讓他們重新加入班級的活動。當某位學生從隔離角落回到座位，不要去引起大家對他的注意，甚至不用當眾恭喜他，因為那樣的關注可能會導致他為了吸引相同的注意再去製造類似情況。

2. 假使你班上學生的不當行為持續嚴重，可以考慮教室以外的隔離方式。要學生到另一個班級，或到學務處或輔導老師那裡報到，要他至少停留一節課。被送去教室外隔離的學生要帶著通知單，上面註明老師要求他離開教室的原因。他可以利用這段時間讓自己冷靜下來，參與一般性的學校活動（而非處罰類的指定作業），或完成一個改變他行為的計畫，以上建議都能讓他有機會跟班上同學相處得更好。

3. 針對一些緊急狀況的預防之道，允許你的學生在他覺得情緒已升高到某個危險點時可選擇自願隔離。告訴學生，當他們有這樣的感覺時，必須拿著「隔離通行證」（Time-Out Pass）（一種可在學校實際使用的證明）到隔離角落去。他們可以到你的教師室或其他老師的辦公室，或是學校裡某個指定區域。

   有位老師在教室挪出一個角落給需要獨自學習的學生使用，每當孩子察覺到如果自己和團體一起學習會受到過度刺激，這就成為被合作學習困擾時的正當替代環境。對於只是單純喜歡單獨學習的孩子而言，教室裡的隔離角落讓他們如在天堂。

4. 如果你班上學生的不當行為在安排隔離方式後仍然持續，那麼則由校長或某位專責人員加入處理，並安排學生停課（suspension）一天。當學生再回到學校時，要他到隔離角落並完成行為改變計畫（第 355 頁），而此計畫必須被師生雙方共同接受。

當遵照以上程序去做時，隔離就不會成為一種處罰了。應該這麼說，它提供學生機會去學習如何發展更多適當的行為。這是讓老師不要把行為不當的孩子趕走的善意做法！請你回想一下：即使在家裡，當要重新回去面對一個緊張或壓力的狀況之前，我們都會尋找一個能讓自己心情平靜的地方。

負責任的思考歷程：一個學校區域型的行為管理方案[4]

根據 Edward E. Ford 的相關研究，參與負責任的思考歷程（Responsible Thinking Process）計畫的老師能教導學生如何對自己的行為負責。在負責任的思考教室（Responsible Thinking Classroom，RTC）裡，有一個

4 修正自：*Discipline for Home and School, Book One: Teaching Disruptive Children How to Look Within Themselves, Decide the Way They Want to Be, and Then Think of Ways to Achieve Their Goals Without Violating the Rights of Others* by Edward E. Ford. Revised Third Edition. Scottsdale, AZ: Brandt Publishing, 2003. 經授權使用。

人被訓練來擔任老師的角色。很多學校發現，一些非教育專業人員（如家長志工）能扮演好此角色。普通班老師、校長、輔導老師及 RTC 教師大家合作無間。當任何學校人員觀察到某位學生破壞校規時，可以問學生下列一連串的問題：

1.「你在做什麼？」

2.「我們的校規是什麼？你在遵守或是破壞校規？」

3.「當你破壞校規，會發生什麼事？」（在參與負責任的思考歷程計畫的學校裡，所有學生都清楚這個問題的答案是：『我要去負責任的思考教室報到。』）

4.「你希望發生這樣的事嗎？」

5.「你現在想要做什麼？」

6.「如果你再破壞校規一次，會發生什麼事？」（只有一種可能的答案：『我要去負責任的思考教室報到。』）

在大部分案例裡，在使用負責任的思考歷程計畫幾週之後，只有第一個及第六個問題是必要的。

如果學生拒絕這樣對話，RTC 教師會說：「你想不想參加 RTC 計畫。」如果學生還是拒絕參與，RTC 教師就說：「你必須去 RTC 教室報到」。

如果學生參與對話，在他短暫平靜之後，但稍後又開始出現不當行為時。RTC 教師會問：「你在做什麼？」（問題 1）。然後問：「如果你再破壞校規一次，會發生什麼事？」（問題 6）。接下來：「你現在必須要去哪裡報到？」（去 RTC 教室）

這位學生被送到 RTC 教室，同時帶著他的轉介單，上面描述他的不當行為。他將不被允許回到出現不當行為的原來班級，直到他寫了如何處理自己問題的行為計畫。他可以去其他班級或參加學校其他活動，但在原班上課時間裡，他都必須待在 RTC 教室，直到完成自己的行為改變計畫為止。換句話說，如果他在數學課出現不適當行為，就無法回到數學課，除非他能完成他的計畫。

當學生到達 RTC 教室時，他可以決定等到情緒平靜下來再準備寫計畫。對於情緒像炸彈一觸即發的孩子，這段冷卻時間非常受歡迎[5]。當學生已準備好要寫計畫，RTC 教師交給他一份表格讓他填寫（適合低年級學生及三到十二年級的學生的表格，可分別在第 384 頁及第 385 頁找到）。RTC 教師可為他閱讀及解釋表格上的題目，當學生必須自己寫計畫，他必須清楚、具體地描述，他在未來要如何處理自己的行為問題。至於較年幼的學生及其他無法書寫的學生，則可用畫圖方式來反映他們做了什麼不當的行為，打算以及下次要怎麼改善。就某些個案而言，RTC 教師也讓學生口述計畫，並代替他們寫下來。

一旦學生完成他的行為改變計畫，就可回到他原來出現不當行為的班級，安靜坐在一個指定的地方，直到普通班老師能找出一些時間來陪他坐，並檢查他的計畫。要學生對老師解釋他的計畫，老師可提供一些建議及替代選擇。當這份行為改變計畫被接受時，他就能合於學校規定回到原班上課。

相關研究指出，參與及推動負責任的思考歷程計畫的學校都出現很好的成校，轉介到 RTC 教室的學生數比率大幅減少 60% 到 70%。那意味很多在過去對惹麻煩習以為常的學生，他們在此刻已學到如何避免在原班重複出現相同事件。

你也許會好奇，會不會有些孩子在 RTC 教室也出現行為失控的情形。Edward E. Ford 指出，就他的觀察經驗來說，這種情況很少發生。因為，大多數孩子寧願回到鬧哄哄的原來班級，也不想呆坐在隔離教室裡。有些初中及高中的老師會擔心，如果學生被請去 RTC 教室，他們可能會錯過原來班級的上課。我們的考量是，因為某位學生的干擾及破壞性行為，原班其他學生錯過的教學時間有多少呢？

如果你決定要為你的學生嘗試負責任的思考歷程計畫，一定要正確無誤地使用本書所附表格，如需更多訊息請參見參考文獻及資源。

5 負責任的思考歷程（Responsible Thinking Process）之外的另一選擇是使用冷靜通行證（chill-out pass），它針對容易生氣的學生而設計。由學生展示冷靜卡給當時負責教學的老師，然後走到 RTC 教室把情緒冷靜下來。「冷靜通行證」能讓學生學習在教室監督自己情緒，並在行為失控前先離開。我們所有的人都會比較喜歡使用冷靜通行證，更勝於看見孩子在教室情緒爆發，不是嗎？

負責任的思考歷程：學生計畫單

（低年級學生使用）

姓名：＿＿＿＿＿＿＿＿＿＿＿＿＿＿ 日期：＿＿＿＿＿＿＿＿＿＿

班級教師姓名：＿＿＿＿＿＿＿＿＿＿ 年級：＿＿＿＿＿＿＿＿＿＿

我做了什麼違反校規的事？（把你的答案寫下來或是畫在以下空格裡。）

我違反的校規是什麼？

當我違反校規時發生了什麼事？

下一次當同樣的問題發生時，我打算怎麼辦？（把你的答案寫下來或是畫在以下空格裡。）

負責任的思考歷程：學生計畫單

（3－12年級學生使用）

姓名：＿＿＿＿＿＿＿＿＿＿＿＿ **日期：**＿＿＿＿＿＿＿＿

班級教師姓名：＿＿＿＿＿＿＿＿ **年級：**＿＿＿＿＿＿＿＿

仔細描述你發生了什麼事。

＿＿＿＿＿＿＿＿＿＿＿＿＿＿＿＿＿＿＿＿＿＿＿＿＿＿＿＿

＿＿＿＿＿＿＿＿＿＿＿＿＿＿＿＿＿＿＿＿＿＿＿＿＿＿＿＿

你對這件事的描述，和你的老師說的一樣嗎？（圈選一個）　是　否

當你發生事情時，老師問你的第一個問題是什麼？

＿＿＿＿＿＿＿＿＿＿＿＿＿＿＿＿＿＿＿＿＿＿＿＿＿＿＿＿

你違反的學校規定是什麼？

＿＿＿＿＿＿＿＿＿＿＿＿＿＿＿＿＿＿＿＿＿＿＿＿＿＿＿＿

＿＿＿＿＿＿＿＿＿＿＿＿＿＿＿＿＿＿＿＿＿＿＿＿＿＿＿＿

你的行為是否影響到其他同學正在做的活動？（圈選一個）　是　否

你的行為是否影響到老師的教學？（圈選一個）　是　否

在這件事發生之前，你為同樣的事寫過計畫嗎？（圈選一個）　是　否

> 如果你以前寫過計畫：
>
> 你願意再看看你寫過的計畫，以幫助你設定新計畫嗎？（圈選一個）　是　否
>
> 如果要讓你的新計畫成功，你現在要有什麼改變？
>
> ＿＿＿＿＿＿＿＿＿＿＿＿＿＿＿＿＿＿＿＿＿＿＿＿＿＿
>
> ＿＿＿＿＿＿＿＿＿＿＿＿＿＿＿＿＿＿＿＿＿＿＿＿＿＿

負責任的思考歷程：學生計畫單（續）

（3－12年級學生使用）

下一次當你又發生同樣事情，你會如何處理？把你的計畫寫下來：

____

____

____

____

如果你要實行這個計畫，對你有哪些困難的地方？

____

____

____

如果你要認真實行這個計畫，你希望老師能看到你的哪些改變？

____

____

____

如果要實行這個計畫，你需要哪些支持來幫助你？

____

____

____

請仔細描述，當你來到 RTC 教室時，你要如何補救在教室錯過的上課內容。

____

____

____

學生簽名：______________________________

RTC 教師簽名：______________________________

班級教師簽名：______________________________

（表示同意此計畫）

處理校園的霸凌問題

當我們在新聞媒體讀到那些駭人聽聞的校園事件，孩子攻擊、傷害孩子，甚至殺死同儕。我們學到的教訓是，校園霸凌者都有一些共同特質。就某些特點而言，他們也曾經是霸凌的對象。所有人都可能對此情況有些相似記憶，所以，我們能用同理心來理解這些孩子所必須經歷的痛苦。

任何我們用來預防校園暴力的計畫，都必須教導所有學生去尊重人與人之間的個別差異（individual differences）。事實上，那也是本書所希望傳達的想法。這麼多年來，在為老師舉辦的工作坊裡，我發現一個很有趣的現象，提供學生課程的學習活動要如何有所區隔，端看孩子的個別學習需求而定 —— 與你的學生溝通一個觀念，其實和別人不一樣也沒有關係，最重要的是教導你的學生去尊重自己現在的樣子，這讓他們能夠更開放自我，尊重他人。

霸凌現象有很多形式的表現，從取笑到辱罵、嘲弄、中傷、侮辱、透過電子郵件及即時通去惡意中傷他人、威脅及肢體暴力等。孩子有霸凌問題其實有很多原因 —— 感覺自己有權力及控制慾、渴望成為大家注意的焦點、因為他們曾經被霸凌、從別人的痛苦獲得滿足感、對人很少甚至缺乏同理心。孩子會出現霸凌問題也是一個謎團，因為他們有著比一般孩子較弱的低自尊。

假使霸凌現象在你的學校是個嚴重問題，如果沒有提供一個專屬的學校區域方案，使學校社區每個人，從行政人員到學生及家長，共同接納及支持此方案，是不可能去遏止校園霸凌的問題。我特別推薦奧威爾思霸凌預防專案（Olweus Bullying Prevention Program）。Dan Olweus 是奧斯陸大學的心理學教授，當一連串與校園霸凌有關的自殺事件在挪威相繼發生後，震撼這個國家去正視這個日趨嚴重的問題，Olweus 對此問題的回應是設計一個綜合性的預防霸凌方案。目前該方案正被該國教育界廣泛使用及重視，如需此方案更多的相關訊息，及對其他反霸凌方案的深入了解，請查閱參考文獻及資源。

問答集

「孩子是不是應該知道如何在學校表現更適當的行為？」

不要假設孩子知道如何用好行為來代替壞行為。學生需要和一位大人一起合作，來學會基本的社交技巧，例如輪流、分享、要求協助、接受建議、必要時道歉，以及接受讚美或道賀。幾本好書——包括 Arnold Goldstein 的技巧串流的系列書籍（Skill streaming series）和 Dorothy Rich 的《百萬倍技能》（*MegaSkills*）——都能幫助你直接教導社交技巧；請查看參考文獻及資源。

「我如何能找得到時間來嘗試這些策略？我應該何時來做所有相關的記錄？」

試著寫幾天的觀察日誌，記錄你總共花費多少時間在教訓有嚴重行為問題的學生。然後問問你自己，如果能把那些時間用來教他們如何更成功地控制行為，會不會更好呢？如果學生能早點來上學，或可以在放學後留下來，用那些時間來教他們認識行為管理是很恰當的。你或許會觀察到，當時間被用在行為管理，而不是處罰時。實際上，每個孩子需要管教的時間就明顯地減少了。

「有些家長強烈反對孩子使用行為契約或隔離策略。我們該怎麼辦？」

召開一個由家長、老師、校長和適當支援人員共同參與的會議，幫助所有當事人針對孩子的介入需求達成共識。要學生為他們的父母來描述，他們認為這樣的介入對其行為與學習將產生哪些正面影響。或許家長能受惠於閱讀你所推薦的一些已證實介入成效的文章或書籍。當家長愈能了解社交技巧教學的目的並不是處罰，而是教孩子如何為自己承擔更多責任，則家長消極的態度便愈有可能改變。

「我的學生家長希望參與行為契約。為何您建議家長不要涉入？」

行為契約的實施應當只和孩子在學校的行為有關，任何在行為契約中規定的鼓勵或後果，都只在學校中實行。當家長被要求對孩子在學校的某些不當行為執行後果，老師將會失去對該情況的控制力。家長可花些時間和孩子有一對一的相處——朗讀、玩孩子喜歡的遊戲，或只是聊聊一天中彼此的體驗。家長還可以去確定孩子有沒有花時間在家庭作業。另外，針對與家庭有關的行為改變需求，家長也可使用本章所設計的相關表格。

 參考文獻及資源

Bersman, Leslie, and Michelle Westley. "Reinforce First: An Effective Approach to Promote 'Positive' Behavior in Behavior Disorder Classrooms." Paper presented at the Council for Exceptional Children (CEC) Conference, Denver, CO, April 1994.

Boodman, Sandra G. "Teaching Bullies a Lesson." *The Washington Post.* June 5, 2001.

Coleman Raider International（www.colemanraider.com）. 提供各種各樣的衝突解決服務，包括協調、談判的訓練及協調訓練。(845)424-8300。

Colorado Anti-Bullying Project（www.no-bully.com）. 針對老師、家長及各年齡層的孩子，提供霸凌問題及如何預防的相關訊息。1-866-NO-BULLY。

DeBruyn, Robert L., and Jack L. Larson. *You Can Handle Them All: A Discipline Model for Handling over 100 Different Misbehaviors at School and at Home.* Manhattan, KS: Master Teacher Inc., 1984. 可自 www.masterteacher.com 取得；1-800-669-9633.

Discipline with Dignity（nesonline.com）. 當教導孩子為自己行為負責時，你所需要的技巧及策略。1-800-733-6786。

Dreikurs, Rudolf, and Vicki Soltz. *Children: The Challenge.* New York: Plume, 1990.

Faber, Adele, and Elaine Mazlish. *How To Talk So Kids Will Listen & Listen So Kids Will Talk.* New York: Avon Books, 1999. 20th anniversary edition. 增進成人和年輕孩子之間溝通的策略。

Ford, Edward E. *Discipline for Home and School, Fundamentals.* Scottsdale, AZ: Brandt Publishing, 2004.

—*Discipline for Home and School, Book One: Teaching Disruptive Children How to Look Within Themselves, Decide the Way They Want to Be, and Then Think of Ways to Achieve Their Goals Without Violating the Rights of Others.* Third Edition. Scottsdale, AZ: Brandt Publishing, 2003.

Froschl, Merle, et al. Quit *It! A Teacher's Guide on Teasing and Bullying for Use with Students in Grades K-3.* New York: Educational Equity Concepts; Wellesley, MA: Wellesley College Center for Research on Women; Washington, DC: NEW Professional Library, 1998. 教材可自 Educational Equity Concepts 取得，www.edequity.org/quitit.php；(212) 243-1110。也可自 Wellesley Centers for Women，www.wcwonline.org 取得教材；(781) 283-2500。

Glasser, William. *The Quality School: Managing Students Without Coercion.* Revised edition. New York: HarperPerennial, 1998.

Goldstein, Arnold P., et al. The Skillstreaming Series (www.researchpress.com). 提供書籍、技能卡、CD-ROMs 及錄影帶，幫助孩子學習適當的社交／互動技巧及選擇好行為。此系列包括三本著作：*Skillstreaming in Early Childhood*、*Skillstreaming the Elementary School Child* 及 *Skillstreaming the Adolescent*。1-800-519-2707。

Gootman, Marilyn E. *The Caring Teacher's Guide to Discipline: Helping Young Students Learn Self-Control, Responsibility, and Respect.* 2nd edition. Thousand Oaks, CA: Corwin Press, 2000.

Hall, R. Vance, and Marilyn L. Hall. *How to Negotiate a Behavioral Contract.* 2nd edition. Austin, TX: PRO-ED, 1998.

The Honor Level System（www.honorlevel.com）. 建立一個學校紀律制度，強調對學生的適當行為及學業成就給予正增強。二十年前華盛頓州的一所中學為滿足該校需求而設計，此課程目前在美國有超過 90,000 所小學、初中、高中使用。可取得免費試用版。1-800-441-4199。

How Difficult Can This Be? The F.A.T. City Workshop: Understanding Learning Disabilities（www.shoppbs.org）. 由 Richard LaVoie 博士主持，由公共電視發行。此紀錄片係透過一位學障孩子的觀點來看這世界，所有教師必看之作，也是教師會議中分享的最佳選擇。另外還有 *Last One Picked... First One Picked On*，為 LaVoie 博士主持，描述如何幫助學障孩子改善經常要面對的社交問題。1-800-645-4727。

Kreidler, William J. *Creative Conflict Resolution: More than 200 Activities for Keeping the Peace in the Classroom.* Glenview, IL: Good Year Books, 1984.

Lane, Pamela S. *Conflict Resolution for Kids: A Group Facilitator's Guide.* Washington, DC: Accelerated Development, 1995.

Managing the Disruptive Classroom（www.ait.net）. 一個根據現實治療（reality therapy）所設計的教學方案。為 Agency for Instructional Technology（AIT）及 Phi Delta Kappa 所製作。包括 60 分鐘長度的錄影帶課程及 32 頁的教學指引。1-800-457-4509。

Migliore, Eleanor T. "Eliminate Bullying in Your Classroom." *Intervention in School and Clinic* 38:3 (2003), pp. 172-176.

Moorman, Chick, and Nancy Weber. *Teacher Talk: What It Really Means.* Saginaw, MI: Personal Power Press, 1989. 為一實用指南，利用「老師的話」管理學生及教室行為問題。

Olweus Bullying Prevention Program（www.clemson.edu/olweus）. 一個綜合性的學校區域課程，為小學、初中及高中設計。被美國衛生及人類服務部（U.S. Department of Health and Human Services）的 Substance Abuse and Mental Health Human Services Administration 認可為示範方案（modelprograms.samhsa.gov）。可與該機構的 Marlene Snyder 博士聯繫，（864）710-4562。

Powers, William T. *Behavior: The Control of Perception.* 2nd edition, revised and expanded. New Canaan, CT: Benchmark Publications, 2005.

Rich, Dorothy. *MegaSkills: How Families Can Help Children to Succeed in School and Beyond.* New and expanded edition. Boston: Houghton Mifflin, 1998. 教導生活所需的基本技能。

ricklavoie.com（www.ricklavoie.com）. 此為 Richard Lavoie 博士的官方網站。他是全美知名的學障專家，並為以下兩支錄影帶的製作者 *How Difficult Can This Be?* 及 *Last One Picked... First One Picked On*（如前所述）。他所著專書、錄影帶、論文及辦理的工作坊都提供極佳的教育資源。對任何與學習困難學生同住及工作的人而言，Lavoie 博士真正了解這些孩子，並幫助家長及教師做同樣事情。

"Schoolwide Prevention of Bullying" booklet. Portland, OR: Northwest Regional Educational Laboratory, 2001. 可自 www.nwrel.org/request/dec01/index.html 下載。如欲訂購請洽（503）275-9720。

Schrumpf, Fred, Donna K. Crawford, and Richard J. Bodine. Peer Mediation: *Conflict Resolution in Schools.* Revised edition. Champaign, IL: Research Press, 1997.

Sjostrom, Lisa, and Nan D. Stein. *Bullyproof: A Teacher's Guide on Teasing and Bullying for Use with Fourth and Fifth Grade Students.* Wellesley, MA: Center for Research on Women; Washington, DC: NEA Professional Library, 1996. 可自 Wellesley Centers for Women 索取，www. wcwonline. org；(781) 283-2500.

Ziegler, Robert G. "Child and Context: Reactive Adaptations of Learning Disabled Children." *Journal of Learning Disabilities* 14:7 (August-September 1981), pp. 391-393, 430. 解釋習得無助感的狀況。

讓家長成為孩子的學習夥伴

當家長[1]支持學校的教育理念，並把這樣的訊息傳達給他們的子女，相較於那些既不支持、又不參與孩子學習的家長來說，這些孩子將更能創造成功的學習機會。身為老師，我們必須幫助家長了解，親師合作可協助家長成為以教育孩子為目標的團隊一份子，並對每個人都有正面效果。

當家中有嚴重學習困難的孩子，這家庭可能面對的是艱鉅挑戰與沉重壓力。一般來說，家長會經歷一連串情緒和態度的轉折，從「有沒有人願意幫助我女兒學習？」到「為什麼老師都沒有盡到責任？」，甚至「這個懶惰的孩子到底怎麼了？」最初發現孩子有學習問題時，有些家長拒絕承認事實。有些家長則認定子女的狀況與他們兒時掙扎於學習的經驗類似，他們可能認為：「看看我！我做到了，我做得很好。為什麼我的孩子做不到像我一樣呢？」有些家長甚至心意已決：「以前我在求學時，我的學校從來沒有幫我解決問題。假使我的孩子遭遇一樣情況，我相信學校不會伸出援手。」當孩子年復一年停滯不前時，家長可能變得極度苛求和嚴厲，甚或完全退縮，害怕遭受更多痛苦。

當老師認為來自弱勢家庭、身處社會經濟底層的家長不在乎子女的教育時，這個刻板印象將引起其他問題。事實上，很多這類家庭對於讓

1 家長、照顧者、其他家人或寄養家庭的父母——凡任何與孩子同住的成人，都能成為孩子的學習夥伴。

教育協助子女找到脫離貧困的途徑都很關心。然而，這些家長在此時也不免害怕，假使讓學校接管得太多，會不會讓他們對子女的價值觀與命運失去主導權。

有些家長極不願暴露出他們察覺自己在語言和知識的不足之處，以及之後須面對的困窘。對另一些家長而言，子女的學校經驗和他們所記得或認知的如此不同，以至於他們愈來愈感到被孤立和無知。有些家長甚至在學校體驗惡夢般的親師座談，會議中沒有任何學校人員說一句孩子的好話。這些對教育制度感受不公平的家長們可能開始把學校看成是敵人。

換句話說，總有許多理由讓家長去抗拒參與孩子的學校活動，或是坐下來和學校人員一起開會。「好吧，我已經盡力了，Albert 的媽媽一次親師座談都沒參加。如果她都不在乎自己孩子的學習，為什麼我要這麼努力呢？」然而，讓老師及行政人員斷然下此結論並無意義。儘管我們還得應付家長確實不想參與的狀況。然而，不能就此假設孩子真的不想學習！很多在過去飽嚐挫敗經驗的人，雖然家庭對他們的學習支持微小，然而他們此時不也正在體驗成功的經驗嗎？

如果學校只是期待家長有更多參與，光喊口號是不夠的。我們必須主動在先、態度堅定，把對家長的邀請擴展至能具體、積極地參與子女學習，並提供必要訓練。事實上，任何一種家長參與的形式都會對學生的學習成就有所助益。不管家長是協助設計教材或出席會議，從參與校外參觀到進入教室擔任志工。當家長在出席學校活動之時，他們傳遞給孩子一個清楚訊息，上學是值得去做而且是對我們有用的事。本章將把觸角伸向家長，描述幾種可讓家長在學校受到歡迎的方法。

能促進家長參與的方法

- 所有與家長的溝通，不管以口語或書面的形式，都應採用孩子家庭所慣用的語言。學校提供給家長的任何服務，付出的努力都將經歷一段漫長路途，讓家長感受到學校真心希望和他們坦誠溝通。
- 定期寄送通知給家長，告知你認可他們子女在學校的正向表現。也許家長一向接收到的是孩子的壞消息或黑暗面，不管是否與孩子的行為、事件或與其作業表現有關，任何好消息的到來都能開始扭轉一般家長長久來對學校的恐懼感及負面印象。

- 經常寄發班級（或學校）通訊到家裡。當學校訊息能以輕鬆方式傳遞，沒有嚴肅的教育名詞，它將成為有效的親師溝通媒介。如果某個孩子在班級通訊中撰寫一篇文稿，你幾乎可以百分之百確定，至少他們的父母會特地閱讀那篇文章！你也可以在班級通訊中另闢一個專欄，特別設計一些親子活動。例如：請家長帶領孩子，一起在家中尋找以某個特定字母開頭，或以某個字母來押韻的物品名稱；將學生的家庭經驗當成你的教學靈感來源，把它用在學生口述的語言經驗故事裡（查看第 157-162 頁）；對學生的家庭成員進行問卷調查，了解他們對特定食物的喜好、看電視的習慣或與職業有關的問題等。
- 喚起大家以正面觀點去看待多元文化，使你的學校對學生的家庭建立更友善的態度。文化多樣性提供我們機會，去認識和欣賞存在於我們之間的相似及差異性。邀請所有家庭（包括那些來自大多數群體的家庭）和學生分享關於他們的文化、傳統和禮儀的訊息。
- 邀請可代表你學校所有文化的人，一起檢視校園的溝通管道是否順暢，去發現其中潛在的冷漠成分，並提出改善建議。
- 安排翻譯人員出席學校會議，對那些英語是第二語言的家長來說，他們能輕鬆跟上會議議程並接收必要訊息。如果可能的話，要求你的學校購買或借用相關設備，讓翻譯人員能透過麥克風同步傳送訊息到聽者所佩戴的耳機中（你應在電視上看過聯合國大會使用這樣設備）。所有會議資料應以學生家庭所使用的語言來印製。
- 現今的美國家庭只有少於半數的家庭符合傳統的模式，所以，把各種不同的家庭結構視為正常並以開放的心胸去接納，對我們而言是非常重要的，這是因為我們的學生來自那些環境。避免在你與家長口語及書面溝通的過程中同時使用「給爸爸和媽媽」。
- 某些老師善意指定的學生作業可能引起情感創傷，請務必三思後行。例如：要求學生發掘他們家庭的根源，這對於被領養的孩子，或是那些孩子的家人是從別的國家的大屠殺逃出或失蹤的，可能造成他們的困擾。當要求學生寫自傳，對於寧可遺忘年幼生活記憶的孩子而言，這份作業可能讓人感到不安。千萬不要假設，所有孩子的家庭都會慶祝聖誕節和復活節或是全家會在假日去度假。當你要求孩子報告個人或家庭現況時，要準備幾種不同的選擇。

- 避免把孩子的任何不當行為都歸咎於他的家庭狀況。既然我們對於改變孩子家庭狀況能力有限，至少我們能做到的是去減低孩子在學校所遭受的壓力。當孩子對上學和參與學校活動變得更積極，這就為身處困境的家庭減少一些問題與挫折來源。
- 當你邀請家長到學校但他們卻未出現時，你可以考慮進行個別家庭訪問。
- 考慮將會議安排在非傳統的親師座談時間裡，所以工作時間與大多數人不同的家長也將有機會參加。
- 協助家長與你社區中的家長支持團體相互連結。如果可能，你不妨親自參加幾次會議，以深入了解當事人的觀點。事先打電話以取得參與此會議的許可。
- 查詢你社區所提供的讀寫訓練課程。有些家長之所以拒絕參與其子女的學校活動，是由於害怕暴露自己在讀寫能力的不足。跟著子女一起學習閱讀，會是一種親子相互滿足的愉悅經驗。
- 為家長開設有效的親職教育課程，即使只有少數人出席也沒關係。通知家長你將提供翻譯，並列出該活動中可獲得的語言服務。記得用正向方式來呈現課程內容。對家長解釋，這個課程將提供他們學習新知的機會，並協助和其他家長建立連結，但並不意味他們對教養子女一無所知。對家長強調，每個人都將從學習新資訊的過程中獲益（你可提到你最近參加的教師研習）。
- 提供有關學習風格、合作學習或其他教育主題的訊息之夜，不經意地引出家長如何創造及維繫正向親子關係的建議。

家庭作業的問題

有些學生能夠定時寫家庭作業，比起那些不做回家功課的學生，他們有機會表現更好的學業成就。但你無法假設所有孩子都面對同樣的家庭狀況，也無法保證家庭作業在所有家庭都成為一種正向經驗。

學生是否寫家庭作業和如何有效地完成，家長扮演著關鍵角色。當家長不斷嘮叨孩子寫作業，或家長在指導過程中擔任老師角色，其實就開始一個惡性循環。尤其本身就是老師的家長們，在嘗試教導自己子女時，其子女所獲得的訊息是，倘若學業表現能更優秀父母就會更愛他們！當家長指導家庭作業所用的教學方法與孩子在學校被教的不同時，這將使得情況更糟糕。另外，家庭作業使孩子的社會與經濟差異更加嚴重，有些家長會比別的家長有能力對家庭作業給予更多適當的支援。

Stacy 的案例

Stacy 是一位小二學生，她每晚都帶著一堆作業回家。她的媽媽都必須等候校車的到來好協助她下車，因為 Stacy 手上抱的一疊課本和作業已經高過她的視線。

這些作業從哪裡來的呢？ Stacy 已經被父母的過度協助制約了，任何對她太難而無法在學校完成的作業都應帶回家，因此父母才幫得上忙。事實上，父母在她身上造成習得無助感。由於她確切感受，父母認為沒有他們的協助她就沒有能力學習。所以，Stacy 也採取同樣態度。而特別諷刺的是，她的媽媽還是位老師呢！當然，媽媽覺得很洩氣，因她幫助過無數學生學習，卻對自己的女兒無能為力。

爸爸、媽媽和 Stacy 三個人，每天晚上都圍坐餐桌旁一起重複這個痛苦的戲碼。Stacy 開始做一樣功課，她抬起頭，眼淚就順著臉龐滑下來，然後嗚咽著：「我不會做這個！老師沒有解釋清楚。老師不願意回答我的問題。我需要幫忙！」幾分鐘之後就變成幾小時。爸爸帶著挫敗離開了，接著媽媽繼續接手幫忙，直到 Stacy 進入完全無助的狀態。

使家庭作業變得有意義與可管理

- 家庭作業讓學生記憶中的概念保持新鮮，並能顯示你何時有重教的必要。把家庭作業當成是一個測量器來使用，以決定有效的學習進度和改善手段。

- 對學生來說，家庭作業絕對不應是非常困難的，而是要他們利用一般在家中隨手可得的材料來完成。不把獨自學習新概念當作學生的家庭作業。反而是，利用你指定的作業去增強及延伸在學校教過的概念。
- 家庭作業可配合學生的學習風格，為他們量身訂做就能立即獲致更好效果。藉由與家長分享第四章的資訊，協助他們了解和欣賞子女的學習風格。提供學生完成不同作品的選擇自由，因此能選擇某種與他們學習風格最相配的作業；有關構想請查看第 135 頁。
- 給予家長所需要的協助與鼓勵，以支援孩子養成定時寫家庭作業的習慣。在第 408-418 頁[2]，你會發現一些好用的資料，可將其影印並寄至學生家裡、放進你的班級通訊、在親師會議中分發，或是準備在學校日提供給家長。務必確定在如何使用家庭作業契約的講義（第 411 頁）裡，至少包括五份家庭作業契約（第 412 頁）。
- 千萬不要讓學生認為，你指定家庭作業只是為了讓他們在家保持忙碌。利用解說作業目標的時機來為它加上一段引言。例如：「這些習題和今天我們要學到的數學技能有關」、「這篇故事是你在完成傳記文學專題報告的要閱讀的」。假使沒有明確的目的，就不要給孩子這項作業！
- 使用一致的系統來指定家庭作業，如所有教師都使用的家庭聯絡簿（查看第 311 頁）。在每一節課結束前，容許學生用幾分鐘時間記下他們被指定的作業。告訴家長，每天都期待孩子把家庭聯絡簿帶回家，並要求他們每晚在孩子結束功課時在聯絡簿上簽名，以表示孩子依約定時間做功課。建議家長使用一些方法，來協助子女記得把聯絡簿和家庭作業帶回學校。也可針對此目的使用家庭作業／計畫案的月行事曆（第 315 頁）
- 如果學生在一天上課中得變換不同課程，可和其他老師協調學生交作業的時間，因而學生（和他們家人）不會有時負擔過重，而其他時候只有一點點或完全沒有功課。
- 不要養成把作業通知單寄到家裡的習慣，向家長解釋孩子將被要求做

2　本章的所有表格及講義均附於本章的結尾。

哪些家庭作業。你唯一可能為某位學習困難學生寄通知單的時機，是當他沒有家庭作業時。這意味家庭作業應成為家庭生活的例行活動，而那次的沒有家庭作業則為特例。

- 即使你在學校已介紹過一個新概念，也不要叫學生在家中複習超過十到十二次。在重複那麼多次的練習之後，有些學生會完全理解，而同時別的學生可能一再重複相同的錯誤。
- 要求學生在一段特定的時間內做一項作業，這會比指定一個任意數量的習題或活動來得更有效率。當學生在被要求的時間內努力嘗試或完成部分功課時，他們都應得到部分分數。請參考第 116-120 頁的目標設定，詳細解釋為何該活動對學習困難學生特別有用。每週將家庭作業目標圖（Homework Goal Chart）送至家裡。第一次給家長時（你可在一學年內的任何時間，你覺得有必要或適合的時間），包括在給家長的訊息中解釋目標設定的用途。鼓勵親子合作，設定孩子每天做功課的固定時間。提示：確定你對孩子有實際的期待——一般而言，學習困難學生不應花費太多時間寫家庭作業。
- 切勿將家庭作業視為你的扣分手段。反而是當有跡象顯示他們已花費合理時間在作業及使用家庭作業目標圖時，你應該給予部分分數。
- 給予所有的家庭作業適當回饋，包括書面評語、答覆學生問題和（或）具體的改善建議。如果你不打算提供回饋，就不要給家庭作業！
- 要學生完成下面句子來作為每項功課的結束，或許將它寫在作業紙的背面：

  這個作業裡我充分了解的部分是______。

  這個作業裡我完全不懂的部分是______。
- 針對需要長期完成的專題計畫案，幫助學生設計一個逆向時間表，以便他們把專題計畫拆散成短時間可完成的小單元。鼓勵學生以能完成某個單元而感到自豪。提示：家庭作業／計畫案的月行事曆（第 315 頁）協助某些學生在長期作業中能專注於學習。
- 當學生無法完成某項家庭作業時，可能問題在於他們根本不清楚要做什麼。家庭作業絕不應被當作是處罰手段，也不應為了彌補以前漏掉的功課而要他們做得更多。

- 每隔一段時間，讓學生把他們的作業檔案夾帶回家裡，讓家長對他們子女的進步情形保持被知會狀態。訓練學生如何對父母描述他們的作業，並把一份家庭作業簽收表（Schoolwork Sign-Off Form）（第 409 頁）一併附上，讓家長簽名後並繳回。提醒家長，給予真誠的口頭鼓勵及讚美小小的成就，會比金錢或其他有形獎品更能激勵孩子。假使家長沒有空，學生可和其他照顧他們的成人或較年長的兄姊一起討論功課。

有效率的親師會議

對許多有學習困難孩子的父母來說，他們不會期待親師會議是個愉快的經驗，老師在處理這樣的可能性時要格外審慎。有些家長可能經歷過痛苦的親師會議，因此當其子女在校表現不好時，家裡氣氛變得很糟也是可預期的。

- 有些老師會事先將與親師會議有關的資料寄到家裡，它有助於家長做好心理準備。當家長有機會提早思考，並知道老師需要家長投入的程度及看法時就不會那麼焦慮了。在親師會議前幾天，先將一份親師會議問題（第 414 頁）寄到家裡，並在會議中參考。
- 假如學生的父母親並不住在一起，詢問雙方是否希望分開或一同出席親師會議。
- 你在對家長敘述有關其子女的在校經驗時，要盡你所能的就事論事與保持客觀。
- 避免透過第三者來傳遞訊息，那會使學生、家長和你之間形成一個三角關係（例如：不要讓學生提醒家長參加親師會議，由你親自聯絡家長。切勿要求家長把你在會議的建議傳回去給孩子，而是你直接對孩子說出那些訊息。如此，所有溝通將呈現開放與清楚狀態，你和家長兩邊給予孩子的訊息是相似的）。充其量，第三者的傳達只是造成彼此困惑；最糟的是，它使孩子處於一個造成你和他的父母彼此困擾的尷尬立場，因而無所適從，你處理學生問題的時間就相對減少。當學生發現，你和他的父母對問題的看法和處理方式一致時，負面行為也幾乎消失無形了。

依照會議議程來和家長開會，你也許會發現它的好處，不論是親自見面或打電話、正式或非正式的都一樣。當然，你不必在每次開會中包括下面所列情況，但要先瀏覽一遍，將有助於你確認並未漏掉任何重要事項。如果親師會議的目的是要學生設定一個計畫用來監督其課業或行為，學生也就應該出席。

1. 永遠藉由孩子的正面特質的事例來作為親師會議的開場白。與家長分享你如何發現孩子特別美好或是令人印象深刻的某件事。提示：嘗試去找出孩子在過去因沒用正面方式開發而被忽略的某項長處。例如，有許多惹麻煩的孩子可能是優秀的領導者。
2. 請家長聊一聊孩子的長處及熱中的興趣。讓家長了解，你不可能知道有關孩子的一切事情，而你會將家長視為合作夥伴，他們可協助你了解孩子性格與學習需求，把這方面資料做成書面記錄以供未來參考。如果家長已填寫親師會議問題（第 414 頁），把它們作為會議記錄，並附上你補充的資料。
3. 說明你的家庭作業政策。例如：「針對大部分上課日，我會指定 30 分鐘的家庭作業。當白天我沒指定任何家庭作業時，我一定讓他們帶通知回家讓你們知道。這樣孩子可把 30 分鐘用在其他學習活動。假如他真的忘了我交代過家庭作業，他還是要用那 30 分鐘做某樣學習活動。」務必向家長保證，你不會指定超過孩子能力的獨立作業。提供家長一種或一種以上（在第 410-418 頁）有關家庭作業的資料。
4. 與家長分享你所知道的有關孩子的學習風格。協助父母去了解，孩子事實上很聰明，假使能考量孩子的學習風格優勢，如果不管在家裡或學校，他們都有可能成為更好的學習者。
5. 分享到目前為止你擁有的關於學生的進步情形。家長喜歡看到他們的子女在學校的表現有相關資料可以證明。展示孩子作品的實例，這樣能幫助家長認可孩子確有其優勢。參考的資料包括任何家長填回與學校或家庭作業有關的表格。避免討論學生在班上的等級 ——

像是最優秀的、中等的、最低下的。親師會議是分享學生成績報告圖（第 341 頁）的大好時機，家長可藉此了解孩子的學習目標。

6. 只確認一項你希望學生努力專注去改善他學習或個人的行為。務必具體、明確的對家長表明。例如：「我希望 Howard 每天花 20 分鐘練習電腦，當作是寫作時間的一部分。」「我希望 Melissa 每天對同學說出兩個正面評語。」詢問家長有什麼提議。
7. 如果你正在和某位學生進行一項行為管理計畫，給家長一份你們的進度報告。假使學生尚未被觀察達到計畫中的理想狀態時，讓家長知道沒有關係，但要清楚說出你不希望因為孩子未符合課業或行為目標，而在家中對他施加任何後果。例如：有些孩子在校外如音樂、運動方面表現十分亮麗。能讓學生感受榮耀的時刻不應只取決於他在學校裡的正面成果。
8. 如果學生對校外活動感興趣，鼓勵家長支持他們的子女。與家長分享你所知道任何社區、機構提供的象徵付費或免費課程。
9. 假使你有任何你認為對家長實用的文章、書籍或其他資料，以某種方便、友善的方式提供。請查閱本書各章所列之參考文獻及資源，找尋任何可能性。也提供家長本章所附資料。提示：務必謹慎，不要一次用過多資訊來淹沒他們。確定你在交給家長之前，你已完全熟悉如何使用相關資料，以便他們有問題時回頭詢問你。
10. 永遠以感謝家長撥空參加會議作為親師會議的結語。告訴家長，他們的出席正顯示對子女教育的關心。對家長解釋，這對於幫助孩子發展並維持對學習的正面態度極為重要。

在整場親師會議中，要使用主動與反思的傾聽方式。當家長分享有關孩子的某些事時，用你自己的話將它重述給家長聽。這顯示你看重這些訊息來源，並願意從家長觀點去看待孩子。

愈來愈多的學校正嘗試讓孩子參與某些或所有的親師會議。畢竟，孩子是那些必須做某種程度改變的人，而且，他們在設定改變狀況裡的投入，會關係著任何計畫的最後成功。

總是在每次會議之後立刻做筆記，而不是依賴你事後的記憶力。如果幾場親師會議安排緊湊，那麼就對著錄音機發表你的評論。

家長日

家長日的安排有兩個目的：

1. 讓學生及家長對學校、教室、老師和行政人員開始變得熟悉。
2. 讓老師把對學生的期待和班級常規傳達給家長知道。

學校不應嘗試在同一天達成這兩個目的。假使你的學校希望透過家長日達到不同目的，那麼一學期分別舉辦幾次是比較恰當的。

第一次家長日，是在開學的幾週內舉行。家長可藉此機會參觀學習環境和老師們打招呼，以及開始熟悉學校的行事曆。此次家長日中，孩子也會參加，但沒有老師做正式介紹。

第二次家長日，應在開學兩個月內舉行，屆時老師們可向家長介紹課程、對孩子的期望、政策及教學風格（有些學校將這次家長日稱為「認識老師之夜」）。老師清楚說明家長可如何與他們接觸，並鼓勵家長主動聯繫而非等待正式會議舉行。翻譯人員也必須出席，以便能和使用不同語言的家長溝通。由於這次家長日的目的是親師直接對談，所以孩子不應參加。學校可提供看顧兒童的服務，以方便那些因孩子無人照料而不克出席的家庭。

第三次家長日，是在學期接近尾聲時舉行，是到了孩子與父母分享學習檔案及其他學校課業的時刻，並展現他們在這學期的進步。

問答集

「對於有些家長，我們已盡最大努力去包容他們，他們卻從未在學校出現過，我們該怎麼辦呢？」

將有關家長如何在家教育子女的具體建議寄至家裡。假使這些家長真的不願來找你，詢問讓你去家庭訪問是否恰當。有些家長可能感到自己的能力不足，請務必審慎處理這樣的情況。絕對不要因為某位家長無法或不願參與學校事務而放棄他的孩子。

毋庸置疑的，當家長能主動支持孩子的學習時，孩子在學校的表現將會更好。盡你所能的來增加家長的教育知能，去證實家長的支持將獲得巨大效益。或許家長需要被直接告知這點；我們可能錯以為所有家長都了解他們參與子女的教育是何等重要。有許多合適的計畫方案對於提升家長參與已得到正面成效。請求你的圖書館員幫你進行電腦蒐尋以找出此類方案，你可聯絡他們，並仿效一些成功策略。有關更多的構想請查看本章結尾的參考文獻及資源。

「如果家長過度關心他們子女的成績，而且似乎不了解設定目標及在穩定中慢慢求進步的重要性，那我該怎麼辦？」

請回到第 116-120 頁去閱讀，有效的目標設定在人們生活中所扮演的功能。對家長說明，最有學習動機的學生和成人往往是那些能察覺努力與結果之間有直接關係的人。描述你激勵學生的目的，在於使其認識到努力用功將會以較好成績得到回饋。去解釋，容許孩子相信他們能用少許努力獲得好成績的危險性。當我們贈送孩子他們不應得的成績時，我們所傳達出的看法是，他們沒有能力做到非常好。

 參考文獻及資源

Dorothy Rich's Families and Schools: Teaming for Success（www.ait.net/catalog）. Video staff development program by the author of *MegaSkills.* 1-800-457-4509.

建議家長的閱讀書目

Armstrong, Thomas. *The Myth of the A.D.D. Child: 50 Ways to Improve Your Child's Behavior and Attention Span Without Drugs, Labels, or Coercion.* New York: Penguin/Plume, 1997. 建議教育工作者及家長的必讀書籍，協助大家如何避免對 ADD ／ ADHD 孩子的用藥做出不成熟的決定。

Baum, Susan M., and Steve V. Owen. *To Be Gifted and Learning Disabled: Strategies for Helping Bright Students with LD, ADHD, and More.* Mansfield Center, CT: Creative Learning Press, 2004.

Cline, Foster, and Jim Fay. *Parenting with Love and Logic: Teaching Kids Responsibility.* Colorado Springs, CO: Piñon Press, 1990.

Cummings, Rhoda, and Gary Fisher. *The School Survival Guide for Kids with LD (Learning Differences).* Minneapolis: Free Spirit Publishing, 1991. 專門針對學習障礙學生提供特定提示及策略，適用於 8 歲與 8 歲以上兒童。可與你的孩子一起閱讀！

Dinkmeyer, Don, Sr., Gary D. McKay, and Don Dinkmeyer Jr. *The Parent's Handbook: Systematic Training for Effective Parenting.* Circle Pines, MN: American Guidance Service, 1997.

Dreikurs, Rudolf, and Vicki Soltz. *Children: The Challenge.* New York: Plume, 1990.

Faber, Adele, and Elaine Mazlish. *How To Talk So Kids Will Listen & Listen So Kids Will Talk.* New York: Avon Books, 1999. 20th anniversary edition. 提供如何增進成人和孩子之間溝通的策略。

Fowler, Mary. *Maybe You Know My Kid: A Parent's Guide to Identifying, Understanding and Helping Your Child with Attention-deficit Hyperactivity Disorder.* 3rd edition. Secaucus, NJ: Carol Publishing Group, 1999.

Freed, Jeffrey, and Laurie Parsons. *Right-Brained Children in a Left-Brained World: Unlocking the Potential of Your ADD Child.* New York: Simon and Schuster, 1998. 作者特別針對學習困難兒童，免費分享如何教導孩子學習補償的技巧。不管孩子是否有 ADD，這些策略都能奏效。

Galvin, Matthew. *Otto Learns about His Medicine: A Story about Medication for Children with ADHD.* 3rd edition. Washington, DC: Magination Press, 2001.

Hallowell, Edward M. *ADD from A to Z: Understanding the Diagnosis and Treatment of Attention Deficit Disorder in Children and Adults.* New York: Pantheon Books, 1994. 針對 ADD 患者的認識及介入，為一完整指引。

Information Folio: Parental Involvement（www.ers.org/catalog）. 蒐集充實親師學習環境的相關文章，包括老師所需面對的挑戰，例如：發展家長參與方案、增進家長參與、並使用親師會議來提升學生成就。2004. 1-800-791-9308。

Kelly, Kate, and Peggy Ramundo. *You Mean I'm Not Lazy, Stupid, or Crazy?! A Self-Help Book for Adults with Attention Deficit Disorder.* New York: Scribner, 1995.

Kravetz, Marybeth, and Imy F. Wax. *The K&W Guide to Colleges for Students with Learning Disabilities or Attention Deficit Disorder: A Resource Book for Students, Parents, and Professionals.* 6th edition（請查閱本書的最新版）. Burlington, MA: The Princeton Review, 2003.

Lee, Christopher, and Rosemary F. Jackson. *Faking It: A Look into the Mind of a Creative Learner.* Portsmouth, NH: Heinemann, 1992. 幫助沒有學習障礙的人去了解，當自己有嚴重學習障礙時，在看待這個世界會有什麼樣的感覺。

Lyman, Donald E. *Making the Words Stand Still.* Boston: Houghton Mifflin, 1986. 作者以自己親身經歷，描述學習障礙孩子在試圖學習時，感受如何巨大的痛苦，以及建議他獨特的教學方法。

Moss, Deborah. *Shelley the Hyperactive Turtle.* Bethesda, MD: Woodbine House, 1989.

—*Lee, The Rabbit with Epilepsy.* Bethesda, MD: Woodbine House, 1989. 這些書籍能幫助 4 到 9 歲兒童了解過動與癲癇。

Rich, Dorothy. *MegaSkills: How Families Can Help Children to Succeed in School and Beyond.* New and expanded edition. Boston: Houghton Mifflin, 1998. 教導生活必備的基本技能。

Rimm, Sylvia. *How to Parent So Children Will Learn.* New York: Crown Books, 1996.

Schumm, Jeanne Shay. *How To Help Your Child with Homework: The Complete Guide to Encouraging Good Study Habits and Ending the Homework*

Wars. Revised and updated edition. Minneapolis: Free Spirit Publishing, 2005. 針對家中有 6 到 13 歲兒童的家長提供策略及技巧。

Vail, Priscilla. *Smart Kids with School Problems (Gifted/LD): Things to Know and Ways to Help*. New York: Plume/NAL Dutton, 1989.

家長可利用的資源

A.D.D. WareHouse（addwarehouse.com）. 針對教導注意力缺陷兒童及其他學習困難兒童，提供最完整的教材目錄。其中很多教材專門設計給孩子使用。1-800-233-9273。

Brain Gym International（www.braingym.org）. 提供動覺學習者相關協助。頭腦體操方案（Brain Gym program）被成功運用於家長及老師身上。透過非學術性方法，能明顯改善動覺學習者的學習態度及學業成績。你可進入官方網站，並尋找在你學區內合格的頭腦體操教師及課程。你也可取得由 Paul E. Dennison 和 Gail E. Dennison 共同發展的頭腦體操書籍及學習教材。機構電話：1-800-356-2109。書店電話：1-888-388-9898。

Children and Adults with Attention-Deficit/Hyperactivity Disorder（CHADD）（www.chadd.org）. 針對 ADD 兒童的教導，提供家長及教師相關資訊及支援。1-800-233-4050. Children and Adults with Attention Deficit Disorder（CHADD）.

SOS: Help for Parents（www.sosprograms.com/phome.htm）. 此方案（及書籍）提供家長如何教導基本管理技能的課程，包括如何處理多種困難行為及改善 2 到 12 歲兒童的行為及情緒適應問題。也提供西班牙文版錄影帶。1-800-576-1582。

家庭作業目標圖

姓名：＿＿＿＿＿＿＿＿＿＿＿＿ **週次：**＿＿＿＿＿＿＿＿＿＿＿＿

說明：決定每一天你會花多少時間做每一科功課。在你使用的每一方格內寫下一個分數。分母（下面的數字）代表你將在那一科所用時間。分子（上面的數字）代表你在那段時間能閱讀的頁數、會做的題數、會寫的句子等。例如：如果你計畫在星期一用 30 分鐘閱讀 10 頁小說，則在星期一閱讀那一格內寫下 10/30。當時間到的時候，在最右邊格子內寫下你的意見。

數字／時間	數學	閱讀	寫作	其他	意見
星期一	＿＿	＿＿	＿＿	＿＿	
星期二	＿＿	＿＿	＿＿	＿＿	
星期三	＿＿	＿＿	＿＿	＿＿	
星期四	＿＿	＿＿	＿＿	＿＿	
星期五	＿＿	＿＿	＿＿	＿＿	
週末	＿＿	＿＿	＿＿	＿＿	

家庭作業簽收表

親愛的家長：

這份表格是和孩子的作業資料夾一起帶回家。請填寫後並簽上您的名字，在 ________（日期）之前讓孩子交回學校，您就可保留孩子的作業。

學生姓名：__________________ 今天日期：__________________

請檢查以下所有敘述是否正確：

______ 孩子已向我解釋他帶回家的作業內容。

______ 我已注意孩子在作業的某部分做得很好，我也讚美他了。

______ 我對孩子的作業還是有些疑問。

請在此寫下您對孩子作業的疑問：

如果孩子對作業規定有理解困難，要求孩子在此敘述他的問題：

您的簽名：__________________

如何做一位家庭作業的好幫手：

給家長和照顧者的提示

當孩子能定時做家庭作業，在學校較能獲得成功機會。這份資料敘述的方法能讓你支持及鼓勵孩子，接受家庭作業是他們生活一部分的事實 —— 並努力將它完成！

1. 傳達你的信念，家庭作業是學習的重要部分。當你表現出認真看待家庭作業的態度，孩子就會更認真看待它。

2. 和孩子立下協定，他每天要用多少放學後的時間來寫作業。時間的最大限度原則：

   - 低年級小學生（一年級到三年級）：15 到 30 分鐘
   - 中、高年級小學生（四年級到六年級）：30 到 45 分鐘
   - 中學生：最多一小時
   - 高中生：最多兩小時

3. 與孩子合作設計一份作業時間表，並請你盡力去實行。例如：孩子應從每晚 5 點到 6 點之間寫功課，你就不要在 5 點 45 分時供應晚餐。

4. 提供孩子寫作業的地方，必須舒適、照明充足，並不受干擾。提供孩子對學習環境的選擇，如果他希望聆聽輕柔音樂、坐在地板上，或偏愛微弱的燈光，都沒有關係只要能做到你要求的時間量，並達成老師的期待。如果這些目標無法做到，那麼他就必須待在安靜的餐桌或書桌上做功課，直到他的學習狀況改進為止。當老師將好評語的成績單送至家裡時，讓孩子再次選擇他偏好的寫功課環境。

5. 設計一個作業工具箱。裡面裝有鉛筆、尺、黏膠、膠帶、橡皮擦、字典、百科全書等 —— 包括任何孩子做功課所需要的用具。把所有東西都保存在一個塑膠儲物盒或背包裡。把小件物品放在有夾鍊的袋子內。

6. 切記，孩子做家庭作業是他的責任，而不是你的！你只是有責任提供孩子可以做功課的地方，並確保他不受干擾。監控打進來的電話，並不允許有訪客。

7. 如果你的孩子忘記做功課，或老師某一天沒有交代任何作業，你的孩子必須使用正常排定的作業時間，來做其他類型的學習活動。例如：看報紙、閱讀書籍或雜誌、觀看教育性質的電視節目、寫篇故事，或進行某個他感到興趣的主題學習。

資料來源：*Teaching Kids with Learning Difficulties in the Regular Classroom* by Susan Winebrenner, copyright © 2006, 1996. Free Spirit Publishing Inc., Minneapolis, MN; 866/703-7322; www.freespirit.com. 本頁允許個人、教室及小組活動複製使用。

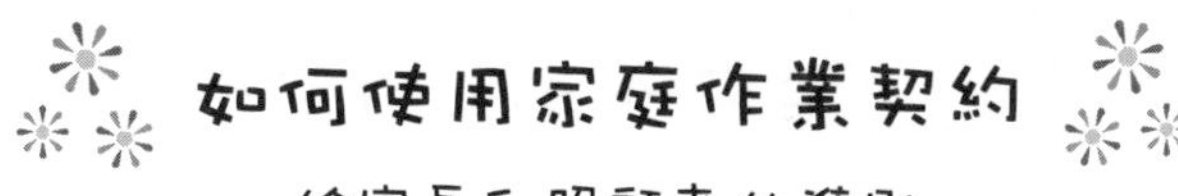

如何使用家庭作業契約

給家長和照顧者的準則

此家庭作業契約能有效協助孩子做好作業的時間管理。當孩子達到具體目標，給予立即的正面回饋。這份說明書同時包含幾份空白契約。如果你需要更多契約，請直接向老師索取！

最初的幾份契約，是由你和孩子一起坐下，確定孩子能否了解他要做些什麼。之後契約的設定就是孩子的責任。

三個簡單步驟

1. 由孩子設定在每段時間內他希望達成的目標（一份空白契約書可安排三段時間，但如果孩子選擇較少或較多也沒關係）。
2. 由你和孩子一起決定，他寫完作業後可獲得哪些獎勵：
   a. 當一整段時間內，孩子沒有抱怨、爭辯或延遲（5 分鐘獎金）。
   b. 當孩子能完成所有目標。
3. 任何時候當孩子完成一個目標時，則獲得一個獎勵。

建議的獎勵

5 分鐘獎勵：

- 一份健康點心（果汁、水果等）
- 伸懶腰時間
- 聽一首最喜愛的歌曲
- 看漫畫時間
- 孩子喜愛做的某件事情

完成所有目標的獎勵：

- 對於青少年階段前的孩子，最好的獎勵是由你或另一位家長（或照顧者），和他們一起度過優質的一對一時間。當做不到這點時，以讓孩子觀賞他最喜歡的電視節目或錄影帶（或 DVD）作為獎勵。
- 對於那些不把與大人共享視為獎勵的青少年，允許他有時間和朋友講電話（或是藉由電腦），或做專題計畫案或熱愛的興趣。

重點：

獎勵絕對不能是金錢！

資料來源：*Teaching Kids with Learning Difficulties in the Regular Classroom* by Susan Winebrenner, copyright © 2006, 1996. Free Spirit Publishing Inc., Minneapolis, MN; 866/703-7322; www.freespirit.com.

家庭作業契約

姓名：＿＿＿＿＿＿＿＿＿＿ 今天日期：＿＿＿＿＿＿＿＿＿＿

我希望用多少時間寫功課：＿＿＿＿＿＿＿＿＿＿

在第一段時間，我的目標是：＿＿＿＿＿＿＿＿＿＿

＿＿＿＿＿＿＿＿＿＿＿＿＿＿＿＿＿＿＿＿

如果達到這個目標，我的 5 分鐘獎勵是：＿＿＿＿＿＿＿＿＿＿

＿＿＿＿＿＿＿＿＿＿＿＿＿＿＿＿＿＿＿＿

在第二段時間，我的目標是：＿＿＿＿＿＿＿＿＿＿

＿＿＿＿＿＿＿＿＿＿＿＿＿＿＿＿＿＿＿＿

如果達到這個目標，我的 5 分鐘獎勵是：＿＿＿＿＿＿＿＿＿＿

＿＿＿＿＿＿＿＿＿＿＿＿＿＿＿＿＿＿＿＿

在第三段時間，我的目標是：＿＿＿＿＿＿＿＿＿＿

＿＿＿＿＿＿＿＿＿＿＿＿＿＿＿＿＿＿＿＿

如果達到這個目標，我的 5 分鐘獎勵是：＿＿＿＿＿＿＿＿＿＿

＿＿＿＿＿＿＿＿＿＿＿＿＿＿＿＿＿＿＿＿

如果我能完成所有目標，我想要的獎勵是：＿＿＿＿＿＿＿＿＿＿

＿＿＿＿＿＿＿＿＿＿＿＿＿＿＿＿＿＿＿＿

學生簽名：＿＿＿＿＿＿＿＿＿＿＿＿＿＿＿＿

如何處理家庭作業問題

給家長和照顧者的策略

問題：你的孩子拒絕做家庭作業。

怎麼處理：首先，查明是否作業內容對他過於簡單或困難。如果太簡單，他可能覺得無聊而不願意做。如果太難，可能對他而言是辦不到的。要求和老師開會，以要求有適度的挑戰性而不是難以承受的家庭作業。

問題：你的孩子總是要求你幫他做家庭作業。

怎麼處理：和孩子一起弄清楚家庭作業的指示說明，只花費少許時間是沒有錯的。但請不要當孩子的私人家教或老師。你沒有責任去教導孩子在學校還沒學會的東西。假使孩子在某件功課上嘗試努力一段合理時間，但仍舊看似完全困惑，讓他停止做下去。幫他寫一個便條給老師，解釋這個情況並請求協助。

問題：你知道孩子有能力做家庭作業，但他就是不願意做。

怎麼處理：你能做的最好處理是，讓他體驗他所做的決定的後果。如果他必須放學後留校、得到較低成績，或是不能參加校外教學，那就是他的問題，而不是你的問題！當父母不斷地從失敗中拯救孩子時，這些孩子變得對父母的幫助上癮。孩子經由認識到逃避責任所發生的後果而學會負責任。用不要幫忙來幫助你的孩子。

問題：你的孩子忘了把他的家庭作業從學校帶回來。

怎麼處理：一旦你制定一個放學後固定的家庭作業時間，你的孩子必須永遠用那個時間來做某件事，這件事是和改善他的技能或增進他的知識有關的。堅決地主張，他把指定時間花在某類學習活動上。例如：閱讀一本書；仔細查閱報紙；在書上或百科全書上尋找部分上課的範例；從目錄裡用所給的特定花費預算，編造一份物品的採購清單。警告：不要把家庭作業的替代功課弄得太過好玩，要不然他可能寧願選擇它們，而繼續忘了他的家庭作業 —— 故意的！

親師會議問題

學生姓名：＿＿＿＿＿＿＿＿＿＿＿＿＿＿＿＿＿＿＿＿＿＿＿＿＿＿

親愛的父母：

我們的親師會議預定於：＿＿＿＿＿（日期）＿＿＿＿＿（時間）。

請您撥一點時間回答下列問題，並且將填完的問卷表帶到會議中。

1. 您的孩子在家中的長處為何？什麼是他（她）真正擅長表現的？
2. 您的孩子在家中的例行家事是什麼？
3. 您的孩子如何度過他（她）的休閒時間？您孩子的嗜好和興趣是什麼？
4. 和您共同生活的孩子是什麼樣子？
5. 您孩子在校外的個性為何？
6. 您孩子在校外的社交生活如何？
7. 您和孩子如何處理家庭作業時間？

請列出任何您希望在我們的會議中被回答的疑問：

請列出任何您希望在我們的會議中來討論的關心事項：

謝謝您撥空完成這份問卷表！我期待在我們的會議中與您見面。

老師簽名：＿＿＿＿＿＿＿＿＿＿＿＿＿＿＿＿＿＿＿＿＿＿＿＿＿

在家幫助您孩子的方式

給父母和照顧者的提示

- 每天試著花 10 到 15 分鐘的連續時間和孩子相處。給予他完整且專一的注意力。不要談到關於學校的事，除非是他提起的；反而是聊聊關於他有興趣的事物。用你的耳朵、眼睛和肢體語言傾聽，忍著不問問題或給建議。利用像這種措詞來讓孩子知道，您希望更認識與了解他：

  「告訴我關於……」
  「所以，你指的是……」
  「聽起來好像你對於＿＿＿＿感到＿＿＿＿……」

- 假使孩子在你們相處時沒有什麼事可說，那麼告訴他有關你自己當天某件正面的事情。
- 如果你有個大家庭，建立一個密友體制然後鼓勵孩子們去和彼此分享訊息。在晚餐時，邀請每個人分享他們那天裡某件正面的事情。
- 監督孩子看電視和錄影帶的時間。限制和禁止暴力節目，包括某些卡通。協助孩子選擇有教育意義的電視節目。當你可能的時候一起觀賞，並在觀賞時提出問題。也鼓勵孩子們問問題。倘若某個特定問題沒有人知道答案，孩子可能會受到激勵去把它查出來。
- 幫助孩子去發展他有興趣且展現出自然天賦的某種技能。在運動、美術、工藝、義工事務，或孩子感到有熱情的任何其他事，都會有助於發展出高度自信。
- 絕非必然的是，孩子為了成為更好的人或更好的學生，必須以某種方式與眾不同。幫助他學會如何將他美好的自我，從他在學校可能有的任何問題裡識別出來。利用每個機會讚美他的正面特質。譬如說：是什麼讓你的孩子變得特別？他使人歡笑的能力？他的歌唱？他的正直？他的繪畫天分？您還能想到些什麼呢？
- 當給予孩子指示時，要用字簡單。經常示範什麼是你要他做的。一次給一個指示，絕對不要突然給一大串指令。表明你的意思，舉一個範例，並在他一完成時就立即給予正面增強。
- 可預測性、一貫性和例行程序都會增加孩子的安全感。要為了固定就寢時間和用餐時間奮鬥到底。提供盡可能多的組織架構——該做的家務事、家庭作業時間表、共度相處時間。
- 與其替孩子做事，不如和他一起做他正學著去做的課業。訓練他告訴你當他不再需要你的幫助時。

資料來源：*Teaching Kids with Learning Difficulties in the Regular Classroom* by Susan Winebrenner, copyright © 2006, 1996. Free Spirit Publishing Inc., Minneapolis, MN; 866/703-7322; www.freespirit.com. 本頁允許個人、教室及小組活動複製使用。

如何幫助孩子成為更好的讀者

如果你的孩子非常年幼……

- 當你看著並朗讀一本孩子想要聽的書時，將他抱在膝上。假使你手邊沒有書本，則利用其他材料 —— 賀卡、目錄、報紙、雜誌、購物清單。孩子愈是注意到那份印刷品的重要，就愈有可能發展出對閱讀的正向態度。
- 在你為孩子讀一篇故事之前，讓他瀏覽一遍，然後由看圖畫和其他線索來預言會發生的情節。以頻繁的間隔暫停閱讀，要求他猜測或預言接下來會發生的事，或某位特定人物將會做什麼事。這有助於他認識故事結局可有很多可能的方式，以及好的閱讀者會隨著故事的進展去持續推測。
- 當你在朗讀時，將某個片語或句子裡的最後一個字或幾個字，停止不唸。孩子能學會去預料要發生什麼，並補充遺漏的字。藉由說出「閱讀很好玩吧？」或「你真是個好讀者！」來強化這個行為。雖然他並非真的在閱讀，但會覺得像是一位讀者，並感受閱讀是愉快與正面的。
- 就在你讀完一篇故事後，讓孩子讀給你聽。熱切地傾聽但不要去注意正確性！你很可能會察覺到，孩子正模仿著你的表達方式與流暢度，而那正是他應該做的。讚美他的努力：「你真是一個好的閱讀者啊！」「我非常喜歡聽你讀！」「你努力幫助自己學會閱讀的樣子，讓我感到如此驕傲！」

針對所有年齡……

- 每天讀給孩子聽以及一起共讀。如有可能，利用每天就寢前 10 到 15 分鐘，一起分享一本書。這是一種很棒的方法，會使得彼此更親近，並改善你孩子的閱讀技巧。
- 經常一起上公共圖書館。為孩子申請個人借書證。請求圖書館員為你們示範，如何使用電腦和縮微影片機，以尋找孩子感興趣的資訊。你們兩人都會感到驚訝，一旦你知道去哪兒找，幾乎要查到任何東西都是何等的輕而易舉。
- 請你孩子的老師示範如何使用耳語閱讀。
- 當孩子讀給你聽的時候，在他猶豫時不要急著去補充遺漏的字。給他充分時間去思考一個適當的字來插入那個位置。去想出一個有意義的字，比起繼續在一個正確的字上面掙扎對他來說更好。
- 假使孩子在閱讀時要求協助，你可以說，「讓我們看看圖畫，然後看我們是否想得出那應該是哪個字」。或者「現在先略過這個字，然後繼續讀到這個句子的結尾為止。再回頭去試著把它想出來」。或者乾脆就把字告訴他。在閱讀發展的早期階段，不要去要求孩子每個字都要發音正確。這是一件難事，而且可能導致對閱讀普遍的消極態度。

資料來源：*Teaching Kids with Learning Difficulties in the Regular Classroom* by Susan Winebrenner, copyright © 2006, 1996. Free Spirit Publishing Inc., Minneapolis, MN; 866/703-7322; www.freespirit.com. 本頁允許個人、教室及小組活動複製使用。

如何幫助孩子成為更好的寫作者

■ 要對孩子所有的寫作努力成果予以鼓勵，不管是正確的還是不正確的。正不正確則讓老師去擔心。把焦點放在協助他去發展對寫作的積極態度。

■ 向他展示，如何製作他為親人自製的生日卡或康復卡。建議他在一天將結束前，在日記本或工作日誌上寫點東西，當作是就寢時間的一部分慣例。要他記下「要做的事」或是「我的目標」一覽表，並且每天更新紀錄。

■ 每當孩子寫了些東西時，給予特別的關注。將它貼在冰箱上並讚美他的努力：「我因為你在學習怎麼寫作，而感到非常驕傲！」

■ 當你要寫些東西時，在一天或一個禮拜裡多引起幾次孩子的注意力。譬如說：寄出或收到親人和同事的通信；回覆信件和電子郵件；寫一份食品雜物的清單；開一張支票。

■ 和孩子合力寫一封信給你們當地報社的編輯。對某篇文章或事件表達你們的感覺和意見。這證明寫作是傳達思想的一種方式。

■ 和孩子合力寫一封信，寄給某位喜歡收到郵件的鄰居或親戚。請求回函上的收件人姓名是給你的孩子。

如何幫助孩子在數學變得更好

- 利用一些簡易遊戲裡的紙牌，像是“War”和“Go Fish”。示範給孩子看，如何利用數點數來算出紙牌的數值。教他點數較多的紙牌如何贏過點數較少的紙牌。提示：為了避免困惑，要將有圖畫的紙牌和A移走，一直到他已掌握從2到10的紙牌為止。那時再將其他紙牌歸還到整副牌裡。
- 玩棋盤遊戲是一個學習數字的極佳方法。每次輪到孩子下棋時，要他大聲數出格子的數量。要注意看，誰的棋子最接近遊戲的起點和終點。你可以在下棋時不經意說出幾個加法和減法。
- 當利用音樂、押韻和節奏來教孩子們數學事實時，很多孩子能學得更快（並將它們記得更久）。一起編一些數數的兒歌。把數學事實加進熟悉的曲調裡。
- 鼓勵孩子留意在日常事物上的數字。例如：
  —當我們在食品雜貨的選購單上標出物品時，數一數購物項目。
  —當你在擺設飯桌時，數一數餐具項目。
  —當我們在摺疊洗好的衣服時，數一數衣服項目。
  —哪個數字出現在5之後？在4之前？
  —從10開始倒回去數，而不是往前數（或從20，諸如此類）。
  —在你的玩具卡車上有幾個輪子？你的腳踏車上有幾個輪子？哪一個的輪子比較多？
  —你幾歲？你的兄弟或姐妹幾歲？誰比較大？大幾歲呢？
  —我們應該要邀請多少位小朋友到你的生日派對？我們得把生日蛋糕切成幾片呢？如果每個人分得6顆糖果，我們必須準備多少顆呢？

國家圖書館出版品預行編目資料

普通班教師的教學魔法書：改造學習困難的孩子／
Susan Winebrenner 著；呂翠華譯.
-- 初版. --臺北市：心理，2008.01
面；　公分. --（障礙教育系列；63072）
含參考書目：面
譯自：Teaching kids with learning difficulties in the regular classroom: ways to challenge & motivate struggling students to achieve proficiency with required standards
ISBN 978-986-191-106-9（平裝）

1.學習障礙學生　2.特殊教育

529.6　　96024770

障礙教育系列 63072

普通班教師的教學魔法書：改造學習困難的孩子

作　　者：Susan Winebrenner
譯　　者：呂翠華
執行編輯：林怡倩
總 編 輯：林敬堯
發 行 人：洪有義
出 版 者：心理出版社股份有限公司
地　　址：231 新北市新店區光明街 288 號 7 樓
電　　話：(02) 29150566
傳　　真：(02) 29152928
郵撥帳號：19293172　心理出版社股份有限公司
網　　址：http://www.psy.com.tw
電子信箱：psychoco@ms15.hinet.net
駐美代表：Lisa Wu（lisawu99@optonline.net）
排 版 者：葳豐企業有限公司
印 刷 者：正恒實業有限公司
初版一刷：2008 年 1 月
初版四刷：2018 年 2 月
I S B N：978-986-191-106-9
定　　價：新台幣 500 元